민·상법상 유치권과 그와 관련된 개정법령
그리고 대법원판례 및 하급심 판결중심의

유치권 법리의 해설

저자 변호사 나병용

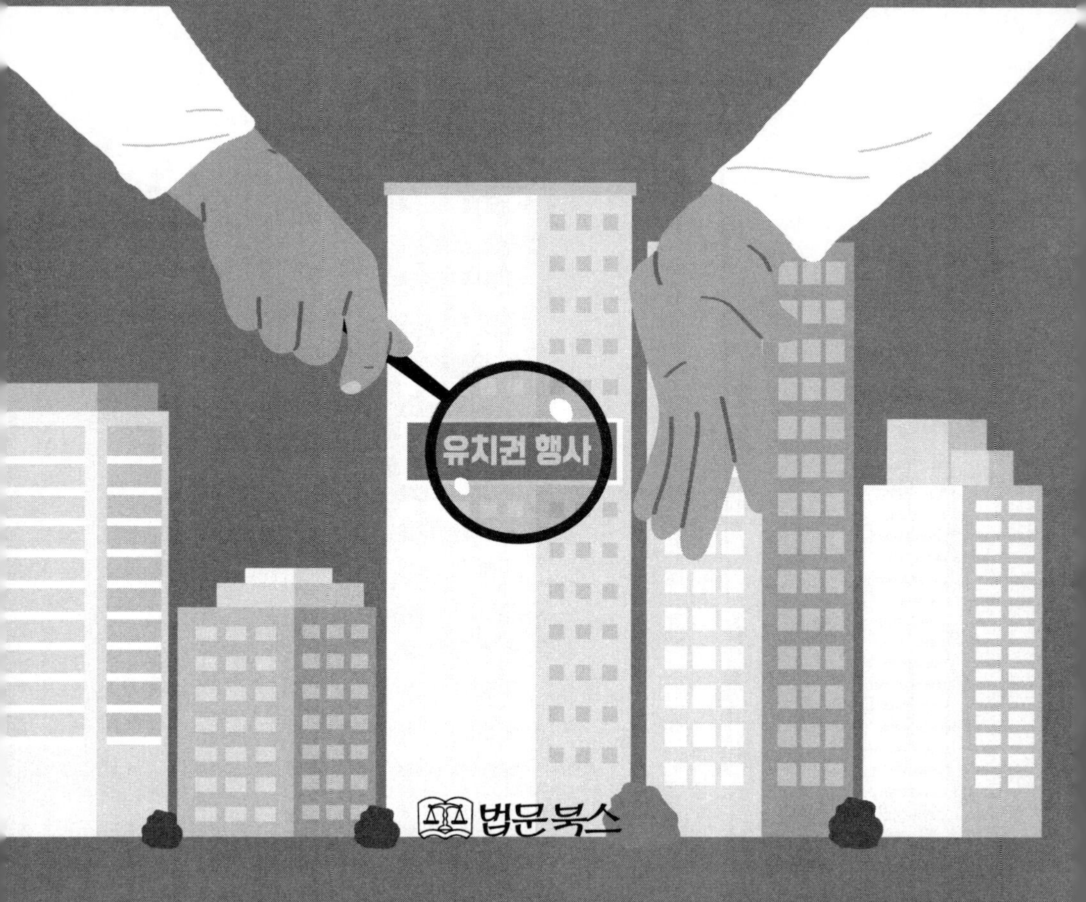

법문북스

책을 내면서

전국을 여행하다보면 이따금 아파트나 상가 또는 저·고층 건물 등에「유치권행사」라는 문구의 플랜카드가 걸려있는 장면을 목격하게 된다.

이는 대부분의 경우, 건물공사업자가 공사대금을 제대로 지급받지 못하여 이를 지급받기 위하여 건물을 점유하고 출입을 제한하고 유치권을 행사하고 있음을 외부에 알리고 있는 것이다.

이런 경우 확정된 채권이행판결에 의해, 또는 저당권 등 담보물권의 시행을 위해 해당건물에 대하여 경매법원에서 경매절차가 진행되고 있고, 공사업자가 경매법원에 유치권행사 신고를 하는 것이 일반적이며, 위와 같은 유치권행사로 인하여 공사업자나 건물소유자뿐만 아니라 아파트나 상가 등 분양목적의 신축건물의 경우에는 수분양자나 수많은 이행관계인에게 커다란 손해가 발생할 수 있고, 경매법원에서의 건물에 대한 입찰 및 낙찰대금에 직접적인 영향을 미치게 된다.

한편, 유치권자가 위와 같이 유치권을 행사하기 위해서는 유치권은 당사자 사이의 계약에 의해 성립하는 것이 아니고, 유치권은 법률의 규정에 의해 성립하는 법정담보물권(法定擔保物權)이므로 법에 규정된 유치권성립요건을 충족하여야만 유치권이 성립하고, 그런 적법한 유치권을 행사하여야 유치권자는 보호를 받을 수 있다.

따라서 설령 채권자가 경매법원에 유치권 신고를 접수하였다고 하더라도 그런 접수로 인하여 유치권이 성립하는 것은 결코 아니므로 유치권행사에서 유치권의 성립요건에 대한 충족여부를 따져보아야 한다.

민법 제2편 물권의 제7장(제320조 내지 제328조)은 민사유치권을 저당권, 질권과 함께 담보물권의 하나로 규정하면서 그에 대한 성립요건과 법적 효력 등에 관하여 규정하고 있고, 한편 상법 제58조는 일반상사유치권을 규정하면서, 상법상 특정업종에서 특별상사유치권을 규정하고 있다.

유치권을 행사하는 경우, 민사집행법 절차에 따른 강제경매나 임의경매절차 등 실질경매절차나 또는 유치권에 기인한 형식적 경매절차에서, 국세징수법이나 신탁법에 따른 공매절차에서, 그리고 채무자 회생 및 파산에 관한 법률에 따른 절차, 기타 그 밖의 법적 절차에서, 심지어는 사적 계약관계로 인한 일반거래에서도 유치권은 커다란 영향을 미치게 되며, 그런 경우 유치권에 관한 정확한 법리검토와 판단이 필요하다.

저자는 주위의 유치권 분쟁으로 인하여 고통·고민하는 수많은 분들을 보면서, 이분들에게 유치권 법리의 올바른 정보를 제공하여 조금이라도 도움이 될 수 있도록 본서를 집필하게 되었다.

저자는 30 여년 이상 동안 수많은 유치권 분쟁사건을 수임하여 해결한 실무경험과 약 10년 이상의 대학 강당에서 강의한 내용을 회고하고, 유치권과 새로 개정된 관계 법률과 대법원 판례와 하급법원의 판결 그리고 각종 여러 서적들과 각종 논문 등을 참고하고 충분히 분석하여 2024년 5월의「집합건물법 해설」에 이어 본서「민·상법상 유치권과 새로 개정된 관계 법령, 그리고 대법원판례 및 하급심 판결 중심의 유치권 법리의 해설」을 집필하게 되었다.

사무실 사건 업무에 여념이 없으면서도 이번에 또 다시 본서 저술을 위해 각종 근거자료들을 준비하고, 본서 원고의 탈고 등에 헌신적으로 도와준 오은별 실장님에게 다시 한 번 감사하며, 법원의 경매나 공매절차에서, 또는 일반거래에서 유치권행사로 인하여 고통을 받거나 고민하시는 분들, 유치권 분쟁관련 업무에 종사하는 분들, 유치권에 대한 법률관계에 관한 사건을 직접 접한 분들의 실무해결에 본 저서를 권해드리고, 본서는 유치권의 기본 법리와 그와 관련된 개정법령에 따라 서술한 후, 일반적으로 발생하는 각 쟁점을 중심으로 목차(contents)에서 기술하고 있으므로 필요에 따라 목차중심으로 찾아보면 보다 다 유익한 도움이 될 것으로 생각한다.

2025. 5.

서울 송파 문정동 사무실에서

차 례

제一장 서 설 ··· 3

제二장 민법상 유치권 ································· 7

1. 유치권의 의의와 사회적 작용, 그리고 법적 성질 ················ 7

(1) 의의 ··· 7

(2) 유치권의 사회적 작용 ································· 7

(3) 법률적 성질 ··· 8

    1) 법정담보물권성(法定擔保物權性) ··············· 8

    2) 부종성(附從性) ···································· 9

    3) 수반성(隨伴性) ···································· 9

    4) 불가분성(不可分性) ······························ 10

    5) 물상대위성(物上代位性) ························ 11

(4) 유치권과 채권쌍무계약(債權雙務契約)상의 동시이행항변권(同時履行抗辯權) 사이의 공통점과 차이점에 대하여 ··············· 12

    1) 동시이행항변권(同時履行抗辯權)의 의의 ······ 12

    2) 동시이행항변권과 유치권 사이의 공통점과 차이점에 대하여 ········· 12

2. 유치권의 성립요건 ································· 14

3. 유치권의 효력 ·········· 23

(1) 유치권자의 권리 ·········· 23
  1) 목적물에 대한 유치권 ·········· 23
  2) 유치권자의 경매권과 유치권자의 배당순위 ·········· 26
  3) 유치권자의 간이변제충당청구권 ·········· 27
  4) 유치권자의 우선변제권 ·········· 28
  5) 과실수취권(果實收取權) ·········· 29
  6) 유치물이용권(留置物利用權) ·········· 30
  7) 비용상환청구권(費用償還請求權: 필요비, 유익비) ·········· 32

(2) 유치권자의 선관주의의무(善管注意義務) ·········· 35

(3) 유치권의 행사와 채권의 소멸시효 ·········· 37

4. 유치권의 소멸 ·········· 37

제三장 상사유치권(商事留置權) ·········· 42

1. 서설 ·· 42

2. 일반상사유치권(상인간의 유치권) ·································· 42

   (1) 의의 ·· 42

   (2) 일반상사유치권의 성립요건 ·· 43

       1) 당사자 ·· 43

       2) 피담보채권 ·· 44

       3) 유치목적물 ·· 44

       4) 유치목적물과 피담보채권과의 관련성에 대하여 ········ 45

       5) 유치권배제의 특약(特約)의 부존재(不存在) ············ 46

   (3) 일반상사유치권의 효력 ·· 47

3. 특별상사유치권 ··· 47

   (1) 대리상(代理商) ·· 47

       1) 대리상의 의의 ·· 47

       2) 대리상의 상사유치권의 성립요건 및 효력 ·············· 47

   (2) 위탁매매인(委託賣買人) ·· 48

       1) 위탁매매인의 의의 ·· 48

       2) 위탁매매인의 상사유치권의 성립요건 및 효력 ········ 48

   (3) 운송주선인(運送周旋人) ·· 48

       1) 운송주선인의 의의 ·· 48

       2) 운송주선인의 상사유치권의 성립요건 및 효력 ········ 48

(4) 육상운송인(陸上運送人) ·· 49
   1) 육상운송인의 의의 ··· 49
   2) 육상운송인의 상사유치권의 성립요건 및 효력 ································· 49
(5) 해상법상의 선장(船長) ·· 49
   1) 선장의 의의 ··· 49
   2) 선장의 상사유치권의 성립요건 및 효력 ·· 49

第四章 국세징수법, 신탁법 등 특별법상 공매의 의의 및 그 절차, 그리고 민사집행법상의 경매(競賣)의 의의와 경매매수인(경락인)의 인도명령(引渡命令)과 유치권 사이의 관계 … 51

1. 국세징수법, 신탁법 등 특별법상 공매의 의의와 그 절차에 대하여 51

   (1) 공매(公賣)의 의의 …………………………………………………… 51

   (2) 공매절차에 대하여 ………………………………………………… 51

2. 민사집행법상 경매(競賣)의 의의와 경매매수인(경락인)의 인도명령(引渡命令)과 유치권 사이의 관계 ……………………………………… 53

   (1) 민사집행법상 경매(競賣)의 의의 ………………………………… 53

   (2) 경매매수인(경락인)의 인도명령(引渡命令)과 유치권 사이의 관계 …… 54

   (3) 경매개시결정의 기입등기에 따른 압류의 효력과 유치권 ……… 55

   (4) 부동산가압류, 국세징수법에 따른 강제징수(체납처분)압류와 유치권 · 56

      1) 부동산가압류와 유치권 ……………………………………… 56

      2) 부동산에 대한 국세징수법에 따른 체납처분(강제징수)압류, 경매절차, 공매절차와 유치권 사이의 관계 …………………………… 58

   (5) 저당권과 유치권 …………………………………………………… 60

      1) 민사유치권과 저당권 ………………………………………… 60

      2) 상사유치권과 저당권 ………………………………………… 60

      3) 민사유치권과 상사유치권이 동시에 성립하는 경우에 대하여 ………… 61

   (6) 신의칙 위반 또는 권리남용에 해당하는 유치권의 행사 ………… 61

   (7) 유치권에 의한 경매 ………………………………………………… 62

  1) 형식적 경매에 속하는 유치권에 의한 경매 ……………………… 62
  2) 유치권에 의한 경매신청 ……………………………………………… 63
  3) 유치권에 의한 경매 개시결정의 예(例) ………………………… 63
  4) 유치권에 의한 경매의 효력(소멸주의·인수주의) 및 유치권자의 배당
   순위 …………………………………………………………………… 65
 (8) 경매의 매각물건명세서와 유치권 사항기재에 대하여 ……………… 65

第五章 유치권에 대한 대법원 판례 중심의 구체적 법리의 연구 및 각종 사례분석 ·················· 67

  [1] 유치권의 성립요건이며 존속요건으로서의 점유의 의미와 판단 기준, 채권이 민사유치권의 피담보채권이 되기 위한 요건 ·········· 67

  [2] 유치권의 피담보채권이 되기 위한 요건 ························· 68

  [3] 물건에 대한 점유의 의미와 판단 기준, 유치권자가 경락인에 대하여 피담보채권의 변제를 청구할 수 있는지 여부(소극) ············ 69

  [4] 수급인의 공사(잔)대금채권을 피담보채권으로 하는 유치권행사와 도급인의 하자보수로 인한 손해배상청구권에 기한 동시이행 항변권 행사 ·· 70

  [5] 유치권자가 스스로 유치물인 주택에 거주하며 사용하는 행위와 유치물 보존행위, 차임 상당 이득의 발생 여부 ······················ 71

  [6] 공사 중 공사계약의 해제, 수급인의 재료와 노력으로 건축된 수급인 소유의 기성부분에 대한 소유권, 점유권의 자력방위권 및 자력탈환권, 공사대금을 피담보채권으로 한 유치권 성립여부 ·········· 72

  [7] 허위의 공사대금채권을 근거로 한 유치권 신고와 소송사기의 성립 여부 ·· 74

  [8] 채무자를 직접점유자로 하여 채권자가 간접점유하는 경우에도 유치권이 성립하는지 여부 ·· 75

  [9] 건물 소유자의 부지점유와 유치권자는 그 건물의 부지 부분을 점유·사용하였다고 볼 수 있는지 여부 ······························ 75

[10] 신축건물에 유치권을 행사하던 중 건물 소유자의 승낙 없이 제3자에게 임대하였는바, 이 경우 신축건물의 임의경매낙찰자와 유치권자 사이의 관계 ··· 76

[11] 원인무효의 부동산의 임차인은 그 부동산에 관한 공사비를 피담보채권으로 하여 정당한 소유자에게 유치권을 행사할 수 있는지 여부 ·· 77

[12] 대지매수인이 건물완공 후 대지매매계약을 해제한 경우, 매수인(공사업자)의 유치권 성립과 대지매도인의 유치권소멸청구 발생여부 ·· 77

[13] 공장저당법에 의한 근저당권설정등기, 임의경매개시결정등기, 경매절차상의 지위 승계자, 형식적 임차계약체결과 상사유치권 성립여부 ·· 78

[14] 임대차계약 위반에 대한 위약금 약정, 유치권 행사 및 임차인의 동시이행의 항변 ·· 81

[15] 유치권의 점유가 계속적·배타적 점유가 아니고 단지 일시적이고 외관상 형식적인 점유에 해당한다고 인정되는 경우의 유치권 성립여부 ·· 81

[16] 조경업자가 미등기의 실질적 소유자와 수목식재 계약을 체결하고 식재하였으나 식재대금을 지급받지 못한 경우, 그 후 소유권이전등기를 마친 소유자에 대한 조경업자의 유치권 성립 여부 ······ 82

[17] 사실상 최우선순위담보권인 유치권의 제도적 취지와 신의칙 상 허용되는 한계 ·· 83

[18] 근저당권설정 후 경매로 인한 압류의 효력 발생 전에 취득한 유치권으로 경매절차의 매수인에게 대항할 수 있는지 여부(적극) 86

[19] 저당권설정등기나 가압류등기 또는 체납처분(강제징수)압류등기와 경매개시결정등기, 그리고 민사유치권의 대항관계 및 유치권소멸 여부 ··· 87

[20] 채무자 소유의 부동산에 대한 강제경매개시결정의 기입등기 후의 점유이전에 의한 유치권과 경락인(매수인) 사이의 관계 ·········· 88

[21] 근저당권설정 후 경매로 인한 압류의 효력 발생 전에 취득한 유치권자가 그 기입등기의 경료사실을 과실없이 알지 못하였다는 사실을 가지고 경매절차의 매수인에게 대항할 수 있는지 여부(소극) 89

[22] 유치권자가 경락인에 대하여 피담보채권의 변제를 청구할 수 있는지 여부(소극) ··· 89

[23] 유치물에 대한 간이변제충당의 요건 "정당한 이유의 존부에 관한 판단 기준" ··· 90

[24] 임차인이 동시이행항변권 또는 유익비상환청구권에 기인한 유치권을 행사하며 임차건물을 사용수익하는 경우, 임차인의 임대인에 대한 부당이득 반환의무 여부 ··· 90

[25] 건물에 대한 점유만을 승계한 사실이 있는 경우, 점유자는 전(前) 점유자를 대위하여 유치권을 주장할 수 있는지 여부 ············· 91

[26] 부동산에 강제경매개시결정의 기입등기와 그 후의 공사대금채권 인수및 점유이전으로 인한 유치권 행사 ······························· 91

[27] 물건점유 이전에 그 물건에 관하여 채권이 발생한 후 그 물건의

점유를 취득한 경우 유치권이 성립하는지 여부 ···················· 92

[28] 유치권의 취득시기와 변제기 유예약정(猶豫約定), 그리고 부동산 경매개시결정등기 사이의 관계 ·· 92

[29] 경매절차에서 유치권을 내세워 대항할 수 있는 범위에 대하여 94

[30] 유치권의 불가분성과 유치권자의 선관주의의무 관련하여 ········ 95

[31] 구분건물에 관한 등기의 효력과 유치권 사이의 관계 ·············· 97

[32] 물건의 인도를 청구하는 소송에서, 유치권자의 물건에 대한 필요비와 유익비 상환청구권을 기초로 하는 유치권 주장과 이에 대한 상대방의 주장·입증에 대하여 ·· 100

[33] 민사유치권과 상사유치권 사이의 관계 ································ 101

[34] 유치권 포기 특약과 그에 대한 효력 ································· 102

[35] 상사유치권 배제특약은 당사자 사이의 묵시적 약정으로도 가능한지 여부(적극), 그리고 은행의 추심위임약정이 이에 해당하는지 여부 ·· 103

[36] 부동산에 가압류등기가 경료된 후에 채무자의 점유이전으로 제3자가 유치권을 취득하는 경우, 가압류의 처분금지효에 저촉되는지 여부(소극), 그리고 체납처분(강제징수)압류가 되어 있는 부동산에 대하여 경매절차가 개시되기 전에 민사유치권을 취득한 유치권자가 경매절차의 매수인에게 유치권을 행사할 수 있는지 여부(적극) ··· 104

[37] 유치권 배제특약에 조건을 붙일 수 있는지 여부 및 조건을 붙이고자 하는 의사가 있는지 여부에 대한 판단 기준 ················· 106

[38] 경매절차의 매각으로 인한 유치권의 소멸 여부, 이중경매개시결정 후 후행 경매절차의 압류효력에 대항할 수 있는 권리의 범위 및 그를 결정할 기준시기 ················ 107

[39] 유치권에 의한 경매와 목적부동산 위의 부담의 소멸 관계, 그리고 유치권자의 배당순위 ················ 108

[40] 유치권자가 민법 제324조제2항을 위반하여 소유자의 승낙 없이 유치물을 임대한 경우와 소유자의 유치권 소멸청구권 여부 ·· 110

[41] 유치권에 의한 경매절차 정지 중 강제경매절차에서 목적물이 매각된 경우, 유치권자는 동산유치물을 계속하여 유치할 수 있는지 여부(적극) ················ 111

[42] 유치권은 점유 침탈로 인하여 유치권이 소멸하는지 여부 ······ 112

[43] 부동산 공매절차와 점유 침탈에 의한 유치권 소멸, 그리고 부동산매수자의 유치권자를 상대로 한 유치권부존재확인의 소 ···· 113

[44] 유치권과 부동산 가압류의 처분금지효, 그리고 경매절차와의 관계 ················ 113

[45] 민법 제320조제1항에 정한 유치권의 피담보채권인 '그 물건에 관하여 생긴 채권'의 범위, 유치권의 불가분성이 그 목적물이 분할 가능하거나 수개의 물건인 경우에도 적용되는지 여부(적극) ··· ················ 117

[46] 유치권에 관한 고의적 작출로 유치권의 최우선순위담보권의 지위를 이용하는 경우, 유치권 행사와 신의성실의 원칙 사이의 관계 ················ 115

[47] 유치권 소멸 후의 목적물에 대한 계속적 점유의 적법 여부(소극)
와 근저당권설정 후 경매로 인한 압류의 효력 발생 전에 취득한
유치권으로 경매절차의 매수인에게 대항할 수 있는지 여부(적극)
·· 116

[48] 창고업자의 유치권 행사를 상당한 이유 없이 배제하는 약관 조항
의 효력에 대하여(무효) ··· 117

[49] 경매개시결정의 기입등기와 건물의 점유 및 유치권에 관한 피담
보채권의 취득으로 인한 유치권 성립과의 관계 ··················· 118

[50] 민법 제327조 규정의 타담보제공에 따른 유치권 소멸청구는 채
무자뿐만 아니라 유치물의 소유자도 할 수 있는지 여부(적극), 그
리고 이때 채무자나 소유자가 제공하는 담보가 상당한지 판단하
는 기준 ··· 119

[51] 유치권에 의한 경매절차가 정지된 상태에서의 강제경매 또는 임
의경매절차에 의한 매각에 관하여 ······································· 119

[52] 점유를 침탈당한 유치권에 대한 점유회수청구권 행사기간, 유치권
소멸에 따른 손해배상청구권의 행사기간 사이의 관계 ·········· 121

[53] 점유 목적물의 인도 청구와 유치권 부존재확인의 소 사이의 관계
·· 122

[54] 유치권의 피담보채권의 소멸시효기간이 지급명령의 확정판결 등
에 의하여 10년으로 연장되는지 여부, 유치권이 성립된 부동산의
매수인이 종전의 단기소멸시효를 원용할 수 있는지 여부 ······ 123

[55] 부동산에 관한 경매개시결정의 기입등기와 그 사실을 모르고 취

득한 유치권의 대항력 존재여부 ··· 124

[56] 소유자의 동의 없이 유치권자로부터 유치권의 목적물을 임차한 자의 점유가 민사집행법 제136조제1항 단서 규정의 "매수인(경락인)에게 대항할 수 있는 권원에 의한 점유"에 해당하는지 여부(소극) 및 유치권 소멸청구여부(적극) ······································· 125

[57] 유치물소유자의 변동과 유치권행사, 그리고 유치권자의 목적물사용의 적법 여부에 관하여 ··· 126

[58] 유치권자의 점유에 간접점유가 포함되는지 여부(적극) 및 그 간접점유의 점유매개관계를 이루는 임대차계약이 종료된 이후 직접점유자가 목적물을 점유한 채 이를 반환하지 않고 있는 경우, 유치권자의 점유매개관계가 단절되는지 여부(소극) ····················· 126

[59] 민사집행법 제91조제5항에서 정한 '변제할 책임이 있다.'의 의미 및 유치권의 부담이 있는 경매목적 부동산의 매수인이 유치권의 피담보채무를 변제하는 것이 민법 제469조에서 정한 제3자의 변제에 해당하는지 여부, 그리고 구상권 관계 ························· 127

[60] 유치권이 인정되는 아파트를 경락·취득한 자가 유치권자에 대한 임료 상당의 부당이득금 반환채권을 자동채권으로 하고 유치권자의 종전 소유자에 대한 유익비상환채권을 수동채권으로 하여 상계의 의사표시를 한 경우 그 상계가 허용되는지 여부(소극) · 129

[61] 부동산 매도인이 매매대금을 다 지급받지 않은 상태에서 매수인에게 소유권이전등기를 마쳐주었으나 부동산을 계속 점유하고 있는 경우, 매매대금채권을 피담보채권으로 하여 매수인이나 그에게서 부동산 소유권을 취득한 제3자에게 유치권을 주장할 수 있는지 여부(소극) ··· 130

[62] 피담보채권인 공사대금 채권을 실제와 달리 허위로 부풀려 유치권에 의한 경매를 신청한 경우, 소송사기죄의 실행의 착수에 해당하는지 여부(적극) ··· 131

[63] 등기를 갖추지 아니한 건물의 양수인에 대한 대지소유자의 건물철거 청구권여부(적극) 및 제3자에게 가지는 건물에 관한 유치권으로 건물철거청구권을 갖는 대지소유자에게 대항할 수 있는지 여부(소극) ··· 131

[64] 유치권에 의한 경매절차에서 유치권의 부존재나 소멸을 이유로 경매개시결정에 대한 이의를 할 수 있는지 여부(적극) ·········· 132

[65] 공사수급인이 도급인과 유치권을 포기하는 대신 수분양자들로부터 미납입 분양대금을 직접 지급받기로 합의하고 신탁계약에 따라 이루어진 소유권이전등기행위와 사해행위 ······················ 132

[66] 토지임차인의 지상물매수청구권에 관한 민법 제643조가 토지의 전세권에도 유추 적용되는지 여부(적극) 및 위 매수청구권의 행사 요건, 그리고 변제기에 이르지 아니한 채권에 기하여 유치권을 행사할 수 있는지 여부(소극) ··· 133

[67] 부동산 임의경매절차에서 유치권이 존재하지 않는 것으로 알고 매수신청을 하여 최고가매수신고인으로 정하여졌음에도, 이후 매각결정기일까지 사이에 유치권의 신고가 있고, 그 유치권이 성립할 여지가 없음이 명백하지 아니한 경우의 집행법원의 조치에 대하여 ··· 133

[68] 유치권자의 선관의무에 대해 규정한 민법 제324조에서 말하는 '대여' ··· 134

[69] 유치권과 권리행사방해죄 ·· 135

[70] 부동산 임의경매절차에서 이미 최고가매수신고인이 정해진 후 매각결정기일까지 사이에 유치권의 신고가 있고 그 유치권이 성립될 여지가 없음이 명백하지 아니한 경우, 집행법원이 취할 조치(=매각불허가결정) ·· 135

[71] 경락인인 집행채권자가 단행가처분의 집행을 통하여 유치권자인 집행채무자로부터 인도받은 목적물에 대한 소유권 및 점유를 상실한 경우, 집행채무자의 유치권을 상실하게 하는 불법행위의 성립 여부(적극) 및 그의 성립 시기 ······································· 136

[72] 민법 제367조의 제3취득자와 저당권, 그리고 이를 피담보채권으로 주장하면서 유치권을 행사할 수 있는지 여부(소극) ········· 137

[73] 부동산 인도집행의 경우, 강제집행의 목적물이 아닌 동산이 있어 이를 인도하려고 하나 인도받을 채무자나 채무자의 친족 등이 없는 경우동산의 보관에 대하여 ··· 139

[74] 집합건물의 소유권자가 분양계약을 전부 해지하고 1동 건물 전체를 1개의 건물로 소유권보존등기를 마친 경우와 구분폐지 전 개개의 구분건물에 대한 유치권과의 관계 ································ 139

[75] 부동산에 관한 자력탈환권을 규정한 민법 제209조제2항 전단에서의 '직시(直時)'의 의미 및 자력탈환권의 행사가 '직시'에 이루어졌는지 판단하는 기준 ··· 140

[76] 유치권자로부터 점유를 위탁받아 부동산을 점유하는 자가 부동산의 소유자로부터 인도소송을 당하여 재판상 자백을 한 경우와 배임죄 성립 여부 ··· 141

[77] 건물신축공사를 도급받은 수급인이 사회통념상 독립한 건물이 되지 못한 정착물을 토지에 설치한 상태에서 공사가 중단된 경우, 위 정착물 또는 토지에 대하여 유치권을 행사할 수 있는지 여부(소극) ·· 142

[78] 유치권자로부터 유치물을 유치하기 위한 방법으로 유치물의 점유나 보관을 위탁받은 자가 소유자의 소유물반환청구를 거부할 수 있는지 여부(원칙적 적극) ·· 143

[79] 수급인의 저당권설정청구권 행사에 따른 도급인의 저당권설정행위가 사해행위에 해당하는지 여부 및 유치권 성립과의 관계 143

[80] 저당권이 설정된 부동산이 사해행위로 이전된 후, 변제 등으로 저당권설정등기가 말소된 경우와 유치권의 목적인 부동산이 사해행위로 처분된 경우 ·· 144

[81] 장래의 이행판결요건과 점유 토지의 사용·수익으로 인한 임료 상당 금원의 부당이득 반환의무 사이의 관계 및 유치권 성립 여부·
·· 146

[82] 사설묘지를 조성하기 위하여 임야의 시설비로 지출한 비용이 임야에 대한 필요비 또는 유익비가 되는지 여부 및 그로 인한 유치권 여부 ·· 147

[83] 점유자가 유익비를 지출할 당시 계약관계 등 적법한 점유권원을 가진 경우, 계약관계 등의 상대방이 아닌 점유회복 당시의 상대방에 대하여 민법 제203조제2항에 따른 지출비용의 상환을 구할 수 있는지 여부(소극) 및 그로 인한 유치권 성립여부 ·········· 147

[84] 유치권 부존재확인의 소의 확인의 이익에 대하여 ·················· 148

[85] 국유지정문화재에 속하는 임야에 시설물을 설치한 경우와 시설물 설치 공사비 등을 이유로 한 유치권 행사 여부 ··················· 149

[86] 부동산에 관한 경매절차가 개시될 가능성이 있음을 충분히 인식하고서도 그 부동산의 개조에 관한 공사도급계약을 체결한 후 이에 따른 공사를 시행한 자가 공사대금채권에 기초하여 낙찰자에 대하여 유치권을 주장할 수 있는지 여부(소극) ·················· 150

[87] 가처분결정후, 유치권에 의하여 제한되고 있음이 판명된 경우, 사정변경에 의한 가처분취소 가능한지 여부 및 채무자의 제3자에 대한 채권과 상계할 수 있는지 여부 ······································ 151

[88] 건물임차인의 임차보증금반환청구권 또는 임대인의 채무불이행으로 인한 손해배상청구권과 건물에 대한 유치권 행사가능 여부 ···· 151

[89] 임차인이 건물에 대한 원상복구약정을 한 경우, 임차인은 비용상환청구권에 기인한 유치권을 행사할 수 있는지 여부 ··········· 152

[90] 유치권 신고자가 민사집행법 제90조제4호 규정의 이해관계인인 '부동산 위의 권리자로서 그 권리를 증명한 사람'에 해당 하기 위한 요건 ··· 152

[91] 경매절차의 유치권 주장과 유치권의 부존재 확인의 소에 대한 법률상 확인의 이익 존재 여부 ··· 152

[92] 회생담보권의 의미 및 회생담보권으로서 유치권 존부에 대한 기준시점, 그리고 유치권자가 그 후 점유를 상실한 경우 유치권의 존속 여부 ··· 154

[93] 이른바 계약명의신탁의 경우, 소유권에 기한 부동산의 반환청구권

과 부당이득반환청구권 사이의 유치권 성립 여부 ················ 155

[94] 물건의 인도청구소송에서 피고의 유치권 항변이 인용되는 경우 그 물건에 관하여 생긴 채권의 변제와 상환으로 그 물건의 인도를 명하는 판결을 하여야 하는지 여부 ······························· 157

[95] 상속세 및 증여세법과 가압류, 그리고 유치권 등과의 관계 ··· 157

[96] 채무자 회생법 제411조 규정의 유치권자, 질권자, 저당권자 또는 전세권자는 그 목적재산에 대한 별제권자가 될 수 있는지 여부 및 양도담보권자도 별제권을 가지는지 여부(적극) ················ 158

[97] 유치권에 기한 별제권자가 파산절차에 의하지 않고 별제권을 행사하는 경우, 파산법 소정의 신고·조사절차를 거쳐야 하는지 여부(소극) ·· 159

[98] 선박건조업자의 유치권행사과 은행대출의 연대채무 면제약정, 그리고 유치권 소멸여부 ·· 160

[99] 선하증권을 취득한 바 없는 수입업자의 요청으로 수입물품을 보관하고 있는 창고업자가 수입업자 소유의 다른 물건에 대한 보관료채권을 이유로 하여 그 수입물품에 대한 선하증권을 취득한 은행에 대하여 상사유치권을 행사할 수 있는지 여부 ··············· 161

[100] 담보제공에 의한 유치권 소멸청구에 있어 담보의 상당성의 판단기준 및 그 소멸청구권자 ··· 162

[101] 회생절차개시 전의 원인으로 생긴 물상보증인에 대한 재산상의 청구권의 경우 유치권 등 담보권은 회생담보권에 해당하는지 여부 ·· ·· 163

[102] 파산재단에 속하는 재산상에 존재하는 유치권 등을 가진 별제권
자와 파산절차상의 환취권의 목적재산과의 관계 ················ 165

[103] 저당권설정등기나 가압류등기 또는 체납처분(강제징수)압류등기
가 되어 있는 부동산에 관하여 경매개시결정등기가 되기 전에
민사유치권을 취득한 사람이 경매절차의 매수인에게 유치권으로
대항할 수 있는지 여부(적극), 그리고 저당권 설정 후 취득한 유
치권이 경매절차에서의 매각으로 소멸하는지 여부(원칙적 소극)
··· 167

제五장 유치권에 대한 대법원 판례 중심의 구체적 법리의 연구 및 사례분석'상의 참조판례정리(사법정보공개포털) ···· 169

민사집행법 ··· 281

국세징수법 ··· 347

유치권 행사 신고서 ··· 391

민·상법상 유치권과 그와 관련된 개정법령,
그리고 대법원판례 및 하급심 판결 중심의
유치권 법리의 해설

제一장 서 설

유치권은 민법 제2편의 제7장 유치권에 관하여 민법 제320조 내지 제328조에서 규정하고 있는 민사유치권과 상법 58조 규정의 일반상사유치권, 그리고 일반상사유치권의 성립요건을 전제로, 이와는 별도로 상법 제91조, 제111조, 제120조, 제147조, 제749조가 각 규정한 특수한 업종에 종사하는 상인들에 대하여 인정되는 특별상사유치권으로 구분할 수 있다.

우리 민·상법에서 규정하고 있는 위 유치권제도는 권리자(유치권자)에게 그 목적물인 물건을 유치하여 계속 점유할 수 있는 대세적 권능(對世的 權能)을 인정하고 있다.(민법 제320조제1항, 상법 제58조, 민사집행법 제91조제5항 등 참조).

유치권자가 유치권을 행사하고 있는 경우, 소유권 등에 기하여 목적물을 인도받고자 하는 사람은 물건의 점유 자체가 대부분의 경우에 그 사용수익가치를 실현하는 전제가 되는 것이므로 유치권자가 가지는 그 피담보채권을 만족시키는 등으로 유치권이 소멸되지 아니하는 한 유치권의 그 대세적 권능(對世的 權能)에 의해 그 유치 목적물을 인도를 받을 수 없게 되어 실제로는 그 변제를 강요당하는 것이 되고, 결국 그로 인하여 유치권자는 유치권행사에 의해 자신이 가진 채권의 만족을 간접적으로 확보하게 된다.

부연설명하면, 우리 법상 **저당권 등의 부동산담보권**은 이른바 **비점유담보(非占有擔保)**이며, 그런 이유로 그 권리자가 목적물을 점유함이 없이도 담보가 설정·유지될 수 있고, 실제로도 저당권자 등이 목적물을 점유하는 일은 매우 드문 경우에 속하다. 예를 들어, 어떠한 부동산에 저당권 또는 근저당권 등의 담보권이 설정된 경우, 그 담보설정 후에도 제3자가 그 목적물을 점유함으로써 그 목적물에 대하여 유치권을 취득할 수도 있으며, 이런 경우에도 유치권자는 마찬가지로 해당 저당권에 의한 임의경매절차나 강제경매절차 등의 실행절차에서, 또는 일반 부동산 거래에서도 목적물을 매수한 사람을 포함하여 목적물의 소유자 기타 권리자에 대하여 유치권의 위 대세적 권능에 의해 인도거절권한(引渡拒絶權限)을 행사하여 목적물의 인도 또는 명도를 거부할 수 있는 것이다.

따라서 특히 부동산유치권은 대부분의 경우에 **사실상 최우선순위의 담보권으로서 작용**하며, 유치권자는 일반채권자는 물론이고, 저당권자 등에 대하여도 그 성립의 선후를 불문하고 유치권자 자신의 채권을 목적물의 교환가치로부터 우선적으로 자기 채권의 만족을 얻을 수 있게 되고, 그 반면 유치권이 성립하기 이전에 저당권 등 담보권을 설정하고 신용을 제공한 사람으로서는 목적물의 담보가치가 자신이 애초 예상하여 계산하였던 것과는 달리 현저히 하락하는 경우가 발생할 수 있게 되어 사전에 예상하지 못한 손해를 감수할 수밖에 없는 경우가 발생할 수 있다.

이와 같이 **유치권제도**는 "시간에서 앞선 사람은 권리에서도 앞선다."는 일반적 법원칙의 예외이며, 특히 부동산담보거래에서 사실상 최우선순위담보권으로서의 역할을 하므로 상당한 부담을 주는 제도이다.

유치권제도는 특히 위와 같이 **경매·공매절차**에서 중요한 역할을 함은 물론이고, 기타 **동산이나 부동산에 관한 인도(引渡) 또는 명도(明渡)소송**이나 **토지 인도소송과 관련된 철거소송에서, 세금의 체납처분(강제징수)의 공매절차나 상속세나 증여세와 관련하여 또는 채무자회생 및 파산에 관한 법률과 관련된 별제권이나 환취권 등** 사건에서, **신탁법상의 신탁재산 또는 명의신탁 재산과 관련하여**, 그리고 **집합건물의 소유 및 관리에 관한 법률과 관련된 사건 등**과 관련된 수많은 다수의 주변사건들에서도 중대한 영향을 미친다.

따라서, 각 구체적 사건에서, 유치권의 성립여부와 그에 대한 효력범위 등에 관한 정확한 분석이 필요하며, 이를 위하여 본서에서는 그에 대한 해결방법을 찾도록 사건에 대한 구체적인 사례와 그에 대한 유치권에 관한 법리와 관련 법률 및 대법원 판례 등의 입장을 중심으로 설시한 것이다.

한편, 유치권은 목적물의 소유자와 채권자와의 사이의 계약에 의하여 설정되는 약정담보물권(約定擔保物權)이 아니라, 법이 규정하는 일정한 객관적 요건(민법 제320조, 상법 제58조, 제91조, 제111조, 제120조, 제147조, 제749조 등 참조)을 갖춤으로써 성립하는 이른바 법정담보물권(法定擔保物權)이다.

법이 유치권제도를 마련하여 위와 같이 거래상의 부담을 감수하며 도입한 것은 유치권에 의하여 우선적으로 만족을 확보하여 주어야 하는 그 피담보채권에 특별한 보호가치가 있음에 바탕을 둔 것이며, 그러한 보호가치는 민법 제320조 이하의 민사유치권의 경우에서는 객관적으로 점유자의 채권과 그 목적물 사이에 특수한 관계, 민법 제320조 제1항의 문언에 의하면 "그 물건에 관한 생긴 채권"일 것, 즉 이른바 '물건과 채권과의 견련관계'가 있는 경우에 성립되며, 한편 상법 제58조 규정의 상사유치권의 경우에는 기업활동에 있어서의 신용보호라는 특수수요에 맞추어 상사채권의 물적 담보를 강화시킬 목적으로 단지 상인 간의 상행위에 기하여 채권을 가지는 사람이 그 상행위가 채권 발생의 원인이 된 상행위인지 여부와 관계없이 채무자와의 상행위에 기하여 채무자 소유의 물건을 점유하는 것만으로 바로 유치권이 성립되므로 상사유치권은 피담보채권의 보호가치라는 측면에서 보면 위와 같이 목적물과 피담보채권 사이의 이른바 개별적 견련관계를 요구하는 민사유치권보다는 그 인정범위가 현저하게 광범위하며, 그런 점에서 민사유치권과 상사유치권은 구별되므로 두 유치권 사이의 성립요건에 차이가 있음에 유의하여야 하며, 한편, 두 유치권의 각 효력은 동일하므로 상사유치권은 민사유치권과는 다른 별도의 특수한 효력을 가진 유치권을 인정한 것은 아니므로 이점 또한 유의하여야 한다.

본서에서는 편의상 민사유치권을 중심으로 민법 규정에 따른 유치권의 법리를 서술하고, 상사유치권에 관하여는 민사유치권의 성립요건과의 차이점에 중점을 두고 이 점에 유의하여 일반상행위를 전제로 상법 제58조 규정에 따라 **일반상사유치권에 관한 유치권의 법리를** 설시하고, **특별상사유치권**의 경우에는 일반상사유치권의 경우에 추가하여 각 특수 업종에 따른 성립요건만을 서술하기로 한다.

또한, 본서에서는 유치권의 법리에 따른 구체적인 사례를 예시하여 위와 같은 유치권의 법리와 그에 따른 대법원 판례의 입장 및 확정된 하급심 판결의 입장 등을 중심으로 각 사례를 분석하여 설시한다.

한편, 유치권제도는 위와 같이 유치권의 대세적 권능(對世的 權能)에 의한 사실상 최우선순위담보권으로서의 역할을 하고 있음을 볼 때 거래당사자가 성립요건과 그에 따른 효력 등을 이용하여 유치권을 자신의 이익을 위하여 고의적으로 작출(作出)함으로써 유치권의 최우선순위담보권으로서의 지위를 부당하게 이용하여 전체 담보권질서를 왜곡할 위험이 항상 내재하며, 그로 인한 위험성이 발생할 수 있는바, 대법원 판례는 이러한 경우의 위험에 대처하여 개별 사안의 구체적인 사정을 종합적으로 고려할 때 신의성실의 원칙에 반한다고 평가되는 유치권제도 남용의 유치권 행사는 법원에서 허용되지 않으므로 유치권 분쟁에서 이점 역시 유의하여야 한다.

제二장 민법상 유치권

1. 유치권의 의의와 사회적 작용, 그리고 법적 성질

(1) 의의

민법 제320조제1항은 "타인의 물건 또는 유가증권을 점유한 자는 그 물건이나 유가증권에 관하여 생긴 채권이 변제기에 있는 경우에는 변제를 받을 때까지 그 물건 또는 유가증권을 유치할 권리가 있다." 제2항은 "전항의 규정은 그 점유가 불법행위로 인한 경우에는 적용되지 아니한다."라고 규정하여 유치권의 내용에 대하여 규정하고 있다.

즉, **민법상 유치권**이란 타인의 물건 또는 유가증권을 적법하게 점유한 자가 그 물건이나 유가증권에 관하여 생긴 채권이 변제기에 있는 경우에, 그 채권의 변제를 받을 때까지 유치권의 목적물인 그 물건 또는 유가증권을 유치할 수 있는 권리를 말하며, 여기서 **유치(留置)**란 유치목적물의 점유를 계속하며 그에 대한 인도를 거절하는 것을 말한다.

예를 들면, 자동차를 수선한 자는 수선료를 지급받을 때까지 그 자동차의 인도를 거절할 수 있고, 세입자(임차인 등)는 자신이 임차목적물에 관하여 지출한 필요비나 유익비를 임대인으로부터 상환 받을 때까지는 그 임차목적물을 임대인에게 인도·명도하지 않고 그대로 가지고 있을 수 있으며, 유가증권의 수치인(受置人)은 그에 대한 보수를 받을 때까지 임치물인 유가증권을 유치할 수 있는 유치권을 가지고 있는 것이다.

(2) 유치권의 사회적 작용

타인의 물건 또는 유가증권의 점유자가 그 물건이나 유가증권에 관하여 발생한 채권을 가지는 경우 그 채권의 변제를 받기 이전에 먼저 그 물건이나 유가증권의 점유를 상대방에게 인도하여야만 한다면 이는 채권 추심에서 채권자에게 일방적으로 불리하여 불공평하다.

유치권은 **로마법의 악의의 항변**1)에 기인한 것으로 일종의 인도거절권(引渡拒絶權)이며, 민법은 위와 같은 불공평을 해결하기 위하여 공평의 원칙에 기인하여 담보물권의 하나로 규정한 물권이며, 유치권은 당사자의 의사와 관계없이 법정요건이 갖추어지면 법률상 당연히 생기는 물권이므로 **일종의 법정담보물권(法定擔保物權)**이다. 그런 이유로 부동산의 경우 등기 여부 또는 유가증권의 경우 배서여부는 유치권의 성립 여부와 관계없다.

또한, 유치권은 위와 같이 목적물의 점유자의 채권을 특히 보호하기 위한 법정담보물권(法定擔保物權)이므로 채권자 평등의 원칙이 적용되지 않으며, 민법은 유치권자에게 유치권의 효력으로써 여러 가지 권한을 부여하고 있다.

(3) 법률적 성질

1) 법정담보물권성(法定擔保物權性)

유치권은 당사자의 의사와는 관계없이 민법에서 규정한 일정한 요건을 갖추게 되면 법률상 당연히 성립하는 법정담보물권(法定擔保物權)이고, 다만 유치권은 그에 대한 공시 방법으로 목적물의 점유를 그 성립요건 및 존속요건으로 하여 운명을 같이한다.

유치권은 점유의 상실에 의하여 소멸하고(민법 제329조), 그 후 점유를 회복한다고 하더라도 추급효(追及效)를 가지지 않으므로 만일 유치권의 점유를 침탈당하는 경우에는 점유물반환청구절차(민법

---

1) 로마법의 "악의의 항변(exceptio doli)"이란 두 사람이 서로 밀접한 관련이 있는 권리를 가지는 경우에, 그 한쪽이 상대방에 대하여 자기의 의무는 이행하지 않고서 자기의 권리만을 주장하는 경우에 상대방이 이에 대하여 자기의 의무의 이행을 거절할 수 있는 대인적 항변권을 말하며, 이것이 물권적으로 독립된 담보권인 유치권으로 발전한 것이다.

제204조제1항 등)에 의하여 그 점유를 회복할 수밖에 없고, 이런 경우 점유를 회복하기 이전에는 기존의 유치권은 이미 소멸한 것이므로 이점에 유의하여야 한다.

따라서 유치권은 당사자 사이의 합의에 의하여 설정되는 약정담보물권(約定擔保物權)인 질권이나 저당권과는 다르며, 유치권은 물권에 속하므로 목적물의 소유권이 누구에게 속하든지 그 여부에 관계없이 유치권이 성립하면 소유자인 채무자뿐만 아니라 그 물건의 양수인·경락자 등 누구에 대하여도 유치권자는 대세적으로 모든 채권의 변제를 받을 때까지 유치권을 행사하며 목적물을 유치할 수 있다.

2) 부종성(附從性)

유치권은 목적물과 채권 사이의 견련성(牽連性)을 그 성립요건으로 하여 당연히 발생하는 법정담보물권이므로 유치권은 그에 따른 피담보채권이 없으면 생기지 않고, 그 피담보채권이 소멸하면 유치권도 당연히 소멸하는 부종성이 특히 강력하다.

3) 수반성(隨伴性)

유치권은 점유를 공시(公示)의 목적으로 하여 특정의 채권을 담보하는 수반성이 있으므로 점유의 상실로 인하여 유치권은 상실한다(민법 제329조).

따라서 유치권에 따른 피담보채권이 양도되는 경우, 그에 따른 목적물의 점유도 함께 양도되어야 하며, 그렇지 않은 경우에는 점유의 상실로 인하여 유치권은 소멸하여 유치권이 인정되지 않으므로 반드시 피담보채권과 점유의 이전이 동시에 이루어져야 함에 유의하여야 한다.

부동산에 대한 유치권의 성립의 경우 유치권 등기가 필요 없으며, 유가증권에 관하여도 배서는 유치권성립과 관계없으나, 만일 채권의 양도인이 유치목적물의 점유를 이전할 수 없는 경우 유치권은 성립하지 않으며, 이때에는 양도인의 유치목적물 인도의무위반의 채무불이행의 책임이 발생할 뿐이다.

여기서 유의할 점은 부동산의 경우 등기가 필요 없는 이유는 유치권이 점유에 의하여 공시되고 점유를 상실하면 유치권이 상실하므로 유치권이 등기제도의 적용에서 배제되기 때문이며, 유치권이 법정담보물권에 속함으로 인하여 민법 제187조(등기를 요하지 아니하는 부동산물권취득) 규정에 따라 등기가 필요 없는 것은 아니라는 것이다.

4) 불가분성(不可分性)

유치권자는 채권 전부의 변제를 받을 때까지 유치물의 전부에 관하여 유치권을 행사할 수 있는 불가분성(不可分性)이 있다.(민법 제321조)

유치권의 불가분성은 특히 집합건물에 대한 유치권 행사에서 피담보채권의 범위를 초월하는 유치권 행사의 경우 문제가 될 수 있다.

한편, 유치권의 불가분성은 채무자가 유치권자에게 상당한 담보를 제공하고 유치권의 소멸을 청구할 수 있는바(민법 제327조), 이런 경우 유치권의 불가분성은 약화된다고 할 수 있으며, 여기에서 담보의 상당성의 판단기준이 문제, 즉 민법 제327조에 의하여 제공하는 담보가 상당한가의 여부는 그 담보의 가치가 채권의 담보로서 상당한지 여부, 태양에 있어 유치물에 의하였던 담보력을 저하시키지는 아니한지 여부 등을 종합적으로 판단하여야 할 것이며, 유치물의 가격이 채권액에 비하여 과다한 경우에는 채권액 상당의 가치가 있는 담보를 제공하면 족하다고 할 것이다.

이 경우 유치권 소멸청구권자는 당해 유치물에 관하여 이해관계를 가지고 있는 자인 채무자나 유치물의 소유자이며, 그는 상당한 담보를 제공하고 있는 이상 유치권 소멸청구의 의사표시를 할 수 있는 자이다.(대법원 2001. 12. 11. 선고 2001다59866 판결 참조).

또한, 유치권은 불가분성에 의해 유치권의 목적물은 그 각 부분으로써 피담보채권의 전부를 담보하며, 그 목적물이 분할 가능하거나 수개의 물건인 경우에도 적용되고, 이는 민사유치권은 물론이고 상사유치권에도 당연히 모두 적용되며(대법원 2022. 6. 16.선고 2018다301350 판결 참조), 이 유치권의 불가분성의 원칙은 다른 담보 물권에도 준용되는 경우(제343조, 제370조 등 참조)가 있으므로 이점 또한 유의하여야 한다.

5) 물상대위성(物上代位性)

물상대위성이란 담보물권의 목적물이 소멸·훼손·공용징수(公用徵收)로 인하여 그 목적물에 갈음하는 금전 기타의 물건이 목적물소유자에게 귀속하게 되는 경우에 담보물권이 그 목적물에 갈음하는 것을 말하는바, 유치권에는 물상대위성이 없으므로 이점에 유의하여야 한다.

이는 유치권은 목적물을 유치할 수 있는 것을 그의 본래적 효력으로 하며, 목적물의 교환가치를 목적으로 하는 담보물권이 아니기 때문이다.

민법 제322조제1항은 "유치권자는 채권의 변제를 받기 위하여 유치물을 경매할 수 있다."고 하여, 목적물에 대한 유치권에 의한 경매권을 규정하고 있고, 같은 조 제2항은 "정당한 이유있는 때에는 유치권자는 감정인의 평가에 의하여 유치물로 직접 변제에 충당할 것을 법원에 청구할 수 있다. 이 경우에는 유치권자는 미리 채무자에게 통지하여야 한다."고 하여, 유치목적물의 간이변제충당청구권(簡易辨濟充當請求權)을 규정하고 있다.

여기서 유의할 점은 경매청구권은 채무자 소유의 목적물에 한하며 목적물이 제3자에게 이전된 경우에는 경매청구권이 없다는 것이다. 이는 유치권자에게 그 매득금으로부터 채권을 우선 변제를 받을 권리, 우선변제권(優先辨濟權)이 있는 것은 아니며, 목적물이 제3자에게 이전된 경우에는 가사 유치물이 채무자 소유의 목적물인 경우에도 물상대위성은 인정되지 않기 때문이다.

또한, 간이변제충당청구권(簡易辨濟充當請求權)의 경우, 채무자 소유의 목적물에 한하여 정당한 이유가 있는 때에 인정되는바, 이 경우에도 유치권자는 채무자에게 사전에 통지하여야 하며, 그 후 그 목적물을 감정인의 평가에 의하여 유치물로 직접 변제에 충당할 것을 법원에 청구할 수 있을 뿐이므로 유치권자에게 물상대위성(物上代位性)이 인정되는 것은 아니다.

또한, 간이변제충당권(簡易辨濟充當權)에서 **유치물의 간이변제충당의 요건인 "정당한 이유의 존부에 관한 판단 기준"이 문제되는바**, 이에 대하여

[대법원 2000. 10. 30. 선고 2000마4002 결정]은 "유치물의 처분에 관하여 이해관계를 달리하는 다수의 권리자가 존재하거나 유치물의 공정한 가격을 쉽게 알 수 없는 등의 경우에는 민법 제322조제2항에 의하여 유치권자에게 유치물의 간이변제충당을 허가할 정당한 이유가 있다고 할 수 없다"고 판결하였다.

(4) 유치권과 채권쌍무계약(債權雙務契約)상의 동시이행항변권(同時履行抗辯權) 사이의 공통점과 차이점에 대하여

1) 동시이행항변권(同時履行抗辯權)의 의의

동시이행항변권(同時履行抗辯權)이란 공평의 원칙에 입각하여 쌍무계약에서 생기는 대립하는 채무사이에 이행상의 견련관계(牽連關係)를 관철하기 위한 것으로서 쌍무계약(雙務契約)상의 채무에 수반하는 채권을 말한다.

2) 동시이행항변권과 유치권 사이의 공통점과 차이점에 대하여

동시이행의 항변권에 대하여, 민법 제536조제1항은 "쌍무계약의

당사자 일방은 상대방이 그 채무이행을 제공할 때까지 자기의 채무이행을 거절할 수 있다." 규정하고 있는바, 동시이행항변권과 유치권은 모두 "공평의 원칙"에 바탕을 두고 도입한 권리이라는 공통점이 있으나, 전자는 한 개의 쌍무계약으로부터 생긴 채권으로서의 동일성을 잃지 않는 한에서 주장할 수 있을 뿐이다.

그러나, 후자인 유치권은 모든 사람에게 대하여 주장할 수 있는 물권으로서 피담보채권이 변제되지 않는 한 소멸하지 않으므로 동시이행의 항변권이 존재하는 경우에도 유치권 역시 동시에 병존할 수 있다.

또한, 양자는 목적물의 인도청구소송에서 유치권이 인정되거나 동시이행(同時履行)의 항변권이 인정되는 경우, 양자 모두에게 상환급부판결[2])을 하게 되는 공통점이 있으나, 양자는 아래와 같은 차이점과 연관성이 있다.

첫째: **유치권**은 목적물을 직접 지배하는 내용의 물권이므로 누구에게 대하여도 행사할 수 있는 절대적 권리이나, **동시이행의 항변권**은 채권 쌍무계약의 효력으로서 상대방의 청구에 대한 항변권이므로 계약의 상대방에 대하여만 행사할 수 있는 상대적 권리이다.

둘째: 유치권에 의하여 거절할 수 있는 급부는 목적물의 인도 거절에 한하나, 동시이행의 항변권에 의하여 거절할 수 있는 급부에는 제한이 없다.

셋째: 유치권에 대한 채권은 그 발생원인의 여하를 불문하나, 동시이행의 항변권은 동일한 쌍무계약에 의하여 발생한 것에 제한되는

---

2) 상환이행판결(相換履行判決)이란 원고 또는 제3자가 피고에게 일정한 의무를 이행하는 것과 상환으로, 또는 동시에 피고로 하여금 일정한 의무의 이행을 명하는 판결을 말하며, 이는 일종의 장래이행판결에 속한다.

예를 들면, 「피고는 원고로부터 금 1억원을 지급받음과 상환으로(또는 동시에) 원고에게 별지목록기재 건물을 명도하라.」는 형식의 판결이다.

것이 원칙이다.

넷째: 유치권과 동시이행(同時履行)의 항변권은 모두 "공평의 원칙"에 입각함은 위와 같으나, 유치권에 공평을 요구하는 목적은 유치권자의 채권담보에 있으나, 동시이행(同時履行)의 항변권은 당사자의 일방만이 선이행(先履行)을 강요당하는 것을 피하게 하는데 목적이 있으며, 그런 이유로 민법 제327조는 채무자가 다른 담보제공으로 유치권의 소멸을 청구할 수 있도록 규정하고 있는 반면, 동시이행(同時履行)의 항변권에는 그와 같은 담보제공을 이유로 항변권에 대한 소멸청구를 인정하지 않는다.

2. 유치권의 성립요건

(1) **채권이 타인의 물건이나 유가증권에 관하여 생긴 것, 즉 채권과 유치권의 목적물(물건과 유가증권) 사이에 '견련성(牽連性)'이 있어야 한다.**

   1) **채권과 유치권의 목적물(물건과 유가증권) 사이의 '견련성(牽連性)'의 의의**

   민법 제320조제1항은 "타인의 물건 또는 유가증권을 점유한 자는 그 물건이나 유가증권에 관하여 생긴 채권이 변제기에 있는 경우에는 변제를 받을 때까지 그 물건 또는 유가증권을 유치할 권리가 있다."고 규정하고 있다.

   여기에서 「그 물건이나 유가증권에 관하여 생긴 채권」이란 채권과 유치권의 목적물 사이의 견련성(牽連性)을 말하며, 견련성이 인정되는 유치권에는 유치권의 불가분성이 존재하고, 그런 이유로 유치물은 그 각 부분으로써 피담보채권의 전부를 담보하며, 이와 같은 유치권의 불가분성은 그 목적물이 분할 가능하거나 수개의 물건인 경우에도 적용된다.(대법원 2007. 9. 7.선고 2005다16942 판결 참조)

유치권에 관한 채권과 유치권의 목적물 사이의 견련성(牽連性)은 채권이 목적물을 원인으로 하여 그 자체로부터 발생한 경우에 한하여 견련성(牽連性)이 인정됨을 의미하며, 여기서 견련관계(牽連關係)란 「유치권을 취득하게 되는 자와 상대방과의 사이에 물건의 점유자가 그 물건의 보존을 위하여, 또는 가치를 증대시키거나 또는 그 물건으로부터 손해를 입었기 때문에 그 물건의 반환을 청구하는 자에게 대하여 이득의 반환 또는 손해배상을 받을 때까지 인도를 거절해서 간접적으로 변제를 촉구하는 관계가 있는 것을 의미」한다.

예를 들면, 건물 공사의 공사대금채권을 변제받기 위하여 그 건물을 점유 하는 경우에는 공사대금채권이 그 건물 자체에서 발생한 채권이며, 임차인이 임차목적물의 보존에 관한 필요비를 지출하였거나 목적물의 가치를 증가시키는 유익비를 지출한 경우의 임차인의 위 필요비나 유익비의 상환청구권 역시 임차목적물 자체에서 발생한 채권이므로 견련성이 인정된다.(민법 제626조)

2) 유치권에 관한 채권과 유치권의 목적물 사이의 견련성(牽連性) 성립에 대한 대법원 판례의 입장

"유치권의 견련성은 채권이 목적물을 원인으로 하여 그 자체로부터 발생하는 경우에 한하며, 채권이 유치권의 목적물의 반환청구권과 동일한 법률관계 또는 동일한 사실관계로부터 발생하는 경우에는 견련성(牽連性)을 인정하지 않는다"는 것이 대법원 판례의 입장이다.

따라서 매매계약의 취소의 경우, 이중매매의 경우, 가등기담보의 처분의 경우는 물론이고 임차인의 임대인에 대한 보증금의 반환청구권과 임차목적물 사이에, 또는 임차인의 부속물매수청구 행사의 경우 부속물대금채권과 건물 또는 건물의 대지의 반환의무 사이에도 견련성은 인정되지 아니하므로 유치권 역시 성립하지 아니한다.

여기서 채권과 목적물의 점유사이에 존재하는 채권은 물건의 점유하기 이전에 또는 점유와 동시에 발생하는 것이 일반적이나, 목적물을 점유하기 이전에 그 목적물에 관련된 채권이 발생하고 그 후 어떤 이유로 그 목적물에 대한 점유를 취득하게 된 경우에도 유치권이 성립함은 물론이다.(대법원 1965. 3. 30.선고 64다 1977 판결 참조)

3) **법원경매절차와 유치권의 견련성 사이의 관계**

법원경매절차에서 유치권자가 유치권을 내세워 대항할 수 있는 범위는 유치권의 목적물과 견련관계에 있는 피담보채권에 한한다.

따라서, 법원경매절차에서 유치권자가 피담보채권으로 주장하는 금액 중 일부만 견련성이 인정된다면, 그 일부 채권에 한하여 유치권이 성립하므로 경매절차에서 근저당권자 등은 법원에 유치권자를 상대로 유치권의 부존재 확인의 소를 제기하여 유치권으로 대항할 수 없는 범위를 초과하는 채권부분에 대하여 근저당권자가 유치권의 목적물과 견련관계의 부존재를 주장·입증하면, 법원은 유치권 부분에 대한 일부패소판결을 하게 되어 이를 통하여 근저당권자 등은 보호를 받을 수 있다.(대법원 2009. 1. 15.선고 2008다70763 판결 참조)

(2) **채권의 존재와 그 채권이 '변제기'에 있어야 한다.**

1) 유치권과 채권의 변제기 사이의 관계 및 변제기 유예(猶豫)에 대하여

피담보채권의 변제기 도래는 유치권의 성립요건[3]인바, 이는 변제기 도래 전에 유치권을 인정하면 변제기 전의 채무이행을 간접적으로 강제하는 결과가 되기 때문이며, 이 경우의 채권은 금전채권

---

3) 유치권에서의 피담보채권의 변제기 도래는 유치권의 성립요건이다. 그러나 저당권이나 질권 등 다른 담보물권에 있어서의 채권의 변제기 도래는 그 담보물권의 실행을 위한 요건일 뿐이지 성립요건은 아니므로 양자는 구별하여야 한다.

임을 요하지 않으며, 유치권 행사 중에 취득한 채권의 경우에도 변제기가 도래한 채권인 경우에도 유치권이 성립함은 당연하다.

2) **유치권과 채권의 변제기 유예(猶豫)에 대하여**

민법상 유익비상환청구권에 대하여 상환기간을 허여하는 경우(제203조제3항, 제310조제2항, 제626조제2항 후단 참조) 또는 당사자 사이에 변제기에 대한 유예기간의 약정이 있는 경우가 있는데, 그 각 경우에는 모두 변제기의 미도래(未到來)로 인하여 유치권이 성립하지 않거나, 기존에 생긴 유치권이 소멸함에 유의하여야 하며, 이 경우 설령 채권자가 허여된 상환기간동안 목적물을 계속 점유하는 경우에도 유예기간이 도래한 때부터 비로소 다시 유치권이 성립하므로 위와 같이 상환기간을 허여하는 경우 또는 변제기에 대한 유예기간의 약정이 있는 경우에는 그 채권이 변제기에 있지 않게 되므로 채권자가 기존에 성립하여 가지고 있던 유치권은 상실함에 유의하여야 한다.

3) **변제기를 정하지 아니한 채권과 유치권**

변제기를 정하지 아니한 채권에 기한 유치권은 채권발생과 동시에 유치권이 성립한다.

그러나, 만일 유치권자가 수령지체에 있는 경우에는 유치권을 행사할 수 없으며, 상대방에게 동시이행항변권이 있어 그가 이를 행사하는 경우에는 변제기가 도래하였다고 하더라도 유치권의 행사는 배제된다.

4) **법원경매절차와 유치권에 대한 피담보채권의 변제기, 그리고 법원경매절차와 국세징수법에 의한 강제징수절차(=체납처분절차)에 대하여**

채권의 변제기와 관련하여 부동산경매절차에서 유치권의 취득시기가 문제되는바, 이 경우 유치권은 부동산에 관한 경매개시결정등기이전에 유치권을 취득하여야 하며, 이미 경매개시결정등기가 된 뒤에 부동산의 점유를 이전받거나 피담보채권이 발생·변제기에 이르러 유치권을 취득한 자는 그 경매절차의 매수인에 대하여 유치권을 행사할 수 없다.(대법원 2022. 12. 29.선고 2021다253710 참조)

5) **법원경매절차와 국세징수법에 의한 강제징수절차(=체납처분절차)에 대하여**

국세징수법의 강제징수절차(=체납처분절차)에 따라 압류가 된 부동산의 경우, 그 경매절차에서 부동산을 경락받은 매수인과 유치권자 사이에 유치권 행사의 문제가 발생할 수 있는바, 국세징수법에 의한 강제징수절차에 따른 압류가 되어 있는 부동산에 대하여 경매개시결정에 의한 경매절차가 개시되기 전에 민사유치권을 취득한 유치권자는 강제징수의 압류에 관계없이 경매절차에서 부동산을 경락받은 매수인에게 유치권을 행사하여 대항할 수 있으며, 이는 강제징수(체납처분)절차에 의한 공매절차와 민사집행절차에 따른 경매절차는 서로 별개로 진행되기 때문이다.

부연하면, 민사집행절차에서는 경매개시결정과 함께 압류를 명하고 그와 동시에 경매절차가 개시되는 반면, 강제징수(체납처분)절차에서는 압류와 동시에 공매절차가 개시되는 것은 아니고, 강제징수(체납처분)의 압류가 반드시 공매절차로 이어지는 것도 아니기 때문에 국세징수법의 강제징수절차에 따른 압류와는 관계없이 경매절차에서 부동산을 경락받은 매수인에 대한 유치권자의 유치권 행사에 대한 대항여부를 판단하여야 한다.(대법원 2014. 3. 20.선고 2009다 60336 전원합의체 판결 참조)

(3) **유치권자가 타인의 물건 또는 유가증권을 '점유'하고 있어야 한다.**

1) **점유(占有) 및 점유권(占有權)의 의미**

민법 제192조 제1항은 "물건을 사실상 지배하는 자는 점유권이 있다."고 규정하고 있는바, 점유는 물건에 대한 「사실상의 지배」만으로써 성립하며, 「사실상의 지배」란 사회관념상 물건이 어떤 사람의 지배내에 있다고 인정되는 객관적관계를 말하며(대법원 1974. 7. 16.선고 73다923 판결 참조), 그 밖에 점유의사 유무를 필요로 하지 않으며, 다만 적어도 사실적 지배관계를 가지려는 의사, 즉 점유설정의사는 필요하다는 것이 통설적 입장이며, 위와 같이 '사실상 지배'내에 있다고 하기 위해서는 반드시 물건과 사람과의 시간적, 공간적 관계와 본권관계, 타인지배의 가능성 등을 고려하여 사회관념에 따라 합목적적으로 판단하여야 한다.(대법원 1996. 12. 23.선고 95다31317 판결 참조)

또한, 점유는 위와 같이 물건에 대한 「사실상의 지배」를 말하므로 타인의 간섭을 배제하는 면이 있다고 할 것이므로 일반공중의 통행에 제공되고 있는 공로(公路)에 연결되는 골목길을 일상 통로로 사용하고 있는 자에게 골목길에 대하여 점유가 성립된다고 할 수 없고, 건물의 문을 잠그고 그 열쇠를 가지고 있으면 물건을 사실상 지배하고 있다고 볼 수 있고, 그 열쇠를 가지고 있는 자는 건물내의 물건을 지배한다고 인정되며, 점유할 수 있는 권리, 즉 본권이 있느냐 없느냐는 점유의 성립에는 관계가 없다.

한편, 점유권이란 「물건에 대한 사실상의 지배」라고 하는 법적 지위를 말하는바, 점유가 성립하면 그에 대한 법률효과로서 점유자는 점유권은 당연히 원시적으로 취득된다.

2) **직접점유와 간접점유, 그리고 점유보조자**

민법 제194조는 "지상권, 전세권, 질권, 사용대차, 임대차, 임치 기타의 관계로 타인으로 하여금 물건을 점유하게 한 자는 간접으로 점유권이 있다."고 규정하고 있는바, 직접점유(直接占有)는 물건을 직접 소지하여 지배하고 있는 것을 말하고, 간접점유(間接占

有)란 위와 같은 지상권, 전세권, 질권, 사용대차, 임대차, 임치 기타의 관계 등 점유매개관계(占有媒介關係)에 기인하여 직접점유자에 의하여 매개되는 점유를 말하고, 점유매개관계(占有媒介關係)는 반드시 유효한 법률관계임을 필요로 하지 않는다.

예를 들어, 임대차계약의 종료 후, 또는 임대차계약이 무효가 되거나 취소된 경우, 점유매개관계(占有媒介關係)는 유효한 법률관계가 아님에도 불구하고 임대인과 임차인 사이에 간접점유가 성립한다.

한편, 민법 제195조는 "가사상, 영업상 기타 유사한 관계에 의하여 타인의 지시를 받아 물건에 대한 사실상의 지배를 하는 때에는 그 타인만을 점유자로 한다."고 규정하고 있는바, 점유보조자(占有補助者)란 점유자를 위하여 물건에 대하여 사실상의 지배를 하지만, 점유자와 명령·복종의 상하관계의 사회적 종속관계가 있는 자를 말하며, 그가 점유자는 아니다.

예를 들어, 가사사용자는 그가 점유자의 열쇠를 보관하고 있다고 하더라도 점유보조자(占有補助者)에 불과하므로 점유자가 아니다.

3) 유치권자의 타인의 물건 또는 유가증권에 대한 '점유'

유치권이 성립하기 위해서는 유치권자가 타인의 물건 또는 유가증권을 '점유'하고 있어야 하는바, 여기서 '타인'이란 채무자뿐만 아니라 제3자도 포함되며(대법원 1972. 1. 31.선고 71다2414 판결 참조), 점유는 직접점유는 물론 간접점유를 포함한다.

다만, 유치권은 목적물을 유치함으로써 채무자의 변제를 간접적으로 강제하는 것을 본체적 효력으로 하는 권리이므로 점유자가 채무자인 경우에는 유치권의 요건으로서의 점유에 해당하지 않으므로(대법원 2008. 4. 11.선고 2007다27236 판결 참조) 유치권은 성립하지 않음에 유의하여야 한다.

또한, 유치권의 목적물은 물건 또는 유가증권이며, 물건에는 부동산, 동산 불문하며, 유치권자는 채권을 변제받기 위하여 채무자의 유치물을 경매할 수 있고, 정당한 이유가 있는 경우 간이변제충당이 가능하므로(민법 제322조) 유치권의 목적물은 양도성이 있어 처분 가능한 재산권이어야 한다.

또한, 유치권자의 점유는 유치권의 성립요건이며 동시에 존속요건이므로 유치권자가 점유를 상실하면 유치권은 소멸하며(민법 제328조), 채권자와 채무자가 목적물을 공동 점유하는 경우에게도 채권자의 유치권은 성립함에 유의하여야 한다.

(4) 점유가 '불법행위'로 인한 것이 아니어야 한다.

민법 제320조제2항은 "전항의 규정은 그 점유가 불법행위로 인한 경우에는 적용하지 아니한다."고 규정하고 있는바, 이는 유치권 성립요건으로서의 점유는 적법한 점유이어야 함을 말하며, 불법점유의 경우에는 유치권이 성립하지 않음을 말한다.

여기서 불법행위란 민법 제750조가 규정한 불법행위를 지칭하므로 점유의 취득의 시작이 점유의 침탈이나 사기·강박 등에 의한 경우뿐만 아니라 채무자에게 대항할 수 있는 점유의 권원이 없거나 또는 이를 알거나 과실로 알지 못하고 하는 점유, 또는 목적물을 채무자가 아닌 제3자가 점유하는 경우 채권자가 제3자로부터 탈취하여 점유를 취득한 경우에도 불법행위에 포함된다.

따라서, 도인(盜人)은 절취한 물건을 수선하여 발생한 수선대금으로 절취한 물건의 반환을 거절할 수 없고, 임대차계약 없이 부동산을 점유한 자, 또는 임차인이 임대차계약 해제 후의 임차인은 임차목적물을 계속 점유하면서 목적물의 보존에 필요한 필요비, 또는 유익비를 지출할 경우 그에 대한 상환청구권을 이유로 유치권을 행사할 수 없으며, 점유가 불법행위로 인하여 시작되었다는 주장·입증책임은 물건의 반환을 청구하는 자에게 귀속된다는 점에 유의하여야 한다.(민법 제320조의 제2항은 제1항의 예외 규정임)

한편, 채무자가 채무초과의 상태에 이미 빠졌거나 그러한 상태가 임박함으로써 채권자가 원래라면 자기 채권의 충분한 만족을 얻을 가능성이 현저히 낮아진 상태에서 자기 채권의 우선적 만족을 위하여 채무자와의 사이에 의도적으로 유치권의 성립요건을 충족하는 내용의 거래를 일으키고 그에 기하여 목적물을 점유하게 됨으로써 유치권이 성립되었다고 주장하는 경우, 이는 다른 특별한 사정이 없는 한 신의칙에 반하는 권리행사 또는 권리남용으로 허용되지 않으므로 저당권자 등은 경매절차 기타 채권실행절차에서 유치권을 배제하기 위하여 법원에 유치권 부존재확인의 소를 제기하여 보호를 받을 수 있다.(대법원 2011. 12. 22.선고 2011다84298 판결 참조)

(5) **당사자 사이에 유치권 발생을 배제하는 계약(특약)이 없어야 한다.**

유치권은 법정담보물권이다. 그러나 이는 채권자의 이익보호를 위한 채권담보의 수단에 불과하므로 이를 포기하는 계약(특약)은 유효하고, 유치권을 배제하는 특약은 유치권 성립 시는 물론이고 성립 후에도 모두 유효하며, 그 특약은 당사자 사이의 명시적 계약에 의하는 것이 일반적이나 묵시적 약정에 의해서도 가능하고(대법원 2012. 9. 12.선고 2012다37176 판결 참조), 일단 유치권을 포기하는 특약이 있으면 유치권은 성립하지 아니한다.

따라서 유치권을 사전에 포기한 경우에는 가사 다른 법정요건이 모두 충족되더라도 유치권이 발생하지 않으며, 유치권을 사후에 포기한 경우에는 곧바로 유치권이 소멸하게 된다.

한편, 유치권 배제특약으로 인한 유치권 포기로 인한 유치권의 소멸은 유치권 포기의 의사표시의 상대방은 물론이고, 그 이외의 사람도 유치권 소멸을 주장할 수 있다(대법원 2016. 5. 12.선고 2014다52087 판결 참조)는 점에 유의하여야 하며, 근저당권 등 다른 담보가 충분한 경우에는 묵시적 유치권 배제의 특약이 있는 것으로 인정되는 경우도 이따금 있으므로 소송의 진행에서 이런 점 역시 고려할 필요가 있다.

3. 유치권의 효력

(1) 유치권자의 권리

1) 목적물에 대한 유치권

유치권자는 유치권의 불가분성(不可分性)으로 인하여 그의 채권의 변제를 받을 때까지 목적물을 계속 유치할 권리가 있으며, 여기에서 유치(留置)란 유치물의 점유를 계속하며 인도를 거절하는 것을 말하고, 이것이 유치권의 중심적 효력이라고 할 수 있다.

유치권은 물권이므로 채무자뿐만 아니라 그 외의 모든 사람에게 대하여도 행사할 수 있으며, 유치권자가 법원경매절차에서 유치권신고를 하였는지 여부나, 신고접수의 전·후와는 무관하다.

또한, 유치권의 목적물은 채무자가 아닌 제3자의 소유라고 하더라도 그에게 유치권을 행사할 수 있다. 예를 들어, 건물이나 토지의 임차인이 필요비나 유익비를 지급한 경우, 임차인은 임대인으로부터 그 건물이나 토지를 매수한 현재의 소유자에게도 그 비용을 받을 때까지 유치권을 행사할 수 있으며, 다만 여기서 유의할 점은 유치권자가 비용상환청구권을 행사하면서 기존대로 건물에 계속 거주하거나 토지를 계속 사용할 경우에는 설령 그것이 유치물의 보존에 필요한 사용에 속한다고 하더라도 특별한 사정이 없는 한 차임상당의 이익을 소유자에게 반환하여야 한다는 것이다.(대법원 2009. 9. 24.선고2009다40684 판결 참조)

한편, 채권자가 유치권을 행사하는 것이 상대방의 목적물인도청구권 자체를 부인하는 것은 아니므로 상대방의 목적물인도청구의 소에 대하여 유치권자가 유치권을 행사하는 때에는 법원은 동시이행의 항변권 주장의 경우와 동일하게 채권의 변제와 상환으로 물건을 인도하여야 한다는 뜻의 일부패소의 상환 판결을 하게 된다.

한편, 민사집행법상 경매에는 경매 실행을 위하여 확정 판결 등 집행권원을 요건으로 하는 강제경매와 저당권, 질권, 전세권 등의 담보권 실행을 위한 경매, 즉 임의경매로 구분되며, 위 2개의 경매는 우선변제권이 있으므로 이들을 합의하여 실질적 경매라고 하고, 오로지 특정재산의 가격보존 또는 정리를 위하여 하는 경매를 통상 형식적 경매라고 부른다.

한편, 형식적 경매[4]는 민법·상법 그 밖의 법률규정에 의한 현금화를 위한 경매를 협의의 형식적 경매라 부르고, 여기에 유치권에 의한 경매를 합하여 광의의 형식적 경매라고 부르는바, 유치권은 이른바 법정담보물권으로서, 유치권자는 비록 채권의 변제를 받기 위하여 경매를 신청할 권리를 가지고 있지만(민법 제322조제1항), 유치권자는 우선변제권을 가지고 있지 않으므로 유치권에 의한 경매는 현금화를 위한 형식적 경매에 속하는바,

민사집행법 제274조제1항은 "유치권에 의한 경매와 민법·상법, 그 밖의 법률이 규정하는 바에 따른 경매(이하 유치권 등에 의한 경매라고 함)는 담보권 실행을 위한 경매의 예에 따라 실시한다."고 규정하고 있으므로 유치권에 의한 경매절차는 동법 제3편 담보권 실행 등을 위한 경매절차, 즉 임의경매 절차를 규정한 동법 제264

---

[4] 형식적 경매의 종류는 공유물 분할을 위한 경매(민법 제269조제2항), 특정물 인도의무를 부담하는 자가 그 인도의무를 면하기 위하여 물건을 금전으로 현금화하는 것을 목적으로 신청하는 자조매각(自助賣却)(민법 제490조, 민사집행법 제258조제6항, 상법 제67조, 제70조, 제71조, 제109조, 제123조, 제142조, 제143조제1항, 제149조제2항, 제165조, 제753조, 제808조제1항), 통상적인 거래단위 미만의 주식, 또는 1주 미만의 주식인 단주(端株)의 경매(상법 제443조제1항, 제461조제2항, 채무자 회생 및 파산에 관한 법률 제265조제3항, 제266조제6항, 제273조제3항, 제274조제6항), 어떠한 물건에 대한 타인의 권리를 상실시키는 것 자체를 직접적인 목적으로 하는 타인의 권리를 상실시키는 경매(상법 제760조, 집합건물법 제45조제1항), 어떤 범위의 재산을 한도로 채권자들에게 그 채권액의 비율에 따라 일괄하여 변제하기 위하여 청산을 목적으로 해당 재산을 현금화하는 청산을 위한 경매(민법제1037조, 제1051조제3항, 제1056조제2항)로 분류할 수 있다.

조 내지 제275조 규정에 따르며, 민사집행법 제274조제2항은 "유치권 등에 의한 경매절차는 목적물에 대하여 강제경매 또는 담보권 실행을 위한 경매절차가 개시된 경우에는 이를 정지하고, 채권자 또는 담보권자를 위하여 그 절차를 진행하여야 한다.", 동조 제3항은 "제2항의 경우에 강제경매 또는 담보권 실행을 위한 경매가 취소되면 유치권 등에 의한 경매절차를 계속하여 진행하여야 한다."고 각 규정하고 있으므로 강제경매 또는 임의경매는 유치권 등에 의한 형식적 경매에 우선하여 진행됨에 유의하여야 한다.

한편, 동산·유가증권의 강제경매의 경우, 유치권자가 목적물을 집달관에게 목적물을 임의로 인도하는 경우가 일반적인바, 이 경우 유치권자는 집달관에 대하여 목적물의 인도를 거부할 수도 있으며, 그럼에도 불구하고 집달관이 압류경매를 한 때에는 유치권자는 집행방법에 관한 이의의 소(민사집행법 제16조) 또는 제3자 이의의 소(민사집행법제48조)를 제기할 수 있다.

한편, 청구에 관한 이의의 소에 대하여, 민사집행법 제44조제1항은 "채무자가 판결에 따라 확정된 청구에 관하여 이의하려면 제1심 판결법원에 청구에 관한 이의의 소를 제기하여야 한다." 제2항은 "제1항의 이의는 그 이유가 변론이 종결된 뒤(변론 없이 한 판결의 경우에는 판결이 선고된 뒤)에 생긴 것이어야 한다." 제3항은 "이의이유가 여러 가지인 때에는 동시에 주장하여야 한다."고 규정하고 있으므로 목적물 인도소송에서 유치권자가 변론종결 전에 유치권을 가지고 있었음에도 불구하고 이를 행사하지 아니하여 패소 확정된 경우에는 청구이의의 소로써도 다툴 수 없게 된다는 점에 유의하여야 한다.

다만, 이 경우에도 변론종결 후 인도기일까지 목적물에 관하여 견련성 있는 채권을 취득한 때에는 유치권을 행사하여 청구이의의 소를 제기할 수 있다. 예를 들어, 건물의 점유자가 재판상의 화해(민사소송법 제220조)에 의하여 건물을 명도하기로 하였으나 그 후 명도기일까지 그 건물에 관하여 유익비상환청구권을 취득한 경우에는 청구이의 소를 제기할 수 있으며, 경락인의 인도청구에 대하여 유치권이 행사된 경우에는 법원은 인도청구를 기각하게 된다.

2) **유치권자의 경매권과 유치권자의 배당순위**

유치권자는 유치물을 경매할 수 있는 경매신청권이 있다(민법 제322조제1항, 민사집행법 제274조).

그러나, 유치권자의 경매권은 유치권자가 경매에서 우선변제권이 없으므로 경매신청의 목적은 피담보채권의 강제적 실현에 있는 것이 아니고 유치권자가 그 물건을 채무변제시까지 기약없이 무작정 보관하여야 하는 부담에서 벗어나서 유치목적물을 현금화할 수 있는 권리를 행사하는 것으로서 유치권에 의한 경매는 현금화를 위한 경매의 성질을 가지므로 유치물에 대한 환가(換價)는 경매에 의하는 것이 원칙이다.

유치권에 의한 경매절차는 강제경매나 담보권 실행을 위한 임의경매와 마찬가지로 목적부동산 위의 부담을 소멸시키는 것을 법정매각조건으로 하여 실시되는 소멸주의 원칙이 적용되고, 그 경매절차에서 우선채권자뿐만 아니라 일반채권자의 배당요구도 허용되며, 유치권자는 일반채권자와 동일한 순위로 배당을 받을 수 있다. 다만 집행법원은 부동산 위의 이해관계를 살펴 위와 같은 법정매각조건과는 달리 매각조건 변경결정을 통하여 목적부동산 위의 부담을 소멸시키지 않고 매수인으로 하여금 인수하도록 정할 수도 있다(대법원 2011. 6. 17.자 2009마2063 결정 참조).

또한, 유치권에 의한 경매절차는 민사집행법 제274조제1항 규정에 의해 담보권 실행을 위한 경매, 즉 임의경매의 예(例)에 따라 실시되며, 동조 제2항 규정에 따라 목적물에 대하여 강제경매 또는 담보권 실행을 위한 경매, 즉 임의경매절차가 개시된 경우에는 유치권에 의한 경매절차는 정지되는바, 만일 강제경매 또는 담보권 실행을 위한 임의경매절차가 진행되어 매각이 이루어졌다면, 이 경우에는 유치권에 의한 경매절차는 위와 같이 소멸주의의 원칙으로 하여 진행되는 것이 아니고 인수주의를 취하므로 해당 유치권은 소멸하지 않음에 유의하여야 한다(대법원 2011. 8. 18.선고 2011다35593 판결 참조).

유의할 점은 유치권자가 피담보채권인 공사대금 채권을 실제와는 달리 허위로 부풀려 유치권에 의한 경매를 신청한 경우에는 정당한 채권액에 의하여 경매를 신청한 경우보다 더 많은 배당금을 받을 수도 있으므로 이는 법원을 기망하여 배당이라는 법원의 처분행위에 의하여 재산상 이익을 취득하려는 행위에 해당하는 것으로 인정되어 소송사기죄로 처벌받을 수 있으므로(대법원 2012. 11. 15.선고 2012도9603 판결 참조) 이에 유념할 필요가 있으며, 다만 소송사기에 있어서 피기망자인 법원의 재판은 피해자의 처분행위에 갈음하는 내용과 효력이 있는 것이어야 하므로 부동산 경매절차에서 단순히 허위의 공사대금채권을 근거로 유치권 신고를 한 경우에는 소송사기죄를 구성하지 않는다고 봄이 타당하다는 점도 유의하여야 한다(대법원 2009. 9. 24.선고 2009도5900 판결 참조).

3) <u>유치권자의 간이변제충당청구권</u>

민법 제322조제2항은 "정당한 이유가 있는 때에는 유치권자는 감정인의 평가에 의하여 유치물로 직접 변제에 충당할 것을 법원에 청구할 수 있고, 이 경우에는 유치권자는 미리 채무자에게 통지하여야 한다."고 규정하여 유치권자의 간이변제충당을 규정하고 있는바, 법원의 간이변제충당의 허가결정이 있으면 유치권자는 유치물의 소유권을 취득하며, 이 경우 소유권 취득은 민법 제187조 규정의 법률의 규정에 의한 취득이므로 등기를 요하지 않으며, 평가액이 채권액을 초과하는 경우에는 유치권자는 그의 차액을 채무자에게 반환하여야 하며, 유치권자는 미리 채무자에게 간이변제충당을 통지하여야 함에도 불구하고, 법원이 그 사실이 없음을 간과하고 허가를 한 경우 채무자는 법원의 허가결정에 대하여 불복신청을 할 수 없다는 점에 유념하여야 한다.

여기서 정당한 이유가 있는 때인지 여부는 법원의 판단에 의하는 바, 예를 들어 경매를 통하여 충분한 환가를 받을 수 없는 특수한 미술품의 경우나 유치품에 대한 공정한 시세표가 있어 경매를 통하지 않더라도 공정성이 인정되는 경우, 또는 유치물의 특성상 유치권자가 이를 취득하는 것이 적당한 경우 등이며, 유치물의 간이변제충당의 요건인 정당한 이유의 존재에 관한 판단 기준은 유치물의 처분에 관하여 이해관계를 달리하는 다수의 권리자가 존재하거나 유치물의 공정한 가격을 쉽게 알 수 등의 경우에는 민법 제322조제2항에 의하여 유치권자에게 유치물의 간이변제충당을 허가할 정당한 이유가 있다고 할 수 없다는 것이 대법원 판례의 입장이다(대법원 2000. 10. 30.자 2000마 4002 결정 참조).

4) 유치권자의 우선변제권

유치권의 경우, 유치권자는 질권과 저당권의 경우와는 달리 경매의 경락대금으로부터 우선변제를 받을 우선변제권이 없는바, 이는 민법이 질권과 저당권과는 다르게 유치권에 우선변제권 규정이 없기 때문이며, 다만 유치권자는 채무자가 파산하여 파산재단에 속하는 특정의 재산에 대하여 별제권(別除權)5)을 가지는 경우(채무자회생 및 파산에 관한 법률 제412조)의 유치권자가 위와 같이 간이변제충당을 하는 경우에는 유치권자는 과실수취권(제325조)에 의

---

5) 채무자회생법상 파산절차상의 별제권(別除權)이란 파산재단에 속하는 특정의 재산에 대하여 파산채권자에 우선하여 채권의 변제를 받을 수 있는 권리를 말한다. 이는 파산재단에 속하는 특정한 재산에 대한 담보권의 효력 내지 작용을 인정하는 것이다. 예를 들면, 갑(甲)이 파산선고 전부터 파산자의 주택에 대하여 근저당권을 가지고 있는 경우 갑(甲)은 그 주택을 처분한 금액에 대하여는 다른 채권자보다 우선하여 변제받을 수 있는 권리가 있으며, 실체법상의 담보권, 즉 유치권자(상사유치권이나 민사유치권 관계없음), 질권자, 저당권자 또는 전세권자는 파산재단에 속하는 특정의 재산에 대하여 별제권을 가지며, 그 외에 가등기담보, 양도담보, 소유권유보 등에 의한 비전형 담보권에도 별제권이 인정된다.

해 유치물로부터 생기는 과실(果實)을 수취하여 다른 채권자보다 먼저 채권의 변제에 충당하는 우선변제권을 갖는다. 즉 유치권자는 다른 채권자보다 먼저 과실(果實)을 자기의 변제에 충당할 수 있으므로(민법 제323조제1항 본문) 이 경우에는 유치권은 과실 위에 존재하는 질권 또는 저당권에 우선하여 우선변제권이 존재한다.

5) 과실수취권(果實收取權)

민법 제323조제1항은 "유치권자는 유치물의 과실을 수취하여 다른 채권보다 먼저 그 채권의 변제에 충당할 수 있다. 그러나 과실이 금전이 아닌 때에는 경매하여야 한다."라고 규정하고 있으므로 유치권자는 과실(果實)에 대한 우선순위 변제권, 즉 과실수취권을 가지고 있다.

위 규정은 과실이 금전인 때에는 바로 채권의 변제에 충당할 수 있으나, 금전이 아닌 때에는 경매절차에 따라 환가하여 충당하여야 하는 과실에 대한 환가방법을 규정하고 있고, 이 경우에도 당사자 사이의 평가합의에 의한 충당이 가능하고, 환가의 지체로 인하여 손해가 발생할 우려가 큰 경우에는 과실물의 매각 등도 가능하고 할 수 있다.

유치권자는 위와 같이 과실에 대한 우선순위 변제권이 있으므로 과실(果實)위에 존재하는 질권 또는 저당권에 우선한다.(민법 제395 단서 참조)

한편, 유치권자는 채무자의 승낙을 얻어 자신의 채무 담보로 유치물에 관하여 동산질권(動産質權)을 설정한 경우(민법 제324조 본문 참조)에는 과실질권(果實質權)이 유치권자의 과실유치권에 우선함에 유의하여야 한다.(민법 제323조의 제343조 규정 준용)

또한, 유치권자가 채무자의 승낙을 얻거나 유치물의 보존행위로서 유치물을 사용하는 경우 그 때에 발생하는 차임상당액은 엄격한 의미에서는 과실에 속한다고 할 수 없으나 이 경우에도 우선적으로 채권의 변제에 충당할 수 있다고 보는 것이 통설적 입장이다.

또한, 민법 제323조 제2항은 "과실은 먼저 채권의 이자에 충당하고 그 잉여가 있으며 원본에 충당한다."라고 하여, 과실의 변제충당의 순서를 규정하고 있는바, 위 변제충당의 순서에 따라 충당한 후 나머지가 있는 때에는 유치권자는 이것을 원물과 함께 채무자에게 반환하여야 한다. 그러나 위 규정은 강행규정이 아니므로 당사자 사이의 특약으로 변제충당의 순서를 달리 정할 수 있다고 할 수 있다.

유치권자의 과실수취권은 유치권의 점유에 관하여 유치권자는 선량한 관리자의 주의의무를 부담하고 있고(민법 제324조제1항), 과실을 수취하여도 변제에 충당하면 채무자의 이익을 해하지 않기 때문에 둔 규정이라고 할 수 있다.

여기서 과실(果實)이란 천연과실은 물론이고 법정과실도 포함하며, 유치권자가 종전대로 목적물을 임대하거나 소유자의 승낙을 얻어 임대하여 발생하는 차임(借賃)은 법정과실의 예(例)이고, 이 경우 유의할 점은, 예를 들어 토지를 임차하여 그 토지상에 자신의 건물을 소유하여 사용하다가 토지의 임차계약이 해지된 후에도 임차인이 종전대로 그 토지에 대하여 유치권을 취득하고 종전대로 그 토지상의 건물을 소유하여 사용하는 경우에 그 토지의 차임은 법정과실에 속한다. 그러나 유치권자가 임차인으로서 유치권성립 이전부터 임차목적물을 전대차(轉貸借)한 경우의 전차인(轉借人)의 차임은 법정과실에 속하지 아니하므로 이에 유념하여야 한다.

6) 유치물이용권(留置物利用權)

민법 제324조제1항은 "유치권자는 선량한 관리자의 주의로 유치물을 점유하여야 한다."고 유치권자의 선관의무를 규정하면서, 같은 조 제2항은 "유치권자는 채무자의 승낙없이 유치물의 사용, 대여 또는 담보제공을 하지 못한다. 그러나 유치물의 보존에 필요한 사용은 그러하지 아니한다.", 제3항은 "유치권자가 전2항의 규정에 위반한 때에는 채무자는 유치권의 소멸을 청구할 수 있다."고 규정하고 있다. 이는 유치권은 채권담보를 위하여 점유하는 권리에 불과하기 때문에 유치권자는 채무자의 승낙이 있는 때에는 유치물을 사용, 대여 또는 담보에 제공을 할 수 있고, 채무자의 승낙이 없는 때에도 유치권자는 유치권의 보존에 필요한 사용을 할 수 없는 것이 원칙이며, 이를 위반하여 유치권자가 자기 마음대로 유치물을 이용하는 경우에는 유치권자의 선관의무위반이 되어 이로 인한 손해발생여부와 상관없이 채무자(소유자)는 유치권의 소멸을 청구할 수 있다고 규정하여, 유치권자의 유치물이용권(留置物利用權)을 규정하면서 그에 대한 한계와 범위를 규정하고 있다.

여기서 승낙할 자는 채무자가 원칙이나 채무자와 소유자가 서로 다를 때에는 소유자로 보아야 하고, 승낙은 사전이나 사후에도 족하다.

또한, 여기서 「유치물의 사용」은 단서조항과의 관계상 보존행위의 범위를 초과하는 사용을 말하는 것이 원칙이나, 임대나 담보제공행위도 유치물의 보존에 필요한 사용이라면 가능하다고 보아야 하며, 여기서 「대여」에는 사용대차(使用貸借)를 포함한다.

또한, 유치권자는 위와 같이 유치물에 관한 선관의무(善管義務), 즉 선량한 관리자의 주의의무가 있으므로 보존에 필요한 범위 내에서 유치물을 이용할 의무를 부담하며, 이는 동시에 유치권자에게 이익이 되므로 이는 사용권이라고 할 수 있다.

여기서 「유치물의 보존에 필요한 사용」의 판단기준이 문제인바, 이는 목적물의 성질 및 상태에 따라 사회통념에 의해 구체적으로 판단하여야 한다.

예를 들어, 기계가 녹슬지 않도록 적당하게 가동시켜 사용하거나 가축에게 적당히 운동을 시키기 위하여 가축을 사용하는 경우, 이는 유치물의 보존에 필요한 사용이라 할 수 있으나, 그 사용이 위험을 수반하는 경우에는 이에 속한다고 할 수 없으며, 공사대금채권에 기하여 유치권을 행사하는 자가 스스로 유치물인 주택에 거주하며 사용하는 것은 특별한 사정이 없는 한 유치물인 주택의 보존에 도움이 되는 행위로서 유치물의 보존에 필요한 사용에 해당한다고 할 것이다(대법원 2009. 9. 24.선고 2009다40684 판결 참조).

여기서 문제는 건물이나 토지의 임차인이 그의 비용상환청구권에 의해 유치권을 행사하면서 기존대로 건물에 계속 기거하거나 토지를 계속 사용하는 경우인바, 부동산의 임대차의 경우, 임차인이 임차목적물을 계속 점유사용하는 것은 유치방법으로서 유치물의 보존에 필요한 보존행위에 속하므로 채무자에게 유치권소멸청구권이 발생하지 않으나, 다만 유치권자가 보존에 필요한 사용을 한 경우에도 특별한 사정이 없는 한 그로부터 얻은 차임에 상당한 사용이익은 부당이득으로서 채무자에게 반환하여야 한다(대법원 1963. 7. 11.선고 63다235 판결, 대법원 2009. 9. 24.선고 2009다40684 판결 참조).

7) 비용상환청구권(費用償還請求權: 필요비, 유익비)

민법 제325조제1항은 "유치권자가 유치물에 관하여 필요비를 지출한 때에는 소유자에게 그 반환을 청구할 수 있다." 제2항은 "유치권자가 유치물에 관하여 유익비를 지출한 때에는 그 가액의 증가가 현존한 경우에 한하여 소유자의 선택에 좇아 그 지출한 금액이나 증가액의 상환을 청구할 수 있다. 그러나 법원은 소유자의 청구에 의하여 상당한 상환기간을 허여할 수 있다."고 규정하고 있는바, 이는 유치권자의 필요비 및 유익비에 대한 비용상환청구권을 규정하고 있는 것으로서 위 규정은 유치권자의 유치물에 대한 선관주의의무를 부담하는 것에 대한 대가의 성격을 가지고 있다.

원래 점유자가 목적물에 대하여 필요비와 유익비를 들인 후 점유물을 반환하는 경우, 이는 회복자(回復者)에게는 부당이득이 되므로 점유자는 선의·악의 또는 자주점유·타주점유에 상관없이 필요비와 유익비의 상환을 청구할 수 있으며(민법 제203조), 다만 사치비(奢侈費)에 대한 상환청구는 인정되지 않으므로 이에 유념하여야 하며, 필요비와 유익비는 어떤 경우에도 목적물에 관하여 발생한 채권이므로 점유자는 유치권을 행사할 수 있다.(민법 제320조)

그러나, 그 점유가 불법행위로 인한 경우에는 유치권이 성립할 수 없으므로 필요비나 유익비 역시 상환청구를 할 수 없다. (민법 제320조제2항)

여기서 「필요비」라 함은 점유물을 유지·보존하기 위하여 지출한 통상(通常)의 금액 기타 그 외의 임시비, 예를 들어 태풍에 의한 가옥의 대수선에 의한 비용, 예를 들면 보존비, 수선비, 공조공과(公租公課), 사육비(飼育費) 등을 말하며, 이 경우 점유자가 과실(果實)을 취득한 때에는 민법 제203조제1항 단서 규정에 의해서 통상(通常)의 필요비는 청구할 수 없다.

그러나, 유치권의 경우에는 유치권자가 과실을 수취하였다고 하여도 이는 충당순서에 의한 채권의 변제에 충당하는 데 불과하므로(민법 제323조제2항) 이에 부족한 통상비에 관하여 청구할 수 있다.

한편, 「유익비」라 함은 점유자가 점유물을 개량하기 위하여 지출한 금액 기타 비용을 말하며, 유익비는 그 가액의 증가가 현존한 경우에 한(限)하여 회복자의 선택에 좇아 그 지출금액이나 증가액의 상환을 청구할 수 있다.(민법 제203조제2항)

점유자의 상환청구권은 점유물을 반환하는 때(민법 제203조제1항 참조), 임차인의 상환청구권은 임대차 종료 시(민법 제626조제2항 참조)에 비로소 발생하나, 유치권의 유익비상환청구권은 유치권이 존속하는 동안 언제나 행사할 수 있다. 이 경우 유치권자가 상대방의 무자력(無資力)을 악용하여 상대방에게 곤경에 빠지도록 할 수 있으므로 법원은 이에 대비하여 유익비에 관하여 상당한 상환기간을 허여(許與)할 수 있도록 규정하였고(민법 제203조제3항), 이 경우에는 유익비는 변제기에 있지 않으므로 채무자는 유치권의 소멸를 청구할 수 없으며(민법 320조제1항), 상환기간이 경과한 후에는 다시 유치권을 행사할 수 있는바, 이 경우 상대방은 법원에 또다시 상환기간을 청구할 수 없다고 보는 것이 타당하다.

유의할 점은 필요비 또는 유익비 중 어느 것에 속하는지 여부는 유치권자가 아닌 소유자를 기준으로 판단하여야 한다는 것이다. 예를 들어, 타인의 임야에서 토석을 채취하기 위하여 시설물을 설치하는 경우, 그에 소요된 비용은 토석채취자에게는 사업의 필요비이나 임야의 소유자에게는 그 임야를 보존하기 위한 필요비이거나 또는 임야의 가치를 증가한 유익비라고 할 수 없으므로 토석채취자의 시설비는 필요비나 유익비에 해당하지 아니하여 상환청구권은 존재하지 않으므로 유치권은 성립할 수 없다.(대법원 1957.10.21.선고 4290민상 153 판결 참조)

한편, 민법 제325조 규정의 유치권자의 상환청구권은 민법 제203조 규정의 점유자의 회복자(回復者)에 대한 비용상환청구권이나, 동법 제626조 규정의 임차인의 임대인에 대한 비용상환청구권보다 유리한 규정을 두고 있는바, 이는 유치권자에게는 선관주의의무가 있기 때문이며, 유치권자는 위와 같은 필요비, 유익비의 비용상환청구권으로 인하여 또다시 유치권을 취득한다.

한편, 유치권의 비용상환청구권자는 유치권자에 한(限)하므로 유치권이 소멸한 후, 유치물에 지출한 비용에 대하여는 민법 제325조 규정의 상환청구권을 행사할 수 없으므로 민법 제203조 규정의 점유자의 상환청구권의 법리에 의함에 유의하여야 한다.

또한, 유치권자의 점유하에 있는 유치물은 그 소유자가 변동된다고 하더라도 유치권자의 점유는 유치물에 대한 보존행위로서 하는 것이므로 적법하고, 그 소유자의 변동 후 유치권자가 유치물에 관하여 새로이 유익비를 지급하여 그 가격의 증가가 현존하는 경우, 유치권자는 그 유익비에 대하여도 유치권을 행사할 수 있고, 유치권자가 유치물에 대한 보존행위로서 목적물을 사용하는 것은 적법행위이므로 불법점유로 인한 손해배상책임은 없다(대법원 1972. 1. 31.선고 71다2414 판결참조).

한편, 통상의 임대차계약서에서 건물의 임차인이 임대차관계 종료시에는 건물을 원상으로 복구하여 임대인에게 명도하기로 약정하는바, 이 경우에는 임대인과 임차인 사이에 임차인이 건물에 지출한 각종 유익비 또는 필요비의 상환청구권을 미리 포기하기로 한 취지의 특약이라고 할 수 있어 임차인은 임대인에게 유치권을 주장을 할 수 없으므로 위 약정사항은 단순한 형식적 기재사항이 아님에 유의하여야 한다(대법원 1975. 4. 22. 선고 73다2010 판례 참조). 예를 들어, 임대차계약에서 "임차인은 임대인의 승인 하에 개축 또는 변조할 수 있으나 부동산의 반환기일 전에 임차인의 부담으로 원상회복한다."라고 약정한 경우, 이는 임차인이 임차 목적물에 지출한 각종 유익비의 상환청구권을 미리 포기하기로 한 취지의 특약이라고 봄이 상당하므로 비용상환청구권은 발생하지 않으며 유치권 역시 성립하지 않는다(대법원 1995. 6. 30.선고 95다12927 판결 참조).

(2) 유치권자의 선관주의의무(善管注意義務)

민법 제324조제1항은 "유치권자는 선량한 관리자의 주의로 유치물을 점유하여야 한다."고 규정하고 있는바, 이는 유치권자의 유치물 점유에 대한 선량한 관리자의 주의의무, 즉 선관주의의무(善管注意義務)를 규정한 것이다.

여기서 「선량한 관리자의 주의」란 채무자의 직업·지위 등을 볼 때

거래상 당해 경우에 있어서 평균인에게 일반적으로 요구되는 정도의 주의를 말하며, 이를 단순히 결여한 경우를 추상적경과실(抽象的輕過失)6)이라고, 현저하게 결여한 경우를 중과실(重過失)이라고 말한다.

민법상 손해배상책임은 추상적 경과실이 원칙이며, 유치권자가 선관주의의무를 위반하여 채무자(소유자)에게 손해를 입힌 때에는 채무불이행에 인한 손해배상의무를 진다(민법 제390조).

유치권자의 선관주의의무(善管注意義務)는 유치권자가 자신의 채권을 담보하기 위하여 유치물을 점유하지만, 채권이 변제되면 이를 반환하여야 할 의무가 있으므로 둔 규정이며, 이에 대한 보상의 의미로 위와 같이 유치권자의 비용상환청구권(필요비, 유익비), 과실수취권, 유치물이용권 등이 인정된다고 볼 수 있다.

민법 제324조제2항은 "유치권자가 채무자의 승낙 없이 유치물의 사용, 대여 또는 담보제공을 하지 못한다. 그러나 유치물의 보존에 필요한 사용은 그러하지 아니하다.", 제3항은 "유치권자가 전2항(前2項)의 규정을 위반한 때에는 채무자는 유치권의 소멸을 청구할 수 있다."고 규정하고 있는바, 이에 대하여는 위 6) 유치물이용권(留置物利用權)에서 기술하였으며, 다만 위 유치권의 소멸청구권은 형성권이므로 채무자(소유자)의 유치권자에 대한 일방적 의사표시에 의하여 유치권소멸의 효력이 발생하므로 이에 유념하여야 한다.

한편, 하나의 채권을 피담보채권으로 하여 여러 필지의 토지에 대하여 유치권을 취득한 유치권자가 그중 일부 필지의 토지에 대하여 선량한 관리자의 주의의무를 위반하였다면 특별한 사정이 없는 한 위

---

6) 민법 제695조 규정의 무상수치인(無償受置人)의 「자기재산과 동일한 주의」, 민법 제922조 규정의 친권자(親權者)의 그 자(子)에 대한 「자기의 재산에 관한 행위와 동일한 주의」, 민법 제1022조 규정의 「상속인(相續人)의 고유재산(固有財産)에 대하는 것과 동일한 주의」 등은 각자의 능력에 따른 주의를 말하며, 선관주의에 비하여 요구되는 주의의 정도가 낮으므로 이를 결여한 경우를 구체적 경과실(具體的輕過失)이라고 칭한다.

반행위가 있었던 필지의 토지에 대하여만 유치권의 소멸을 청구할 수 있고, 모든 토지에 대하여 소멸청구를 할 수는 없는 것이므로(대법원 2022. 6. 16.선고 2018다301350 판결참조), 이점 역시 유념하여야 한다.

또한, 유치권은 위와 같이 부동산인 경우 등기할 수 없는 법정담보물권으로서 그에 대한 등기 없이 효력이 발생하므로 유치권소멸 그 자체로부터 곧바로 유치물반환의무가 발생하는 것이 아니며, 이는 유치권에 의해 저지되었던 채무자의 반환청구권이 그 때부터 다시 효력을 발생하기 때문이다.

유의할 점은 유치권자가 유치물에 대한 보존에 필요한 사용을 해태(懈怠)한 경우, 보존에 필요한 사용은 유치권자에게 의무의 성격도 강하기 때문에 채무자의 유치권에 대한 소멸청구권은 인정된다고 보는 것이 타당하다.

(3) <u>유치권의 행사와 채권의 소멸시효</u>

유치권자가 유치물을 점유하고 있는 동안은 유치권자가 유치물에 대하여 유치권을 행사하고 있으므로 소멸시효는 진행하지 못하며, 유치권은 점유를 상실하면 유치권은 곧바로 소멸하므로 유치권은 소멸시효에 걸리지 않고, 유치권은 취득시효 완성으로 취득하는 일 역시 없다.

4. 유치권의 소멸

(1) 유치권은 물권의 일반적 소멸사유인 목적물의 멸실·토지수용·혼동(混同)·포기(抛棄) 등으로 소멸하며, 유치권 역시 담보물권이므로 이에 공통하는 소멸사유인 피담보채권의 소멸로 유치권은 소멸한다.

유치권이 피담보채권의 시효완료로 소멸하는 경우, 이를 방지하기 위해서는 유치권자는 민법 제168조 규정 이하의 소멸시효 중단사유에 해당하는 조치를 취해야 한다.

여기서 특히 유의할 점은 민법 제168조 제3호는 소멸시효의 중단사유로 승인(承認)을 규정하고 있는바, 승인이란 시효의 이익을 받을 당사자가 시효로 인하여 권리를 잃을 자에 대하여 그 권리의 존재를 알고 있다는 것을 표시하는 행위, 즉 관념(觀念)의 통지이므로 상대방이 유치물에 대한 사용·대여를 승낙한 경우, 이는 채무의 승인에 해당하지 않으므로 이 점에 유의하여야 하며, 유치권자가 목적물에 관하여 경매를 신청한 경우에는 경매의 처분금지효력에 의해 민법 제168조조 제2호 규정에 의해 채권의 시효가 중단되고, 유치권자가 채무자의 인도청구에 대하여 견련채권(牽連債權)을 주장하며 인도를 거부하는 경우에는 민법 제174조 규정의 시효중단 사유인 최고(催告)에 해당하며, 유치물의 인도소송에서 유치권자가 유치권 항변을 하면 이는 민법 제168조 제1호 규정의 청구(請求)에 해당하므로 피담보채권은 존속한다고 봄이 타당하다.

(2) 유치권에 특수한 소멸사유

1) 유치권자의 민법 제324조 규정의 선관주의의무 위반에 대한 채무자의 소멸청구권 행사

유치권은 위와 같이 민법 제324조 규정의 선관주의의무 위반에 대한 채무자의 소멸청구권 행사에 의해 소멸하며, 위 청구권은 형성권이므로 유치권자의 일방적 의사표시의 통지에 의해 유치권이 소멸함은 당연하다.

예를 들어, 유치권자가 유치물 소유자의 승낙 없이 유치물을 임대한 경우 유치물 소유자는 유치권자에게 민법 제324조의 위 선관주의의무 위반을 이유로 유치권의 소멸을 청구할 수 있으며, 위 유치권소멸청구권은 유치권자의 선량한 관리자의 주의 의무 위반에 대한 제재로서 채무자 또는 유치물의 소유자를 보호하기 위한

것이므로 특별한 사정이 없는 한 민법 제324조제2항을 위반한 임대행위가 있은 후에 유치물의 소유권을 취득한 제3자 역시 유치권 소멸청구를 할 수 있다(대법원 2023. 8. 31.선고 2019다295278 판결 참조).

2) **다른 상당한 담보의 제공에 의한 유치권 소멸청구**

민법 제327조는 "채무자는 상당한 담보를 제공하고 유치권의 소멸을 청구할 수 있다."고 규정하고 있는바, 이는 유치권의 피담보채권액이 대부분 목적물의 가격과 거의 같다는 점, 채무자의 채권액 상당의 타담보제공(他擔保提供)으로 채권자는 어떠한 손해도 받지 않는다는 점, 유치권의 불가분성으로 인하여 일부의 변제가 있다고 하더라도 유치권은 유치목적물 전부에 효력이 미쳐 목적물의 과다한 유치는 채권자나 채무자도 이용할 수 없어 비경제적이라는 점 등을 고려하여 채무자에게 상당한 담보의 현실적 공여(供與)에 의해 인정한 권리이며, 여기서 담보는 물적 담보(저당권, 질권 등)뿐만 아니라 연대보증 등의 인적 담보도 포함하며, 한편 채무자가 유치권 발생 이전에 이미 충분한 담보를 제공하고 있는 경우에는 다른 담보의 제공 없이도 유치권의 소멸을 청구할 수 있다고 보는 것이 타당하다.

여기서 담보의 상당성의 판단기준 및 그 소멸청구권자가 문제되는바,

[대법원 2001. 12. 11.선고 2001다59866 판결]은

「민법 제327조에 의하여 제공하는 담보가 상당한가의 여부는 그 담보의 가치가 채권의 담보로서 상당한가, 태양에 있어 유치물에 의하였던 담보력을 저하시키지는 아니한가 하는 점을 종합하여 판단하여야 할 것인바, 유치물의 가격이 채권액에 비하여 과다한 경우에는 채권액 상당의 가치가 있는 담보를 제공하면 족하다고 할 것이고, 한편 당해 유치물에 관하여 이해관계를 가지고 있는 자인

채무자나 유치물의 소유자는 상당한 담보가 제공되어 있는 이상 유치권 소멸 청구의 의사표시를 할 수 있다.」고 판결하였다.

유의할 점은 채무자의 담보제공을 원인으로 한 유치권 소멸청구권은 형성권(形成權)에 속하지만, 담보제공에 대한 유치권자의 승낙이 필요하므로 채무자의 상당한 담보의 제공으로 당연히 소멸하는 것이 아니므로 유치권의 소멸 자체는 채무자의 소멸청구의 의사표시에 대한 유치권자의 승낙이 있거나 그에 갈음할 법원판결이 있어야 소멸한다는 것이다.

3) **점유의 상실**

민법 제328조는 "유치권은 점유의 상실로 인하여 소멸한다."고 규정하고 있는바, 이는 목적물의 점유는 유치권의 성립요건이며 동시에 존속요건이므로 점유의 상실로 유치권이 소멸함은 당연하다.

이 경우의 점유는 직접점유이든 간접점유이든 관계없으므로 유치권자가 유치물을 임대하거나 담보에 제공한 때에도 유치권은 존속하며, 다만 채무자의 동의 없이 위와 같은 행위를 한 경우에는 채무자의 유치권의 소멸청구권 행사(민법 제324조제2항, 제3항)에 의해 유치권이 소멸될 수 있을 뿐이다.

점유상실의 원인은 그 이유 불문이며, 유치물의 점유가 제3자에 의하여 침탈된 경우에는 유치권자는 점유물반환청구권 행사(민법 제204조제1항, 제192조제2항)에 의해 점유의 회수(回收)가 가능하고 그 때에 점유는 상실하지 않았던 것으로 되고 유치권 역시 소멸하지 않았던 것으로 되므로 점유상실 중에 발생한 과실에 관하여도 민법 제323조 규정에 의해 유치권자는 유치권을 취득할 수 있다.

유의할 점은 유치권자가 유치권의 존재를 알면서 유치물을 반환하였다면 이는 유치권의 포기가 있다고 할 것이므로 유치권은 확정적으로 소멸하는 것이므로 가사 유치권자가 차후에 다른 우연한 사정에 의하여 목적물의 점유를 또다시 취득하였다고 하더라도 유치권은 발생하지 않는다고 봄이 타당하다. 또한, 유치권자는 점유를 상실하면 곧 유치권을 상실하므로 유치권자로부터 유치권에 대한 승계가 아니고 단순히 점유만을 승계한 경우에는 점유승계자는 유치권자를 대위하여 유치권을 주장할 수 없다는 점에 유의하여야 한다.(대법원 1972. 5. 30.선고 72다548 판결 참조)

4) **부동산에 관한 저당권이 설정된 후 성립한 유치권이 경매절차에서의 매각으로 소멸하는지 여부**

민사집행법 제91조제3항은 "지상권·지역권·전세권 및 등기된 임차권은 저당권·압류채권·가압류채권에 대항할 수 없는 경우에는 매각으로 소멸된다."고 규정하고 있다. 그러나 같은 조 제5항은 "매수인은 유치권자에게 그 유치권으로 담보하는 채권을 변제할 책임이 있다."고 규정하고 있으므로 유치권은 특별한 사정이 없는 한 그 성립시기에 관계없이 경매절차의 매각으로 소멸하지 않는다(대법원 2014. 3. 20.선고 2009다60336 전원합의체 판결 참조).

강제경매 또는 담보권실행을 위한 임의경매에 대한 경매개시결정이 이루어진 부동산에 대하여 다른 채권자로부터 또다시 경매신청이 있어 이중경매개시결정을 하는 경우에는 선행 경매신청이 취하되거나 그 절차가 취소 또는 정지되어야 후행 경매절차가 진행되며, 이 경우 후행 경매절차는 후행의 경매신청인을 위하여 그 때까지 진행되어 온 선행의 경매절차를 인계하여 당연히 경매절차를 속행하여야 하는 것이고, 선행한 경매절차의 결과는 후행한 경매절차에서 유효한 범위에서 그대로 승계되어 이용되며(대법원 2014. 1. 16.선고 2013다62315 판결 참조), 후행경매절차에서 압류에 대항할 수 있는 권리의 범위는 이중경매개시결정에 의한 압류의 효력 발생 시를 기준으로 정하여짐에 유의하여야 한다(대법원 2022. 7. 14.선고 2019다271685 판결 참조).

제三장 상사유치권(商事留置權)

1. 서설

상사유치권에는 일반상인에 대하여 인정되는 일반상사유치권(상법 제58조)과 특수한 업종에 종사하는 상인에 대하여 인정되는 특별상사유치권으로 분류할 수 있으며, 특별상사유치권에는 대리상(상법 제91조)·위탁매매업(상법 제111조)·운송주선인(상법 제120조)·운송인(상법 제147조)·해상법상의 선장(상법 제807조)의 경우의 유치권이다.

상사유치권은 민법상 유치권에 비하여 성립요건이 완화된 점 이외에 효력에 있어서는 차이가 없다.

부연설명하면, 「민법상 유치권」이 성립하려면 피담보채권과 목적물과의 사이에 개별적 견련성(牽連性)이 있어야만 성립한다. 그러나 「상사유치권」은 유치권과 피담보채권 사이의 개별적 견련성을 요구하지 않고 영업(營業)으로 인하여 견련성이 존재하고, 점유자소유의 점유물에 대하여 유치권이 성립한다.

따라서 상사유치권의 경우, 상인은 직접 점유물에 관하여 생긴 피담보채권이 아니더라도 영업으로 인한 채권의 점유물이면 그 물건을 유치할 수 있는 것이다.

유의할 점은 설령 일반상사유치권이나 특별상사유치권이 성립하지 않는다고 하더라도, 만일 민사유치권의 발생요건을 충족하다면 채권자는 민사유치권을 행사할 수 있다는 것이다.

2. 일반상사유치권(상인간의 유치권)

(1) 의의

상법 제58조는 "상인간의 상행위로 인한 채권이 변제기에 있는 때에는 채권자는 변제를 받을 때까지 그 채무자에 대한 상행위로 인하여 자기가 점유하고 있는 채무자소유의 물건 또는 유가증권을 유치할 수 있다. 그러나 당사자 사이에 다른 약정이 있으면 그러하지 아니하다."고 규정하고 있는바, 이는 상인간의 일반상사유치권을 규정한 것이다.

즉, 일반상사유치권이란 "상인간의 상행위로 인한 채권이 변제기에 있는 때에 채권자가 변제를 받을 때까지 그 채무자에 대한 상행위로 인하여 그가 점유하고 있는 채무자소유의 물건 또는 유가증권을 유치할 수 있는 권리"를 말한다.

이는 기업활동에 있어서 신용보호라는 특수수요에 따라 상사채권의 물적 담보를 강화하기 위하여 민법상 유치권의 성립요건 중 채권과 유치권의 목적물 사이의 견련관계(牽連關係)를 완화하여 규정하였을 뿐이므로 상사유치권에 민사유치권과 다른 특수한 효력을 가진 유치권을 인정하는 것은 아니며, 민사유치권의 경우 점유물이 채무자뿐만 아니라 제3자도 포함하는 것과는 달리 상사유치권은 채무자 소유의 물건 또는 유가증권에 한하여 유치권이 성립하는 점에 유념하여야 한다.

(2) 일반상사유치권의 성립요건

1) 당사자

당사자 쌍방이 상인이어야 한다.

따라서 은행과 비상인인 그 고객 사이에, 영업주와 그 상업사용인 사이에, 주식회사와 그 회사의 이사 사이에는 일반상사유치권이 성립하지 않으며, 여기서 상인은 소상인이라도 무방하고, 유치권이 성립한 후에 상인자격을 상실하더라도 유치권은 그대로 존속하며, 유치권의 행사시에 당사자 쌍방이 모두 상인자격을 상실하여도 유치권이 성립하는 것은 마찬가지인 점을 유념하여야 한다.

한편, 특별상사유치권 중 상법상 대리상(상법 제87조)에 인정되는 특별상사유치권은 다른 특별상사유치권과 달리 일반상사유치권과 동일하게 채무자도 상인이어야 하는 점에 유의하여야 한다.

그러나, 나머지 특별상사유치권인 상법상 위탁매매인(상법 제111조), 운송주선인(상법 제120조), 육상운송인(상법 제147조), 해상운송인(상법 제807조제2항)의 경우와 민사유치권는 채무자가 상인임을 요하지 않는 점에서 일반상사유치권과는 서로 다르다.

2) 피담보채권

일반상사유치권의 피담보채권은 쌍방적 상행위에 의하여 생겨야 하고, 그 채권이 변제기에 있어야 한다.

따라서 당사자 쌍방이 상인인 경우에도 일방적 상행위 또는 상행위가 아닌 행위에 의하여 발생한 채권에 관하여는 일반상사유치권이 성립하지 않으며, 이미 발생한 채권을 양수한 경우에는 상거래로 인하여 발생한 채권이 아니므로 유치권의 피담보채권이 될 수 없다.

그러나, 유가증권상의 권리를 양수한 경우 또는 목적물과 함께 채권자의 지위를 상속, 합병 등의 포괄적 승계가 이루어 진 경우에는 유치권의 피담보채권이 된다는 점에 유의하여야 한다.

또한, 민사상 유치권과 일반상사유치권, 그리고 아래의 특별상사유치권의 각 피담보채권 사이의 차이점은 민사유치권의 피담보채권은 「유치목적물에 관하여 생긴 채권」이어야 하나, 일반상사유치권의 경우에는 위와 같이 「당사자 간에 쌍방적 상행위로 인하여 발생한 모든 채권」이어야 하고, 특별상사유치권의 경우에는 「상법의 각 규정이 한정적으로 규정한 채권」이며, 공통점은 각 피담보채권이 변제기에 있어야 유치권이 성립한다는 점이다.

3) 유치목적물

일반상사유치권의 유치권에 관한 점유취득원인이 채권자와 채무자 쌍방이 상인으로서 채무자에 대한 상행위로 인하여 채권자가 유치목적물을 점유하여야 하며, 간접점유에 속하는 선하증권에 의한 운송물의 점유도 가능하고, 이 경우에는 직접점유자가 간접점유자에게 유치권을 행사할 수 있다.

즉, 채권자의 그 목적물에 대한 점유취득원인은 채권자에게 상행위로 인한 것이어야 한다.

또한, 유치목적물은 유치권 성립 당시에는 반드시 그 목적물이 채무자의 소유이어야 하며, 그 후의 소유자 변동은 관계없고, 그 목적물이 제3자의 소유이면 가사 채권자가 그 사실을 알지 못하였다고 하더라도 유치권이 성립할 수는 없다는 점을 반드시 유의하여야 한다.

한편, 유치목적물은 물건 또는 유가증권에 한(限)하며, 그 외의 권리 또는 무체재산권 등은 유치목적물이 될 수 없음 역시 유의하여야 한다.

4) 유치목적물과 피담보채권과의 관련성에 대하여

상사유치권은 민사유치권처럼 피담보채권이 '목적물에 관하여' 생긴 개별적인 견련성이 있을 필요는 없으며, 피담보채권과 목적물과의 사이의 「영업을 통한 관련성」이 있으면 되고, 상사유치권의 경우에는 유치권의 대상이 되는 물건이 위와 같이 '채무자 소유의 물건'에 한정되어 있음을 유의하여야 한다(상법 제58조, 민법 제320조제1항 참조).

상사유치권의 대상이 되는 목적물에 대하여 위와 같이 '채무자 소유의 물건'에 한정하는 취지는 상사유치권의 경우에는 목적물과 피담보채권 사이의 견련관계가 완화됨으로써 피담보채권이 목적물에 대한 공익비용적 성질을 가지지 않아도 되므로 피담보채권이 유치권자와 채무자 사이에 발생하는 모든 상사채권으로 무한정 확정될 수 있고, 그로 인하여 이미 제3자가 목적물에 관하여 확보한 권리를 침해할 우려가 있기 때문에 상사유치권의 성립범위 또는 상사유치권으로 대항할 수 있는 범위를 제한하기 위한 것이다.

부연설명하면, 상사유치권이 채무자 소유의 물건에 대해서만 성립한다는 것은 상사유치권은 성립 당시 채무자가 목적물에 대하여 보유하고 있는 담보가치만을 대상으로 하는 제한물권이라는 의미를 담고 있다. 만일, 유치권 성립 당시에 이미 목적물에 대하여 제3자가 권리자인 제한물권이 설정되어 있다면, 이 경우의 상사유치권은 그와 같이 제한된 채무자의 소유권에 기초하여 성립할 뿐이며, 이는 유치권에 의해 기존의 제한물권이 확보하고 있는 담보가치를 사후적으로 침탈하지는 못한다고 할 것이기 때문이다.

예를 들어, 채무자 소유의 부동산에 관하여 이미 선행(先行)저당권이 설정되어 있는 상태에서 채권자의 상사유치권이 성립한 경우에는 상사유치권자는 채무자 및 그 이후 채무자로부터 부동산을 양수하거나 제한물권을 설정 받은 자에 대해서는 대항할 수 있지만, 선행(先行)저당권자 또는 선행(先行)저당권에 기한 임의경매절차에서 부동산을 취득한 매수인에 대한 관계에서는 상사유치권으로 대항할 수 없다(대법원 2013. 2. 28.선고 2010다57350 판결참조).

5) 유치권배제의 특약(特約)의 부존재(不存在)

상법 제58조 단서 규정에서 "그러나 당사자 간에 다른 약정이 있으면 그러하지 아니한다."고 규정하고 있어 상사유치권을 특약으로 배제할 수 있다.

따라서 당사자사이에 유치권을 배제하는 다른 약정(즉, 특약)이 있으면 유치권은 성립하지 않으며, 그 특약은 명시적인 경우는 물론이고, 묵시적인 특약도 포함된다고 보는 것이 타당하다(대법원 2012. 9. 27.선고 2012다37176 판결 참조). 예를 들어, 위탁매매인이 위탁판매의 목적물을 판매하지 않고 유치하는 경우에는 신의칙상 인정되지 않으므로 유치권 배제의 특약이 묵시적으로 존재한다고 봄이 타당하다.

한편, 유치권 배제의 특약은 당사자 사이의 합의인바, 창고업자의 유치권 행사를 상당한 이유 없이 배제하고 일방적으로 양도담보권자의 담보권실행에 유리한 내용의 은행 약관조항의 경우에는 고객에게 부당하게 불리하고 신의성실의 원칙에 반하여 공정을 잃은 것이므로 무효로 봄이 타당하다(대법원 2009. 12. 10.선고 2009다61803,61810 판결 참조).

(3) 일반상사유치권의 효력

상법에는 상사유치권의 효력에 관한 별도의 규정이 없으므로 일반상사유치권의 효력은 민사상 유치권에 관한 규정이 적용되어 민사상 유치권의 효력과 동일하다.

즉, 일반상사유치권자는 민사유치권의 경우와 같이, 유치권자에게 목적물의 유치권(민법 제320조), 경매권과 간이변제충당권(민법 제322조), 과실수취권(민법 제323조), 유치물사용권(민법 제324조제2항 단서), 비용상환청구권(민법 제325조제1항)을 모두 가지고 있다고 할 것이다.

3. 특별상사유치권

(1) 대리상(代理商)

1) 대리상의 의의

대리상(代理商)이란 일정한 상인을 위하여 상업사용인이 아니면서 상시 그 영업의 부류에 속하는 거래의 대리 또는 중개를 하는 자를 말한다.(상법 제87조)

2) **대리상의 상사유치권의 성립요건 및 효력**

대리상의 상사유치권이란 대리상은 당사자사이에 다른 약정, 즉 유치권 배제의 특약이 없는 한 「거래의 대리 또는 중개를 함으로써 생긴 채권」, 예를 들면, 수수료청구권이나 체당금청구권 등이 변제기에 있는 때에는 그 변제를 받을 때까지 「본인을 위하여 점유하는 물건 또는 유가증권」을 유치할 수 있는 권리를 말한다.(상법 제91조)

대리상의 상사유치권의 효력은 민사유치권과 같은 효력이 있다.

(2) 위탁매매인(委託賣買人)

 1) 위탁매매인의 의의

   위탁매매인(委託賣買人)이란 자기명의로써 타인의 계산으로 물건 또는 유가증권의 매매를 영업으로 하는 자를 말한다.(상법 제101조)

 2) **위탁매매인의 상사유치권의 성립요건 및 효력**

   위탁매매인의 유치권이란 위탁자를 위하여 물건의 매도 또는 매수를 함으로 인하여 위탁자에게 대하여 생긴 채권에 관하여 유치권 배제의 특약이 없는 경우 위탁매매인이 위탁자를 위하여 점유하는 물건 또는 유가증권을 유치할 수 있는 권리를 말한다.

   상법 제111조는 상법 제91조(대리상의 유치권)의 규정을 준용하고 있으므로 위탁매매인의 유치권의 효력은 대리상의 유치권의 경우와 동일하며, 민사유치권의 경우와도 동일하다.

(3) 운송주선인(運送周旋人)

 1) **운송주선인의 의의**

   운송주선인(運送周旋人)이란 자기의 명의로 "물건운송"의 주선을 영업으로 하는 자를 말한다.(상법 제114조)

 2) **운송주선인의 상사유치권의 성립요건 및 효력**

   운송주선인의 유치권이란 운송주선인이 운송물에 관하여 받을 보수, 운임, 기타 위탁자를 위한 체당금(替當金)이나 선대금(先貸金)에 한하여 그 운송물을 유치할 수 있는 권리를 말한다.(상법 제120조)

상법 제123조는 위탁매매인에 관한 규정을 준용한다고 규정하고 있으므로 운송주선인의 유치권의 효력은 위탁매매인의 유치권의 효력과 동일하고, 결국 민사유치권의 경우와 동일하다.

(4) 육상운송인(陸上運送人)

1) **육상운송인의 의의**

육상운송인(陸上運送人)이란 육상 또는 호천·항만에서 물건 또는 여객의 운송을 영업으로 하는 자를 말한다.(상법 제125조)

2) **육상운송인의 상사유치권의 성립요건 및 효력**

육상운송인의 유치권이란 운송주선인의 경우와 동일하게 운임 기타 송하인을 위하여 한 체당금 또는 선대금에 관한 채권에 한하여 그 운송물을 유치할 수 있는 특별상사유치권을 말하며(상법 제147조, 제120조 준용), 그의 효력 역시 민사유치권과 동일하다

(5) 해상법상의 선장(船長)

1) **선장의 의의**

선장(船長)은 선박소유자가 선임한 자로서(상법 제745조) 선박소유자의 대리인이며, 대리권의 범위는 선적항 외에서는 항해에 필요한 재판상 또는 재판외의 모든 행위를 할 권한이 있다.

선장은 선적항에서는 선박소유자로부터 특히 위임받은 권한과 그 외에 해원의 고용과 해고를 할 권한이 있는 자로서 선박소유자와 선장 사이는 위임관계에 따른 선박소유자의 대리인이다.(상법 제749조)

2) **선장의 상사유치권의 성립요건 및 효력**

상법 제807조제1항은 "수하인(受荷人)이 운송물을 수령하는 때에는 운송계약 또는 선하증권의 취지에 따라 운임·부수비용·체당금·채선료, 운송물의 가액에 따른 공동해손 또는 해난구조로 인한 부담액을 지급하여야 한다.", 동법 제2항은 "선장은 제1항에 따른 금액의 지급과 상환하지 아니하면 운송물을 인도할 의무가 없다."고 규정하여 선장의 수하인의 운송물에 대한 유치권을 규정하고 있다.

즉, 운송물의 수하인(受荷人)은 해상운송인(海上運送人)에게 위와 같은 채무를 부담하고 있고, 그의 대리인인 선장(船長)은 위 채무 지급을 이유로 운송물의 수하인(受荷人)에게 유치권을 행사할 수 있는 것이며, 선장의 유치권의 효력은 민사상 유치권의 효력과 동일하다.

여기서 선하증권이라 함은 해상물건운송계약에 따른 운송물의 수령 또는 선적을 증명하고, 운송물을 해상운송하여 지정된 항구에서 증권의 정당한 소지인에게 인도할 것을 약속하는 유가증권으로서 운송계약에 기하여 운송인이 운송물을 수령 또는 선적한 때에 발행되는 것인바, 선하증권의 소지인은 운송물에 대한 소유권을 취득하며 선하증권이 발행된 경우에는 운송물에 관한 처분은 선하증권으로 하여야 하는 것이다. 선하증권이 작성된 경우에는 운송에 관한 사항은 운송인과 소지인간에 있어서는 선하증권에 기재된 바에 의하도록 되어 있으나, 이러한 규정들은 선하증권이 발행된 경우 운송물의 소유권귀속을 정한 것이거나 운송인과 운송물에 관한 소유권을 주장하는 선하증권 소지인 사이의 채권적 관계를 규율하는 것일 뿐이고, 운송계약상 당사자로서의 송하인의 지위까지도 선하증권 소지인이나 수하인에게 당연히 이전시키려는 취지라고 볼 수는 없음에 유의하여야 한다.(서울고등법원 1994. 4. 19. 선고 92나60491 판결 참조)

第四장 국세징수법, 신탁법 등 특별법상 공매의 의의 및 그 절차, 그리고 민사집행법상의 경매(競賣)의 의의와 경매매수인(경락인)의 인도명령(引渡命令)과 유치권 사이의 관계

1. 국세징수법, 신탁법 등 특별법상 공매의 의의와 그 절차에 대하여

(1) 공매(公賣)의 의의

공매는 주로 국세징수법상 납세의무자에 대한 강제징수 절차에서나, 신탁법상의 신탁재산의 처리나 수탁자의 비용상환청구권 등과 관련하여, 또는 체육시설의 설치·이용에 관한 법률(약칭 '체육시설법')에서 골프장 등의 체육시설업자가 체육필수시설을 담보신탁하였다가 채무를 갚지 못하여 체육필수시설을 처분하는 절차 등 기타절차에서, 특별법 규정에 따라 법원이 아닌 수탁회사나 한국자산관리공사, 또는 은행 등이 매수의 기회를 일반인에게 공개경쟁입찰방식에 따라 강제적으로 환가하는 매각시행절차, 즉 공개경쟁입찰방식에 따른 강제적 공개매각절차를 말하며, 신문광고란에서 공개입찰공고를 흔히 볼 수 있다.

(2) **공매절차에 대하여**

국세징수법의 경우, 납세의무자가 확정된 조세채무를 임의로 납부이행하지 않는 경우, 과세관청은 강제징수[7] 절차에 들어가게 되며, 강제징수 절차는 크게 나누어 첫째로 체납자의 재산 확보의 압류, 둘째 압류한 재산을 금전으로 환가하는 매각, 셋째 매각대금을 국세

---

[7] 국세징수법은 종래에는 '강제징수'를 체납처분이라는 용어를 사용하였으나, 2020. 12 .29. 법률 제17758호로 동법이 전부 개정되면서 '강제징수'라는 용어로 변경되었다.

등에 배분·충당하기 위한 청산절차로 이루어지며, 둘째의 압류재산에 대한 금전적 환가매각은 위와 같은 공매 또는 수의계약을 통하여 이루어지고, 공매는 경쟁입찰 또는 민사집행법상 경매의 방법에 의해(국세징수법 제65조제2항, 제66조제1항) 국세징수법이 정한 방법과 절차에 따라 매각예정가격의 결정(국세징수법 제68조), 공매공고(같은 법 제72조), 공매통지(같은 법 제75조), 공매의 집행(공매보증의 납입과 입찰, 개찰 등, 같은 법 제71조내지 제82조), 매각결정(같은 법 제84조) 등의 순서에 따라 진행된다.

신탁법 제48조제1항은 "수탁자는 신탁재산에 대한 민사집행절차 또는 「국세징수법」에 따른 공매절차에서 수익자나 그 밖의 채권자보다 우선하여 신탁의 목적에 따라 신탁재산의 보존, 개량을 위하여 지출한 필요비 또는 유익비의 우선변제를 받을 권리가 있다."고 규정하고 있고, 같은 법 제54조제1항은 "전수탁자의 비용상환청구권에 관하여는 제48조제1항 및 제49조를 준용한다." 제2항은 "전수탁자는 제46조의 청구권에 기한 채권을 변제받을 때까지 신탁재산을 유치(留置)할 수 있다."고 규정하여 전수탁자의 우선변제권과 유치권을 규정하고 있다.

따라서 공매절차의 경우에도 민사집행법상 경매절차의 경우처럼 유치권의 법리가 적용되며, 그에 따라 유치권자는 유치권 행사를 통하여 피담보채권의 변제를 보호받을 수 있다.

다만, 공매절차는 위와 같이 법원이 아닌 수탁회사나 한국자산관리공사, 또는 은행 등에서 시행되기 때문에 민사집행법 규정의 집행문 부여에 대한 이의신청이나 집행문부여에 대한 이의의 소, 또는 청구이의의 소, 제3자 이의의 소 등 구제절차에 의해 구제할 수 없음에 유의하여야 한다.

2. 민사집행법상 경매(競賣)의 의의와 경매매수인(경락인)의 인도명령(引渡命令)과 유치권 사이의 관계

(1) 민사집행법상 경매(競賣)의 의의

민사집행법 제1조는 "이 법은 강제집행, 담보권 실행을 위한 경매, 민법·상법, 그 밖의 법률의 규정에 의한 경매(이하 민사집행이라 함) 및 보전처분의 절차를 규정함에 목적이 있다." 규정하고 있다.

민사집행법상 경매란 채권자의 신청에 의하여 국가의 집행기관인 집행법원이 채권자를 위하여 확정이행판결 등의 집행권원에 기하여 행하는 강제경매와 저당권, 질권. 전세권 등의 담보권 증명서류에 표시된 사법(私法)상의 이행청구권을 국가권력에 기하여 강제적으로 실현하는 임의경매, 그리고 오로지 특정재산의 가격보존 또는 정리를 위하여 시행하는 형식적 경매의 민사집행절차를 말한다.

민사집행법상 경매 중 강제경매와 임의경매 2개의 경매는 우선변제권에 의해 채권자가 자기채권의 만족을 얻기 위하여 실행하는 경매라는 의미에서 이들을 합의하여 실질적 경매라고 하고, 이와는 달리 채권자에게 우선변제권이 없어 채권자가 자기채권의 만족을 얻을 수는 없고 오로지 특정재산의 가격보존 또는 정리를 위하여 시행하는 경매라는 의미에서 이를 보통 형식적 경매[8]라고 부르며, 형식적

---

[8] 형식적 경매의 종류는 공유물 분할을 위한 경매(민법 제269조제2항), 특정물 인도의무를 부담하는 자가 그 인도의무를 면하기 위하여 물건을 금전으로 현금화하는 것을 목적으로 신청하는 자조매각(自助賣却)(민법 제490조, 민사집행법 제258조제6항, 상법 제67조, 제70조, 제71조, 제109조, 제123조, 제142조, 제143조제1항, 제149조제2항, 제165조, 제753조, 제808조제1항), 통상적인 거래단위 미만의 주식, 또는 1주 미만의 주식인 단주(端株)의 경매(상법 제443조제1항, 제461조제2항, 채무자 회생 및 파산에 관한 법률 제265조제3항, 제266조제6항, 제273조제3항, 제274조제6항), 어떠한 물건에 대한 타인의 권리를 상실시키는 것 자체를 직접적인 목적으로 하는 타인의 권리를 상실시키는 경매(상법 제760조, 집합건물법 제45조제1항), 어떤 범위의 재산을 한도로 채권자들에게 그 채권액의 비율에 따라 일괄하여 변제하기 위하여 청산을 목적으로 해당 재산을 현금화하는 청산을 위한 경매(민법제1037조, 제1051조제3항, 제1056조

경매는 민법·상법 그 밖의 법률규정에 의한 현금화를 위한 협의의 형식적 경매와 여기에 민·상법상의 유치권에 의한 경매를 합하여 광의의 형식적 경매라고 부른다.

한편, 민사집행법 제274조제1항은 "유치권에 의한 경매와 민법·상법, 그 밖의 법률이 규정하는 바에 따른 경매(이하 유치권 등에 의한 경매라 함)는 담보권 실행을 위한 경매의 예에 따라 실시한다."고 규정하고 있으므로 광의의 형식적 경매는 임의경매절차의 예에 따라 실시하여야 한다.

따라서 위 모든 경매는 집행법원에서 시행되므로 법원이 아닌 수탁회사나 한국자산관리공사, 또는 은행 등에서 시행되는 공매와는 여러 가지 차이점이 있으므로 경매와 공매는 구별하여야 한다.

(2) 경매매수인(경락인)의 인도명령(引渡命令)과 유치권 사이의 관계

민사집행법 제136조제1항은 "법원은 매수인이 대금을 낸 뒤 6월 이내에 신청하면 채무자소유자 또는 부동산 점유자에 대하여 부동산을 매수인에게 인도하도록 명할 수 있다. 다만, 점유자가 매수인에게 대항할 수 있는 권원에 의하여 점유하고 있는 것으로 인정되는 경우에는 그러하지 아니하다."고 규정하고 있는바, 위와 같은 경매매수인의 신청에 의한 법원의 경매부동산에 대한 명령을 인도명령이라고 하며, 인도명령은 민사집행법 제136조제5항 규정에 의해 즉시항고로써만 불복할 수 있는 재판으로서 민사집행법 제56조 1호에 해당하는 집행권원에 속한다.

한편, 인도명령과 관련하여 상대방은 일반적으로 부동산을 점유하면서 건축공사현장에서 발생하는 공사대금채권을 피담보채권으로 하여 유치권을 행사하며, 경락매수인에게 그 피담보채권의 변제가 있을 때까지 유치목적물인 부동산의 인도거절의 항변을 하수 있는바, 이

2항)로 분류할 수 있다.

경우 상대방의 점유는 민사집행법 제136조제1항 단서 규정의 「매수인에게 대항할 수 있는 권원에 의한 점유」에 해당한다.

여기에서는 부동산 경매에서 자주 발생하는 경매매수인과 이에 대항하는 유치권과의 관계에 관하여 민사집행법, 국세징수법 등과 대법원 판례 입장을 중심으로 정리하여 설시하고자 한다.

(3) **경매개시결정의 기입등기에 따른 압류의 효력과 유치권**

1) **[대법원 2005. 8. 19.선고 2005다22688 판결]**

   대법원은 위 판결에서, "채무자 소유의 건물 등 부동산에 강제경매개시결정의 기입등기가 경료되어 압류의 효력이 발생한 이후에 채무자가 위 부동산에 관한 공사대금 채권자에게 그 점유를 이전함으로써 그로 하여금 유치권을 취득하게 한 경우, 그와 같은 점유의 이전은 목적물의 교환가치를 감소시킬 우려가 있는 처분행위에 해당하여 민사집행법 제92조제1항, 제83조제4항에 따른 압류의 처분금지효에 저촉되므로 점유자로서는 위 유치권을 내세워 그 부동산에 관한 경매절차의 매수인에게 대항할 수 없다는 취지"로 판결하였다.

   즉, 대법원 판결의 입장은 부동산 점유자가 유치권을 내세워 경매매수인에게 대항할 수 없는 근거에 대하여 '그와 같은 점유의 이전은 목적물의 교환가치를 감소시킬 우려가 있는 처분행위에 해당하여 민사집행법 제92조제1항, 제83조제4항에 따른 압류의 처분금지효에 저촉된다.'고 판결한 것이며, 그 이후 대법원 판결은 아래 2가지 경우의 모든 사안에서 점유자는 유치권을 근거로 경매매수인에게 대항할 수 없다고 취지로 판결하였다.

   즉, 유치권자는 유치권 행사에서 위 판결의 사항과 아래 2가지 경우의 점유에 대하여 민사집행법 제136조제1항 단서 규정의 '매수인에게 대항할 수 있는 권원에 의한 점유'에 해당하지 않는다고 판결하였으며, 위 대법원 판결를 포함한 위 3가지의 경우에는 유치권자가 부동산에 경매개시결정의 기입등기가 되어 있음을 알았는지 또는 이를 알지 못한 것에 대한 과실여부에 관계없다는 입장(대법원 2006. 8. 25.선고 2006다22050 판결)이 대법원판례의 일관된 입장이다.

2) **점유자가 경매매수인에게 유치권의 점유권원으로 주장할 수 없는 유치권에 대한 대법원 판례의 입장**

첫째, 경매개시결정의 기입등기 후에 점유를 이전받은 다음 채권을 취득하여 유치권이 성립한 경우의 유치권 행사(대법원 2006.8.25.선고 2006다22050 판결)

둘째, 점유는 경매개시결정의 기입등기 전에 이전받았으나 경매개시결정의 기입등기가 마쳐진 다음에 채권을 취득하여 유치권이 성립한 경우의 유치권 행사(대법원 2011.10.13.선고 2011다55214 판결)의 경우로 분류할 수 있다.

(4) **부동산가압류, 국세징수법에 따른 강제징수(체납처분)압류와 유치권**

1) **부동산가압류와 유치권**

① [대법원 2011. 11. 24.선고 2009다19246 판결]

대법원은 위 판결에서, "부동산에 가압류등기가 경료되면 채무자가 당해 부동산에 관한 처분행위를 하더라도 이로써 가압류채권자에게 대항할 수 없게 되는데, 여기서 처분행위란 당해 부동산을 양도하거나 이에 대해 용익물권, 담보물권 등을 설정하는 행위를 말하고 특별한 사정이 없는 한 점유의 이전과 같은 사실행위는 이에 해당하지 않는다. 다만 부동산에 경매개시결정의 기입등기가 경료되어 압류의 효력이 발생한 후에 채무자가 제3자에게 당해 부동산의 점유를 이전함으로써 그로 하여금 유치권을 취득하게 하는 경우 그와 같은 점유의 이전은 처분행위에 해당한다는 것이 당원의 판례이나, 이는 어디까지나 경매개시결정의 기입등기가 경료되어 압류의 효력이 발생한 후에 채무자가 당해 부동산의 점유를 이전함으로써 제3자가 취득한 유치권으로 압류채권자에게 대항할 수 있다고 한다면 경매절차에서의 매수인이 매수가격 결정의 기초로 삼은 현황조사보고서나 매각물건명세서 등에서 드러나지 않는 유치권의 부담을 그대로 인수하게 되어 경매절차의 공정성과 신뢰를 현저히 훼손하게 될 뿐만 아니라, 유치권신고 등을 통해 매수신청인이 위와 같은 유치권의 존재를 알게 되는 경우에는 매수가격의 즉각적인 하락이 초래되어 책임재산을 신속하고 적정하게 환가하여 채권자의 만족을 얻게 하려는 민사집행제도의 운영에 심각한 지장을 줄 수 있으므로, 위와 같은 상황 하에서는 채무자의 제3자에 대한 점유이전을 압류의 처분금지효에 저촉되는 처분행위로 봄이 타당하다는 취지이다.

따라서 이와 달리 부동산에 가압류등기가 경료되어 있을 뿐 현실적인 매각절차가 이루어지지 않고 있는 상황 하에서는 채무자의 점유이전으로 인하여 제3자가 유치권을 취득하게 된다고 하더라도 이를 처분행위로 볼 수는 없다."는 취지로 판결한 것이다.

위 판결은 유치권 성립 당시 '현실적인 매각절차가 개시되었는지 여부'를 기준으로 경매절차의 매수인에게 대항할 수 있는지를 판단하여, 부동산에 가압류등기가 이루어진 후에 채무자의 점유이전이 되어 제3자가 유치권을 취득하는 경우, 점유자는 가압류의 처분금지효에 저촉되지 않고 경매절차의 매수인에게 대항할 수 있다는 취지의 판결이다.

위 대법원 판결의 근거는 첫째; 부동산에 가압류등기가 되면 채무자의 처분행위로 가압류채권자에게 대항할 수 없는데, 여기서 처분행위란 해당 부동산을 양도하거나 이에 대해 용익물권, 담보물권 등을 설정하는 행위를 말하고 특별한 사정이 없는 한 점유의 이전과 같은 사실행위는 이에 해당하지 않는다.

둘째: 경매개시결정의 기입등기가 된 다음 취득한 유치권으로 대항할 수 있다면 매수인이 매수가격 결정의 기초로 삼은 매각물건명세서 등에 드러나지 않는 유치권의 부담을 그대로 인수하게 되어 경매절차의 공정성과 신뢰를 현저히 훼손하게 되므로 이를 제한해야 한다는 것이다.

② 위 대법원 판결의 모순점에 대하여

위 대법원 판결의 취지에 의하면, 가압류등기가 있은 다음 유치권을 취득한 유치권자는 그 이후 가압류에서 이행되는 본압류에 따른 경매절차에서도 경매매수인에게 대항할 수 있다고 보아야 할 것이므로 이 경우에는 가압류의 처분금지효에 반하여 상호 모순되므로 이에 대한 명확한 대법원 판결이 주목된다.

2) **부동산에 대한 국세징수법에 따른 체납처분(강제징수)압류, 경매절차, 공매절차와 유치권 사이의 관계**

① [대법원 2014. 3. 20.선고 2009다60336 전원합의체 판결]

대법원은 위 판결에서, "부동산에 관한 민사집행절차에서는 경매개시결정과 함께 압류를 명하므로 압류가 행하여짐과 동시에 매각절차인 경매절차가 개시되는 반면, 국세징수법에 의한 체납처분절차(강제징수절차)에서는 그와 달리 체납처분에 의한 압류(이하 '체납처분압류'라고 함)와 동시에 매각절차인 공매절차가 개시되는 것이 아닐 뿐만 아니라, 체납처분(강제징수)압류가 반드시 공매절차로 이어지는 것도 아니고, 또한 체납처분절차와 민사집행절차는 서로 별개의 절차로서 공매절차와 경매절차가 별도로 진행되는 것이므로, 부동산에 관하여 체납처분압류가 되어 있다고 하여 경매절차에서 이를 그 부동산에 관하여 경매개시결정에 따른 압류가 행하여진 경우와 마찬가지로 볼 수는 없으므로 체납처분(강제징수)압류가 되어 있는 부동산이라고 하더라도 그러한 사정만으로 경매절차가 개시되어 경매개시결정등기가 되기 전에 부동산에 관하여 민사유치권을 취득한 유치권자가 경매절차의 매수인에게 유치권을 행사할 수 없다고 볼 것은 아니다."라고 판결하여, 유치권 성립 당시 '현실적인 경매매각절차가 개시되었는지 여부'를 기준으로 매수인에게 대항할 수 있는지를 판단하여, 국세징수법에 따른 체납처분(강제징수)압류가 되어 있는 부동산에 대하여 경매절차가 개시되기 이전에 유치권을 취득한 유치권자는 경매매수인에게 유치권으로 대항할 수 있다는 입장이다.

② **공매절차와 유치권 사이의 관계에 대하여**

한편, 국세징수법 제74조는 "관할 세무서장은 제72조에 따라 공매공고를 한 압류재산이 권리의 변동에 등기 또는 등록이 필요한 경우 공매공고 즉시 그 사실을 등기부 또는 등록부에 기입하도록 관할 등기소 등에 촉탁하여야 한다."고 규정하여, 공매공고에 대한 등기 또는 등록제도[9]를 규정하고 있는바, 위 대법원 판결에 따른 유치권자의 대항여부는 체납처분(강제징수)에 따른 압류가 있더라도 공매절차 개시이전에 성립한 유치권의 경우에는 유치권자는 공매절차의 매수인에게 대항할 수 있다고 보아야 할 것이고, 반면에 체납처분(강제징수)압류에 이어 공매절차가 개시되거나 경매절차가 개시된 다음에 성립한 유치권의 경우에는 유치권자는 공매절차의 매수인 또는 경매절차의 매수인에게 대항할 수 없다고 보아야 할 것이므로 이에 유의하여야 한다.

---

9) 공매공고에 대한 등기 또는 등록의 촉탁제도는 국세징수법[시행2012.1.1.][법률 제10527호, 2011.4.4.일부개정]에서 신설됨

(5) 저당권과 유치권

민사집행법 제91조제5항에 따른 유치권의 인수주의의 법리가 적용되는지 여부는 경매개시결정의 기입등기와 유치권 중 어느 것이 먼저 성립하였는지 여부에 따라 판단된다.

1) 민사유치권과 저당권

경매로 인한 압류의 효력이 발생하기 전에 유치권을 취득한 경우, 점유자는 유치권을 이유로 경매매수인에게 부동산 인도를 거절할 수 있는바, 이는 유치권 취득시기가 근저당권 설정 이후이거나 유치권 취득 이전에 설정된 근저당권에 기하여 경매절차가 개시되었는지 여부와 관계없다(대법원 2009. 1. 15.선고 2008다70763 판결, 대법원 201 4. 4. 10.선고 2010다84932 판결).

2) 상사유치권과 저당권

민사유치권의 피담보채권은 '목적물에 관하여' 생긴 것, 즉 견련관계(牽連關係)를 유치권의 성립요건으로 하지만, 상사유치권의 경우에는 피담보채권의 목적물은 '채무자 소유'로 제한된다.

이는 상사유치권의 경우에는 목적물과 피담보채권 사이의 견련관계(牽連關係)가 완화됨으로써 피담보채권이 목적물에 대한 공익비용적 성질을 가지지 않아도 되므로 피담보채권이 유치권자와 채무자 사이에 발생하는 모든 상사채권으로 무한정 확장될 수 있고, 그로 인하여 이미 제3자가 목적물에 관하여 확보한 권리를 침해할 우려가 있어 상사유치권의 성립범위 또는 상사유치권으로 대항할 수 있는 범위를 제한한 것이다.

부연하면, 상사유치권이 채무자 소유의 물건에 대해서만 성립한다는 것은 상사유치권은 성립 당시 채무자가 목적물에 대하여 보유하고 있는 담보가치만을 대상으로 하는 제한물권이라는 의미를 담고 있다고 할 것이므로 유치권 성립 당시에 이미 목적물에 대하여 제3자가 권리자인 제한물권이 설정되어 있다면, 상사유치권은 그와 같이 제한된 채무자의 소유권에 기초하여 성립할 뿐이고, 기존의 제한물권이 확보하고 있는 담보가치를 사후적으로 침탈하지는 못한다고 보아야 한다.

따라서 채무자 소유의 부동산에 관하여 이미 선행 저당권이 설정되어 있는 상태에서 채권자의 상사유치권이 성립한 경우, 상사유치권자는 채무자 및 그 이후 채무자로부터 부동산을 양수하거나 제한물권을 설정받는 자에 대해서는 대항할 수 있지만, 선행 저당권자 또는 선행 저당권에 기한 임의경매절차에서 부동산을 취득한 경매매수인에 대한 관계에서는 상사유치권으로 대항할 수 없다(대법원 2013. 2. 28.선고 2010다57350 판결, 대법원 2013. 3. 28.선고 2012다94285 판결 참조).

3) 민사유치권과 상사유치권이 동시에 성립하는 경우에 대하여

상사유치권과 동시에 민사유치권이 성립 요건을 충족하는 경우에는 민사유치권은 피담보채권과 목적물 사이에 견련관계를 이유로 인정되어 선행 저당권자 등에 대한 관계에서 상사유치권에 비해서 보호할 필요가 있으므로 민사유치권에 관한 법리에 따라 처리함이 타당하다.

(6) 신의칙 위반 또는 권리남용에 해당하는 유치권의 행사

채무자가 채무초과의 상태에 이미 빠져있거나 그런 상태가 임박함으로써 채권자가 원래대로라면 자기 채권의 충분한 만족을 얻을 가능성이 현저히 낮아진 상태에서 이미 채무자 소유의 목적물에 저당권 기타 담보물권이 설정되어 있어서 유치권의 성립에 의하여 저당권자 등이 그 채권 만족상의 불이익을 입을 것을 알면서 자기 채권의 우선적 만족을 위하여 위와 같이 취약한 재정적 지위에 있는 채무자와의 사이에 의도적으로 유치권의 성립요건을 충족하는 내용의 거래를 일으키고 그에 기하여 목적물을 점유하게 됨으로써 유치권이 성

립되었다면, 유치권자가 그 유치권을 저당권자 등에 대하여 주장하는 것은 특별한 사정이 없는 한 신의칙에 반하는 권리행사 또는 권리남용으로서 허용되지 않으며, 이 경우 저당권자 등은 경매절차 기타 채권실행절차에서 위와 같은 유치권을 배제하기 위하여 법원에 유치권 부존재의 확인 등을 소로써 청구할 수 있다고 할 것이다.(대법원 2011. 12. 22.선고 2011다84298 판결 참조)

한편, [대법원 2014. 12. 11.선고 2014다53462 판결]은 신의칙에 반하는 권리행사로 보기에 부족하다고 본 사례인바, 이를 소개한다.

[대법원 2014. 12. 11.선고 2014다53462 판결]은,

「갑(甲)이 을(乙)과 호텔신축공사계약을 체결하고 공사를 완료하였으나 을(乙)이 공사대금을 완제하지 못하고 있는 상황에서 병(丙)이 을(乙)에게 금전을 대여하면서 위 호텔에 관하여 근저당권설정등기를 마쳤고, 그 후 갑(甲)이 을(乙)로부터 호텔을 인도받아 점유하고 있던 중 병(丙)이 신청한 임의경매절차에서 유치권을 주장한 사건」이다.

대법원은 위 사건에 대하여, 갑(甲)이 병(丙)의 신청에 의하여 임의경매절차가 곧 개시되리라는 점을 인식하면서 을(乙)로부터 호텔을 인도받았다는 사정만으로 갑(甲)의 유치권 행사가 신의칙 위반에 해당한다고 본 원심판결에 법리오해 등의 위법이 있다고 판결하였는바, 이는 유치권 행사가 신의칙에 반하는 권리행사 또는 권리남용인지 여부를 판단할 경우 참고하여야 할 판례이다.

(7) 유치권에 의한 경매

1) 형식적 경매에 속하는 유치권에 의한 경매

민법 제322조제1항은 "유치권자는 채권의 변제를 받기 위하여 유치물을 경매할 수 있다."고 규정하고 있으므로 유치권에는 유치물에 대한 경매신청권은 있으나, 위와 같이 우선변제권은 없으므로

유치권에 의한 경매신청의 목적은 유치권자의 피담보채권에 대한 강제적 실현에 있는 것이 아니고 유치권자가 그 유치물을 채무 변제 시까지 무작정 기약 없이 보관하여야 한다는 부담에서 해방되기 위하여 유치권자에게 부여된 현금화할 수 있는 권한을 행사하는데 있으므로 유치권에 의한 경매는 공유물분할을 위한 경매와 같이 일종의 현금화를 위한 경매의 성질을 가지고 있다고 하겠다.

2) <u>유치권에 의한 경매신청</u>

유치권에 의한 경매신청을 위해서는 유치권의 존재를 증명하는 서류, 즉 유치권확인판결, 또는 유치권의 존재를 확인할 수 있는 판결 이유서나 유치권 존재에 대한 공정증서 등이 있으면 충분하고, 집행기관에 대하여 유치권의 존재를 증명할 수 있는 사문서의 경우에도 가능하다고 하겠다.

3) <u>유치권에 의한 경매 개시결정의 예(例)</u>

○ ○ 지 방 법 원

결정

사 건   2025타경○○○ 유치권에 의한 부동산임의경매

신청인   홍 길 동

　　　　서울 ○○구 ○○○

채무자   이 길 동

　　　　경기 ○○군 ○○○

상대방   김 길 동

　　　　서울 ○○구 ○○○

주 문

별지 기재 부동산에 대하여 경매절차를 개시하고 신청인을 위하여 이를 압류한다.

청구금액

금 000원 및 위 돈 중 금 000원에 대한 지연손해금

이 유

위 채권에 대한 유치권의 실행을 위하여 2025. . . 신청인이 한 신청은 이유 있으므로 주문과 같이 결정한다.

2025. . .

사 법 보 좌 관 ○ ○ ○

사건명: '유치권에 의한 부동산임의경매'로 기재한다.

당사자표시: '신청인'과 '상대방(소유자)'로 표시하고, 다만, 제3취득자가 있는 경우에는 그 제3취득자가 상대방이 되고, 전소유자는 '채무자'로 표시하며,

신청인의 청구금액은 '금   원 및 위 돈 중 금   원에 대한 지연손해금'으로 기재,

개시결정의 주문은 '별지 기재 부동산에 대하여 경매절차를 개시하고 신청인을 위하여 이를 압류한다.'로 기재하고,

개시결정의 이유는 '위 채권에 대한 유치권의 실행을 위하여 2025. . . 신청인이 한 신청은 이유 있으므로 주문과 같이 결정한다.'라고 기재 된다.

4) **유치권에 의한 경매의 효력(소멸주의·인수주의) 및 유치권자의 배당 순위**

　민법 제322조제1항에 "유치권자는 채권의 변제를 받기 위하여 유치물을 경매할 수 있다."고 규정하고 있는바, 유치권에 의한 경매에도 채권자와 채무자의 존재를 전제로 하고 채권의 실현·만족을 위한 경매를 상정하고 있으며, 반면에 인수주의를 취할 경우 필요하다고 보이는 목적부동산 위의 부담의 존부 및 내용을 조사·확정하는 절차에 대하여 아무런 규정이 없고 인수되는 부담의 범위를 제한하는 규정도 두지 않아서 유치권에 의한 경매를 인수주의를 원칙으로 진행하면 매수인의 법적 지위가 매우 불안정한 상태에 놓이게 되며, 인수되는 부담의 범위를 어떻게 설정하느냐에 따라 인수주의를 취하는 것이 오히려 유치권자에게 불리해질 수 있는 점 등을 함께 고려하면, 유치권에 의한 경매도 강제경매나 담보권 실행을 위한 경매와 마찬가지로 목적부동산 위의 부담을 소멸시키는 것을 법정매각조건으로 하여 실시되는 소멸주의가 원칙이며, 그런 이유로 우선채권자뿐만 아니라 일반채권자의 배당요구도 허용되며, 유치권자는 일반채권자와 동일한 순위로 배당을 받을 수 있다고 보아야 한다.

　다만, 집행법원은 부동산 위의 이해관계를 살펴 위와 같은 법정매각조건과는 달리 매각조건 변경결정을 통하여 목적부동산 위의 부담을 소멸시키지 않고 매수인으로 하여금 인수하도록 정할 수 있다는 것이 판례의 입장이므로(대법원 2011. 6. 15.자 2010마1059 결정 참조), 이 경우에는 인수주의를 취한다고 할 수 있다.

(8) **경매의 매각물건명세서와 유치권 사항기재에 대하여**

　경매법원은 매각물건명세서·현황조사보고서 및 평가서의 각 사본을 법원에 비치하여 누구든지 볼 수 있도록 하여야 하고(민사집행법 제105조제2항), 다만 법원은 상당하다고 인정하는 경우 위 서류를 전자통신매체로 공시하여 사본의 비치에 갈음할 수 있는바(민사집행법 규칙 제55조), 유치권은 경락매수인에게 인수되지만 등기된 부동산에 관한 권리가 아니므로 매수인이 인수할 부담란에는 기재사항이 없고, 실무상 매각물건명세서 최하단의 비고란에 유치권자가 주장하는 중요한 내용, 즉 점유시기, 피담보채권의 내용, 금액 등을 기재하고 있으며, 유치권신고가 있는 경우, 유치권 성립이 불분명한 경우에는 '유치권 신고가 있으나 그 성립여부는 불분명함'이라고 기재하고, 유치권 성립이 확실한 경우에는 ' 점유하면서 유치권 행사 중임', 유치권부존재 확정판결에 의해 유치권 부존재가 확인된 경우 '확정판결이 제출됨' 등으로 기재하는 것이 실무이다.

第五章 유치권에 대한 대법원 판례 중심의 구체적 법리의 연구 및 각종 사례분석

[1] <u>유치권의 성립요건이며 존속요건으로서의 점유의 의미와 판단 기준, 채권이 민사유치권의 피담보채권이 되기 위한 요건</u>

[대법원 2013. 10. 24. 선고 2011다44788 판결 참조]

(1) <u>유치권의 성립요건이며 존속요건으로서의 점유의 의미와 판단 기준,</u>

민법 제320조 제1항은 "타인의 물건 또는 유가증권을 점유한 자는 그 물건이나 유가증권에 관하여 생긴 채권이 변제기에 있는 경우에는 변제를 받을 때까지 그 물건 또는 유가증권을 유치할 권리가 있다." 제2항은 "전항의 규정은 그 점유가 불법행위로 인한 경우에 적용하지 아니한다."고 규정하고 있는바, 민법 제320조에서 규정한 유치권의 성립요건이자 존속요건인 점유는 물건이 사회 통념상 그 사람의 사실적 지배에 속한다고 보이는 객관적 관계에 있는 것을 말하고, 이때 사실적 지배는 반드시 물건을 물리적·현실적으로 지배하는 것에 국한하는 것이 아니라 물건과 사람 사이의 시간적·공간적 관계와 본권 관계, 타인 지배의 배제 가능성 등을 고려하여 사회 관념에 따라 합목적적으로 판단하여야 하며(대법원 1996. 8. 23. 선고 95다8713 판결, 대법원 2009. 9. 24. 선고 2009다39530 판결 등 참조), 이 경우의 점유에는 직접점유뿐만 아니라 간접점유도 모두 포함된다.

(2) <u>채권이 민사유치권의 피담보채권이 되기 위한 요건</u>

민법 제320조제1항은 "타인의 물건 또는 유가증권을 점유한 자는 그 물건이나 유가증권에 관하여 생긴 채권이 변제기에 있는 경우에는 변제를 받을 때까지 그 물건 또는 유가증권을 유치할 권리가 있다."고 규정하고 있는바, 민사유치권의 피담보채권은 '그 물건에 관하여 생긴 채권'이어야 한다. 즉 유치목적물과 채권 사이에 개별적 견연관계(牽連關係)가 있어야 한다.

한편, 상사유치권은 민사유치권과는 다르게 유치권과 피담보채권 사이의 개별적 견련성을 요구하지 않으며, 영업을 통하여 견연관계가 있으면 상사유치권이 성립하므로 양자의 차이점에 유의하여야 한다.

[2] 유치권의 피담보채권이 되기 위한 요건
[대법원 2012. 1. 26. 선고 2011다96208 판결 참조]

[대법원 2012. 1. 26. 선고 2011다96208 판결]은 「갑(甲)이 건물 신축공사 수급인 을(乙)과 체결한 약정에 따라 공사현장에 시멘트와 모래 등의 건축자재를 공급한 사안에서, 갑(甲)의 건축자재대금채권이 건물에 관한 유치권의 피담보채권이 된다고 본 원심판결에 법리오해의 위법이 있다고 한 사례」이다.

(1) 민법 제320조제1항은 "타인의 물건 또는 유가증권을 점유한 자는 그 물건이나 유가증권에 관하여 생긴 채권이 변제기에 있는 경우에는 변제를 받을 때까지 그 물건 또는 유가증권을 유치할 권리가 있다."고 규정하고 있는바, 민사유치권의 피담보채권은 '타인의 물건 또는 유가증권 즉, 유치목적물에 관하여 생긴 채권'이어야만 하는 개별적 견련관계가 있어야 유치권이 성립한다.

(2) 위 사례에서는, 갑(甲)이 건물 신축공사 수급인인 을(乙)과 체결한 약정에 따라 공사현장에 시멘트와 모래 등의 건축자재를 공급한 것뿐인바, 건축자재대금채권은 그 건축자재를 공급받은 회사와의 매매계약에 따른 매매대금채권에 불과한 것이고, 공급한 건축자재가 수급인 등에 의해 위 건물의 신축공사에 사용됨으로써 결과적으로 위 건물에 부합되었다고 하여도 건축자재의 공급으로 인한 매매대금채권이 위 건물 자체에 관하여 생긴 채권이라고 할 수는 없으므로 건축

자재대금채권은 신축건물과 개별적인 견련관계가 인정되지 않으므로 유치권이 성립하지 않는다.

[3] 물건에 대한 점유의 의미와 판단 기준, 유치권자가 경락인에 대하여 피담보채권의 변제를 청구할 수 있는지 여부(소극)

[대법원 1996. 8. 23. 선고 95다8713 판결 참조]

(1) 물건에 대한 점유의 의미와 판단 기준

점유라고 함은 물건이 사회통념상 그 사람의 사실적 지배에 속한다고 보여 지는 객관적 관계에 있는 것을 말하고, 사실상의 지배가 있다고 하기 위해서는 반드시 물건을 물리적, 현실적으로 지배하는 것만을 의미하는 것이 아니고, 물건과 사람 사이의 시간적, 공간적 관계와 본권관계, 타인지배의 배제가능성 등을 고려하여 사회 관념에 따라 합목적적으로 판단하여야 한다.

예를 들어, 공장 신축공사 공사잔대금 채권에 기한 공장 건물의 유치권자가 공장 건물의 소유 회사가 부도가 난 다음에 그 공장에 직원을 보내 그 정문 등에 유치권자가 공장을 유치·점유한다는 안내문을 게시하고 경비용역회사와 경비용역계약을 체결하여 용역경비원으로 하여금 주야(晝夜) 교대로 그 공장에 대한 경비·수호를 하도록 하는 한편, 공장의 건물 등에 자물쇠를 채우고 공장 출입구 정면에 대형 컨테이너로 가로막아 차량은 물론 사람들의 공장 출입을 통제하기 시작하고 그 공장이 경락된 다음에도 유치권자의 직원들을 보내 그 공장 주변을 경비·수호하게 하고 있었다면, 유치권자는 그 공장을 점유하고 있었다고 볼 여지가 충분하므로 유치권자의 점유가 인정된다.

(2) 유치권자가 경락인에 대하여 피담보채권의 변제를 청구할 수 있는지 여부(소극)

민사집행법 제268조에 의하여, 부동산을 목적으로 하는 담보권의 실행을 위한 임의경매절차에 준용되는 같은 법 제91조제5항은 "매수인(경락인)은 유치권자에게 그 유치권으로 담보하는 채권을 변제할 책임이 있다."고 규정하고 있는바, 여기에서 '변제할 책임이 있다'는 의미는 부동산상의 부담을 승계한다는 취지로서 인적 채무까지 인수한다는 취지는 아니고, 유치권자는 경락인에 대하여 그 피담보채권의 변제가 있을 때까지 유치목적물인 부동산의 인도를 거절할 수 있을 뿐이라는 취지이다.

따라서 유치권자는 경락인에게 자신의 피담보채권의 변제를 청구할 수는 없다.

[4] 수급인의 공사(잔)대금채권을 피담보채권으로 하는 유치권행사와 도급인의 하자보수로 인한 손해배상청구권에 기한 동시이행 항변권 행사

[대법원 2014. 1. 16. 선고 2013다30653 판결 참조]

건물신축 도급계약에서 완성된 신축 건물에 하자가 있고, 그 하자 및 손해에 상응하는 금액이 공사잔대금액 이상이어서 도급인이 하자보수청구권 등에 기하여 수급인의 공사잔대금 채권 전부에 대하여 동시이행 항변을 한 경우, 수급인이 공사잔대금 채권에 기한 유치권을 행사할 수 있는지 여부(원칙적 소극)

공사대금채권으로 인한 수급인의 유치권과 도급인의 하자보수청구권 내지 하자보수에 갈음한 손해배상채권 사이에 동시이행의 관계에 있는 것이 일반적이다.

유치권은 피담보채권의 변제기 도래를 성립요건으로 하고 있는바, 건물신축 도급계약에서 수급인이 공사를 완성하였더라도, 신축된 건물에 하자가 있고 그 하자 및 손해에 상응하는 금액이 공사잔대금액 이상이어서, 도급인이 수급인에 대한 하자보수청구권 내지 하자보수에 갈음한 손해배상채권 등에 기하여 수급인의 공사잔대금 채권 전부에 대하여 동시이행의 항변권을 행사할 경우에는 공사잔대금 채권의 변제기 도래와 관계없이 수급인이 도급인에 대하여 하자보수의무나 하자보수에 갈음한 손해배상의무 등에 관한 이행의 제공을 하지 아니한 이상 수급인은 도급인에게 공사대금 채권을 피담보채권으로 하여 유치권을 행사할 수 없다.

[5] <u>유치권자가 스스로 유치물인 주택에 거주하며 사용하는 행위와 유치물 보존행위, 차임 상당 이득의 발생 여부</u>
[대법원 2009. 9. 24. 선고 2009다40684 판결 참조]

공사대금채권에 기하여 유치권을 행사하는 자가 스스로 유치물인 주택에 거주하며 사용하는 행위가 유치물의 보존에 필요한 사용에 해당하는지 여부(적극), 유치권자는 이 경우 차임 상당 이득을 소유자(채무자)에게 반환할 의무가 있는지 여부(적극)

민법 제324조제1항은 "유치권자는 선량한 관리자의 주의로 유치물을 점유하여야 한다." 제2항은 "유치권자는 채무자의 승낙없이 유치물의 사용, 대여 또는 담보제공을 하지 못한다. 그러나 유치물의 보존에 필요한 사용은 그러하지 아니하다." 제3항은 "유치권자가 전2항의 규정을 위반한 때에는 채무자는 유치권의 소멸을 청구할 수 있다."고 규정하고 있는바, 이는 유치권자는 선량한 관리자의 주의로 유치물을 점유하여야 하고, 소유자의 승낙 없이 유치물을 보존에 필요한 범위를 넘어서 사용하거나 대여 또는 담보제공을 할 수 없으며, 만일 유치권자가 위와 같은 의무를 위반한 때에 소유자는 유치권자에게 유치권의 소멸을 청구할 수 있음을 규정하고 있는 것이다.

공사대금채권에 기하여 유치권을 행사하는 자가 스스로 유치물인 주택에 거주하며 사용하는 것은 특별한 사정이 없는 한 유치물인 주택의 보존에 도움이 되는 행위로서 유치물의 보존에 필요한 사용에 해당한다고 보는 것이 대법원 판례의 입장이다.

그러나, 한편으로는 유치권자가 위와 같이 유치물의 보존에 필요한 사용을 한 경우에도 유치권자는 특별한 사정이 없는 한 차임에 상당한 이득을 소유자(채무자)에게 반환할 의무가 있다는 것 역시 대법원 판례의 입장임에 유의하여야 한다.

[6] <u>공사 중 공사계약의 해제, 수급인의 재료와 노력으로 건축된 수급인 소유의 기성부분에 대한 소유권, 점유권의 자력방위권 및 자력탈환권, 공사대금을 피담보채권으로 한 유치권 성립여부</u>

[대법원 1993. 3. 26. 선고 91다14116 판결 참조]

[대법원 1993. 3. 26. 선고 91다14116 판결]은 「도급인인 대지소유자가 대지에 근저당권을 설정하고 은행에서 공사대금 대출을 받아 수급인과의 신축건물의 공사를 진행 중에 도급인이 공사비를 지급하지 아니하자 수급인이 공사계약을 해제한 후 장비와 공사 인원을 철수하고 경비원들로 하여금 자신의 공사 기성부분을 점유·관리하면서 공사대금을 지급하고 기성부분을 인도해가라고 통지하면서 유치권을 행사하고 있고, 한편 은행은 해당 대지의 근저당권에 기하여 임의경매를 신청하였고, 그 경매절차에서 대지를 매수한 경락인이 임의로 수급인의 공사기성부분을 철거한 사례」이다.

(1) <u>건물신축공사 중 공사도급계약이 수급인의 해제통지로 해제된 경우, 도급인은 수급인에게 기성부분에 대한 보수를 지급할 의무가 있는지 여부(적극)</u>

건물신축공사 진행 중 공사도급계약이 수급인의 해제통고로 해제된 경우, 해제 당시 골조공사를 비롯한 상당한 부분이 이미 완성된 상태였다면 원상회복이 중대한 사회적·경제적 손실을 초래하게 되고, 더구나 완성된 부분이 도급인에게 이익이 된다고 인정될 경우에는 도급인은 수급인에게 기성부분에 대한 보수를 지급할 의무가 있다.

(2) <u>수급인의 기성부분에 대한 인도최고에 대하여 도급인이 아무런 이유</u>

없이 수령을 거절하던 중 쌍방이 책임질 수 없는 제3자의 행위로 기성부분이 철거된 경우 도급인의 공사대금지급채무의 존부(적극)

수급인이 도급인에게 공사대금을 지급하고 기성부분을 인도받아 가라고 최고하였다면, 수급인은 이로써 자기 의무의 이행 제공을 하였다고 볼 수 있다. 이 경우에 도급인이 아무런 이유 없이 수령을 거절하던 중에 쌍방이 책임질 수 없는 제3자(대지의 경락인)의 행위로 기성부분이 철거되었다고 하더라도 도급인의 수급인에 대한 공사대금지급채무는 여전히 존재한다.

(3) 건축물을 불법철거당한 건축물의 소유자가 부지소유자에게 대항할 권원이 없어 건축물을 자진철거하거나 강제로 철거당할 운명이었던 경우, 불법철거로 인한 손해의 범위

위 사례의 경우, 기성부분의 소유자인 수급인은 부지의 소유자에게 대항할 권원이 없어서 조만간 손해배상 없이 이를 자진철거하거나 강제로 철거당할 운명이었기 때문에 제3자(대지 경락인)의 불법행위로 기성부분에 대한 소유권을 상실하였다고 할 수 있는바, 이 경우 불법철거로 인한 손해는 기성부분의 교환가격이나 투자비용이라고 할 수는 없고, 기성부분이 적법하게 철거될 때까지 당분간 부지를 점유한 채 기성부분을 사실상 사용할 수 있는 이익과 철거 후 기성부분의 폐자재를 회수할 수 있는 이익의 침해로 인한 손해에 한정된다고 봄이 타당하다.

(4) 점유자의 자력방위권을 규정한 민법 제209조제2항 소정의 "직시"의 의미 및 점유를 침탈당한 후 상당한 시간이 흘러도 점유자가 침탈사실을 몰랐다면 자력탈환권을 행사할 수 있는지 여부(소극)

민법 제209조제1항은 "점유자는 그 점유를 부정(不正)히 침탈 또는 방해하는 행위에 대하여 자력으로써 이를 방위할 수 있다."고 점유자의 자력방위권을 규정하고 있으므로 자력방위권은 점유의 침탈 또

는 방해의 위험이 있는 때에 인정되는 것이고, 한편 같은 조 제2항은 "점유물이 침탈되었을 경우에 부동산일 때에는 점유자는 침탈 후 직시 가해자를 배제하여 이를 탈환할 수 있고, 동산일 때에는 점유자는 현장에서 또는 추적하여 가해자로부터 이를 탈환할 수 있다."고 점유자의 자력탈환권을 규정하고 있는바, 이는 점유가 침탈되었을 때 시간적으로 좁게 제한된 범위 내에서 자력으로 점유를 회복할 수 있다는 것이며, 위 규정에서 말하는 "직시(直時)"란 "객관적으로 가능한 한 신속히" 또는 "사회 관념상 가해자를 배제하여 점유를 회복하는 데 필요하다고 인정되는 범위 안에서 되도록 속히"라는 뜻으로 해석해야할 것이다.

따라서 점유자가 침탈사실을 알고 모르고와는 관계없이 침탈을 당한 후 상당한 시간이 흘렀다면 자력탈환권을 행사할 수 없으므로 위 사례의 경우, 수급인에게 기성부분에 대한 자력탈환권이 인정되지 않는다.

(5) **수급인은 공사대금을 지급받을 때까지 수급인의 재료와 노력으로 건축된 수급인 소유의 기성부분에 대하여 유치권을 가지는지 여부(소극)**

유치권은 타물권이고, 수급인의 재료와 노력으로 건축되었고, 독립한 건물에 해당되는 기성부분은 수급인이 원시취득한 수급인 자신의 소유라 할 것이므로 위 사례의 경우에 수급인은 공사대금채권을 피담보채권으로 하여 대지 소유자에게 유치권을 행사할 수 없다.

[7] <u>허위의 공사대금채권을 근거로 한 유치권 신고와 소송사기의 성립여부</u>

[대법원 2009. 9. 24. 선고 2009도5900 판결 참조]

소송사기죄가 성립하려면 피기망자인 법원의 재판이 피해자의 처분행위에 갈음하는 내용과 효력을 가져야 하는지 여부(적극) 및 부동산 경매절차에서 갑(甲)이 허위의 공사대금채권을 근거로 유치권 신고를 한 경우, 소송사기가 성립하는지 여부.

소송사기에 있어서 피기망자인 법원의 재판은 피해자의 처분행위에 갈음하는 내용과 효력이 있는 것이어야 하므로 이에 상응하는 허위의 유치권 신고가 인정된다면 소송사기가 성립할 수 있다.

그러나, 그 정도에 이르지 않은 경우에는 착오에 의한 재물의 교부나 재산상의 이익을 취득하는 행위가 있다고 할 수 없어 사기죄를 구성하지 않는다고 보아야 한다.

[8] **채무자를 직접점유자로 하여 채권자가 간접점유하는 경우에도 유치권이 성립하는지 여부(소극)**

[대법원 2008. 4. 11. 선고 2007다27236 판결 참조]

유치권의 성립요건이자 존속요건인 유치권자의 점유는 직접점유이든 간접점유이든 관계가 없다.

그러나, 유치권은 목적물을 유치함으로써 채무자의 변제를 간접적으로 강제하는 것을 본체적 효력으로 하는 권리이므로 직접점유자가 채무자인 경우에는 유치권의 요건으로서의 점유에 해당하지 않는다고 할 것이다.

[9] **건물 소유자의 부지점유와 유치권자는 그 건물의 부지 부분을 점유·사용하였다고 볼 수 있는지 여부**

[대법원 2009. 9. 10. 선고 2009다28462 판결 참조]

(1) **건물 소유자가 현실적으로 건물이나 그 부지를 점거하고 있지 않은 경우에도 그 부지를 점유한다고 보아야 하는지 여부(적극) 및 건물의 소유명의자가 아닌 자도 실제로 그 건물을 점유하고 있다면 그 건물의 부지를 점유하는 자로 볼 수 있는지 여부(원칙적 소극)**

사회통념상 건물은 그 부지를 떠나서는 존재할 수 없으므로 건물의 부지가 된 토지는 건물의 소유자가 점유하는 것이고, 이 경우 건물의 소유자가 현실적으로 건물이나 그 부지를 점거하고 있지 않다 하더라도 건물의 소유를 위하여 그 부지를 점유한다고 보아야 한다.

한편, 미등기건물을 양수하여 건물에 관한 사실상의 처분권을 보유하게 됨으로써 건물부지 역시 아울러 점유하고 있다고 볼 수 있는 등의 특별한 사정이 없는 경우에는 건물의 소유명의자가 아닌 자는 실제 건물을 점유하고 있다 하더라도 그 부지를 점유하는 자로 볼 수 없다.

(2) <u>건물의 유치권자가 건물에 대하여 유치권을 행사하는 경우, 유치권자는 그 건물의 부지 부분을 점유·사용하였다고 볼 수 있는지 여부</u>

건물의 소유명의자가 아닌 자는 위와 같이 실제 건물을 점유하고 있다 하더라도 그 부지를 점유하는 자로 볼 수 없으므로 건물의 유치권자는 그 건물의 부지 부분을 점유·사용하였다고 볼 수 없다.

[10] 신축건물에 유치권을 행사하던 중 건물 소유자의 승낙 없이 제3자에게 임대하였는바, 이 경우 신축건물의 임의경매낙찰자와 유치권자 사이의 관계

[서울고등법원 2014. 7. 2. 선고 2014나12050 판결 참조]

[서울고등법원 2014. 7. 2. 선고 2014나12050 판결]은 「갑(甲)은 을(乙)과 을(乙)소유의 토지 위에 건물을 신축하는 공사도급계약을 체결하고 공사하였으나 공사대금을 받지 못하자 갑(甲)이 공사대금채권을 피담보채권으로 하여 위 신축건물에 유치권을 행사하던 중 이를 제3자에게 임대하였는데, 위 신축건물에 진행된 임의경매에서 낙찰을 받아 소유권을 취득한 병(丙)이 유치권자 갑(甲)을 상대로 유치권부존재확인의 소를 제기한 사안」이다.

갑(甲)이 을(乙)의 승낙 없이 위 건물을 제3자에게 임대한 것은 민법 제324조 규정의 유치물의 보존에 필요한 범위를 넘은 것으로 유치권자의 선량한 관리자의 주의의무를 위반한 것이므로, 을(乙)은 갑(甲)에게 유치권소멸청구권을 행사할 수 있으며, 병(丙)의 갑(甲)을 상대로 한 유치권부존재확인의 소는 확인의 이익이 있다.

[11] **원인무효의 부동산의 임차인은 그 부동산에 관한 공사비를 피담보채권으로 하여 정당한 소유자에게 유치권을 행사할 수 있는지 여부**

[서울고등법원 1970. 4. 29. 선고 69나1994 판결 참조]

「원인무효인 보존등기를 경료하고 있는 자로부터 그 부동산을 임차한 사람이 그 부동산을 공사하여 수리비가 발생하였는데, 정당한 소유자가 임대인과의 위 등기의 말소소송을 제기하여 승소 확정한 경우 임차인은 정당한 소유자에게 수리비를 피담보채권으로 하여 유치권을 행사할 수 있는지 여부」의 사안이다.

원인무효의 위 등기가 위 등기의 말소소송에서 정당한 소유자가 승소하여 확정되었고, 임차인이 그 사실을 고지 받았다면, 그 이후부터는 임차인은 불법점유자가 되므로 임차인는 현재의 정당한 소유자에게 수리비 등 공사비로서 유치권 항변을 할 수 없다.

[12] **대지매수인이 건물완공 후 대지매매계약을 해제한 경우, 매수인(공사업자)의 유치권 성립과 대지매도인의 유치권소멸청구 발생여부**

[서울고등법원 1973. 9. 21. 선고 72나1978, 1979 판결 참조]

「갑(甲)이 을(乙)과 을(乙) 소유의 대지에 대한 매매계약을 체결하면서 계약금만 지급한 상태에서, 갑(甲)이 을(乙)의 승낙 하에 그 대지상에 건물의 신축을 시공하던 중, 그 자금이 부족하여 을(乙)로부터 그 자금의 일부를 차용하여 그 건물을 완공한 후, 갑(甲)과 을(乙) 사이에 갑(甲)이 약정기일까지 을(乙)에게 위 차용금을 변제하면 을(乙)은 위 건물소유권을 갑(甲)에게 양도하기로 약정하였고, 한편 갑(甲)이 위 건물의 일부를 타인에게 대여하고 나머지 건물부분을 자신이 점유하여 사용하면서 위 약정기일까지 위 차용금을 변제하지 아니하자 을(乙)이 건물에 대하여 자신 앞으로 소유권보존등기를 한 후 갑(甲)을 상대로 위 건물의 명도를 구하자, 갑(甲)이 을(乙)에게 공사비를 피담보채권으로 하여 유치권을 행사한 사안」이다.

갑(甲)과 을(乙) 사이의 대지매매계약은 갑(甲)의 이행지체로 해제된 것이나, 갑(甲)의 건물공사 완공으로 인하여 갑(甲)에게 을(乙)에 대한 공사대금채권이 발생한 것이므로 갑(甲)은 총 건축공사비 중 을(乙)로부터 차용한 금원을 제외하고 갑(甲)이 투입한 나머지 공사비 금액 범위 내에서 유치권을 행사할 수 있다.

한편, 갑(甲)이 을(乙)의 승낙 없이 건물 일부를 타인에게 대여해 주고 나머지 부분은 자신이 점유하여 사용한 경우, 을(乙)에게 유치권소멸청구권이 발생할 수 있는바, 갑(甲)이 타인에게 대부분을 모두 점유·사용하게 한 것이 인정된다면 유치권소멸청구권이 발생할 수 있으나, 극히 일부만을 타인에게 대여해 주었다면, 이는 민법 제324조제2항 단서규정의 유치권자의 건물의 보존에 필요한 정도의 사용으로 판단될 수 있으므로 이 경우에는 매도인의 유치권소멸 청구권이 발생하지 않는다고 봄이 타당한 경우가 있으므로 이점에 유의하여야 한다.

[13] 공장저당법에 의한 근저당권설정등기, 임의경매개시결정등기, 경매절차 상의 지위 승계자, 형식적 임차계약체결과 상사유치권 성립여부

[부산고등법원 2011. 9. 20. 선고 2011나2449 판결 참조]

「갑(甲) 은행이 을(乙)에 대한 대출금채권을 담보하기 위하여 을(乙) 소유의 건물과 그 부지 및 건물에 설치된 기계기구에 관하여 공장저당법에 의한 근저당권설정계약을 체결하고 제1순위 근저당권설정등기를 완료하였는데, 을(乙)이 대출금을 변제하지 아니하자 갑(甲) 은행이 위 근저당권에 기하여 위 건물과 부지 및 기계기구에 관하여 임의경매신청을 하여 법원의 임의경매개시결정의 기입등기가 완료되었는데, 갑(甲) 은행이 자산유동화에 관한 법률의 적용을 받는 병(丙)에게 위 1순위 근저당권의 피담보채권 및 근저당권을 양도하고, 금융위원회에 등록함과 아울러 을(乙)에게 채권양도통지를 함에 따라 병(丙)이 위 경매사건에서 갑(甲) 은행의 경매절차상의 지위를 승계한 후, 병(丙)이 건물 내부의 수산물 관리 및 출고업무를 위해 위 건물의 1층 일부에 대하여 임대차계약을 체결하고, 자신의 직원으로 하여금 유치목적물을 점유하고 위 경매절차에서 유치목적물에 대하여 유치권 신고하고 유치권을 행사한 것에 대하여 위 임대차계약은 형식적 임대차계약이므로 유치권행사는 신의칙에 위반되어 무효하고 항변하는 사안」이다.

(1) 임의경매개시결정등기 이전에 공장저당법에 의한 근저당권설정등기 후 유치권의 요건을 갖춘 점유자가 있는 경우에는 경매로 인한 압류의 처분금지효에 저촉되지 않으므로 특별한 사정이 없는 한 그 점유자는 경매절차에서 유치권을 주장할 수 있고, 그 부동산에 관한 경매절차의 매수인에게 대항할 수도 있다.(대법원 2009. 1. 15. 선고 2008다70763 판결 등 참조)

(2) 상인 간의 상행위로 인한 채권이 변제기에 있는 때에는 채권자는 변제를 받을 때까지 그 채무자에 대한 상행위로 인하여 자기가 점유하고 있는 채무자 소유의 물건 또는 유가증권을 유치할 수 있다.(상법 제58조)

한편, 신의성실의 원칙은 법률관계의 당사자가 상대방의 이익을 배려하여 형평에 어긋나거나, 신뢰를 저버리는 내용 또는 방법으로 권리를 행사하거나 의무를 이행하여서는 아니 된다는 추상적 규범이므로 신의성실의 원칙에 위배된다는 이유로 그 권리의 행사를 부정하기 위해서는 상대방에게 신의를 공여하였다거나, 객관적으로 보아 상대방이 신의를 가짐이 정당한 상태에 있어야 하고, 이러한 상대방의 신의에 반하여 권리를 행사하는 것이 정의 관념에 비추어 용인될 수 없는 정도의 상태에 이르러야 한다.(2011. 3. 10. 선고 2007다17482 판결 참조)

(3) **위 사안의 경우**, 위 저당권은 해당 부동산의 점유를 저당권자에게 이전하지 않은 상태에서 설정되므로, 저당권 설정 당시 저당권자가 전혀 예상하지 못한 제3자의 점유로 인하여 해당 부동산의 교환가치가 지나치게 하락하거나 경매절차의 진행에 차질이 생기는 일이 없도록 저당권자의 신뢰를 보호할 필요가 있다.

또한, 유치권은 공평의 원칙에 터 잡은 법정담보물권으로서, 경매절차의 입찰인은 낙찰을 받더라도 유치권자의 채권을 변제할 때까지는 유치권자로부터 해당 부동산을 인도받을 수 없다는 점을 고려하여 입찰을 하게 되므로, 유치권의 행사로 인하여 저당권자 등 채권자들의 신뢰가 지나치게 훼손될 경우에는 공평의 원칙 또는 신의칙에 따라 이를 제한할 수 있다고 보아야 하고, 한편 유치권에 관하여는 점유 이외에는 공시방법이 없는바, 저당권 등 담보물권 설정 후 압류의 효력이 발생하기 이전에 유치권의 성립요건을 갖춘 경우에 아무런 제한 없이 유치권을 인정한다면 공시주의를 기초로 하는 담보법 질서를 교란시킬 우려가 크므로 선순위 저당권자의 신청에 의하여 곧 경매절차가 개시되리라는 사정을 충분히 인식하면서 점유를 취득하는 등 특별한 사정이 있는 때에는 신의칙상 유치권을 주장할 수 없도록 할 필요가 있다.

특히, 상사유치권의 경우에는 피담보채권과 목적물 사이의 개별적 견련관계를 요구하지 않아 일반적인 유치권에 비하여 불공평한 결과가 더 쉽게 발생할 수 있으므로 상사유치권자와 채무자 사이의 관계 등에 비추어 상사유치권자가 그 목적물의 점유를 취득하게 된 상행위가 상인 간의 정상적인 영업을 위한 것이 아니라 오로지 유치권의 발생을 목적으로 위 사안의 경우처럼 형식적 임대차계약이 이루어졌다고 볼 수 있는 특별한 사정이 있다면 상사유치권자의 유치권행사는 유치권의 남용에 해당되므로 그 유치권의 성립 이전에 정당하게 성립한 담보물권자에게 대항할 수 없다고 보아야 하는 것이 타당하다.

법원은 병(丙)이 건물 내부의 수산물 관리 및 출고업무를 위해 위 건물의 1층 일부에 대하여 임대차계약을 체결하고, 자신의 직원으로 하여금 유치목적물을 점유하고 위 경매절차에서 유치목적물에 대하여 유치권신고를 한 행위를 형식적 임대차계약으로서 신의칙상 허용되지 않으므로 병(丙)의 유치권 주장은 이유 없다고 판결을 하였다.

[14] 임대차계약 위반에 대한 위약금 약정, 유치권 행사 및 임차인의 동시이행의 항변

[대구고등법원 1984. 3. 7. 선고 83나874(본소), 83나875(반소) 판결 참조]

「건물주 갑(甲)과 임차인 을(乙)이 건물에 대한 임대차 계약을 체결하면서 을(乙)이 위 임대차계약을 위반하는 경우에 대하여 일정한 위약금 약정을 하였는바, 이 경우 위약금채권에 의한 동시이행의 항변 및 유치권행사의 적법여부가 쟁점인 사건」이다.

임대차계약 시 위약금의 약정에 따라 취득한 건물임차인의 위약금 채권은 임대차계약 종료로 인한 건물명도 의무와 동시이행관계에 있는 것도 아니고, 위약금이 건물에 관하여 생긴 채권이라 할 수도 없어 견련성이 존재하지 않으므로 유치권도 인정되지 않는다.

[15] 유치권의 점유가 계속적·배타적 점유가 아니고 단지 일시적이고 외관상 형식적인 점유에 해당한다고 인정되는 경우의 유치권 성립여부

[전주지방법원 2020. 4. 8. 선고 2019가합288 판결 참조]

「갑(甲)이 을(乙)로부터 택지개발 공사를 도급받았는데, 그 후 공사대상 토지를 비롯한 그 일대의 부동산에 임의경매절차가 진행되어 병(丙)이 위 각 부동산의 소유권을 취득하자 갑(甲)이 병(丙)을 상대로 을(乙)과 도급계약을 체결한 후 준공을 하였다. 그러나 을(乙)이 공사대금을 변제하지 못하여 갑(甲)이 을(乙)로부터 위 각 부동산에 관한 점유를 이전받고, 그 일부 위에 컨테이너를 설치하고 유치권

행사 관련 현수막을 게시하였으나, 그 후 위 각 부동산의 분양을 위하여 유치권행사 관련 현수막 등을 철거하였다가 임의경매절차개시 이후에 다시 현수막과 컨테이너 등을 설치하였다. 한편, 집행관의 임의경매절차의 위 각 부동산에 관한 점유현황 조사의 부동산현황조사서에 기재된 점유관계가 미상으로 기재되어 있고, 갑(甲)이 경매법원에 유치권 신고를 하지 않은 사안에서 갑(甲)의 유치권이 성립하는지 여부가 쟁점인 사건 」이다.

법원은 "갑(甲)이 위 각 부동산의 일부 위에 컨테이너를 설치하고 유치권 행사 관련 현수막을 게시하였으나 임의경매절차에서 유치권 신고를 하지 아니한 사실이 인정되며, 이후 위 각 부동산의 분양을 위하여 유치권 행사 관련 현수막 등을 철거하였다가 임의경매절차 개시 이후에 다시 현수막과 컨테이너 등을 설치하였고, 집행관이 임의경매절차에서 위 각 부동산의 점유 현황을 조사하고 작성한 부동산현황조사보고서에도 현장에서 이해관계인을 만나지 못하여 점유관계가 미상이라고 기재되어 있어 유치권과 관련된 기재를 찾을 수 없다면, 갑(甲)이 설치한 컨테이너와 현수막은 갑(甲)의 계속적·배타적 점유가 아닌 단지 일시적으로 위 각 부동산을 점유하는 것과 같은 형식적 외관을 표시하기 위한 용도로 사용한 것이고 보이므로 갑(甲)이 위 각 부동산에 관하여 타인의 간섭을 배제할 정도로 계속 점유하여 왔다고 인정하기 어려워 유치권이 성립한다고 할 수 없다."고 판결하였다.

[16] 조경업자가 미등기의 실질적 소유자와 수목식재 계약을 체결하고 식재하였으나 식재대금을 지급받지 못한 경우, 그 후 소유권이전등기를 마친 소유자에 대한 조경업자의 유치권 성립 여부

[청주지방법원 2015. 10. 22. 선고 2015가합20015 판결 참조]

[청주지방법원 2015. 10. 22. 선고 2015가합20015 판결]은 「조경업자인 갑(甲)이 모텔의 소유권 등기가 없는 실질적 소유자인 을(乙)

과 계약을 체결하고 모텔 소재 부동산 일대에 수목을 식재하였는데, 병(丙)이 부동산임의경매절차에서 모텔을 매수하여 소유권이전등기를 마쳤는바, 갑(甲)은 식재대금 채권을 이유로 부동산에 대하여 유치권을 행사할 수 있는지 여부가 쟁점인 사건 」이다.

위 사건에서, 갑(甲)은 계약에 따라 소유자가 아닌 을(乙)에 대한 채권을 보유하고 있을 뿐이고, 을(乙)은 부동산(모텔)에 관하여 적법한 권원을 가지고 있지도 아니하고, 수목이 부동산에 부합(附合)10)되었다고 볼 수 있으므로, 갑(甲)은 그 식재대금채권을 피담보채권으로 하여 부동산(모텔)에 대하여 유치권을 행사할 수 없다.

[17] 사실상 최우선순위담보권인 유치권의 제도적 취지와 신의칙 상 허용되는 한계

[대법원 2011. 12. 22. 선고 2011다84298 판결 참조]

[대법원 2011. 12. 22. 선고 2011다84298 판결]은 「채무자 갑(甲)소유의 건물 등에 관하여 을(乙) 은행 명의의 1순위 근저당권이 설정되어 있었는데, 2순위 근저당권자인 병(丙)이 갑(甲)과 건물 일부에 관하여 임대차계약을 체결하고 건물 일부를 점유하고 있던 중, 을(乙) 은행의 신청에 의하여 개시된 경매절차에서 병(丙)이 유치권을 신고한 경우, 병(丙)이 경매절차에서 유치권을 주장하는 것이 신의칙상 허용될 수 있는지 여부가 쟁점인 사건 」이다.

(1) 채무자 소유의 목적물에 이미 저당권 기타 담보물권이 설정되어 있는데 채권자가 자기 채권의 우선적 만족을 위하여 채무자와 의도적으로 유치권의 성립요건을 충족하는 내용의 거래를 하고 목적물을 점유함으로써 유치권이 성립한 경우, 유치권을 저당권자 등에게 주장하는 것이 허용되는지 여부(소극)

---

10) 부합(附合)이란 소유자를 각각 달리하는 수개의 물건이 결합하여 1개의 물건으로 되는 것을 말하며, 민법 제256조(부동산에의 부합), 제257조(동산간의 부합)에 관하여 규정하고 있다.

우리 법에서 유치권제도는 무엇보다도 권리자에게 그 목적인 물건을 유치하여 계속 점유할 수 있는 대세적 권능을 인정한다.(민법 제320조 제1항, 민사집행법 제91조제5항 등 참조)

그러므로 소유권 등에 기하여 목적물을 인도받고자 하는 사람(물건의 점유는 대부분의 경우에 그 사용수익가치를 실현하는 전제가 됨)은 유치권자가 가지는 그 피담보채권을 만족시키는 등으로 유치권이 소멸하지 아니하는 한 그 인도를 받을 수 없으나 실제로는 그 변제를 강요당하는 셈이 되고, 그와 같이 하여 유치권은 유치권자의 그 채권의 만족을 간접적으로 확보하려는 것이다.

그런데, 우리 법상 저당권 등의 부동산담보권은 이른바 비점유담보로서 그 권리자가 목적물을 점유함이 없이 설정되고 유지될 수 있고 실제로도 저당권자 등이 목적물을 점유하는 일은 매우 드물게 보는 일이며, 그런 이유로 어떠한 부동산에 저당권 또는 근저당권과 같이 담보권이 설정된 경우에도 그 설정 후에 제3자가 그 목적물을 점유함으로써 그 위에 유치권을 취득하게 될 수 있다.

이와 같이 저당권 등의 설정 후에 유치권이 성립한 경우에도 마찬가지로 유치권자는 그 저당권의 실행절차에서 목적물을 매수한 사람을 포함하여 목적물의 소유자 기타 권리자에 대하여 위와 같은 대세적인 인도거절권능을 행사할 수 있다.

따라서 부동산유치권은 대부분의 경우에 사실상 최우선순위의 담보권으로서 작용하여, 유치권자는 자신의 채권을 목적물의 교환가치로부터 일반채권자는 물론 저당권자 등에 대하여도 그 성립의 선후를 불문하여 우선적으로 자기 채권의 만족을 얻을 수 있게 되며, 이렇게 되면 유치권의 성립 전에 저당권 등 담보를 설정 받고 신용을 제공한 사람으로서는 목적물의 담보가치가 자신이 애초 예상·계산하였던 것과는 달리 현저히 하락하는 경우가 발생할 수 있다.

유치권제도는 이와 같이 "시간에서 앞선 사람은 권리에서도 앞선다."는 일반적 법원칙의 예외로 인정되는 것으로서, 특히 부동산담보거래에 일정한 부담을 주는 것을 감수하면서 마련된 것이다.

이 경우 저당권자 등이 경매절차 기타 채권실행절차에서 유치권을 배제하기 위하여 그 부존재확인 등을 소로써 청구할 수 있는지 여부가 문제되는바, 유치권은 목적물의 소유자와 채권자와의 사이의 계약에 의하여 설정되는 것이 아니라 법이 정하는 일정한 객관적 요건(민법 제320조제1항, 상법 제58조, 제91조, 제111조, 제120조, 제147조 등 참조)을 갖춤으로써 발생하는 이른바 법정담보물권이다.

법이 유치권제도를 마련하여 위와 같은 거래상의 부담을 감수하는 것은 유치권에 의하여 우선적으로 만족을 확보하여 주려는 그 피담보채권에 특별한 보호가치가 있다는 것에 바탕을 둔 것으로서, 그러한 보호가치는 예를 들어, 민법 제320조 이하의 민사유치권의 경우에는 객관적으로 점유자의 채권과 그 목적물 사이에 특수한 관계(민법 제320조제1항의 문언에 의하면 "그 물건에 관한 생긴 채권"일 것, 즉 이른바 '물건과 채권과의 견련관계'가 있는 것)가 있는 것에서 인정되며, 나아가 상법 제58조에서 정하는 상사유치권은 단지 상인 간의 상행위에 기하여 채권을 가지는 사람이 채무자와의 상행위(그 상행위가 채권 발생의 원인이 된 상행위일 것이 요구되지 아니함)에 기하여 채무자 소유의 물건을 점유하는 것만으로 바로 성립하는 것으로서, 피담보채권의 보호가치라는 측면에서 보면 위와 같이 목적물과 피담보채권 사이의 이른바 견련관계를 요구하는 민사유치권보다 그 인정범위가 현저하게 광범위하다.

이상과 같은 사정을 고려하여 보면, 유치권제도와 관련하여서는 거래당사자가 유치권을 자신의 이익을 위하여 고의적으로 작출함으로써 앞서 본 유치권의 최우선순위담보권으로서의 지위를 부당하게 이용하고 전체 담보권질서에 관한 법의 구상을 왜곡할 위험이 내재한다. 이러한 위험에 대처하여, 개별 사안의 구체적인 사정을 종합적으로 고려할 때 신의성실의 원칙에 반한다고 평가되는 유치권제도 남용의 유치권 행사는 이를 허용하여서는 안 될 것이다.

채무자가 채무초과의 상태에 이미 빠졌거나 그러한 상태가 임박함으로써 채권자가 원래라면 자기 채권의 충분한 만족을 얻을 가능성이 현저히 낮아진 상태에서 이미 채무자 소유의 목적물에 저당권 기타 담보물권이 설정되어 있어서 유치권의 성립에 의하여 저당권자 등이 그 채권 만족상의 불이익을 입을 것을 잘 알면서 자기 채권의 우선적 만족을 위하여 위와 같이 취약한 재정적 지위에 있는 채무자와의 사이에 의도적으로 유치권의 성립요건을 충족하는 내용의 거래를 일으키고 그에 기하여 목적물을 점유하게 됨으로써 유치권이 성립하였다면, 유치권자가 그 유치권을 저당권자 등에 대하여 주장하는 것은 다른 특별한 사정이 없는 한 신의칙에 반하는 권리행사 또는 권리남용으로서 허용되지 아니한다. 그리고 저당권자 등은 경매절차 기타 채권실행절차에서 위와 같은 유치권을 배제하기 위하여 그 부존재의 확인 등을 소로써 청구할 수 있다고 할 것이다.

[18] <u>근저당권설정 후 경매로 인한 압류의 효력 발생 전에 취득한 유치권으로 경매절차의 매수인에게 대항할 수 있는지 여부(적극)</u>

[대법원 2009. 1. 15. 선고 2008다70763 판결 참조]

부동산 경매절차에서의 매수인은 민사집행법 제91조제5항에 따라 유치권자에게 그 유치권으로 담보하는 채권을 변제할 책임이 있는 것이 원칙이다.

그러나, 채무자 소유의 건물 등 부동산에 경매개시결정의 기입등기가 경료되어 압류의 효력이 발생한 후에 채무자가 위 부동산에 관한 공사대금 채권자에게 그 점유를 이전함으로써 그로 하여금 유치권을 취득하게 한 경우, 그와 같은 점유의 이전은 목적물의 교환가치를 감소시킬 우려가 있는 처분행위에 해당하여 민사집행법 제92조제1항, 제83조제4항에 따른 압류의 처분금지효에 저촉되므로 점유자로서는 위 유치권을 내세워 그 부동산에 관한 경매절차의 매수인에게 대항할 수 없다.

그러나, 이러한 법리는 경매로 인한 압류의 효력이 발생하기 전에 유치권을 취득한 경우에는 적용되지 아니하고, 유치권 취득시기가 근저당권설정 후라거나 유치권 취득 전에 설정된 근저당권에 기하여 경매절차가 개시되었다고 하여 달리 볼 것은 아니므로 유치권자는 경매절차의 매수인에게 대항할 수 있다.

[19] 저당권설정등기나 가압류등기 또는 체납처분(강제징수)압류등기와 경매개시결정등기, 그리고 민사유치권의 대항관계 및 유치권소멸여부

[대법원 2014. 3. 20. 선고 2009다60336 전원합의체 판결 참조]

(1) 저당권설정등기나 가압류등기 또는 체납처분(강제징수)압류등기가 되어 있는 부동산에 관하여 경매개시결정등기가 되기 전에 민사유치권을 취득한 사람이 경매절차의 매수인에게 유치권으로 대항할 수 있는지 여부(적극)

어느 부동산에 관하여 경매개시결정등기가 된 뒤에 비로소 민사유치권을 취득한 사람은 경매절차의 매수인에 대하여 그의 유치권을 주장할 수 없으며(대법원 2005. 8. 19. 선고 2005다22688 판결 등 참조), 이러한 법리는 어디까지나 경매절차의 법적 안정성을 보장하기 위한 것이므로, 경매개시결정등기가 되기 전에 이미 그 부동산에 관하여 민사유치권을 취득한 사람은 그 취득에 앞서 저당권설정등기나 가압류등기 또는 체납처분(강제징수)압류등기가 먼저 되어 있다 하더라도 경매절차의 매수인에게 자기의 유치권으로 대항할 수 있다.

가압류등기와 체납처분(강제징수)압류등기가 되어 있는 상태에서 설령 유치권자에게 그 점유가 이전되었다고 하더라도 그 점유 이전이

경매개시결정등기 전에 이루어졌다면, 유치권자는 위 경매절차에서 이 사건 점포를 매수한 자에게 유치권을 행사할 수 있다.

(2) 저당권 설정 후 취득한 유치권이 경매절차에서의 매각으로 소멸하는지 여부(원칙적 소극)

민사집행법 제91조제3항은 "지상권·지역권·전세권 및 등기된 임차권은 저당권·압류채권·가압류채권에 대항할 수 없는 경우에는 매각으로 소멸된다"고 규정하고 있다. 한편, 그와는 달리 같은 조 제5항은 "매수인은 유치권자에게 그 유치권으로 담보하는 채권을 변제할 책임이 있다."고 규정하고 있으므로, 유치권은 특별한 사정이 없는 한 그 성립시기에 관계없이 경매절차에서의 매각으로 인하여 소멸하지 않으며, 그 성립시기가 저당권 설정 후라고 하여 달리 볼 것이 아니므로(대법원 2009. 1. 15. 선고 2008다70763 판결 등 참조) 결국 유치권은 소멸하지 않는다.

[20] 채무자 소유의 부동산에 대한 강제경매개시결정의 기입등기 후의 점유 이전에 의한 유치권과 경락인(매수인) 사이의 관계

[대법원 2005. 8. 19. 선고 2005다22688 판결 참조]

채무자 소유의 부동산에 강제경매개시결정의 기입등기가 경료되어 압류의 효력이 발생한 이후에 채무자가 부동산에 관한 공사대금 채권자에게 그 점유를 이전함으로써 채권자가 유치권을 취득하게 한 경우, 점유자는 유치권을 내세워 경매절차의 매수인(경락인)에게 대항할 수 있는지 여부(소극)

채무자 소유의 건물 등 부동산에 강제경매개시결정의 기입등기가 경료되어 압류의 효력이 발생한 이후에 채무자가 위 부동산에 관한 공사대금 채권자에게 그 점유를 이전함으로써 그로 하여금 유치권을 취득하게 한 경우, 그와 같은 점유의 이전은 목적물의 교환가치를 감소시킬 우려가 있는 처분행위에 해당하여 민사집행법 제92조제1

항, 제83조제4항에 따른 압류의 처분금지효에 저촉되므로 점유자는 그 유치권을 내세워 부동산에 관한 경매절차의 매수인(경락인)에게 대항할 수 없다.

[21] <u>근저당권설정 후 경매로 인한 압류의 효력 발생 전에 취득한 유치권자가 그 기입등기의 경료사실을 과실없이 알지 못하였다는 사실을 가지고 경매절차의 매수인에게 대항할 수 있는지 여부(소극)</u>

[대법원 2006. 8. 25.선고 2006다22050 판결 참조]

채무자 소유의 부동산에 경매개시결정의 기입등기가 경료되어 압류의 효력이 발생한 이후에 채권자가 채무자로부터 위 부동산의 점유를 이전받고 이에 관한 공사 등을 시행함으로써 채무자에 대한 공사대금채권 및 이를 피담보채권으로 한 유치권을 취득한 경우, 이러한 점유의 이전은 목적물의 교환가치를 감소시킬 우려가 있는 처분행위에 해당하여 민사집행법 제92조 제1항, 제83조 제4항에 따른 압류의 처분금지효에 저촉되므로, 위와 같은 경위로 부동산을 점유한 채권자로서는 위 유치권을 내세워 그 부동산에 관한 경매절차의 매수인에게 대항할 수 없고, 이 경우 위 부동산에 경매개시결정의 기입등기가 경료되어 있음을 채권자가 알았는지 여부 또는 이를 알지 못한 것에 관하여 과실이 있는지 여부 등은 채권자가 그 유치권을 매수인에게 대항할 수 없다는 점에 아무런 영향을 미치지 못한다.

[22] <u>유치권자가 경락인에 대하여 피담보채권의 변제를 청구할 수 있는지 여부(소극)</u>

[대법원 1996. 8. 23. 선고 95다8713 판결 참조]

민사집행법 제268조에 의하여 담보권의 실행을 위한 경매절차에 준용되는 같은 법 제91조제5항은 경락인은 유치권자에게 그 유치권으로 담보하는 채권을 변제할 책임이 있다고 규정하고 있다.

여기에서 '변제할 책임이 있다'는 의미는 부동산상의 부담을 승계한다는 취지로서 인적 채무까지 인수한다는 취지는 아니고, 유치권자가 경락인에 대하여 그 피담보채권의 변제가 있을 때까지 유치목적물인 부동산의 인도를 거절할 수 있을 뿐이라는 취지이므로 유치권자는 경락인에게 그 피담보채권의 변제를 청구할 수는 없다.

[23] 유치물에 대한 간이변제충당의 요건 "정당한 이유의 존부에 관한 판단 기준"

[대법원 2000. 10. 30. 자 2000마4002 결정 참조]

민법 제322조제1항은 "유치권자는 채권의 변제를 받기 위하여 유치물을 경매할 수 있다."고 규정함으로써 유치권자에게 유치물에 대한 경매권을 규정하고 있으나 우선변제권은 인정하지 않는다.

한편, 동조 제2항은 "정단한 이유있는 때에는 유치권자는 감정인의 평가에 의해 유치물로 직접 변제에 충당할 것을 법원에 청구할 수 있다. 이 경우에는 유치권자는 미리 채무자에게 통지하여야 한다."고 규정하여 유치권자의 간이변제충당 청구권을 규정하고 있다.

여기서 '정당한 이유의 존부에 관한 판단 기준'은 유치물의 처분에 관하여 이해관계를 달리하는 다수의 권리자가 존재하거나 유치물의 공정한 가격을 쉽게 알 수 없는 등의 경우에는 민법 제322조제2항에 의하여 유치권자에게 유치물의 간이변제충당을 허가할 정당한 이유가 있다고 할 수 없으므로 유치권자는 유치물에 대한 간이변제충당청구권을 행사할 수 없다고 보는 것이 대법원 판례의 입장이다.

[24] 임차인이 동시이행항변권 또는 유익비상환청구권에 기인한 유치권을 행사하며 임차건물을 사용수익하는 경우, 임차인의 임대인에 대한 부당이득 반환의무 여부

[대법원 1963. 7. 11. 선고 63다235 판결 참조]

임대인의 건물명도의 청구에 대하여 임차인이 동시이행항변권 또는 유익비 상환청구권에 의한 유치권을 행사하며 가옥을 사용 수익한 경우에는 임차인이 건물의 사용으로 인하여 얻은 실질적 이익은 이로 인하여 임대인에게 손해를 끼치는 한에 있어서 부당이득이 되므로 임차인은 임대인에게 그에 해당하는 임료상당의 금원을 부당이득으로서 상환할 의무가 있다고 보는 것이 타당하다.

[25] 건물에 대한 점유만을 승계한 사실이 있는 경우, 점유자는 전(前) 점유자를 대위하여 유치권을 주장할 수 있는지 여부

[대법원 1972. 5. 30. 선고 72다548 판결 참조]

점유자가 건물에 대한 점유를 전(前)점유자로부터 승계한 사실이 있다 하더라도 피담보채권도 함께 승계하여 유치권을 양도받지 않은 경우에는 전(前)점유자가 자신의 점유를 상실하면서 곧바로 자신의 유치권을 상실하는 것이기 때문에 점유자는 전(前)점유자를 대위하여 유치권을 주장할 수는 없는 것이다.

[26] 부동산에 강제경매개시결정의 기입등기와 그 후의 공사대금채권 인수및 점유이전으로 인한 유치권 행사

[대법원 2005. 8. 19. 선고 2005다22688 판결 참조]

채무자 소유의 부동산에 강제경매개시결정의 기입등기가 경료되어 압류의 효력이 발생한 이후에 채무자가 부동산에 관한 공사대금 채권자에게 채권과 그 부동산에 대한 점유를 이전함으로써 유치권을 취득하게 한 경우, 채권자가 유치권을 내세워 경매절차의 매수인에게 대항할 수 있는지 여부(소극)

채무자 소유의 건물 등 부동산에 강제경매개시결정의 기입등기가 경료되어 압류의 효력이 발생한 이후에는 채무자가 위 부동산에 관한 공사대금 채권자에게 그 점유를 이전함으로써 그로 하여금 유치권을 취득하게 한 경우, 그와 같은 점유의 이전은 목적물의 교환가치를 감소시킬 우려가 있는 처분행위에 해당하여 민사집행법 제92조제1항, 제83조 제4항에 따른 압류의 처분금지효에 저촉되므로 점유자(채권자)로서는 그 유치권을 내세워 그 부동산에 관한 경매절차의 매수인에게 대항할 수 없다.

[27] 물건점유 이전에 그 물건에 관하여 채권이 발생한 후 그 물건의 점유를 취득한 경우 유치권이 성립하는지 여부

[대법원 1965. 3. 30. 선고 64다1977 판결 참조]

유치권의 성립은 채권자의 채권과 유치목적물 사이의 견련관계(牽連關係)가 있으면 충분하므로 유치권자의 채권이 유치물을 점유하기 전에 발생된 것이라고 하더라도 그 후에 그 물건의 점유를 취득했다면 유치권이 성립한다.

[28] 유치권의 취득시기와 변제기 유예약정(猶豫約定), 그리고 부동산경매개시결정등기 사이의 관계

[대법원 2022. 12. 29. 선고 2021다253710 판결 참조]

「갑(甲)이 경매개시결정이 있기 이전부터 유치권을 이유로 부동산을 계속 점유하면서 채무자와 일정기간 동안 채무변제기를 유예하기로 합의하였는바, 그 후 법원에서 경매절차가 개시되자 갑(甲)이 유치권 신고를 하자 채무자가 갑(甲)을 상대로 유치권부존재확인의 소가 제기하였으나 그 소송에서 갑(甲)에게 유치권이 존재한다는 판결이 선고되어 확정되었고, 갑(甲)이 속행된 경매절차에서 다시 유치권 신고를 하였다. 이에 경매절차에서 부동산의 소유권을 취득한 을(乙)이 갑(甲)을 상대로 부동산 인도와 부당이득반환을 청구한 사례」

유치권은 변제기 유예로 소멸하는지 여부와 경매개시결정등기 후 부동산에 대한 유치권을 취득한 유치권자가 경매절차의 매수인에 대하여 유치권을 행사할 수 있는지 여부

(1) 유치권은 변제기 유예로 소멸하는지 여부(적극)

유치권은 채무변제기가 도래하여야 성립하는바, 유치권 성립 후 유예약정(猶豫約定)이 있으면 유치권은 소멸되며, 그 후 다시 유치권의 성립요건을 갖추면 유치권이 다시 성립한다.

(2) 경매개시결정등기 후 부동산에 대한 유치권을 취득한 유치권자가 경매절차의 매수인에 대하여 유치권을 행사할 수 있는지 여부(소극)

민사집행법 제91조제3항은 "지상권·지역권·전세권 및 등기된 임차권은 저당권·압류채권·가압류채권에 대항할 수 없는 경우에는 매각으로 소멸된다."라고 규정하고 있으나, 동조 제5항은 "매수인은 유치권자에게 그 유치권으로 담보하는 채권을 변제할 책임이 있다."라고 규정하고 있는바, 유치권은 특별한 사정이 없는 한 그 성립시기에 관계없이 경매절차의 매각으로 인하여 소멸하지 않는다(대법원 2009. 1. 15. 선고 2008다70763 판결, 대법원 2014. 4. 10. 선고 2010다84932 판결 등 참조).

한편, 경매집행절차에서 법적 안정성을 보장할 목적으로 부동산에 경매개시결정의 기입등기가 경료가 되면 그 때부터 압류의 효력이 발생하는바, 부동산에 관하여 경매개시결정등기 후 비로소 부동산의 점유를 이전받거나 피담보채권이 발생하여 유치권을 취득한 경우에는 유치권자는 경매절차의 매수인에게 유치권을 행사할 수 없는 것이 원칙이다.

(3) 위 사례는 경매개시결정등기 전에 유치권이 성립하였고, 변제기 유예로 인하여 유치권이 소멸하였으나, 채권자가 점유를 계속하던 중 경매개시결정이 되어 경매절차가 진행 중, 유예된 변제기가 다시 도래하여 유치권이 성립된 경우이므로 유치권자는 그 유치권으로 경매절차에서 부동산을 경락받은 매수인에게 대항할 수 있다.

[29] 경매절차에서 유치권을 내세워 대항할 수 있는 범위에 대하여

[대법원 2016. 3. 10. 선고 2013다99409 판결 참조]

「갑(甲)은 부동산의 근저당권자이고, 을(乙)은 위 부동산에 대한 부지조성, 건축물 축조 등의 공사를 도급받아 공사를 완성하여 미지급 공사대금을 피담보채권으로 하여 유치권을 행사하는 유치권자인바, 은행에서 신청한 부동산에 관한 강제경매절차가 진행되자 을(乙)이 경매법원에 공사대금 전체를 피담보채권으로 하여 유치권신고를 하자, 갑(甲)은 을(乙)이 공사대금 채권을 가지고 있지 않고 부동산을 점유한 사실도 없음에도 불구하고 유치권 신고를 하였다면서 을(乙)를 상대로 유치권 부존재확인의 소를 제기한 사례」

(1) 근저당권자는 유치권 신고를 한 사람을 상대로 경매절차에서 유치권을 내세워 대항할 수 있는 범위를 초과하는 유치권의 부존재 확인을 구할 법률상 이익이 있는지 여부(적극)

민사집행법 제268조에 의하여 담보권의 실행을 위한 임의경매절차에 준용되는 같은 법 제91조제5항에 의하면, 유치권자는 경락인에 대하여 피담보채권의 변제를 청구할 수는 없지만 자신의 피담보채권이 변제될 때까지 유치목적물인 부동산의 인도를 거절할 수 있으므로 경매절차의 입찰인들은 낙찰 후 유치권자로부터 경매목적물을 쉽게 인도받을 수 없다는 점을 고려하여 입찰하게 되고 그에 따라 경매목적 부동산이 그만큼 낮은 가격에 낙찰될 우려가 있고, 그와 같이 저가낙찰로 인해 경매를 신청한 근저당권자의 배당액이 줄어들거나 경매목적물 가액과 비교하여 거액의 유치권 신고로 매각 자체가 불가능하게 될 위험은 경매절차에서 근저당권자의 법률상 지위를 불안정하게 하는 것이므로 위 불안을 제거하는 근저당권자의 이익을 단순한 사실상·경제상의 이익이라고 볼 수는 없다.

따라서, 근저당권자는 유치권 신고를 한 사람을 상대로 유치권 전부의 부존재뿐만 아니라 경매절차에서 유치권을 내세워 대항할 수 있는 범위를 초과하는 유치권의 부존재 확인을 구할 법률상 이익이 있다.

(2) **유치권 신고를 한 사람이 피담보채권으로 주장하는 금액 중 일부만 경매절차에서 유치권으로 대항할 수 있는 경우의 법원의 판결(유치권 부분에 대한 일부패소판결)**

유치권 신고하며 주장한 피담보채권금액 중 일부만이 경매절차에서 유치권으로 대항할 수 있는 것으로 인정되면, 특별한 사정이 없는 한 법원은 유치권자가 유치권으로 대항할 수 없는 부분에 대하여 일부패소의 판결을 한다.

(3) **유치권 부존재 확인소송에서 유치권의 목적물과 견련관계 있는 채권의 존재에 관한 주장·증명책임의 소재(피고)**

소극적 확인의 소송인 유치권 부존재 확인 소송에서는 원고가 먼저 청구를 특정하여 채무발생원인 사실을 부정하는 주장을 하면 유치권자가 권리관계의 요건사실에 관하여 주장·증명책임을 부담한다.

따라서, 유치권 부존재 확인소송에서는 유치권자인 피고가 유치권의 요건사실인 유치권의 목적물과 견련관계 있는 채권의 존재에 대해서 주장·증명하여야 한다.

(4) **위 사례**에서, 피고 을(乙)은 자신이 신고한 유치권의 목적물과 견련관계 있는 피담보채권의 존재에 대해서 주장·입증하여야 하며, 그렇지 아니하면 법원은 피고 을(乙)에게 유치권 부분에 대한 일부 패소 판결을 하게 된다.

[30] <u>유치권의 불가분성과 유치권자의 선관주의의무 관련하여</u>

[대법원 2022. 6. 16. 선고 2018다301350 판결 참조]

(1) 민법 제321조에서 정한 유치권의 불가분성은 목적물이 분할 가능하

거나 수 개의 물건인 경우에도 적용되는지 여부(적극), 그리고 이는 상법 제58조의 상사유치권에도 적용되는지 여부(적극)

민법 제321조는 "유치권자는 채권 전부의 변제를 받을 때까지 유치물 전부에 대하여 그 권리를 행사할 수 있다."라고 규정하고 있으므로 유치목적물은 그 각 부분으로써 피담보채권의 전부를 담보하고, 이와 같은 유치권의 불가분성은 그 목적물이 분할 가능하거나 수 개의 물건인 경우에도 적용되며, 상법 제58조의 상사유치권에도 적용된다.

(2) 하나의 채권을 피담보채권으로 하여 여러 필지의 토지에 대하여 유치권을 취득한 유치권자가 그중 일부 필지의 토지에 대하여 선량한 관리자의 주의의무를 위반한 경우, 위반행위가 있었던 필지의 토지에 대하여만 유치권 소멸청구가 가능한지 여부(원칙적 적극)

민법 제324조는 '유치권자에게 유치물에 대한 선량한 관리자의 주의의무를 부여하고, 유치권자가 이를 위반하여 채무자의 승낙 없이 유치물을 사용, 대여, 담보 제공한 경우에 채무자는 유치권의 소멸을 청구할 수 있음'을 규정하고 있는바, 하나의 채권을 피담보채권으로 하여 여러 필지의 토지에 대하여 유치권을 취득한 유치권자가 그중 일부 필지의 토지에 대하여 선량한 관리자의 주의의무를 위반하였다면 특별한 사정이 없는 한 위반행위가 있었던 필지의 토지에 대하여만 유치권 소멸청구가 가능하다고 해석하는 것이 타당하며, 그에 대한 구체적인 이유는 첫째: 여러 필지의 토지에 대하여 유치권이 성립한 경우 유치권의 불가분성으로 인하여 각 필지의 토지는 다른 필지의 토지와 관계없이 피담보채권의 전부를 담보한다. 이때 일부 필지 토지에 대한 점유를 상실하여도 나머지 필지 토지에 대하여 피담보채권의 담보를 위한 유치권이 존속한다. 같은 취지에서 일부 필지 토지에 대한 유치권자의 선량한 관리자의 주의의무 위반을 이유로 유치권 소멸청구가 있는 경우에도 그 위반 필지 토지에 대하여만 소멸청구가 허용된다고 해석함이 타당하다. 둘째: 민법 제321조에서 '유치권의 불가분성'을 정한 취지는 담보물권인 유치권의 효력을 강화하여 유치권자의 이익을 위한 것으로서 이를 근거로 오히려 유치권자에게 불이익하게 선량한 관리자의 주의의무 위반이 문제되지 않는 유치물에 대한 유치권까지 소멸한다고 해석하는 것은 상당하지 않다.

셋째: 유치권은 유치권자의 이익을 위한 제도이고, 점유하는 물건으로써 유치권자의 피담보채권에 대한 우선적 만족을 확보하여 주는 법정담보물권인바(민법 제320조 제1항, 상법 제58조), 한편 민법 제324조에서 정한 유치권 소멸청구는 채무자 또는 유치물의 소유자를 보호하기 위한 규정이나, 유치권은 위와 같이 유치권자의 이익을 위한 제도이고, 물권은 일물일권주의(一物一權主義)의 원칙이 적용되는 것이므로 유치권자의 선량한 관리자의 주의의무 위반에 대한 제재는 유치권자가 선량한 관리자의 주의의무를 위반한 정도에 비례하여 유치권소멸의 효과를 인정하는 것이 유치권자와 채무자 또는 소유자 사이의 이익균형을 고려한 합리적인 해석이기 때문이다.

위와 같은 법리는 토지 뿐 만 아니라 모든 유치목적물에 대한 유치권 행사에도 적용됨은 당연하다.

[31] 구분건물에 관한 등기의 효력과 유치권 사이의 관계
[대법원 2023. 4. 27. 선고 2022다273018 판결 참조]

「임차인 갑(甲)은 임대인과 구분등기가 마쳐진 4개 호실 중 1개 호실을 임차하면서 '임대차계약이 종료된 경우에 임대인은 임차인에게 임차인이 위 부동산에 관하여 뷔페 영업을 위하여 투입한 총공사비의 70%를 반환한다.'는 내용의 공사비 반환 약정을 하였고, 그 후 갑(甲)이 4개 호실을 전부 점유하면서 각 호실을 구분하던 칸막이를 철거하는 등의 공사를 한 다음, 점유 부분 전부를 뷔페 영업을 위한 공간으로 사용하였는데, 4개 호실이 경매절차에서 일괄매각되자 갑(甲)이 위 약정에 따른 유익비상환채권을 피담보채권으로 하는 유치권의 존재 확인을 구한 사안 」

(1) **유치권의 피담보채권이 되기 위한 요건**

유치권은 점유하는 물건으로써 유치권자의 피담보채권에 대한 우선적 만족을 확보하여 주는 법정담보물권인바, 민법 제320조 제1항은 "타인의 물건 또는 유가증권을 점유한 자는 그 물건이나 유가증권에 관하여 생긴 채권이 변제기에 있는 경우에는 변제를 받을 때까지 그 물건 또는 유가증권을 유치할 권리가 있다."라고 규정하고 있으므로, 유치권의 피담보채권은 '그 물건에 관하여 생긴 채권'이어야 하는 채권과 유치권의 목적물(물건 또는 유가증권) 사이에 견연관계(牽連關係)가 있어야 유치권의 피담보채권이 될 수 있다.

(2) **법률과 관습법이 인정하지 않는 새로운 종류나 내용의 물권을 창설할 수 있는지 여부(소극)**

민법 제185조는 "물권은 법률 또는 관습법에 의하는 외에는 임의로 창설하지 못한다."라고 규정하여 물권법정주의를 선언하고 있으므로 물권법의 강행법규성에 따라 법률과 관습법이 인정하지 않는 새로운 종류나 내용의 물권을 창설하는 것은 허용되지 않으며, 물권인 유치권 역시 마찬가지이다.

(3) **인접한 구분건물 사이에 설치된 경계벽이 제거되어 각 구분건물이 구조상 및 이용상 독립성을 상실하였으나, 각 구분건물의 위치와 면적 등을 특정할 수 있고 사회통념상 그것이 복원을 전제로 한 일시적인 것으로서 복원이 용이한 경우, 그 구분건물에 관한 등기의 효력 여부(유효), 그리고 임대차한 구분건물의 유익비와 구분건물 전체에 대한 유치권 성립여부(소극)**

집합건물의 경우, 설령 인접한 구분건물 사이에 설치된 경계벽이 제거듭으로써 각 구분건물이 구분건물로서의 구조상 및 이용상 독립성을 상실하게 되었다고 하더라도, 각 구분건물의 위치와 면적 등을 특정할 수 있고 사회통념상 그것이 구분건물로서의 복원을 전제로 한 일시적인 것일 뿐이고 복원이 용이한 것이라면, 각 구분건물이 구분건물로서의 실체를 상실한다고 단정할 수는 없으므로 아직도 그 등기는 구분건물을 표상하는 등기로서 유효하며, 임대차 계약에서 발생하는 필요비는 해당 임차물의 보존에 관한 필요비이고, 유익비는 해당 임차물의 가액의 증가액이 현존하는 경우 인정되므로 유치권의 피담보채권으로 주장하는 공사비에 임차한 구분건물의 유익비와 견연관계가 인정되지 않는 공사비가 포함되어 있는 경우에는 구분건물 전체에 대하여 그 공사비를 피담보채권으로 한 유치권은 성립하지 않는다.

(4) **위 사례에 대한 대법원 2023. 4. 27. 선고 2022다273018 판결사**

유치권의 목적물과 견련관계가 인정되지 않는 채권을 피담보채권으로 하는 유치권을 인정한다면 법률이 정하지 않은 새로운 내용의 유치권을 창설하는 것으로서 물권법정주의에 반하여 허용되지 않는바, 갑(甲)이 공사에 지출하였다고 주장하는 비용에는 각 호실의 개량을 위하여 지출되어 물건의 가치를 객관적으로 증가시키는 비용과 갑(甲)의 주관적 이익이나 특정한 영업을 위한 목적으로 지출된 비용이 구분되어 있지 않으므로 공사비 반환 약정을 근거로, 민법상 유익비에 해당하지 않는, 즉 건물의 객관적 가치 증가와 무관한 비용 지출로서 유치권 목적물과의 견련관계가 인정되지 않는 부분까지 법정담보물권인 유치권의 피담보채권이 된다고 볼 수 없으며, 한편 각 호실의 칸막이가 철거되어 구조상·이용상 독립성을 상실하기는 하였으나 현재도 건축물대장에 첨부된 건축물현황도 등으로 위치와 면적 등을 쉽게 특정할 수 있고, 기존 칸막이 철거는 점유 부분을 뷔페 영업에 사용하기 위한 일시적인 방편에 불과하여 언제든지 원상태로 복원할 수 있을 뿐만 아니라 복원에 과다한 비용이 들 것으로 보이지 않는데도, 갑(甲)이 지출하였다고 주장하는 총공사비에 따라 산정한 금액을 유치권의 피담보채권으로 인정한 다음 갑(甲)이 각 호실 전체에 대하여 유치권을 주장할 수 있다고 본 원심판단에 법리오해의 잘못이 있다고 판결하였다.

[32] 물건의 인도를 청구하는 소송에서, 유치권자의 물건에 대한 필요비와 유익비 상환청구권을 기초로 하는 유치권 주장과 이에 대한 상대방의 주장·입증에 대하여

[대법원 2011. 12. 13. 선고 2009다5162 판결 참조]

(1) **점유물에 대한 필요비와 유익비 상환청구권을 기초로 하는 유치권 주장에 대하여, 이를 배척하기 위하여 상대방 당사자가 주장·증명하여야 할 사항**

물건의 점유자는 소유의 의사로 선의, 평온 및 공연하게 점유한 것으로 추정되고 점유자가 점유물에 대하여 행사하는 권리는 적법하게 보유하는 것으로 추정된다.(민법 제197조제1항, 제200조)

따라서 상대방 당사자가 점유물에 대한 필요비와 유익비 상환청구권을 기초로 하는 유치권 주장을 배척하려면, 적어도 점유가 불법행위로 인하여 개시되었거나 점유자가 필요비와 유익비를 지출할 당시 점유권원이 없음을 알았거나 중대한 과실로 알지 못하였다고 인정할 만한 사유에 대하여 상대방 당사자가 주장·증명하여야 한다.

(2) **물건의 인도를 청구하는 소송에서, 유치권자의 유치권 항변이 인용되는 경우, 유치권자의 물건에 관하여 생긴 채권의 변제와 상환으로 물건의 인도를 명하는 판결을 하는지 여부(적극)**

물건의 인도를 청구하는 소송에서 피고의 유치권 항변이 인용되는 경우, 법원은 유치권자의 물건에 관하여 생긴 채권의 변제와 상환으로 물건의 인도를 명하는 일부패소판결인 상환 판결을 한다.

[33] 민사유치권과 상사유치권 사이의 관계
[대법원 2013. 2. 28. 선고 2010다57350 판결 참조]

채무자 소유의 부동산에 관하여 이미 선행저당권이 설정되어 있는 상태에서 채권자의 상사유치권이 성립한 경우, 상사유치권자가 선행저당권자 또는 선행저당권에 기한 임의경매절차에서 부동산을 취득한 매수인에 대한 관계에서 상사유치권으로 대항할 수 있는지 여부(소극)

상사유치권은 민사유치권과 달리 피담보채권이 '목적물에 관하여' 생긴 것일 필요는 없지만, 즉 개별적 견련관계(牽連關係)를 요하지는 않지만, 유치권의 대상이 되는 물건(목적물)은 '채무자 소유'인 것으로 제한되어 있으며(상법 제58조, 민법 제320조 제1항 참조), 이와 같이 상사유치권의 대상이 되는 목적물을 '채무자 소유의 물건'에 한정하는 취지는, 상사유치권의 경우에는 목적물과 피담보채권 사이의 개별적 견련관계가 완화됨으로써 피담보채권이 목적물에 대한 공익비용적 성질을 가지지 않아도 되기 때문이다.

따라서 상사유치권의 경우에는 피담보채권이 유치권자와 채무자 사이에 발생하는 모든 상사채권으로 무한정 확장될 수 있고, 그로 인하여 이미 제3자가 목적물에 관하여 확보한 권리를 침해할 우려가 있으므로 상사치권의 경우에는 목적물을 '채무자 소유의 물건'으로 제한함으로써 상사유치권의 성립범위 또는 상사유치권으로 대항할 수 있는 범위를 제한한 것으로 볼 수 있다.

즉, 상사유치권이 채무자 소유의 물건에 대해서만 성립한다는 것은, 상사유치권은 성립 당시 채무자가 목적물에 대하여 보유하고 있는 담보가치만을 대상으로 하는 제한물권이라는 의미를 담고 있다 할 것이므로 유치권 성립 당시에 이미 목적물에 대하여 제3자가 권리자인 제한물권이 설정되어 있다면, 상사유치권은 그와 같이 제한된 채무자의 소유권에 기초하여 성립할 뿐이고, 기존의 제한물권이 확보하고 있는 담보가치를 사후적으로 침탈하지는 못한다고 보아야 한다.

따라서 채무자 소유의 부동산에 관하여 이미 선행(선행)저당권이 설정되어 있는 상태에서 채권자의 상사유치권이 성립한 경우, 그 상사유치권자는 채무자 및 그 이후 채무자로부터 부동산을 양수하거나 제한물권을 설정받는 자에 대해서는 대항할 수 있지만, 선행저당권자 또는 선행저당권에 기한 임의경매절차에서 부동산을 취득한 매수인에 대하여는 상사유치권으로 대항할 수 없다.

[34] 유치권 포기 특약과 그에 대한 효력

[대법원 2016. 5. 12. 선고 2014다52087 판결 참조]

(1) 유치권에 대한 사전포기 특약과 유치권 성립 후 유치권에 대한 사후포기의 경우 유치권의 효력여부

유치권은 법정담보물권이기는 하나, 채권자의 이익보호를 위한 채권담보의 수단에 불과하므로 채권자와 채무자 사이의 사전포기 특약은 유효하며, 채권자가 유치권을 사전에 포기한 경우에는 가사 유치권에 대한 다른 모든 법정요건이 충족되더라도 특약으로 인하여 유치권 자체가 발생하지 않는다.

한편, 유치권은 성립한 후에도 포기할 수 있는바, 유치권을 사후에 포기한 경우에는 유치권은 곧바로 소멸한다.

(2) 포기로 인한 유치권의 소멸은 포기의 의사표시 상대방뿐만 아니라 그 이외의 사람도 주장할 수 있는지 여부(적극)

유치권의 포기로 인한 유치권의 소멸은 유치권 포기의 의사표시 상대방(채무자)뿐 아니라 그 이외의 모든 사람도 주장할 수 있다.

[35] 상사유치권 배제특약은 당사자 사이의 묵시적 약정으로도 가능한지 여부(적극), 그리고 은행의 추심위임약정이 이에 해당하는지 여부

[대법원 2012. 9. 27. 선고 2012다37176 판결 참조]

「갑(甲)에 대한 회생절차에서, 갑(甲)에 대한 대출금 채권을 가지고 있던 을(乙) 은행이 갑(甲)으로부터 추심위임을 받아 보관 중이던 병(丙)주식회사 발행의 약속어음에 관한 상사유치권 취득을 주장하며 그 어음금 상당의 채권을 회생담보권으로 신고하자 갑(甲)의 관리인이 대출금 약정 당시 계약에 편입된 을(乙)은행의 여신거래기본약관에 '채무자가 채무이행을 지체한 경우, 은행이 점유하고 있는 채무자의 동산·어음 기타 유가증권을 담보로 제공된 것이 아닐지라도 계속 점유하거나 추심 또는 처분 등 처리를 할 수 있다'는 취지의 추심위임약정 조항을 을(乙)은행의 유치권의 묵시적 배제특약이라고 하며 유치권 성립을 부인한 사안」

(1) 상법은 상인 간의 거래에서 신속하고 편리한 방법으로 담보를 취득하게 하기 위한 목적으로 민법상의 유치권과 별도로 상사유치권에 관한 규정을 두고 있다.

즉, 상법 제58조 본문은 "상인 간의 상행위로 인한 채권이 변제기에 있는 때에는 채권자는 변제를 받을 때까지 그 채무자에 대한 상행위로 인하여 자기가 점유하고 있는 채무자 소유의 물건 또는 유가증권을 유치할 수 있다."고 규정하여 상사유치권을 인정하고 있다.

한편, 상법은 같은 조 단서에서 "그러나 당사자 간에 다른 약정이 있으면 그러하지 아니하다."고 규정하고 있으므로 상사유치권은 당사자 간의 특약으로 배제할 수 있는바, 이러한 상사유치권 배제의 특약은 이를 인정할 수 있는 묵시적 특약 사항이 있는 경우에는 특약으로 인정될 수 있다고 보아야 한다.

(2) **위 사안에 대한 대법원 판결**

　　어음에 관하여 위 약관 조항의 내용과 달리 상사유치권을 행사하지 않기로 하는 상사유치권 배제의 특약이 있었다고 인정하기 위하여는 당사자 사이에 약관 조항에 우선하는 다른 약정이 있었다는 점이 명확하게 인정되어야 하는바, 그러한 내용의 명시적 약정이 존재하지 않는 상황에서 어음의 추심위임약정만으로 을(乙) 은행과 갑(甲) 사이에 유치권 배제의 묵시적 의사합치가 있었다고 보아 을(乙)은행의 위 어음에 관한 상사유치권 성립을 부정한 원심판결에 상사유치권 배제 특약에 관한 법리오해의 위법이 있어 파기환송 판결을 하였다.

[36] 부동산에 가압류등기가 경료된 후에 채무자의 점유이전으로 제3자가 유치권을 취득하는 경우, 가압류의 처분금지효에 저촉되는지 여부(소극), 그리고 체납처분(강제징수)압류가 되어 있는 부동산에 대하여 경매절차가 개시되기 전에 민사유치권을 취득한 유치권자가 경매절차의 매수인에게 유치권을 행사할 수 있는지 여부(적극)

　　　　[대법원 2014. 3. 20. 선고 2009다60336 전원합의체 판결,
　　　　대법원 2011. 11. 24.선고 2009다19246 판결 참조]

　　부동산에 가압류등기가 경료되면 채무자가 당해 부동산에 관한 처분행위를 하더라도 이로써 가압류채권자에게 대항할 수 없게 되는데, 여기서 처분행위란 당해 부동산을 양도하거나 이에 대해 용익물권, 담보물권 등을 설정하는 행위를 말하고 특별한 사정이 없는 한 점유의 이전과 같은 사실행위는 이에 해당하지 않는다. 다만 부동산에 경매개시결정의 기입등기가 경료되어 압류의 효력이 발생한 후에 채무자가 제3자에게 당해 부동산의 점유를 이전함으로써 그로 하여금 유치권을 취득하게 하는 경우 그와 같은 점유의 이전은 처분행위에 해당한다는 것이 당원의 판례이나, 이는 어디까지나 경매개시결정의 기입등기가 경료되어 압류의 효력이 발생한 후에 채무자가 당해 부

동산의 점유를 이전함으로써 제3자가 취득한 유치권으로 압류채권자에게 대항할 수 있다고 한다면 경매절차에서의 매수인이 매수가격 결정의 기초로 삼은 현황조사보고서나 매각물건명세서 등에서 드러나지 않는 유치권의 부담을 그대로 인수하게 되어 경매절차의 공정성과 신뢰를 현저히 훼손하게 될 뿐만 아니라, 유치권신고 등을 통해 매수신청인이 위와 같은 유치권의 존재를 알게 되는 경우에는 매수가격의 즉각적인 하락이 초래되어 책임재산을 신속하고 적정하게 환가하여 채권자의 만족을 얻게 하려는 민사집행제도의 운영에 심각한 지장을 줄 수 있으므로, 위와 같은 상황하에서는 채무자의 제3자에 대한 점유이전을 압류의 처분금지효에 저촉되는 처분행위로 봄이 타당하다는 취지이다. 따라서 이와 달리 부동산에 가압류등기가 경료되어 있을 뿐 현실적인 매각절차가 이루어지지 않고 있는 상황하에서는 채무자의 점유이전으로 인하여 제3자가 유치권을 취득하게 된다고 하더라도 이를 처분행위로 볼 수 없다. 한편, 부동산에 관한 민사집행절차에서는 경매개시결정과 함께 압류를 명하므로 압류가 행하여짐과 동시에 매각절차인 경매절차가 개시되는 반면, 국세징수법에 의한 체납처분(강제징수)절차에서는 그와 달리 체납처분에 의한 압류(이하 '체납처분압류'라고 함)와 동시에 매각절차인 공매절차가 개시되는 것은 아니며, 체납처분(강제징수)압류가 반드시 공매절차로 이어지는 것도 아니고, 체납처분(강제징수)절차와 민사집행절차는 서로 별개의 절차로서 공매절차와 경매절차가 별도로 진행되는 것이므로, 부동산에 관하여 체납처분(강제징수)압류가 되어 있다고 하여 경매절차에서 이를 그 부동산에 관하여 경매개시결정에 따른 압류가 행하여진 경우와 마찬가지로 볼 수는 없다.

따라서 체납처분(강제징수)압류가 되어 있는 부동산이라고 하더라도 그러한 사정만으로 경매절차가 개시되어 경매개시결정등기가 되기 전에 부동산에 관하여 민사유치권을 취득한 유치권자가 경매절차의 매수인에게 유치권을 행사할 수 없다고 볼 것은 아니므로(대법원

2014. 3. 20. 선고 2009다60336 전원합의체 판결), 유치권자는 부동산 경매절차에서의 매수인에 유치권을 행사할 수 있으며, 경락매수인은 민사집행법 제91조제5항에 따라 유치권자에게 그 유치권으로 담보하는 채권을 변제할 책임이 있는 것이 원칙이다.

다만, 채무자 소유의 건물 등 부동산에 경매개시결정의 기입등기가 경료되어 압류의 효력이 발생한 후에 채무자가 위 부동산에 관한 공사대금 채권자에게 그 점유를 이전함으로써 그로 하여금 유치권을 취득하게 한 경우에는 그와 같은 점유의 이전은 목적물의 교환가치를 감소시킬 우려가 있는 처분행위에 해당하며 이는 민사집행법 제92조제1항, 제83조제4항에 따른 압류의 처분금지효력에 저촉되므로 점유자는 유치권을 내세워 그 부동산에 관한 경매절차의 매수인에게 대항할 수 없다.

이러한 법리는 경매로 인한 압류의 효력이 발생하기 전에 유치권을 취득한 경우에는 적용되지 아니하며, 유치권 취득시기가 근저당권설정 후라거나 유치권 취득 전에 설정된 근저당권에 기하여 경매절차가 개시되었다고 하여도 마찬가지이다.(대법원 2009. 1. 15. 선고 2008다70763 판결)

[37] <u>유치권 배제특약에 조건을 붙일 수 있는지 여부 및 조건을 붙이고자 하는 의사가 있는지 여부에 대한 판단 기준</u>

[대법원 2018. 1. 24. 선고 2016다234043 판결 참조]

제한물권은 이해관계인의 이익을 부당하게 침해하지 않는 한 자유로이 포기할 수 있는 것이 원칙이며, 유치권은 채권자의 이익을 보호하기 위한 법정담보물권으로서 당사자는 미리 유치권의 발생을 막는 특약을 할 수 있고 이러한 특약은 유효하다.

따라서, 유치권 배제 특약이 있는 경우 다른 법정요건이 모두 충족되더라도 유치권은 발생하지 않으며, 그 배제특약에 따른 효력은 특

약의 상대방뿐 아니라 그 밖의 사람도 주장할 수 있다

한편, '조건(條件)'은 법률행위의 효력 발생 또는 소멸을 장래의 불확실한 사실의 발생 여부에 의존케 하는 법률행위의 부관(附款)으로서, 법률행위에서 효과의사와 일체적인 내용을 이루는 의사표시 그 자체라고 볼 수 있으므로 유치권 배제 특약에도 조건을 붙일 수 있고, 조건을 붙이고자 하는 의사가 있는지 여부는 일반 의사표시에 관한 법리에 따라 판단하여야 한다.

[38] 경매절차의 매각으로 인한 유치권의 소멸 여부, 이중경매개시결정 후 후행 경매절차의 압류효력에 대항할 수 있는 권리의 범위 및 그를 결정할 기준시기

[대법원 2001. 7. 10. 선고 2000다66010 판결,
대법원 2014. 3. 20. 선고 2009다60336 전원합의체 판결 참조]

(1) 유치권이 경매절차의 매각(경락)으로 인하여 소멸하는지 여부

민사집행법 제91조제3항은 "지상권·지역권·전세권 및 등기된 임차권은 저당권·압류채권·가압류채권에 대항할 수 없는 경우에는 매각으로 소멸된다."라고 규정하고 있다.

한편, 같은 조 제5항은 "매수인은 유치권자에게 그 유치권으로 담보하는 채권을 변제할 책임이 있다."라고 규정하고 있으므로, 유치권은 특별한 사정이 없는 한 그 성립시기에 관계없이 경매절차에서의 매각으로 인하여 소멸하지 않으므로 유치권은 저당권 설정시기와 관계없이 소멸하지 않는 것이 원칙이다.(대법원 2014. 3. 20. 선고 2009다60336 전원합의체 판결)

(2)1) 부동산에 관하여 이중경매개시결정이 내려진 후에 선행 경매신청이 취하되거나 그 절차가 취소 또는 정지된 경우, 그때까지 진행된 선행 경매절차의 결과는 후행 경매절차에서 그대로 승계되는지 여부(적극)

강제경매 또는 담보권실행을 위한 임의경매의 개시결정이 이루어진 부동산에 대하여 다른 채권자로부터 또 다시 경매신청이 있어 이중경매개시결정을 한 경우, 먼저 개시결정된 경매신청이 취하되거나 그 절차가 취소 또는 정지되지 않는 한 뒤의 경매개시결정에 의한 경매절차를 진행할 수는 없다.

선행한 경매신청이 취하되거나 그 절차가 취소 또는 정지된 경우에는 법원은 후행의 경매신청인을 위하여 그때까지 진행되어 온 선행의 경매절차를 인계하여 당연히 경매절차를 속행하여야 하여야 하고, 이 경우에 선행한 경매절차의 결과는 후행 경매절차에서 유효한 범위에서 그대로 승계되어 이용된다.(대법원 2001. 7. 10. 선고 2000다66010 판결, 대법원 2014. 1. 16. 선고 2013다62315 판결)

2) 후행 경매절차에서 압류에 대항할 수 있는 권리의 범위를 결정할 때 기준이 되는 시기(=이중경매개시결정에 의한 압류의 효력 발생 시)

그 경우, 후행 경매절차에서 압류에 대항할 수 있는 권리의 범위는 이중경매개시결정에 의한 압류의 효력 발생 시를 기준으로 정한다.(대법원 2022. 7. 14. 선고 2019다271685 판결)

[39] 유치권에 의한 경매와 목적부동산 위의 부담의 소멸 관계, 그리고 유치권자의 배당순위

[대법원 2011. 6. 15. 자 2010마1059 결정 참조]

(1) 민법 제322조제1항에 따른 유치권에 의한 경매가 목적부동산 위의 부담을 소멸시키는 것을 법정매각조건으로 하여 실시되는지 여부(적극)

민사집행법 제91조제2항, 제3항 규정과 이에 대한 준용규정인 제268조는 강제경매나 또는 담보권 실행을 위한 임의경매에서 소멸주의(消滅主義)[11]를 원칙으로 하고 있고, 이를 전제로 하여 배당요구의

종기결정이나 채권신고의 최고, 배당요구, 배당절차 등에 관하여 상세히 규정하고 있고,

민법 제322조제1항은 "유치권자는 채권의 변제를 받기 위하여 유치물을 경매할 수 있다."고 규정하고 있으므로 유치권에 의한 경매에도 채권자와 채무자의 존재를 전제로 하여 채권의 실현·만족을 위한 경매를 규정하고 있다.

반면, 인수주의(引受主義)[12]를 취할 경우 필요하다고 보이는 목적부동산 위의 부담의 존부 및 내용을 조사·확정하는 절차에 대하여는 아무런 규정이 없고 인수되는 부담의 범위를 제한하는 규정도 두지 않으므로 유치권에 의한 경매를 인수주의를 원칙으로 진행하면 매수인의 법적 지위가 매우 불안정한 상태에 놓이고, 인수되는 부담의 범위를 어떻게 설정하느냐에 따라 인수주의를 취하는 것이 오히려 유치권자에게 불리해질 수 있다는 점 등을 종합하면, 유치권에 의한 경매 역시 강제경매나 담보권 실행을 위한 임의경매와 마찬가지로 목적부동산 위의 부담을 소멸시키는 것을 법정매각조건으로 하여 실시됨을 알 수 있다.

(2) <u>유치권자의 배당순위(=일반채권자와 동일한 순위), 그리고 집행법원이 매각조건 변경결정을 통해 목적부동산 위의 부담을 매수인이 인수하도록 정할 수 있는지 여부(적극)</u>

유치권자는 일반채권자와 동일한 순위로 배당을 받을 수 있다.

한편, 집행법원은 부동산 위의 이해관계를 살펴서 위와 같은 소멸주

---

11) 소멸주의의 원칙이란 경매절차의 매각부동산 위의 모든 저당권은 매각으로 소멸하며, 지상권·지역권·전세권 및 등기된 임차권은 저당권·압류채권·가압류채권에 대항할 수 없는 경우에는 경매의 매각으로 소멸하는 원칙을 말한다.(민법집행법 제91조제2항, 제3항, 동법 제148조 제4호 참조)
12) 인수주의(引受主義)란 지상권·지역권·전세권 및 등기된 임차권은 저당권·압류채권·가압류채권에 대항할 수 있는 경우에는 매수인이 인수한다는 것을 의미하며, 다만 전세권의 경우에는 전세권자가 배당요구를 하면 매각으로 소멸함에 유의하여야 한다.(민사법집행법 제91조제4항 참조)

의의 원칙에 따른 법정매각조건과는 달리 매각조건 변경결정을 통하여 목적부동산 위의 부담을 소멸시키지 않고 매수인으로 하여금 인수하도록 정할 수 있다는 것이 대법원 판례의 입장이다.

[40] 유치권자가 민법 제324조제2항을 위반하여 소유자의 승낙 없이 유치물을 임대한 경우와 소유자의 유치권 소멸청구권 여부

[대법원 2023. 8. 31. 선고 2019다295278 판결 참조]

(1) 유치권자가 민법 제324조제2항을 위반하여 유치물 소유자의 승낙 없이 유치물을 임대한 경우, 유치물의 소유자는 유치권의 소멸을 청구할 수 있는지 여부(적극)

민법 제324조제1항은 "유치권자는 선량한 관리자의 주의로 유치물을 점유하여야 한다." 제2항은 "유치권자는 채무자의 승낙없이 유치물의 사용, 대여 또는 담보제공을 하지 못한다. 그러나 유치물의 보존에 필요한 사용은 그러하지 아니한다." 제3항은 "유치권자가 전(前)2항의 규정에 위반한 때에는 채무자는 유치권의 소멸을 청구할 수 있다."고 규정하여, 유치권자의 선관의무(善管義務)를 규정하고 있는 한편 이를 위반한 경우 채무자에게 유치권 소멸 청구권을 부여하고 있다.

유치권은 점유하는 물건으로써 유치권자의 피담보채권에 대한 우선적 만족을 확보하여 주는 법정담보물권(민법 제320조제1항, 상법 제58조)으로서 민법 제324조에서 정한 유치권소멸청구는 유치권자의 선량한 관리자의 주의의무 위반에 대한 제재로서 유치권자가 민법 제324조제2항을 위반하여 유치물 소유자의 승낙 없이 유치물을 임대한 경우 유치물의 소유자는 이를 이유로 민법 제324조제3항에 의하여 유치권의 소멸을 청구할 수 있다.

(2) 유치권자의 민법 제324조제2항을 위반한 임대행위가 있은 후에 유치물

의 소유권을 취득한 제3자의 유치권소멸청구권 존재여부(원칙적 적극)

민법 제324조에서 정한 유치권소멸청구는 유치권자의 선량한 관리자의 주의의무 위반에 대한 제재로서 채무자 또는 유치물의 소유자를 보호하기 위한 규정이므로, 특별한 사정이 없는 한 민법 제324조제2항을 위반한 임대행위가 있은 뒤에 유치물의 소유권을 취득한 제3자 역시 유치권자에게 민법 제324조제2항 위반을 이유로 유치권소멸청구를 할 수 있다.

[41] 유치권에 의한 경매절차 정지 중 강제경매절차에서 목적물이 매각된 경우, 유치권자는 동산유치물을 계속하여 유치할 수 있는지 여부(적극)

[대법원 2012. 9. 13. 자 2011그213 결정 참조]

유치권에 의한 경매절차가 개시된 유체동산에 대하여 유치권자의 승낙 없이 민사집행법 제215조(압류의 경합)에 따라 다른 채권자가 강제집행을 위하여 압류를 한 다음 민사집행법 제274조제2항에 따라 유치권에 의한 경매절차를 정지하고 채권자를 위한 강제경매절차를 진행한 경우, 강제경매절차에서 목적물이 매각되더라도 유치권자에게 동산목적물을 계속하여 유치할 권리가 있는지 여부(적극)

민사집행법 제189조제1항은 채무자가 점유하고 있는 유체동산의 압류는 집행관이 그 물건을 점유함으로써 한다고 규정하고, 제191조는 채권자 또는 물건의 제출을 거부하지 아니하는 제3자가 점유하고 있는 물건은 제189조의 규정을 준용하여 압류할 수 있다고 규정하고 있으므로, 유치권자가 점유하고 있는 채무자의 유체동산에 대한 강제집행은 유치권자가 채권자의 강제집행을 위하여 집행관에게 그 물건을 제출한 경우에 한하여 허용된다.

또한, 유체동산의 유치권자가 민사집행법 제274조제1항, 제271조에 따라 유치권에 의한 경매를 신청하고 집행관에게 그 목적물을 제출하여 유치권에 의한 경매절차가 개시된 때에도 그 목적물에 대한 유치권자의 유치권능은 계속 유지되고 있다고 보아야 한다.

따라서 유치권에 의한 경매절차가 개시된 유체동산에 대하여 다른 채권자가 민사집행법 제215조에 정한 이중압류의 방법으로 강제집행을 위해서는 채권자의 압류에 대한 유치권자의 승낙이 있어야 한다.

그럼에도 불구하고 유치권에 의한 경매절차가 개시된 유체동산에 대하여 유치권자의 승낙 없이 민사집행법 제215조에 따라 다른 채권자가 강제집행을 위하여 압류를 한 다음 민사집행법 제274조제2항에 따라 유치권에 의한 경매절차를 정지하고 채권자를 위한 강제경매절차를 진행하였다면, 그 강제경매절차에서 목적물이 매각되었더라도 유치권자의 지위에는 영향을 미칠 수 없고 유치권자는 그 목적물을 계속하여 유치할 권리가 있다고 보아야 한다는 것이 대법원 판례의 입장이다.

[42] 유치권은 점유 침탈로 인하여 유치권이 소멸하는지 여부

[대법원 2012. 2. 9. 선고 2011다72189 판결 참조]

「갑(甲)이 건물신축 공사대금 일부를 지급받지 못하자 건물을 점유하면서 유치권을 행사해 왔는데, 그 후 을(乙)이 경매절차에서 건물 중 상가 부분을 매수하여 소유권이전등기를 마친 다음, 갑(甲)의 점유를 침탈하여 병(丙)에게 임대하였다면, 갑(甲)의 유치권은 소멸하는지 여부」

갑(甲)은 을(乙)의 점유침탈로 인하여 점유를 상실한 이상 갑(甲)의 유치권은 소멸하며, 갑(甲)이 법원에 점유회수의 소를 제기하여 승소판결을 받아 점유를 회복하면 점유를 상실하지 않았던 것으로 되어 유치권이 되살아난다.

갑(甲)이 위와 같은 점유회수의 소를 통하여 승소판결을 받지 않았다면, 점유회수의 소를 제기하여 점유를 회복할 수 있다는 단순한 사정만으로는 갑(甲)의 유치권은 소멸하지 않았다고 볼 수 없다.

[43] 부동산 공매절차와 점유 침탈에 의한 유치권 소멸, 그리고 부동산매수자의 유치권자를 상대로 한 유치권부존재확인의 소

[대법원 2010. 4. 15. 선고 2009다96953 판결 참조]

공매절차에서 점유자의 유치권 신고 사실을 알고 부동산을 매수한 자가 그 점유를 침탈하여 유치권을 소멸시키고, 나아가 고의적으로 점유를 타인에게 이전으로 유치권자의 확정판결에 기한 점유회복조차 곤란하게 한 경우, 유치권자가 현재까지 점유회복을 하지 못한 사실을 내세워 부동산의 매수자가 유치권자를 상대로 적극적으로 유치권부존재확인을 구하는 것이 권리남용에 해당하여 허용되지 않는지 여부(적극)

공매절차에서 점유자의 유치권 신고 사실을 알고 부동산을 매수한 자가 그 점유를 침탈하여 유치권을 소멸시키고 나아가 고의적인 점유이전으로 유치권자의 확정판결에 기한 점유회복조차 곤란하게 하였음에도 불구하고 유치권자가 현재까지 점유회복을 하지 못한 사실을 내세워 부동산을 매수한 자가 유치권자를 상대로 적극적으로 유치권부존재확인을 구하는 것은 자신의 불법행위로 초래된 상황을 자기의 이익으로 원용하면서 피해자에 대하여는 불법행위로 인한 권리침해의 결과를 수용할 것을 요구하고, 나아가 법원으로부터는 위와 같은 불법적 권리침해의 결과를 승인받으려는 것이므로 이는 명백히 정의 관념에 반하여 사회생활상 도저히 용인될 수 없는 것으로 권리남용에 해당하여 허용되지 않는다.

[44] 유치권과 부동산 가압류의 처분금지효, 그리고 경매절차와의 관계

[대법원 2005. 8. 19. 선고 2005다22688 판결,
대법원 2006. 8. 25. 선고 2006다22050 판결,
대법원 2011. 11. 24. 선고 2009다19246 판결,
대법원 2022. 12. 29.선고 2021다253710 판결 참조]

부동산에 가압류등기가 경료된 후에 채무자의 점유이전으로 제3자가

유치권을 취득하는 경우, 제3자의 유치권이 가압류의 처분금지효에 저촉되는지 여부(소극), 그리고 부동산에 경매개시결정의 기입등기 후에는 적용되지 않는지 여부(적극)

부동산에 가압류등기가 경료되면 채무자는 당해 부동산에 관한 처분행위를 하더라도 이로써 가압류채권자에게 대항할 수 없게 되는바, 여기서 처분행위란 당해 부동산을 양도하거나 이에 대해 용익물권, 담보물권 등을 설정하는 법률행위를 말하고 특별한 사정이 없는 한 점유의 이전과 같은 사실행위는 이에 해당하지 않는다.

그러나, 부동산에 경매개시결정의 기입등기가 경료되어 압류의 효력이 발생한 후에 채무자가 제3자에게 당해 부동산의 점유를 이전함으로써 제3자가 유치권을 취득한 경우의 점유의 이전은 처분행위에 해당한다는 것이 대법원 판례의 입장(대법원 2005. 8. 19. 선고 2005다22688 판결, 대법원 2006. 8. 25. 선고 2006다22050 판결)이다.

대법원 판례 입장의 취지는 경매개시결정의 기입등기가 경료되어 압류의 효력이 발생한 후에 채무자가 당해 부동산의 점유를 이전함으로써 제3자가 취득한 유치권으로 압류채권자에게 대항할 수 있다고 한다면 경매절차에서의 매수인이 매수가격 결정의 기초로 삼은 현황조사보고서나 매각물건명세서 등에서 드러나지 않는 유치권의 부담을 그대로 인수하게 되어 경매절차의 공정성과 신뢰를 현저히 훼손하게 되고, 유치권신고 등을 통해 매수신청인이 위와 같은 유치권의 존재를 알게 되는 경우에는 매수가격의 즉각적인 하락이 초래되어 책임재산을 신속하고 적정하게 환가하여 채권자의 만족을 얻게 하려는 민사집행제도의 운영에 심각한 지장을 줄 수 있게 되므로, 위와 같은 상황 하에서는 채무자의 제3자에 대한 점유이전을 압류의 처분금지효에 저촉되는 처분행위로 봄이 타당하다는 취지이다.

따라서 부동산에 가압류등기가 경료되어 있을 뿐이고, 현실적으로 경매개시결정의 기입등기에 의한 매각절차가 이루어지지 않고 있는 상황 하에서는 채무자의 점유이전으로 인하여 제3자가 유치권을 취득하게 된다고 하더라도 이를 처분행위로 볼 수 없어 가압류채권자는 제3자의 유치권에 대항할 수 없다.

[45] 민법 제320조제1항에 정한 유치권의 피담보채권인 '그 물건에 관하여 생긴 채권'의 범위, 유치권의 불가분성이 그 목적물이 분할 가능하거나 수개의 물건인 경우에도 적용되는지 여부(적극)

[대법원 2007. 9. 7. 선고 2005다16942 판결 참조]

민법 제320조제1항에서 '그 물건에 관하여 생긴 채권', 즉 채권과 유치목적물 사이의 견련관계(牽連關係)는 유치권 제도 본래의 취지인 공평의 원칙에 특별히 반하지 않는 한 채권이 목적물 자체로부터 발생한 경우는 물론이고, 채권이 목적물의 반환청구권과 동일한 법률관계나 사실관계로부터 발생한 경우도 포함한다.

한편, 민법 제321조는 "유치권자는 채권 전부의 변제를 받을 때까지 유치물 전부에 대하여 그 권리를 행사할 수 있다."고 유치권의 불가분성을 규정하고 있으며, 위와 같은 유치권의 불가분성은 유치물은 그 각 부분으로써 피담보채권의 전부를 담보하는 것이므로 그 목적물이 분할 가능하거나 수개의 물건인 경우에도 적용된다.

[46] 유치권에 관한 고의적 작출로 유치권의 최우선순위담보권의 지위를 이용하는 경우, 유치권 행사와 신의성실의 원칙 사이의 관계

[대법원 2014. 12. 11. 선고 2014다53462 판결 참조]

유치권제도와 관련하여 거래당사자는 유치권을 자신의 이익을 위하여 고의적으로 작출하거나 기타의 행위를 함으로써 유치권의 최우선순위담보권으로서의 지위를 부당하게 이용하여 전체 담보권질서에 관한 법의 취지를 왜곡할 위험이 항상 내재하는바, 이런 경우에는 개별 사안의 구체적인 사정을 종합적으로 고려하여 신의성실의 원칙에 반한다고 평가되면 유치권제도 남용의 유치권 행사로 인정되어 허용될 수 없다.

[47] 유치권 소멸 후의 목적물에 대한 계속적 점유의 적법 여부(소극)와 근저당권설정 후 경매로 인한 압류의 효력 발생 전에 취득한 유치권으로 경매절차의 매수인에게 대항할 수 있는지 여부(적극)

[대법원 2005. 8. 19. 선고 2005다22688 판결,
대법원 2009. 1. 15. 선고 2008다70763 판결,
대법원 2011. 5. 13. 자 2010마1544 결정 참조]

(1) 유치권 소멸 후의 목적물에 대한 계속적 점유의 적법 여부(소극)

유치권은 법정담보물권이지만 채권자의 이익보호를 위한 채권담보의 수단에 불과하므로 이를 포기하는 특약은 유효하며, 유치권을 사전에 포기한 경우 다른 법정요건이 모두 충족되더라도 유치권이 발생하지 않으며, 유치권을 사후에 포기한 경우에는 곧바로 유치권은 소멸한다. 따라서 채권자가 유치권의 소멸 후에 그 목적물을 계속하여 점유한다고 하여 여기에 적법한 유치의 의사나 효력이 있다고 인정할 수 없고 다른 법률상 권원이 없는 한 무단점유에 지나지 않는다(대법원 1980. 7. 22. 선고 80다1174 판결 참조).

(2) 근저당권설정 후 경매로 인한 압류의 효력 발생 전에 취득한 유치권으로 경매절차의 매수인에게 대항할 수 있는지 여부(적극)

부동산 경매절차에서의 매수인은 민사집행법 제91조제5항에 따라 유치권자에게 그 유치권으로 담보하는 채권을 변제할 책임이 있는 것이 원칙이며, 만일 채무자 소유의 건물 등 부동산에 경매개시결정의 기입등기가 되어 압류의 효력이 발생한 이후에 채무자가 위 부동산에 관한 공사대금 채권자에게 그 점유를 이전함으로써 그로 하여금 유치권을 취득하게 한 경우에는, 그와 같은 점유의 이전은 목적물의 교환가치를 감소시킬 우려가 있는 처분행위에 해당하여 민사집

행법 제92조제1항, 제83조제4항에 따른 압류의 처분금지효에 저촉되므로 유치권자는 그 유치권을 내세워 그 부동산에 관한 경매절차의 매수인에게 대항할 수 없다.

그러나, 경매개시결정등기로 인한 압류의 효력발생 이전에 유치권을 취득한 경우에는 적용되지 아니하며, 이 경우에는 유치권 취득시기가 근저당권 설정 이후라거나 유치권 취득 전에 설정된 근저당권에 기하여 경매절차가 개시되었다고 하여 달리 볼 이유가 없다.

[48] 창고업자의 유치권 행사를 상당한 이유 없이 배제하는 약관 조항의 효력에 대하여(무효)

[대법원 2009. 12. 10. 선고 2009다61803, 61810 판결 참조]

「 양도담보권자(은행)가 양도담보 목적물을 보관하는 창고업자로부터 '양도담보권자의 담보물 환가와 채무변제 충당 시 창고업자는 유치권 등과 관련된 우선변제권을 행사할 수 없다'는 문구가 부동문자로 인쇄된 확약서를 제출받은 사안 」

(1) 약관의 규제에 관한 법률은 제6조제1항에서 "신의성실의 원칙에 반하여 공정을 잃은 약관조항은 무효이다"라고 규정하고, 제11조에서 "고객의 권익에 관하여 정하고 있는 약관의 내용 중 다음 각 호의 1에 해당되는 내용을 정하고 있는 조항은 이를 무효로 한다."고 규정하면서 그 제1호에 '법률의 규정에 의한 고객의 항변권, 상계권 등의 권리를 상당한 이유 없이 배제 또는 제한하는 조항'을 들고 있다.

따라서 공평의 관점에서 창고업자에게 인정되는 권리인 유치권의 행사를 상당한 이유 없이 배제하는 내용의 약관 조항은 고객에게 부당하게 불리하고 신의성실의 원칙에 반하여 공정을 잃은 것이므로 무효라고 봄이 타당하다.

(2) **위 사안**은 금융기관인 양도담보권자가 양도담보 목적물을 보관하는

창고업자로부터 '창고주는 양도담보권자가 담보물 임의처분 또는 법적 조치 등 어떠한 방법의 담보물 환가와 채무변제 충당 시에도 유치권 등과 관련된 우선변제권을 행사할 수 없다'는 문구가 부동문자로 인쇄된 확약서를 제출받은 사안이며, 이는 창고업자가 보관료 징수 등을 위하여 공평의 관점에서 보유하는 권리인 유치권의 행사를 상당한 이유 없이 배제하고 일방적으로 금융기관인 양도담보권자의 담보권 실행에 유리한 내용의 약관 조항으로서, 고객에게 부당하게 불리하고 신의성실의 원칙에 반하여 공정을 잃은 것이므로 무효이다.

[49] 경매개시결정의 기입등기와 건물의 점유 및 유치권에 관한 피담보채권의 취득으로 인한 유치권 성립과의 관계

[대법원 2011. 10. 13. 선고 2011다55214 판결 참조]

채무자 소유의 건물에 관하여 공사를 도급받은 수급인이 경매개시결정의 기입등기가 마쳐지기 전에 채무자에게서 건물의 점유를 이전받았으나 경매개시결정의 기입등기가 마쳐져 압류의 효력이 발생한 후에 공사를 완공하여 공사대금채권을 취득함으로써 유치권이 성립한 경우, 수급인이 유치권을 내세워 경매절차의 매수인에게 대항할 수 있는지 여부(소극)

유치권은 목적물에 관하여 생긴 채권이 변제기에 있는 경우에 비로소 성립한다.(민법 제320조)

한편, 채무자 소유의 부동산에 경매개시결정의 기입등기가 마쳐져 압류의 효력이 발생한 후에 유치권을 취득한 경우에는 그로써 부동산에 관한 경매절차의 매수인에게 대항할 수 없다.

따라서 채무자 소유의 건물에 관하여 증·개축 등 공사를 도급받은 수급인이 경매개시결정의 기입등기가 마쳐지기 전에 채무자에게서 건물의 점유를 이전받았다 하더라도 경매개시결정의 기입등기가 마쳐져 압류의 효력이 발생한 후에 공사를 완공하여 공사대금채권을 취득함으로써 그때 비로소 유치권이 성립한 경우에는, 수급인은 유치권을 내세워 경매절차의 매수인에게 대항할 수 없다.

[50] **민법 제327조 규정의 타담보제공에 따른 유치권 소멸청구는 채무자뿐만 아니라 유치물의 소유자도 할 수 있는지 여부(적극), 그리고 이때 채무자나 소유자가 제공하는 담보가 상당한지 판단하는 기준**

[대법원 2021. 7. 29. 선고 2019다216077 판결 참조]

민법 제327조는 "채무자는 상당한 담보를 제공하고 유치권의 소멸을 청구할 수 있다."고 규정하고 있는바, 채무자는 이에 따라 상당한 담보를 제공하고 유치권의 소멸을 청구할 수 있으며, 그 유치권 소멸청구는 민법 제327조에 규정된 채무자뿐만 아니라 유치물의 소유자도 할 수 있으며, 이 때 채무자나 소유자가 제공하는 담보가 상당한지 여부는 담보가치가 채권담보로서 상당한지 여부와 유치물에 의한 담보력을 저하시키지 않는지 등을 종합하여 판단해야 한다. 즉 유치물 가액이 피담보채권액보다 많을 경우에는 피담보채권액에 해당하는 담보를 제공하면 되고, 유치물 가액이 피담보채권액보다 적을 경우에는 유치물 가액에 해당하는 담보를 제공하면 된다.

[51] **유치권에 의한 경매절차가 정지된 상태에서의 강제경매 또는 임의경매절차에 의한 매각에 관하여**

[대법원 2011. 6. 15.자 2010마1059 결정,
대법원 2011. 6. 17.자 2009마2063 결정,
대법원 2011. 8. 18. 선고 2011다35593 판결 참조]

「유치권자인 갑(甲)의 신청으로 점포 등에 대하여 유치권에 의한 경매절차가 개시되어 진행되던 중, 근저당권자의 신청으로 점포 등에 대해 임의경매절차가 개시되어 유치권에 기한 경매절차는 정지되었고, 을(乙)이 위 임의경매절차에서 점포를 낙찰 받아 소유권을 취득하였는데, 이후 점포에 대하여 다시 개시된 경매절차에서 병(丙)이

점포를 낙찰 받아 소유권을 취득한 사안」

(1) 민법 제322조제1항에 따른 유치권에 의한 경매가 목적부동산 위의 부담을 소멸시키는 것을 법정매각조건으로 하여 실시되는지 여부(적극)

부동산에 관한 강제경매 또는 담보권 실행을 위한 경매절차에서의 매수인은 유치권자에게 그 유치권으로 담보하는 채권을 변제할 책임이 있는바(민사집행법 제91조 제5항, 제268조), 유치권에 의한 경매절차는 목적물에 대하여 강제경매 또는 담보권 실행을 위한 임의경매절차가 개시된 경우에는 정지되고(민사집행법 제274조제2항), 그러한 유치권에 의한 경매절차가 정지된 상태에서 그 목적물에 대한 강제경매 또는 담보권 실행을 위한 경매절차가 진행되어 매각이 이루어졌다면, 유치권에 의한 경매절차는 강제경매 또는 임의경매절차가 소멸주의를 원칙으로 하여 진행된 경우와는 달리 그 유치권은 소멸하지 않는다고 봄이 상당하다.

그러나, 민법 제322조제1항 규정에 의한 유치권에 의한 경매의 경우에는 강제경매나 임의경매와 마찬가지로 목적부동산 위의 부담을 소멸시키는 것을 법정매각조건으로 하여 실시된다.

(2) 유치권자의 배당순위(=일반채권자와 동일한 순위)

유치권에 의한 경매의 경우, 우선채권자뿐만 아니라 일반채권자의 배당요구도 허용되며, 유치권자는 일반채권자와 동일한 순위로 배당을 받을 수 있다.

(3) 집행법원이 매각조건 변경결정을 통해 목적부동산 위의 부담을 매수인이 인수하도록 정할 수 있는지 여부(적극)

집행법원은 부동산 위의 이해관계를 살펴 위와 같은 법정매각조건과는 달리 매각조건 변경결정을 통하여 목적부동산 위의 부담을 소멸시키지 않고 매수인으로 하여금 인수하도록 정할 수도 있다(대법원 2011. 6.

15.자 2010마1059 결정, 대법원 2011. 6. 17.자 2009마2063결정).

(4) 위 사례에 대하여

유치권에 의한 경매절차는 근저당권에 의한 경매절차가 개시됨으로써 정지되고, 을(乙)이 경매절차에서 점포를 낙찰 받아 유치권 부담까지 함께 인수받았다고 보아야 하므로, 유치권자인 갑(甲)은 공사대금 중 미변제된 부분을 모두 변제받을 때까지 점포를 유치할 권리가 있으므로 을(乙), 병(丙)에게 유치권을 행사할 수 있다.

[52] 점유를 침탈당한 유치권에 대한 점유회수청구권 행사기간, 유치권 소멸에 따른 손해배상청구권의 행사기간 사이의 관계

[대법원 2021. 8. 19. 선고 2021다213866 판결 참조]

(1) 점유자가 점유의 침탈로 인하여 점유 회수를 하는 경우, 민법 제204조제3항에서 말하는 1년의 행사기간의 의미

민법 제204조제1항은 "점유자가 점유의 침탈을 당한 때에는 그 물건의 반환 및 손해의 배상을 청구할 수 있다." 제2항은 "전항의 청구권은 침탈자의 특별승계인에 대하여는 행사하지 못한다. 그러나 승계인이 악의인 때에는 그러하지 아니하다." 제3항은 "제1항의 청구권은 침탈을 당한 날로부터 1년내에 행사하여야 한다."고 규정하고 있는바, 점유자가 점유의 침탈을 당한 때에는 민법 제204조제1항 규정에 따라 그 물건의 반환 및 손해의 배상을 청구할 수 있고, 동조 제3항 규정에 따라 그 청구권은 점유를 침탈당한 날부터 1년내에 행사하여야 하며, 여기서 말하는 1년의 행사기간은 제척기간으로서 소를 제기하여야 하는 기간을 말하며, 이는 위 제척기간의 대상이 되는 권리는 형성권이 아니라 통상의 청구권인 점과 점유의 침탈 또는 방해상태가 일정한 기간을 지나게 되면 그대로 사회의 평온한 상태가 되고 이를 복구하는 것이 오히려 평화질서의 교란으로 볼 수 있게 되므로 일정한 기간을 지난 후에는 원상회복을 허용하지 않

는 것이 점유제도의 이상에 맞고 여기에 저유의 회수 또는 방해제거 등의 청구권에 단기의 제척기간을 두는 이유가 있는 점등에 비추어 볼 때, 위의 제척기간은 재판 외에서 권리행사하는 것으로 족한 기간이 아니라 반드시 그 기간 내에 소를 제기하여야 하는 이른바 출소기간으로 해석함이 상당하기 때문이다(대법원 2002. 4. 26.선고 2001다8097, 8103 판결 참조).

(2) <u>점유를 침탈당한 자가 본권인 유치권 소멸에 따른 손해배상청구권을 행사하는 경우에 민법 제204조제3항 규정이 적용 여부(소극)</u>

민법 제204조제3항 규정의 점유보호청구권 행사기간인 '침탈을 당한 날로부터 1년'은 본권인 유치권 침해로 발생한 손해배상청구권의 행사에는 적용되지 않는다.

따라서 점유를 침탈당한 자가 본권인 유치권 소멸에 따른 손해배상청구권을 행사하는 경우에는 점유를 침탈당한 날부터 제척기간인 1년 내에 행사할 것을 요하지 않으며, 침탈이 불법행위에 해당하는 경우에는 민법 제766조제1항 규정의 소멸시효기간에 따라 피해자나 그 법정대리인이 그 손해 및 가해자를 안 날로부터 3년간 이를 행사할 수 있고, 제2항 규정에 따라 불법행위를 한 날로부터 10년을 경과할 때까지 손해배상청구권을 행사할 수 있다.[13]

[53] <u>점유 목적물의 인도 청구와 유치권 부존재확인의 소 사이의 관계</u>

[대법원 2014. 3. 20. 선고 2009다60336 전원합의체 판결 참조]

(1) 갑(甲) 소유의 점포를 을(乙)이 점유하고 있는 상황에서 갑(甲)이 점포 인도를 청구하는 것과는 별도로, 을(乙)을 상대로 점포에 대한 유치

---

13) 점유권 침탈과는 관계없으나, 불법행위의 소멸시효기간에 관하여 민법 제766조제3항은 "미성년자가 성폭력, 성추행, 성희롱, 그 밖의 성적(性的) 침해를 당한 경우에 이로 인한 손해배상청구권의 소멸시효는 그가 성년이 될 때까지는 진행되지 아니한다."고 규정하고 있는 점은 참고하여야 할 사항이다.

권 부존재확인을 구하는 경우, 확인의 이익이 존재하는지 여부(소극)

확인의 소는 확인판결을 받는 것이 원고의 법적 지위에 대한 불안과 위험을 제거하는 데 가장 유효·적절한 수단인 경우에 인정되는 바(대법원 2006. 3. 9. 선고 2005다60239 판결, 대법원 2008. 7. 10. 선고 2005다41153 판결), 갑(甲) 소유의 점포를 을(乙)이 점유하고 있는 경우에는 갑(甲)이 을(乙)을 상대로 점포의 인도를 청구하는 것이 갑(甲)의 소유권에 대한 불안과 위험을 유효하고 적절하게 제거하는 직접적인 수단이 되므로 갑(甲)이 점포 인도청구의 소와는 별도로 점포에 대한 유치권의 부존재확인을 구하는 소는 확인의 이익이 없다.

(2) 저당권설정등기나 가압류등기 또는 체납처분(강제징수)압류등기가 되어 있는 부동산에 관하여 경매개시결정등기가 되기 전에 유치권을 취득한 사람이 경매절차의 매수인에게 유치권으로 대항할 수 있는지 여부(적극) 및 저당권 설정 후 취득한 유치권이 경매절차에서의 매각으로 소멸하는지 여부(원칙적 소극)

어느 부동산에 관하여 경매개시결정등기가 된 뒤에 비로소 민사유치권을 취득한 사람은 경매절차의 매수인에 대하여 그의 유치권을 주장할 수 없으며(대법원 2005. 8. 19. 선고 2005다22688 판결 등 참조), 이러한 법리는 어디까지나 경매절차의 법적 안정성을 보장하기 위한 것이므로, 경매개시결정등기가 되기 전에 이미 그 부동산에 관하여 민사유치권을 취득한 사람은 그 취득에 앞서 저당권설정등기나 가압류등기 또는 체납처분(강제징수)압류등기가 먼저 되어 있다 하더라도 경매절차의 매수인에게 자기의 유치권으로 대항할 수 있다.

[54] 유치권의 피담보채권의 소멸시효기간이 지급명령의 확정판결 등에 의하여 10년으로 연장되는지 여부, 유치권이 성립된 부동산의 매수인이 종전의 단기소멸시효를 원용할 수 있는지 여부

[대법원 2009. 9. 24. 선고 2009다39530 판결 참조]

(1) **유치권의 피담보채권의 소멸시효기간이 지급명령의 확정판결 등에 의하여 10년으로 연장되는지 여부(적극)**

민사소송법 제474조, 민법 제165조제2항에 의하여, 지급명령에서 확정된 채권은 단기의 소멸시효에 해당하는 것이라도 그 소멸시효기간이 10년으로 연장된다.

(2) **유치권이 성립된 부동산의 매수인이 종전의 단기소멸시효를 원용할 수 있는지 여부(소극)**

유치권이 성립된 부동산의 매수인은 피담보채권의 소멸시효가 완성되면 시효로 인하여 채무가 소멸되는 결과로 직접적인 이익을 받는 자에 해당하므로 소멸시효의 완성을 원용할 수 있는 지위에 있다.

그러나, 매수인은 유치권자에게 채무자의 채무와는 별개의 독립된 채무를 부담하는 것이 아니라 단지 채무자의 채무를 변제할 책임을 부담하는 것이므로, 유치권의 피담보채권의 소멸시효기간이 확정판결 등에 의하여 10년으로 연장된 경우 매수인은 그 채권의 소멸시효기간이 연장된 효과를 부정하고 종전의 단기소멸시효기간을 원용할 수는 없다.

[55] 부동산에 관한 경매개시결정의 기입등기와 그 사실을 모르고 취득한 유치권의 대항력 존재여부

[대법원 2005. 8. 19.선고 2005다22688 판결,
대법원 2006. 8. 25. 선고 2006다22050 판결 참조]

채무자 소유의 부동산에 경매개시결정의 기입등기가 경료되어 압류의 효력이 발생한 후에 부동산의 점유를 이전받아 유치권을 취득한 채권자가 그 기입등기의 경료사실을 과실 없이 알지 못하였다는 사정을 내세워 그 유치권으로 경매절차의 매수인에게 대항할 수 있는지 여부(소극)

채무자 소유의 부동산에 경매개시결정의 기입등기가 경료되어 압류의 효력이 발생한 이후에 채권자가 채무자로부터 위 부동산의 점유를 이전받고 이에 관한 공사 등을 시행함으로써 채무자에 대한 공사대금채권 및 이를 피담보채권으로 한 유치권을 취득한 경우, 이러한 점유의 이전은 목적물의 교환가치를 감소시킬 우려가 있는 처분행위에 해당하여 민사집행법 제92조제1항, 제83조제4항에 따른 압류의 처분금지효에 저촉되므로, 위와 같은 경위로 부동산을 점유한 채권자로서는 위 유치권을 내세워 그 부동산에 관한 경매절차의 매수인에게 대항할 수 없고, 이 경우 위 부동산에 경매개시결정의 기입등기가 경료되어 있음을 채권자가 알았는지 여부 또는 이를 알지 못한 것에 관하여 과실이 있는지 여부 등은 채권자가 그 유치권을 매수인에게 대항할 수 없다는 결론에 아무런 영향을 미치지 못한다.

[56] 소유자의 동의 없이 유치권자로부터 유치권의 목적물을 임차한 자의 점유가 민사집행법 제136조제1항 단서 규정의 "매수인(경락인)에게 대항할 수 있는 권원에 의한 점유"에 해당하는지 여부(소극) 및 유치권 소멸청구여부(적극)

[대법원 2002. 11. 27. 자 2002마3516 결정 참조]

유치권의 성립요건인 유치권자의 점유는 직접점유이든 간접점유이든 관계없지만, 유치권자는 채무자의 승낙이 없는 이상 그 목적물을 타에 임대할 수 있는 처분권한이 없으므로(민법 제324조제2항) 유치권자가 채무자의 승낙 없이 한 임대행위는 소유자의 처분권한을 침해하는 것으로 소유자에게 그 임대의 효력을 주장할 수 없다.

따라서 소유자의 동의나 승낙 없이 유치권자로부터 유치권의 목적물을 임차한 자의 점유는 민사집행법 제136조제1항 단서에서 규정하는 '경락인에게 대항할 수 있는 권원'에 해당된다고 할 수 없으므로 채무자(소유자)는 민법 제324조제3항 규정에 따라 유치권자에게 유치권의 소멸을 청구할 수 있다.

[57] 유치물소유자의 변동과 유치권행사, 그리고 유치권자의 목적물사용의 적법 여부에 관하여

[대법원 1972. 1. 31. 선고 71다2414 판결 참조]

유치권자의 점유 하에 있는 유치물은 그 소유자가 변동하더라도 유치권자의 점유는 유치물에 대한 보존행위로서 적법하며, 그 소유자 변동 후 유치권자가 유치물에 관하여 새로이 유익비를 지급하여 그 가격의 증가가 현존하는 경우에는 그 유익비에 대하여도 유치권을 행사할 수 있으며, 유치권자가 유치물에 대한 보존행위로서 목적물을 사용하는 것은 적법행위이므로(민법 제324조제2항 단서) 유치권자는 불법점유로 인한 손해배상책임이 없다.

[58] 유치권자의 점유에 간접점유가 포함되는지 여부(적극) 및 그 간접점유의 점유매개관계를 이루는 임대차계약이 종료된 이후 직접점유자가 목적물을 점유한 채 이를 반환하지 않고 있는 경우, 유치권자의 점유매개관계가 단절되는지 여부(소극)

[대법원 2019. 8. 14. 선고 2019다205329 판결 참조]

유치권의 성립요건인 유치권자의 점유는 직접점유이든 간접점유이든 관계없으며, 간접점유를 인정하기 위해서는 간접점유자와 직접점유자 사이에 일정한 법률관계, 즉 점유매개관계가 필요한바, 간접점유에서 점유매개관계를 이루는 임대차계약 등이 해지 등의 사유로 종료되더라도 직접점유자가 목적물을 반환하기 전까지는 간접점유자의 직접점유자에 대한 반환청구권이 소멸하지 않는다.

따라서, 점유매개관계를 이루는 임대차계약 등이 종료된 이후에도 직접점유자가 목적물을 점유한 채 이를 반환하지 않고 있는 경우에는 간접점유자의 반환청구권이 소멸한 것이 아니므로 간접점유의 점유매개관계가 단절된다고 할 수 없으므로 유치권자의 점유매개관계

인 점유 역시 단절되지 않으므로 유치권이 소멸하지 않는다.

[59] 민사집행법 제91조제5항에서 정한 '변제할 책임이 있다.'의 의미 및 유치권의 부담이 있는 경매목적 부동산의 매수인이 유치권의 피담보채무를 변제하는 것이 민법 제469조에서 정한 제3자의 변제에 해당하는지 여부, 그리고 구상권 관계

[대법원 1993. 10. 12. 선고 93다9903, 9910 판결,
대법원 1995. 3. 24. 선고 94다44620 판결,
대법원 2021. 9. 30. 선고 2017다278743 판결 참조]

(1) 민사집행법 제91조 제5항에서 정한 '변제할 책임이 있다.'의 의미

민사집행법 제91조제5항은 "매수인은 유치권자에게 그 유치권으로 담보하는 채권을 변제할 책임이 있다."라고 규정하고 있고, 같은 법 제268조는 부동산을 목적으로 하는 담보권 실행을 위한 경매절차에서 위 조항을 준용한다고 규정하고 있는바, 여기에서 '변제할 책임이 있다.'는 의미는 매수인이 경매목적 부동산에 관한 유치권의 부담을 승계한다는 것이지 유치권의 피담보채무까지 인수한다는 것은 아니다(대법원 1996. 8. 23. 선고 95다8713 판결 등 참조).

(2) 유치권의 부담이 있는 경매목적 부동산의 매수인이 유치권의 피담보채무를 변제하는 것이 민법 제469조에서 정한 제3자의 변제에 해당하는지 여부(적극)

민사집행법 제91조제5항 규정의 "변제할 책임이 있다"는 의미는 위와 같으므로 유치권의 부담이 있는 경매목적 부동산의 매수인이 유치권의 피담보채무를 변제하는 것은 민법 제469조에서 정하는 제3자의 변제에 해당한다.

(3) 민법 제469조제2항과 제481조에서 정한 '이해관계' 또는 '변제할 정당한 이익'이 있는 자의 의미와 유치권의 부담이 있는 경매목적

부동산의 매수인이 채무자의 의사에 반하여 유치권의 피담보채무를 변제할 수 있는지 여부(적극) 및 이때 채무자에게 구상권을 행사할 수 있는지 여부(원칙적 적극)

민법 제469조제1항은 채무의 변제는 제3자도 할 수 있으나 채무의 성질 또는 당사자의 의사표시로 제3자의 변제를 허용하지 아니하는 때에는 그러하지 아니하다고 규정하고 있고, 같은 조 제2항은 이해관계 없는 제3자는 채무자의 의사에 반하여 변제하지 못한다고 규정하고 있으며, 한편 민법 제481조는 변제할 정당한 이익이 있는 자는 변제로 당연히 채권자를 대위한다고 규정하고 있는바, 위 조항에서 말하는 '이해관계'와 '변제할 정당한 이익'이 있는 자는 변제를 하지 않으면 채권자로부터 집행을 받게 되거나 또는 채무자에 대한 자기의 권리를 잃게 되는 지위에 있기 때문에 변제함으로써 당연히 대위의 보호를 받아야 할 법률상 이익을 가지는 자를 말하고, 단지 사실상의 이해관계를 가진 자는 제외된다(대법원 2009. 5. 28. 자 2008마109 결정 등 참조).

유치권의 부담이 있는 경매목적 부동산의 매수인은 유치권의 피담보채권을 만족시키는 등으로 유치권을 소멸시키지 않는 한 그 인도를 받을 수 없고, 나아가 유치권자의 경매신청으로 부동산의 소유권을 잃을 위험도 있는 점(민법 제322조) 등에 비추어 보면 유치권의 피담보채무를 대신 변제할 이해관계 있는 제3자에 해당한다.

따라서, 이 경우 매수인은 채무자의 의사에 반하여 유치권의 피담보채무를 변제할 수 있고, 그 피담보채무를 변제하였다면 특별한 사정이 없는 한 채무자에게 구상권을 행사할 수 있다.

[60] 유치권이 인정되는 아파트를 경락·취득한 자가 유치권자에 대한 임료 상당의 부당이득금 반환채권을 자동채권으로 하고 유치권자의 종전 소유자에 대한 유익비상환채권을 수동채권으로 하여 상계의 의사표시를 한 경우 그 상계가 허용되는지 여부(소극)

[대법원 2011. 4. 28. 선고 2010다101394 판결 참조]

「유치권이 인정되는 아파트를 경락·취득한 자가 아파트 일부를 점유·사용하고 있는 유치권자에 대하여, 임료 상당의 부당이득금 반환채권을 자동채권으로 하고 유치권자의 종전 소유자에 대한 유익비상환채권을 수동채권으로 하여 상계의 의사표시를 한 사안」

상계는 당사자 쌍방이 서로 같은 종류를 목적으로 한 채무를 부담한 경우에 서로 같은 종류의 급부를 현실로 이행하는 대신 어느 일방 당사자의 의사표시로 그 대등액에 관하여 채권과 채무를 동시에 소멸시키는 것인바, 이러한 상계제도의 취지는 서로 대립하는 두 당사자 사이의 채권·채무를 간이한 방법으로 원활하고 공평하게 처리하려는 데 있으므로, 수동채권으로 될 수 있는 채권은 상대방이 상계자에 대하여 가지는 채권이어야 하고, 상대방이 제3자에 대하여 가지는 채권과는 상계할 수 없다고 보아야 한다. 그렇지 않고 만약 상대방이 제3자에 대하여 가지는 채권을 수동채권으로 하여 상계할 수 있다고 한다면, 이는 상계의 당사자가 아닌 상대방과 제3자 사이의 채권채무관계에서 상대방이 제3자에게서 채무의 본지에 따른 현실급부를 받을 이익을 침해하게 될 뿐 아니라, 상대방의 채권자들 사이에서 상계자만 독점적인 만족을 얻게 되는 불합리한 결과를 초래하게 되므로 상계의 담보적 기능과 관련하여 법적으로 보호받을 수 있는 당사자의 합리적 기대가 이러한 경우에까지 미친다고 볼 수는 없기 때문이다.

[61] 부동산 매도인이 매매대금을 다 지급받지 않은 상태에서 매수인에게 소유권이전등기를 마쳐주었으나 부동산을 계속 점유하고 있는 경우, 매매대금채권을 피담보채권으로 하여 매수인이나 그에게서 부동산 소유권을 취득한 제3자에게 유치권을 주장할 수 있는지 여부(소극)

[대법원 2012. 1. 12. 자 2011마2380 결정 참조]

부동산 매도인이 매매대금을 다 지급받지 아니한 상태에서 매수인에게 소유권이전등기를 마쳐주어 목적물의 소유권이 매수인에게 이전된 경우, 매도인은 목적물인도의무에 관하여 동시이행의 항변권 성립여부는 별론으로 하고, 그 외에 물권적 권리인 유치권까지 인정되는 것은 아니다. 이는 법률행위로 인한 부동산물권변동의 요건으로 등기를 요구함으로써 물권관계의 명확화 및 거래의 안전·원활을 꾀하는 우리 민법의 기본정신에 비추어 볼 때, 만일 유치권을 인정한다면 매도인은 등기에 의하여 매수인에게 소유권을 이전하였음에도 매수인 또는 그의 처분에 기하여 소유권을 취득한 제3자에 대하여 소유권에 속하는 대세적인 점유의 권능을 계속 보유하게 되는 결과가 되어 부당하기 때문이다.

또한, 매도인으로서는 자신이 원래 가지는 동시이행의 항변권을 행사하지 아니하고 자신의 소유권이전의무를 선(先)이행함으로써 매수인에게 소유권을 넘겨 준 것이므로 그에 필연적으로 부수하는 위험은 스스로 감수하여야 한다.

따라서 매도인이 부동산을 점유하고 있고 소유권을 이전받은 매수인으로부터 매매대금 일부를 지급받지 못하고 있다고 하여 매매대금채권을 피담보채권으로 매수인이나 그에게서 부동산 소유권을 취득한 제3자를 상대로 유치권을 주장할 수는 없다.

[62] 피담보채권인 공사대금 채권을 실제와 달리 허위로 부풀려 유치권에 의한 경매를 신청한 경우, 소송사기죄의 실행의 착수에 해당하는지 여부 (적극)

[대법원 2012. 11. 15. 선고 2012도9603 판결 참조]

유치권에 의한 경매를 신청한 유치권자는 일반채권자와 마찬가지로 피담보채권액에 기초하여 배당을 받게 되므로 피담보채권인 공사대금 채권을 실제와 달리 허위로 크게 부풀려 유치권에 의한 경매를 신청할 경우 정당한 채권액에 의하여 경매를 신청한 경우보다 더 많은 배당금을 받을 수도 있으므로, 이는 법원을 기망하여 배당이라는 법원의 처분행위에 의하여 재산상 이익을 취득하려는 행위이므로 소송사기죄의 실행의 착수에 해당한다고 봄이 타당하다.

[63] 등기를 갖추지 아니한 건물의 양수인에 대한 대지소유자의 건물철거 청구권여부(적극) 및 제3자에게 가지는 건물에 관한 유치권으로 건물철거 청구권을 갖는 대지소유자에게 대항할 수 있는지 여부(소극)

[대법원 1989. 2. 14. 선고 87다카3073 판결 참조]

건물철거는 그 소유권의 종국적 처분에 해당하는 사실행위이므로 원칙적으로는 그 소유자에게만 그 철거처분권이 있으나 미등기건물을 그 소유권의 원시취득자로부터 양도받아 점유 중에 있는 자는 비록 소유권취득등기를 하지 못하였다고 하더라도 그 권리의 범위 내에서는 점유 중인 건물을 법률상 또는 사실상 처분할 수 있는 지위에 있다.

따라서, 그 건물의 존재로 불법점유를 당하고 있는 토지소유자는 위와 같은 건물점유자에게 그 철거를 구할 수 있으며, 건물점유자가 건물의 원시취득자에게 그 건물에 관한 유치권이 있다고 하더라도 그 건물의 존재와 점유가 토지소유자에게 불법행위가 되고 있다면 유치권자는 그 유치권으로 토지소유자에게 대항할 수 없다.

[64] 유치권에 의한 경매절차에서 유치권의 부존재나 소멸을 이유로 경매개시결정에 대한 이의를 할 수 있는지 여부(적극)

[대법원 2022. 8. 23. 자 2020마1521 결정 참조]

「갑(甲)이 을(乙)에 대한 공사대금 채권을 피담보채권으로 하여 병(丙)의 소유인 건물에 대한 유치권을 행사하여 경매개시결정이 이루어졌고, 이에 병(丙)이 유치권의 피담보채권이 존재하지 않거나 소멸하였다고 주장하면서 이의를 신청한 사안」

담보권 실행을 위한 경매절차의 개시결정에 대한 이의에서 부동산의 경우 담보권이 없다는 것 또는 소멸되었다는 것을 주장할 수 있는바(민사집행법 제265조 참조), 유치권에 의한 경매절차에서도 그 예에 따라 유치권의 부존재나 소멸을 이유로 개시결정에 대한 이의를 할 수 있고, 법원은 그 심리에 있어 이의재판 당시까지 제출된 모든 자료를 종합하여 개시결정의 당부를 판단할 수 있다.

[65] 공사수급인이 도급인과 유치권을 포기하는 대신 수분양자들로부터 미납입 분양대금을 직접 지급받기로 합의하고 신탁계약에 따라 이루어진 소유권이전등기행위와 사해행위

[대법원 2001. 7. 27. 선고 2001다13709 판결 참조]

공사대금을 지급받지 못한 아파트 공사 수급인이 신축 아파트에 대한 유치권을 포기하는 대신 수분양자들로부터 미납입 분양대금을 직접 지급받기로 하고, 그 담보를 위해 도급인과의 사이에 당해 아파트를 대상으로 수익자를 수급인으로 하는 신탁계약을 체결하고 수급인이 지정하는 자 앞으로 소유권이전등기를 경료하게 한 행위가 사해행위에 해당하는지 여부

공사대금을 지급받지 못한 아파트 공사 수급인이 신축 아파트에 대한 유치권을 포기하는 대신 수분양자들로부터 미납입 분양대금을 직

접 지급받기로 하고, 그 담보를 위해 도급인과의 사이에 당해 아파트를 대상으로 수익자를 수급인으로 하는 신탁계약을 체결하고, 수급인이 지정하는 자 앞으로 소유권이전등기를 경료하게 한 경우, 수급인의 지위가 유치권을 행사할 수 있는 지위보다 강화된 것이 아니고, 도급인의 일반채권자들 입장에서도 수급인이 유치권을 행사하여 도급인의 분양사업 수행이 불가능해지는 경우와 비교할 때 더 불리해지는 것도 아니다.

따라서, 위 신탁계약은 사해행위에 해당하지 않는다.

[66] **토지임차인의 지상물매수청구권에 관한 민법 제643조가 토지의 전세권에도 유추 적용되는지 여부(적극) 및 위 매수청구권의 행사요건, 그리고 변제기에 이르지 아니한 채권에 기하여 유치권을 행사할 수 있는지 여부(소극)**

[대법원 2007. 9. 21. 선고 2005다41740 판결 참조]

토지임차인의 건물 기타 공작물의 매수청구권에 관한 민법 제643조의 규정은 성질상 토지의 전세권에도 유추 적용될 수 있다고 할 것이다.

그러나 그 매수청구권은 토지임차권 등이 건물 기타 공작물의 소유 등을 목적으로 한 것으로서 기간이 만료되어야 하고, 건물 기타 지상시설이 현존하여야만 행사할 수 있는 것이며, 한편 유치권은 그 목적물에 관하여 생긴 채권이 변제기에 있는 경우에 성립하는 것이므로 아직 변제기에 이르지 아니한 채권에 기하여 유치권을 행사할 수는 없다고 할 것이다.

[67] **부동산 임의경매절차에서 유치권이 존재하지 않는 것으로 알고 매수신청을 하여 최고가매수신고인으로 정하여졌음에도, 이후 매각결정기일까지 사이에 유치권의 신고가 있고, 그 유치권이 성립할 여지가 없음이 명백하지 아니한 경우의 집행법원의 조치에 대하여**

[대법원 2005. 8. 8.자 2005마643 결정,
대법원 2007. 5. 15. 자 2007마128 결정 참조]

부동산 임의경매절차에서 매수신고인이 당해 부동산에 관하여 유치권이 존재하지 않는 것으로 알고 매수신청을 하여 이미 최고가매수신고인으로 정하여졌음에도 불구하고, 그 이후 매각결정기일까지 사이에 유치권의 신고가 있을 뿐만 아니라 그 유치권이 성립될 여지가 없음이 명백하지 아니한 경우, 집행법원으로서는 장차 매수신고인이 인수할 매각부동산에 관한 권리의 부담이 현저히 증가하여 민사집행법 제121조 제6호가 규정하는 이의 사유가 발생된 것으로 보아서 이해관계인의 이의 또는 직권으로 매각허가하지 아니하는 결정을 하는 것이 상당하다.

[68] 유치권자의 선관의무에 대해 규정한 민법 제324조에서 말하는 '대여'

[대법원 2011. 9. 29. 선고 2011다38707 판결,
대법원 2023. 7. 13. 선고 2021다274243 판결 참조]

유치권자의 선관의무에 대해 규정한 민법 제324조에서 말하는 '대여'는 임대차뿐만 아니라 사용대차도 포함되는지 여부(적극) 및 유치권자가 유치물을 다른 사람으로 하여금 사용하게 한 경우, 유치물의 보존에 필요한 사용을 넘어서는 것으로서 유치권 소멸 청구의 사유가 되는 사용 또는 대여에 해당하는지 여부를 판단하는 방법

민법 제324조는 유치권자에게 유치물의 점유에 관하여 선량한 관리자의 주의의무를 부여하고, 유치권자가 이를 위반하여 유치물의 보존에 필요한 사용의 범위를 넘어 채무자의 승낙 없이 유치물을 사용, 대여 또는 담보 제공한 경우 채무자에게 유치권의 소멸을 청구할 수 있는 권리를 부여하고 있다.

여기에서 말하는 '대여'는 임대차뿐만 아니라 사용대차도 포함되는데, 유치권자가 유치물을 다른 사람으로 하여금 사용하게 한 경우에

그것이 유치물의 보존에 필요한 사용을 넘어서는 것으로서 유치권 소멸 청구의 사유가 되는 사용 또는 대여에 해당하는지 여부는 유치물의 특성과 유치권자의 점유 태양, 유치권자와 사용자 사이의 관계, 사용자의 구체적인 사용방법 및 사용의 경위, 사용행위가 유치물의 가치나 효용에 미치는 영향, 사용자가 유치권자에게 대가를 지급하였는지 여부 등을 종합적으로 고려하여 판단하여야 한다.

[69] 유치권과 권리행사방해죄

[대법원 2011. 5. 13. 선고 2011도2368 판결 참조]

권리행사방해죄에서 '타인의 점유'의 의미 및 갑(甲)이 유치권 행사를 위하여 점유하고 있던 주택에 을(乙)이 그 소유자인 처(妻)와 함께 출입문 용접을 해제하고 들어가 거주한 경우, 을(乙)은 유치권자인 갑(甲)의 권리행사를 방해하는 형법 제323조의 권리행사방해죄가 성립하는지 여부

형법 제323조의 권리행사방해죄에 있어서의 타인의 점유라 함은 권원으로 인한 점유, 즉 정당한 원인에 기하여 물건을 점유하는 것을 의미하지만, 반드시 본권에 기한 점유만을 말하는 것이 아니라 유치권 등에 기한 점유도 여기에 해당하므로 을(乙)에게 형법 제323조 규정의 권리행사방해죄가 인정된다.

[70] 부동산 임의경매절차에서 이미 최고가매수신고인이 정해진 후 매각결정기일까지 사이에 유치권의 신고가 있고 그 유치권이 성립될 여지가 없음이 명백하지 아니한 경우, 집행법원이 취할 조치(=매각불허가결정)

[대법원 2008. 6. 17. 자 2008마459 결정 참조]

부동산 임의경매절차에서 매수신고인이 당해 부동산에 관하여 유치권이 존재하지 않는 것으로 알고 매수신청을 하여 이미 최고가매수신고인으로 정하여졌음에도 그 이후 매각결정기일까지 사이에 유치

권의 신고가 있을 뿐만 아니라 그 유치권이 성립될 여지가 없음이 명백하지 아니한 경우, 집행법원은 장차 매수신고인이 인수할 매각부동산에 관한 권리의 부담이 현저히 증가하여 민사집행법 제121조 제6호가 규정하는 이의 사유가 발생된 것으로 보아 이해관계인의 이의 또는 직권으로 매각을 허가하지 아니하는 매각불허가결정을 하는 것이 상당하다.

[71] **경락인인 집행채권자가 단행가처분의 집행을 통하여 유치권자인 집행채무자로부터 인도받은 목적물에 대한 소유권 및 점유를 상실한 경우, 집행채무자의 유치권을 상실하게 하는 불법행위의 성립 여부(적극) 및 그의 성립 시기**

[대법원 1996. 12. 23. 선고 95다25770 판결 참조]

(1) 명도단행가처분의 집행으로 집행채무자의 점유가 상실되는지 여부(소극) 및 명도단행가처분의 집행으로 인도된 목적물을 집행채권자가 제3자에게 소유권유보부로 매도하고 인도한 경우, 집행채권자 및 집행채무자의 점유 상실 여부(소극)

가처분의 피보전권리는 채무자가 소송과 관계없이 임의로 의무를 이행하거나 본안소송에서 피보전권리가 존재하는 것으로 판결이 확정됨에 따라 채무자가 의무를 이행한 때에 비로소 법률상 실현되는 것이므로 가사 채권자의 만족을 목적으로 하는 이른바 단행가처분의 집행에 의하여 피보전권리가 실현된 것과 마찬가지의 상태가 사실상 달성되었다 하더라도 그것은 어디까지나 임시적인 것에 지나지 않고, 또한 가처분이 집행됨으로써 그 목적물이 채권자에게 인도되었다고 하더라도 그런 잠정적인 상태와 관계없이 그 목적물의 점유는 채무자에게 있다.

따라서 명도단행가처분의 집행채권자가 인도집행받은 목적물을 제3자에게 인도하였을지라도 그에게 소유권이전을 유보한 매매를 하고 그 점유를 환원할 수 있는 상태에 두었다면, 제3자의 직접점유는 아직 집행채권자 및 집행채무자의 간접점유 하에 있는 점유로 보아야 한다.

(2) **경락인인 집행채권자가 단행가처분의 집행을 통하여 유치권자인 집행채무자로부터 인도받은 목적물에 대한 소유권 및 점유를 상실한 경우, 집행채무자의 유치권을 상실하게 하는 불법행위의 성립 여부(적극) 및 그의 성립 시기**

목적물을 경락받은 집행채권자가 유치권자인 집행채무자의 점유 하에 있던 목적물을 단행가처분의 집행을 통하여 인도받은 후 제3자에게 처분·인도하고 그 목적물에 관하여 소유권이전등기까지 경료하여 그 제3자로 하여금 목적물에 관한 완전한 소유권을 취득하게 하여 버림으로써 목적물에 관한 소유권이나 점유를 환원시킬 수 없는 새로운 사태가 만들어진 경우, 그 때 비로소 가처분의 집행채권자로서 인도집행받은 목적물의 점유를 타에 이전하거나 점유명의를 변경하여서는 아니 되는 가처분의 결정취지에 반하여 점유를 타에 이전하여 그 점유명의를 변경한 것이 되고 집행채무자의 점유를 침탈하여 유치권을 상실하게 하는 불법행위를 저지른 것이라고 보아야 한다.

[72] 민법 제367조의 제3취득자와 저당권, 그리고 이를 피담보채권으로 주장하면서 유치권을 행사할 수 있는지 여부(소극)

[대법원 2023. 7. 13. 선고 2022다265093 판결 참조]

(1) **저당부동산의 소유권을 취득한 자가 민법 제367조의 제3취득자에 해당하는지 여부(적극)**

민법 제367조는 저당물의 제3취득자가 그 부동산의 보존, 개량을 위하여 필요비 또는 유익비를 지출한 때에는 제203조제1항, 제2항의 규정에 의하여 저당물의 경매대가에서 우선상환을 받을 수 있다고 규정하고 있으며, 이는 저당권이 설정되어 있는 부동산의 제3취득자가 저당부동산에 관하여 지출한 필요비, 유익비는 부동산 가치의 유지·증가를 위하여 지출된 일종의 공익비용이므로 저당부동산의 환가대금에서 부담하여야 할 성질의 비용이고, 더욱이 제3취득자는 경매의 결과 그 권리를 상실하게 되므로 특별히 경매로 인한 매각대금에서 우선적으로 상환을 받도록 한 것이다. 저당부동산의 소유권을 취득한 자도 민법 제367조의 제3취득자에 해당한다.

(2) **제3취득자가 민법 제367조를 근거로 직접 저당권설정자, 저당권자 또는 경매매수인 등에 대하여 비용상환을 청구할 수 있는지 여부(소극)**

제3취득자가 민법 제367조에 의하여 우선상환을 받으려면 저당부동산의 경매절차에서 배당요구의 종기까지 배당요구를 하여야 한다(민사집행법 제268조, 제88조).

위와 같이 민법 제367조에 의한 우선상환은 제3취득자가 경매절차에서 배당받는 방법으로 민법 제203조제1항, 제2항에서 규정한 비용에 관하여 경매절차의 매각대금에서 우선변제 받을 수 있다는 것이지 이를 근거로 제3취득자가 직접 저당권설정자, 저당권자 또는 경매절차 매수인 등에 대하여 비용상환을 청구할 수 있는 권리가 인정될 수 없다.

(3) **이를 피담보채권으로 주장하면서 유치권을 행사할 수 있는지 여부(소극)**

따라서 제3취득자는 민법 제367조에 의한 비용상환청구권을 피담보채권으로 주장하면서 저당권설정자, 저당권자 또는 경매절차 매수인 등에 대하여 유치권을 행사할 수 없다.

[73] 부동산 인도집행의 경우, 강제집행의 목적물이 아닌 동산이 있어 이를 인도하려고 하나 인도받을 채무자나 채무자의 친족 등이 없는 경우동산의 보관에 대하여

[대법원 2020. 9. 3. 선고 2018다288044 판결 참조]

부동산 인도청구의 집행을 할 때 강제집행의 목적물이 아닌 동산이 있어 이를 인도하려고 하나, 인도받을 채무자나 채무자의 친족 등이 없는 경우, 집행관이 동산을 스스로 보관하거나 채권자 또는 제3자를 보관인으로 선임하여 보관하게 할 수 있는지 여부(적극) 및 이때 발생한 보관비용에 관하여 동산에 유치권을 행사할 수 있는지 여부(적극)

민사집행법 제258조제3내지 5항은 부동산 등 인도청구의 집행에 관하여 부동산 인도청구의 집행을 할 때 강제집행의 목적물이 아닌 동산이 있는 경우 그 동산을 제거하여 채무자나 채무자의 친족 등에게 인도하여야 한다.

집행관은 그 동산을 채무자의 비용으로 보관하여야 하며, 채무자 등이 없는 때에는 집행관은 동산을 스스로 보관할 수도 있고 채권자나 제3자를 보관인으로 선임하여 보관하게 할 수도 있는바, 이때 집행관이나 채권자나 제3자는 보관비용이 생긴 경우 동산의 수취를 청구하는 채무자 등에게 보관비용을 변제받을 때까지 유치권을 행사할 수 있다.

[74] 집합건물의 소유권자가 분양계약을 전부 해지하고 1동 건물 전체를 1개의 건물로 소유권보존등기를 마친 경우와 구분폐지 전 개개의 구분건물에 대한 유치권과의 관계

[대법원 2016. 1. 14. 선고 2013다219142 판결 참조]

(1) 구분건물이 물리적으로 완성되기 전에 분양계약 등을 통하여 구분행

위를 한 다음 1동의 건물과 구분건물이 객관적·물리적으로 완성된 경우, 그 시점에 구분소유가 성립하는지 여부(적극)

1동 건물의 구분된 각 부분이 구조상·이용상 독립성을 가지는 경우 각 부분을 구분건물로 할지 1동 전체를 1개의 건물로 할지는 소유자의 의사에 의하여 자유롭게 결정할 수 있는 바, 구분건물이 물리적으로 완성되기 전에 분양계약 등을 통하여 장래 신축되는 건물을 구분건물로 하겠다는 구분의사를 표시함으로써 구분행위를 한 다음 1동의 건물 및 구분행위에 상응하는 구분건물이 객관적·물리적으로 완성되면 그 시점에서 구분소유가 성립한다.

(2) **소유권자가 분양계약을 전부 해지하고 1동 건물 전체를 1개의 건물로 소유권보존등기를 마친 경우 구분소유권이 소멸하는지 여부(적극)**

소유권자가 분양계약을 전부 해지하고 1동 건물의 전체를 1개의 건물로 소유권보존등기를 마쳤다면 이는 구분폐지행위를 한 것으로서 구분소유권은 소멸한다.

(3) **구분폐지 전 개개의 구분건물에 유치권이 성립한 경우에도 구분소유권이 소멸하는지 여부(적극)**

이러한 법리는 구분폐지가 있기 전에 개개의 구분건물에 대하여 유치권이 성립한 경우라 하더라도 달리 볼 것은 아니다.

[75] **부동산에 관한 자력탈환권을 규정한 민법 제209조제2항 전단에서의 '직시(直時)'의 의미 및 자력탈환권의 행사가 '직시'에 이루어졌는지 판단하는 기준**

[대법원 2017. 9. 7. 선고 2017도9999 판결 참조]

「집행관이 집행채권자 조합 소유 아파트에서 유치권을 주장하는 갑(甲)을 상대로 부동산인도집행을 실시하자, 갑(甲)이 이에 불만을 갖고 아파트 출입문과 잠금 장치를 훼손하며 강제로 개방하고 아파트에 들어갔다고 하여 재물손괴 및 건조물침입으로 기소된 사건에서, 점유를 실력에 의하여 탈환한 갑(甲)의 행위는 민법상 자력구제에 해당하지 않는다고 보아 유죄로 판결한 사건 」

민법 제209조제2항 전단은 '점유물이 침탈되었을 경우에 부동산일 때에는 점유자는 침탈 후 직시(直時) 가해자를 배제하여 이를 탈환할 수 있다'고 하여 자력구제권 중 부동산에 관한 자력탈환권에 관하여 규정하고 있는바, 여기에서 '직시(直時)'란 '객관적으로 가능한 한 신속히' 또는 '사회관념상 가해자를 배제하여 점유를 회복하는 데 필요하다고 인정되는 범위 안에서 되도록 속히'라는 뜻으로 자력탈환권의 행사가 '직시'에 이루어졌는지 여부는 물리적 시간의 장단은 물론 침탈자가 확립된 점유를 취득하여 자력탈환권의 행사를 허용하는 것이 오히려 법적 안정 내지 평화를 해하거나 자력탈환권의 남용에 이르는 것은 아닌지 함께 살펴 판단하여야 한다.

[76] 유치권자로부터 점유를 위탁받아 부동산을 점유하는 자가 부동산의 소유자로부터 인도소송을 당하여 재판상 자백을 한 경우와 배임죄 성립 여부

[대법원 2017. 2. 3. 선고 2016도3674 판결 참조]

(1) 배임죄에서 '재산상의 손해'의 의미와 판단 기준(=경제적 관점) 및 재산상 손해가 발생하였다고 평가될 수 있는 '재산상 실해 발생의 위험'의 의미

배임죄에서 재산상의 손해에는 현실적인 손해가 발생한 경우뿐만 아니라 재산상 실해 발생의 위험을 초래한 경우도 포함되고, 재산상 손해의 유무에 대한 판단은 법률적 판단에 의하지 않고 경제적 관점에서 파악하여야 한다.

그런데, 재산상 손해가 발생하였다고 평가될 수 있는 재산상 실해 발생의 위험이란 본인에게 손해가 발생할 막연한 위험이 있는 것만으로는 부족하고 경제적인 관점에서 보아 본인에게 손해가 발생한

것과 같은 정도로 구체적인 위험이 있는 경우를 의미하므로 재산상 실해 발생의 위험은 구체적·현실적인 위험이 야기된 정도에 이르러야 하고 단지 막연한 가능성이 있다는 정도로는 부족하다.

(2) **유치권자로부터 점유를 위탁받아 부동산을 점유하는 자가 부동산의 소유자로부터 인도소송을 당하여 재판상 자백을 한 경우, 재판상 자백이 손해 발생의 구체적·현실적인 위험을 초래하기에 이르렀는지 판단하는 기준 및 배임죄 성립 여부**

유치권자로부터 점유를 위탁받아 부동산을 점유하는 자가 부동산의 소유자로부터 인도소송을 당하여 재판상 자백을 한 경우, 그러한 재판상 자백이 손해 발생의 구체적·현실적인 위험을 초래하기에 이르렀는지를 판단할 때에는 재판상 자백이 인도소송 및 유치권의 존속·성립에 어떠한 영향을 미치는지, 소유자가 재판상 자백에 의한 판결에 기초하여 유치권자 등을 상대로 인도집행을 할 수 있는지, 유치권자가 그 집행을 배제할 방법이 있는지 등 여러 사정을 종합하여 신중하게 판단하여 배임죄 성립여부를 판단하여야 한다.

[77] 건물신축공사를 도급받은 수급인이 사회통념상 독립한 건물이 되지 못한 정착물을 토지에 설치한 상태에서 공사가 중단된 경우, 위 정착물 또는 토지에 대하여 유치권을 행사할 수 있는지 여부(소극)

[대법원 2008. 5. 30. 자 2007마98 결정 참조]

건물의 신축공사를 한 수급인이 그 건물을 점유하고 있고 또 그 건물에 관하여 생긴 공사금 채권이 있다면, 수급인은 그 채권을 변제받을 때까지 건물을 유치할 권리가 있다.

그러나, 건물의 신축공사를 도급받은 수급인이 사회통념상 독립한 건물이라고 볼 수 없는 정착물을 토지에 설치한 상태에서 공사가 중단된 경우에는 그 정착물은 토지의 부합물에 불과하여 정착물에 대하여 유치권을 행사할 수 없는 것이고, 또한 공사 중단 시까지 발생한 공사금 채권은 토지에 관하여 생긴 것이 아니므로 위 공사금 채권에 기하여 토지에 대하여 유치권을 행사할 수도 없는 것이다.

[78] 유치권자로부터 유치물을 유치하기 위한 방법으로 유치물의 점유나 보관을 위탁받은 자가 소유자의 소유물반환청구를 거부할 수 있는지 여부 (원칙적 적극)

[대법원 2014. 12. 24. 선고 2011다62618 판결 참조]

소유자는 그 소유에 속한 물건을 점유한 자에 대하여 반환을 청구할 수 있고, 점유자가 그 물건을 점유할 권리가 있는 때에는 반환을 거부할 수 있다.(민법 제213조)

여기서 반환을 거부할 수 있는 점유할 권리에는 유치권도 포함되고, 유치권자로부터 유치물을 유치하기 위한 방법으로 유치물의 점유 내지 보관을 위탁받은 자는 특별한 사정이 없는 한 점유할 권리가 있으므로 소유자의 소유물반환청구를 거부할 수 있다.

[79] 수급인의 저당권설정청구권 행사에 따른 도급인의 저당권설정행위가 사해행위에 해당하는지 여부 및 유치권 성립과의 관계

[대법원 2008. 3. 27. 선고 2007다78616, 78623 판결 참조]

(1) 수급인의 저당권설정청구권에 관한 민법 제666조의 입법 취지

민법 제666조제1항은 부동산공사의 수급인은 보수에 관한 채권을 담보하기 위하여 그 부동산을 목적으로 한 저당권의 설정을 청구할 수 있음을 규정하고 있는바, 위와 같은 수급인의 목적부동산에 대한 저당권설정청구권을 규정하는 민법 제666조는 부동산공사에서 그 목적물이 보통 수급인의 자재와 노력으로 완성되는 점을 감안하여 그 목적물의 소유권이 원시적으로 도급인에게 귀속되는 경우 수급인에게 목적물에 대한 저당권설정청구권을 부여함으로써 수급인이 사실상 목적물로부터 공사대금을 우선적으로 변제받을 수 있도록 하는

데 그 취지가 있다.

(2) 수급인의 저당권설정청구권 행사에 따라 도급인이 저당권을 설정하는 행위가 사해행위에 해당하는지 여부(소극) 및 유치권 성립 여부

그런 취지에서 수급인의 지위가 목적물에 대하여 유치권을 행사하는 지위보다 더 강화되는 것은 아니어서 도급인의 일반 채권자들에게 부당하게 불리해지는 것도 아닌 점 등에 비추어, 신축건물의 도급인이 민법 제666조가 정한 수급인의 저당권설정청구권의 행사에 따라 공사대금채무의 담보로 그 건물에 저당권을 설정하는 행위는 특별한 사정이 없는 한 사해행위에 해당하지 아니하므로 유치권 성립 여부에 영향을 주지 않는다고 할 것이다.

[80] 저당권이 설정된 부동산이 사해행위로 이전된 후, 변제 등으로 저당권설정등기가 말소된 경우와 유치권의 목적인 부동산이 사해행위로 처분된 경우

[대법원 2013. 4. 11. 선고 2013다1105 판결 참조]

(1) 채권자취소권과 사해행위(詐害行爲)의 관계

민법 제406조제1항은 "채무자가 채권자를 해함을 알고 재산권을 목적으로 한 법률행위를 한 때에는 채권자는 그 취소 및 원상회복을 법원에 청구할 수 있다. 그러나 그 행위로 인하여 이익을 받은 자나 전득한 자가 그 행위 또는 전득당시에 채권자를 해함을 알지 못한 경우에는 그러하지 아니하다." 제2항은 "전항의 소는 채권자가 취소원인을 안 날로부터 1년, 법률행위있는 날로부터 5년내에 제기하여야 한다."고 규정하고 있고, 민법 제407조는 "전조의 규정에 의한 취소와 원상회복은 모든 채권자의 이익을 위하여 그 효력이 있다."고 채권자취소의 대세적 효력에 대하여 규정하고 있다.

채권자취소권은 채무자가 채권자를 해함을 알면서 자기의 일반재산을 감소시키는 행위를 한 경우에 그 행위를 취소하여 채무자의 재산을 원상회복시킴으로써 모든 채권자를 위하여 채무자의 책임재산을 보전하는 권리를 말하며, 사해행위란 채무자가 채권자를 해함을 알고 재산권을 목적으로 한 법률행위를 말하며, 채무자가 채권자를 해함을 안다는 이른바 채무자의 악의, 즉 사해의사는 채무자의 재산처분 행위에 의하여 채권자의 채권을 완전하게 만족시킬 수 없게 된다는 사실을 인식하는 것을 의미하고, 그러한 인식은 일반 채권자에 대한 관계에서 있으면 충분하고 특정의 채권자를 해한다는 인식이 있어야 하는 것은 아니며(대법원 1998. 5. 12.선고 97다57320 판결 참조), 채무자의 제3자에 대한 담보제공행위가 객관적으로 사해행위에 해당하는 경우 수익자의 악의는 추정되는 것이므로 수익자가 그 법률행위 당시 선의였다는 입증을 하지 못하는 한 채권자는 그 법률행위를 취소하고 그에 따른 원상회복을 청구할 수 있다. 즉 사해행위는 악의로 추정되므로 선의에 대한 입증 책임은 수익자(사해행위에 의하여 이익을 받은 자, 즉 사해행위의 상대방)·전득자(사해행위의 목적물의 전부 또는 일부를 수익자로부터 다시 취득한 자)에게 있음을 유의하여야 한다.(대법원 2003. 6. 13.선고 2003다12526 판결 참조)

(2) **저당권이 설정된 부동산이 사해행위로 이전된 후 변제 등으로 저당권설정등기가 말소된 경우, 사해행위 취소의 범위와 원상회복의 방법**

주채무자 또는 제3자 소유의 부동산에 대하여 채권자 앞으로 근저당권이 설정되어 채권자에게 우선변제권이 확보되어 있다면 그 범위 내에서는 채무자의 재산처분행위는 채권자를 해하지 아니하므로 그 담보물로부터 우선변제받을 액을 공제한 나머지 채권액에 대하여만 채권자취소권이 인정된다.

한편, 채권자가 채권자취소권을 행사할 때에는 원칙적으로 자신의 채권액을 초과하여 취소권을 행사할 수 없고, 이 때 채권자의 채권액에는 사해행위 이후 사실심 변론종결시까지 발생한 이자나 지연손해금이 포함된다.

저당권이 설정되어 있는 부동산이 사해행위로 이전된 경우에 그 사해행위는 부동산의 가액에서 저당권의 피담보채권액을 공제한 잔액의 범위 내에서만 성립한다고 보아야 하므로, 사해행위 후 변제 등에 의하여 저당권설정등기가 말소된 경우 그 부동산의 가액에서 저당권의 피담보채무액을 공제한 잔액의 한도에서 사해행위를 취소하고 그 가액의 배상을 구할 수 있을 뿐이다. 부연하면, 저당권이 설정되어 있는 부동산이 사해행위로 이전된 경우에 그 사해행위는 부동산의 가액에서 저당권의 피담보채권액을 공제한 잔액의 범위 내에서만 성립한다고 보아야 한다.

따라서, 사해행위 후 변제 등에 의하여 저당권설정등기가 말소된 경우 그 부동산의 가액에서 저당권의 피담보채무액을 공제한 잔액의 한도에서 사해행위를 취소하고 그 가액의 배상을 구할 수 있을 뿐이다.(대법원 2002. 4. 12. 선고 2000다63912 판결 참조)

(3) 유치권의 목적인 부동산이 사해행위로 처분된 경우에도 채권자취소권 법리가 적용되는지 여부(적극)

채권자취소권과 사해행위의 위 법리는 유치권의 목적인 부동산이 사해행위로 처분된 경우에도 마찬가지로 보아야 한다.

[81] 장래의 이행판결요건과 점유 토지의 사용·수익으로 인한 임료 상당 금원의 부당이득 반환의무 사이의 관계 및 유치권 성립 여부

[대법원 2002. 6. 14. 선고 2000다37517 판결 참조]

장래의 이행을 명하는 판결을 하기 위한 요건 및 점유 토지의 사용·수익으로 인한 임료 상당 금원의 부당이득 반환의무의 불이행사유가 이행을 명한 토지 인도시까지 존속한다는 것을 변론종결 당시에 확정

적으로 예정할 수 없는 경우 장래의 이행을 명하는 판결을 할 수 있는지 여, 그리고 부당이득반환청구권에 기인한 유치권의 성립 여부

장래의 이행을 명하는 판결을 위해서는 채무의 이행기가 장래에 도래하는 것뿐만 아니라 의무불이행사유가 그 때까지 존속한다는 것을 변론종결 당시에 확정적으로 예정할 수 있는 것이어야 하는바, 이러한 책임기간이 불확실하여 변론종결 당시에 확정적으로 예정할 수 없는 경우에는 장래의 이행을 명하는 판결을 할 수 없으며, 그 경우 부당이득반환청구권에 기인한 유치권은 성립하지 않는다.

[82] <u>사설묘지를 조성하기 위하여 임야의 시설비로 지출한 비용이 임야에 대한 필요비 또는 유익비가 되는지 여부 및 그로 인한 유치권 여부</u>

[대법원 1978. 7. 25. 선고 78다417 판결 참조]

임야를 사설묘지로 사용하기 위하여 석축을 쌓고 나무를 심고 잔디를 입히는 등 그 시설에 들인 비용은 임야 소유자가 임야를 보존하는데 필요한 비용은 아니라 할 것이고, 또한 그 시설비가 사설묘지 설치허가 없는 임야 소유자에 대하여는 임야의 가치를 증가시킨 유익비라고도 할 수 없으므로 임야에 대한 필요비 또는 유익비가 될 수 없으므로 유치권이 인정될 수 없다.

[83] <u>점유자가 유익비를 지출할 당시 계약관계 등 적법한 점유권원을 가진 경우, 계약관계 등의 상대방이 아닌 점유회복 당시의 상대방에 대하여 민법 제203조제2항에 따른 지출비용의 상환을 구할 수 있는지 여부(소극) 및 그로 인한 유치권 성립여부</u>

[대법원 2003. 7. 25. 선고 2001다64752 판결 참조]

「임차인 갑(甲)이 임대차계약에 의하여 건물을 적법하게 점유하고 있으면서 비용을 지출하였으나, 건물이 경매로 인하여 을(乙)에게 낙찰되었는데, 임차인 갑(甲)이 낙찰자 을(乙)을 상대로 민법 제626조

제2항에 의한 임대차계약상의 유익비상환청구 소송을 제기한 사건 」

민법 제203조제2항에 의한 점유자의 회복자에 대한 유익비상환청구권은 점유자가 계약관계 등 적법하게 점유할 권리를 가지지 않아 소유자의 소유물반환청구에 응하여야 할 의무가 있는 경우에 성립되는 것으로서, 이 경우 점유자는 그 비용을 지출할 당시의 소유자가 누구이었는지 관계없이 점유회복 당시의 소유자, 즉 회복자에 대하여 비용상환청구권을 행사할 수 있는 것이다.

그러나, 점유자가 유익비를 지출할 당시 계약관계 등 적법한 점유의 권원을 가진 경우에 그 지출비용의 상환에 관하여는 그 계약관계를 규율하는 법조항이나 법리 등이 적용되는 것이어서, 점유자는 그 계약관계 등의 상대방에 대하여 해당 법조항이나 법리에 따른 비용상환청구권을 행사할 수 있을 뿐이고, 계약관계 등의 상대방이 아닌 점유회복 당시의 소유자인 낙찰자 을(乙)에 대하여 민법 제203조제2항에 따른 지출비용의 상환을 구할 수는 없으므로 유치권이 인정되지 않는다.

부연설명하면, 임차인 갑(甲)은 임대차계약에 의하여 건물을 적법하게 점유하고 있으면서 비용을 지출한 것이므로 임대인에 대하여는 민법 제626조제2항에 의한 임대차계약상의 유익비상환청구를 할 수 있을 뿐, 낙찰에 의하여 소유권을 취득한 을(乙)에 대하여는 민법 제203조제2항에 의한 유익비의 상환청구를 할 수는 없고, 다만 임차인 갑(甲)은 낙찰자 을(乙)의 목적물인도청구에 대하여 임대인에 대한 위 유익비상환청구권에 기한 유치권으로써 대항할 수 있을 뿐이다.

[84] 유치권 부존재확인의 소의 확인의 이익에 대하여

[대구고등법원 2017. 11. 24. 선고 2016나23534 판결 참조]

「 을(乙)은 갑(甲) 은행에게 대출금채권 담보로 을(乙)소유의 공장용지와 그 지상의 건물 3동에 관하여 공장저당권을 설정하였는데, 건설사 병(丙)이 을(乙)과의 공사도급계약에 따라 공장용지 상에 있던 기존 건물 1동 등을 철거하고 그 자리에 공장 2동 건물을 신축하던 중 을(乙)이 부도로 병(丙)에게 공사대금을 지급하지 못하게 되어 공사를 중단하게 되었는바, 그 후 공장저당권의 목적물에 관하여 강제경매 및 임의경매가 개시되자 건설사 병(丙)이 신축건물의 기성고에 대한 공사대금채권액을 피담보채권으로 하여 법원에 유치권신고를 하였고, 이에 갑(甲)은행으로부터 공장저당권의 피담보채권을 양수한 정(丁)이 병(丙)을 상대로 유치권 부존재확인의 소를 제기한 사건에서 병(丙)의 유치권 부존재확인의 소의 확인의 이익이 있는지 여부가 쟁점인 사안 」

강제경매개시결정의 효력은 등기된 토지와 건물 및 그 부합물 또는 종물에만 미치고, 임의경매개시결정의 효력은 공장저당권의 목적물(공장용지, 기존 건물들, 기계기구) 및 그 부합물 또는 종물에만 미치는바, 신축건물은 기존 건물을 포함한 부분을 철거하여 생긴 나대지에 신축된 미등기건물이어서 공장용지의 부합물이라거나 종물이라고 할 수 없고, 신축건물은 기존의 다른 2동의 건물과는 완전히 분리되어 신축된 별개의 독립된 건물이어서 기존 건물의 부합물이라거나 종물이라고 할 수 없으므로 경매개시결정의 압류의 효력은 신축건물에까지 미친다고 할 수 없다.

따라서, 신축건물이 경매목적물(공장저당권의 목적물)에 포함되지 않는 이상, 공장저당권의 피담보채무를 양수한 정(丁)은 경매와 무관한 신축건물에 대하여는 병(丙)에게 유치권 부존재확인을 구할 소의 이익이 없다.

[85] 국유지정문화재에 속하는 임야에 시설물을 설치한 경우와 시설물 설치 공사비 등을 이유로 한 유치권 행사 여부

[광주고등법원 1967. 6. 7. 선고 66나325 판결 참조]

「국유지정문화재에 속하는 임야에 대하여 국가가 갑(甲)에게 인도요구를 하는 경우 인도해야만 함을 조건으로 하여 일시 잠정적으로 사용 승인을 하였고, 이에 갑(甲)이 위 임야에 여러 시설물을 설치한 경우, 국가가 갑(甲)에게 위 임야의 인도를 청구한다면, 갑(甲)은 국가에 위 시설물에 대한 공사비나 인도로 인하여 발생한 손해를 이유로 유치권을 행사할 수 있는지 여부가 쟁점인 사건」

문화재관리보호법의 규정에 의하면 국유에 속하는 지정문화재는 동법에 특별한 규정이 없는 한 사권을 설정하지 못하며, 다만 관리보호에 지장이 없다 인정할 때에만 공공용 또는 공익사업에 사용하기 위하여 특히 필요한 경우에 한하여 공공단체 또는 공익단체에 대하여 일정한 조건을 붙여 사용허가 하도록 되어 있으므로 원칙적으로 이 사건 임야는 사권의 설정대상으로 삼을 수 없고, 더구나 국가가 일시 사용승인을 했다 하더라도 필요할 때에는 언제든지 이 사건 임야에 대한 사용승인을 취소할 수 있으므로 갑(甲)은 국가에게 보상을 청구함은 별론으로 하고 유치권으로 항변할 수 없다.

[86] **부동산에 관한 경매절차가 개시될 가능성이 있음을 충분히 인식하고서도 그 부동산의 개조에 관한 공사도급계약을 체결한 후 이에 따른 공사를 시행한 자가 공사대금채권에 기초하여 낙찰자에 대하여 유치권을 주장할 수 있는지 여부(소극)**

[대전고등법원 2004. 1. 15. 선고 2002나5475 판결 참조]

건물 및 대지에 거액의 근저당권, 전세권, 가압류등기 등이 설정되어 있는 등으로 부동산 소유자의 재산상태가 좋지 아니하여 위 부동산에 관한 경매절차가 개시될 가능성이 있음을 충분히 인식하고서도 수급인이 거액의 공사도급계약 및 그 후의 사용·수익 약정을 체결하여 건물의 일부를 점유하였다면, 가사 수급인이 전 소유자와 사이에 위 건물 부분에 관한 공사도급계약을 하고 그 계약에 따른 공사를 일부라도 실제로 진행하여 상당한 공사비용을 투하하였다고 하더라도, 만약 이러한 경우에까지 유치권의 성립을 제한 없이 인정한다면 전 소유자와 유치권자 사이의 묵시적 담합이나 기타 사유에 의한 유치권의 남용을 막을 방법이 없게 되어 공시주의를 기초로 하는 담보법질서를 교란시킬 위험이 있다는 점을 고려할 때, 수급인의 공사도급계약 전에 가압류등기와 근저당권설정등기를 마친 자의 신청에 의한 경매절차의 매수인(낙찰자)에 대한 관계에서 민법 제320조제2항을 적용하여 수급인이 낙찰자에게 공사대금채권에 기초한 유치권을 주장함은 신의칙에 반하여 허용될 수 없다.

[87] 가처분결정후, 유치권에 의하여 제한되고 있음이 판명된 경우, 사정변경에 의한 가처분취소 가능한지 여부 및 채무자의 제3자에 대한 채권과 상계할 수 있는지 여부

[광주고등법원 1989. 12. 20. 선고 89나106 판결 참조]

가처분결정 후 피보전권리가 유치권에 의하여 제한되고 있음이 확정판결에 의하여 판명되었다면, 이는 그 가처분을 유지할 필요가 없는 사정변경이 생긴 경우에 해당하므로 그 가처분을 취소할 수 있으며, 채무자에 대하여 제3자로부터 채권대금을 지급받음과 상환으로 채권자에게 유치물을 인도하라는 내용의 확정판결이 있었다면 채권자로서는 제3자의 위 채무를 이해관계 있는 제3자로서 대위변제할 수 있으나 채무자에 대한 융자금 채권으로써 채무자의 제3자에 대한 채권과는 상계할 수는 없다.

[88] 건물임차인의 임차보증금반환청구권 또는 임대인의 채무불이행으로 인한 손해배상청구권과 건물에 대한 유치권 행사가능 여부

[서울고등법원 1975. 6. 18. 선고 74나2637 판결 참조]

임차인의 임대인에 대한 임차보증반환청구권(채권) 또는 임차인이 건물을 임차목적대로 사용하지 못한 것을 이유로 하는 임대인에 대한 손해배상청구권(채권)은 건물에 관하여 생긴 채권이라 할 수 없으므로, 즉 채권과 건물(유치목적물) 사이에 견련관계(牽連關係)가 없으므로 임차인은 임대인을 상대로 유치권을 주장할 수 없다.

[89] 임차인이 건물에 대한 원상복구약정을 한 경우, 임차인은 비용상환청구권에 기인한 유치권을 행사할 수 있는지 여부

[대법원 1975. 4. 22. 선고 73다2010 판결 참조]

건물의 임차인이 임대차관계 종료 시, 건물을 원상으로 복구하여 임대인에게 명도하기로 약정한 것은 건물에 지출한 각종 유익비 또는 필요비의 상환청구권을 미리 포기하기로 한 취지의 특약이라고 볼 수 있으므로 임차인은 유치권을 주장을 할 수 없다.

[90] 유치권 신고자가 민사집행법 제90조제4호 규정의 이해관계인인 '부동산 위의 권리자로서 그 권리를 증명한 사람'에 해당 하기 위한 요건

[대법원 2024. 4. 5. 자 2023마7896 결정 참조]

집행법원은 민사집행법 제104조제2항에 따라 매각기일과 매각결정기일을 민사집행법 제90조 각호에서 정한 이해관계인에게 통지하여야 하는바, 이때 유치권 신고자가 민사집행법 제90조제4호의 이해관계인인 '부동산 위의 권리자로서 그 권리를 증명한 사람'에 해당하기 위해서는 신고서 접수 후 매각허가결정이 있을 때까지 유치권의 취득·존속에 관한 사실을 집행법원에 증명하여야 한다.

[91] 경매절차의 유치권 주장과 유치권의 부존재 확인의 소에 대한 법률상 확인의 이익 존재 여부

[대법원 2020. 1. 16. 선고 2019다247385 판결 참조]

(1) 경매절차에서 유치권이 주장된 경우 부동산 또는 담보목적물이 매각되어 소유권을 상실된 소유자나 근저당권이 소멸된 근저당권자가 유

치권의 부존재 확인을 구할 법률상 이익이 있는지 여부(소극)

근저당권자는 담보목적물에 관하여 유치권의 부존재 확인을 구할 법률상 이익이 있는 것이 원칙이다. 이는 경매절차에서 유치권이 주장됨으로써 낮은 가격에 입찰이 이루어져 근저당권자의 배당액이 줄어들 위험이 있다는 데에 근거가 있으며, 소유자가 그 소유의 부동산에 관한 경매절차에서 유치권의 부존재 확인을 구하는 경우에도 마찬가지이다.

그런데, 경매절차에서 유치권이 주장되었으나, 소유부동산 또는 담보목적물이 매각되어 그 소유권이 이전되어 소유권을 상실하거나 근저당권이 소멸하였다면, 기존 소유자나 근저당권자는 유치권의 부존재 확인을 구할 법률상 이익이 없다.

(2) **경매절차에서 유치권이 주장되지 아니한 경우, 채권자인 근저당권자가 유치권의 부존재 확인을 구할 법률상 이익이 있는지 여부(적극) 및 이때 채무자가 아닌 소유자가 유치권의 부존재 확인을 구할 법률상 이익이 있는지 여부(소극)**

경매절차에서 유치권이 주장되지 아니한 경우에는, 담보목적물이 매각되어 그 소유권이 이전됨으로써 근저당권이 소멸하였더라도 채권자는 유치권의 존재를 알지 못한 매수인으로부터 민법 제575조, 제578조 제1항, 제2항에 의한 담보책임을 추급당할 우려가 있고, 위와 같은 위험은 채권자의 법률상 지위를 불안정하게 하는 것이므로 채권자인 근저당권자는 위 불안을 제거하기 위하여 유치권 부존재 확인을 구할 법률상 이익이 있다. 그러나 채무자가 아닌 소유자는 위 각 규정에 의한 담보책임을 부담하지 아니하므로, 유치권의 부존재 확인을 구할 법률상 이익이 없다.

[92] **회생담보권의 의미 및 회생담보권으로서 유치권 존부에 대한 기준시점, 그리고 유치권자가 그 후 점유를 상실한 경우 유치권의 존속 여부**

[대법원 2014. 12. 24. 선고 2012다94186 판결 참조]

회생담보권의 의미와 유치권이 회생담보권으로 인정되기 위해서는 '회생절차개시 당시' 채무자의 재산상에 유치권 등의 담보권이 존재하면 충분한지 여부(적극), 그리고 그 후 담보목적물의 멸실 등으로 실체법상의 담보권이 소멸한 경우, 유치권이 회생절차상 회생담보권으로 소멸하는지 여부(소극)

(1) 회생담보권의 의미 및 회생담보권으로서 유치권 존부에 대한 기준시점

채무자회생법 제141조제1항은 "회생채권이나 회생절차개시 전의 원인으로 생긴 채무자 외의 자에 대한 재산상의 청구권으로서 회생절차개시 당시 채무자의 재산상에 존재하는 유치권·질권·저당권·양도담보권·가등기담보권·「동산채권 등의 담보에 관한 법률」에 따른 담보권·전세권 또는 담보부 우선특권은 회생담보권으로 한다. 다만, 이자 또는 채무불이행으로 인한 손해배상이나 위약금의 청구권에 관하여는 회생절차개시결정 전날까지 생긴 것에 한한다."고 규정하고 있는바, 회생담보권은 민법이나 상법 등 실체법상의 담보권이 아니라 그 담보권에 의하여 담보되는 채권으로서 회생절차상의 권리이고, 그 존재여부는 회생절차개시 당시를 기준으로 하여 결정되는 것이므로 유치권자가 회생담보권을 가지는지 여부는 회생절차개시 당시를 기준으로 판단하면 족하고 특별한 사정이 없는 한 그 후 유치권을 상실하였는지 여부를 고려할 필요가 없다.

(2) 그 후 담보목적물의 멸실 등으로 실체법상의 담보권이 소멸한 경우, 유치권이 회생절차상 회생담보권으로 소멸하는지 여부(소극)

유치권이 회생담보권으로 인정되기 위해서는 위와 같이 회생절차개

시 당시 채무자의 재산상에 유치권의 담보권이 존재하면 충분하다.

따라서 유치권자가 회생절차개시 결정일까지 점유를 상실하지 않고 계속 유지하고 있었다면, 그 후에 점유를 상실하였다고 하더라도 유치권자의 회생담보권으로서의 유치권은 소멸하지 않는다.

[93] 이른바 계약명의신탁의 경우, 소유권에 기한 부동산의 반환청구권과 부당이득반환청구권 사이의 유치권 성립 여부

[대법원 2009. 3. 26. 선고 2008다34828 판결 참조]

부동산 실권자명의 등기에 관한 법률(약칭:부동산실명법) 제4조제1항은 "명의신탁약정은 무효로 한다." 제2항은 "명의신탁약정에 따른 등기로 이루어진 부동산에 관한 물권변동은 무효로 한다. 다만, 부동산에 관한 물권을 취득하기 위한 계약에서 명의수탁자가 어느 한쪽 당사자가 되고 상대방 당사자는 명의신탁약정이 있었다는 사실을 알지 못한 경우에는 그러하지 아니하다.", 제3항은 "제1항과 제2항의 무효는 제3자에게 대항하지 못한다."고 명의신탁약정의 효력에 관하여 규정하고 있다.

명의신탁(名義信託)이란 공부상의 소유명의를 수탁자 앞으로 하되, 신탁자와 수탁자 사이의 내부관계에 있어서는 신탁자가 여전히 소유권을 보유하기로 하는 것을 말하며, 부동산 실권리자명의 등기에 관한 법률(약칭:부동산실명법) 시행 전에는 대법원의 판례법에 의하여 명의신탁의 유효성이 확고하게 인정되었다.

그러나, 1995. 3. 30. 법률 제4944호의 부동산실명법의 시행으로 명의신탁은 첫째, 신탁자와 수탁자가 명의신탁약정을 체결하고 수탁자가 매매계약의 당사자가 되어 매도인과 매매계약을 체결하고 수탁자가 앞으로 등기명의를 이전하는 경우의 계약명의신탁, 둘째, 신탁자 자신이 매도인과 사이에 매매계약을 체결하고 등기명의만은 신탁자와 수탁자의 명의신탁약정에 따라 수탁자 앞으로 이전하는 경우의 제3자간 등기명의신탁(중간생략등기형 명의신탁), 그리고 셋째, 신탁자가 타인에게 등기명의를 신탁하기로 약정하고 수탁자 앞으로 등기명의를 이전하는 경우의 양자간 등기명의신탁의 3가지 유형으로 분류하고 있다.

따라서, 계약명의신탁약정이란 신탁자와 수탁자와의 사이에 수탁자가 매매계약의 당사자가 되어 매도인과 매매계약을 체결하고 수탁자 앞으로 등기명의를 이전하기로 하는 약정을 말하는 바, 이 경우 명의신탁자와 명의수탁자가 계약명의신탁약정을 맺고 명의수탁자가 당사자가 되어 명의신탁약정이 있다는 사실을 알지 못하는 소유자(매도인)와 사이에 부동산에 관한 매매계약을 체결한 뒤 수탁자 명의로 소유권이전등기를 마친 경우에는 명의신탁자와 명의수탁자 사이의 명의신탁약정은 무효이고, 그 명의수탁자는 당해 부동산의 완전한 소유권을 취득하게 되며(부동산실명법 제4조제1항, 제2항), 반면 명의신탁자는 애초부터 당해 부동산의 소유권을 취득할 수 없고, 다만 그가 명의수탁자에게 제공한 부동산 매수자금이 무효의 명의신탁약정에 의한 법률상 원인 없는 것이 되는 관계로 명의수탁자에 대하여 동액 상당의 부당이득반환청구권을 가질 수 있을 뿐이다.(대법원 2005. 1. 28. 선고 2002다66922 판결 참조)

여기서 명의신탁자의 소유권에 기한 부동산의 반환청구권과 부당이득반환청구권 사이에 유치권 성립이 문제될 수 있는바, 이 경우 부당이득반환청구권은 부동산 자체로부터 발생한 채권이 아닐 뿐만 아니라 소유권 등에 기한 부동산의 반환청구권과는 동일한 법률관계나 사실관계로부터 발생한 채권(대법원 2007. 9. 7. 선고 2005다16942 판결 참조) 이라고 보기도 어려우므로 민법 제320조제1항에서 정한 유치권 성립요건으로서의 목적물과 채권 사이의 견련관계를 인정할 수 없어 유치권이 성립하지 않는다.

[94] 물건의 인도청구소송에서 피고의 유치권 항변이 인용되는 경우 그 물건에 관하여 생긴 채권의 변제와 상환으로 그 물건의 인도를 명하는 판결을 하여야 하는지 여부

[대법원 1969. 11. 25. 선고 69다1592 판결 참조]

물건의 인도를 청구하는 소송에 있어서 유치권 항변이 인용되는 경우, 법원은 그 물건에 관하여 생긴 채권의 변제와 상환으로 그 물건의 인도를 명하여야 한다.

[95] 상속세 및 증여세법과 가압류, 그리고 유치권 등과의 관계

[대법원 2011. 7. 14. 선고 2008두4275 판결 참조]

상속세 및 증여세법 제14조제2항은 비거주자의 사망으로 인하여 상속이 개시되는 경우 상속재산의 가액에서 차감하는 채무로, 당해 상속재산에 관한 공과금(제1호), 당해 상속재산을 목적으로 하는 유치권·질권 또는 저당권으로 담보된 채무(제2호), 피상속인의 사망 당시 국내에 사업장이 있는 경우로서 비치·기장한 장부에 의하여 확인되는 사업상의 공과금 및 채무(제3호)를 규정하고 있는바, 위 규정의 문언 및 비거주자의 경우 동법 제1조제1항 제2호에 의하여 상속세 과세대상이 국내에 있는 상속재산으로 제한되는 것을 고려하여 상속재산의 가액에서 차감하는 채무도 국내 상속재산으로 담보되거나 국내 상속재산과 일정한 경제적 관련성이 있는 것으로 제한함으로써 비거주자의 사망으로 인한 상속세의 국제적 과세권을 합리적으로 배분하려는 입법 취지 등에 비추어 보면, 국내 상속재산에 대한 가압류에 의하여 보전된 피상속인의 채무는 판결에 의하여 그 존재 및 범위가 확정되었다고 하더라도 동법 제14조제2항 제2호 소정의 '당해 상속재산을 목적으로 하는 유치권·질권 또는 저당권으로 담보된 채무'에는 포함되지 않는다고 해석함이 타당하다.

[96] 채무자 회생법[14] 제411조 규정의 유치권자, 질권자, 저당권자 또는 전세권자는 그 목적재산에 대한 별제권자가 될 수 있는지 여부 및 양도담보권자도 별제권을 가지는지 여부(적극)

[대법원 2002. 4. 23. 선고 2000두8752 판결 참조]

(1) 별제권(別除權)의 의의

채무자회생법 제411조는 "파산재단에 속하는 재산상에 존재하는 유치권·질권·저당권·「동산채권 등의 담보에 관한 법률」에 따른 담보권 또는 전세권을 가진 자는 그 목적인 재산에 관하여 별제권을 가진다."라고 실체법상의 담보권자인 별제권자에 관하여 규정하고 있는바, 별제권이란 별제권자가 파산재단에 속하는 특정의 재산에 대하여 파산채권자에 우선하여 채권의 변제를 받을 수 있는 권리를 말하며, 가등기담보, 양도담보, 소유권유보 등에 의한 비전형담보권에도 별제권은 인정된다.

예를 들면, 파산선고 전부터 파산자 소유의 건물에 대하여 근저당권을 가지고 있는 경우, 근저당권자는 그 건물을 처분한 금액에 대하여는 다른 채권자보다 우선하여 변제를 받을 수 있는 권리인 별제권을 가진다.

(2) 별제권자

별제권자란 파산재단에 속하는 재산에 대하여 위와 같은 별제권을 가진 자를 말하며, 실체법상의 담보권인 유치권자(민사유치권, 상사유치권), 질권자, 저당권자, 「동산채권 등의 담보에 관한 법률」에 따른 담보권자 또는 전세권자는 모두 별제권자이다.

---

14) 채무자회생법은 채무자 회생 및 파산에 관한 법률의 약칭으로서 통일적인 도산법 체계의 완성으로 효율성을 높일 수 있도록 이전의 회사정리법·화의법·파산법 및 개인채무자회생법을 1개의 법률로 통합한 것이다.

또한, 채무자회생법 제411조 규정에서 별제권을 가지는 자로 되어 있지는 않지만, 가등기담보, 양도담보, 소유권유보 등에 의한 비전형 담보권자 역시 특정 재산에 대한 담보권을 가진 별제권자로 인정되므로 양도담보권자는 유치권자 등과 다름이 없이 별제권자로 봄이 타당하다.(대법원 2002. 4. 23. 선고 2000두8752 판결 참조)

또한, 「주택임대차보호법」 제3조제1항의 규정에 의한 대항요건을 갖추고 확정일자를 갖춘 임차인과 「상가임대차보호법」 제3조 규정에 의한 대항요건을 갖추고 확정일자를 받은 임차인은 각 파산재단에 속하는 주택(대지 포함)의 환가대금에 대하여, 그리고 파산신청일까지 위 대항요건을 갖춘 「주택임대차보호법」 제8조 규정의 임차인과 파산신청일까지 대항요건을 갖춘 「상가임대차보호법 제14조 규정에 의한 임차인은 각 보증금 일정액에 한하여 각 파산재단에 속하는 주택의 환가대금에 대한 별제권자이며(채무자회생법 제415조),

또한, 「근로기준법」 제38조제2항 각 호에 따른 임금채권자와 「근로자퇴직급여 보장법」 제12조제2항에 따른 최종 3년간의 퇴직급여등 채권의 채권자[15]는 해당 채권을 파산재단에 속하는 재산에 대한 별제권 행사 또는 채무자회생법 제349조제1항의 체납처분(강제징수)에 따른 환가대금에서 각 별제권자에 속하며(채무자회생법 제415조의2), 동산 소유권유보부매매의 매수인 역시 파산절차에서 별제권자에 속한다.(대법원 2024. 9. 12. 선고 2022다294084 판결 참조)

[97] 유치권에 기한 별제권자가 파산절차에 의하지 않고 별제권을 행사하는 경우, 파산법 소정의 신고·조사절차를 거쳐야 하는지 여부(소극)

[대법원 1996. 12. 10. 선고 96다19840 판결 참조]

---

15) 다만, 「임금채권보장법」 제8조에 따라 해당 채권을 대위하는 경우에는 제외된다.(채무자회생법 제415조의2)

채무자회생법 제412조는 "별제권은 파산절차에 의하지 아니하고 행사한다."고 규정하고 있으므로 파산재단에 속하는 재산상에 존재하는 별제권을 가진 자는 파산절차에 의하지 아니하고 이를 행사할 수 있으며, 같은 법 제413조 규정에 의하여, 별제권자는 그 별제권의 행사에 의하여 변제를 받을 수 없는 채권액에 관하여만 파산절차에 참가하여 파산채권자로서 그 권리를 행사할 수 있으며, 다만 별제권을 포기한 채권액에 관하여 파산채권자로서 그 권리를 행사하는 것에 영향을 미치지 아니하며, 같은 법 제447조는 채권신고방법에 규정하고 있는 바, 이는 배당받기 위하여 채권신고를 하는 경우에 관한 규정이므로 유치권에 기한 별제권는 파산채권과 같이 반드시 신고·조사절차를 거쳐 확정되어야만 행사할 수 있는 것은 아니다.

[98] 선박건조업자의 유치권행사과 은행대출의 연대채무 면제약정, 그리고 유치권 소멸여부

[대법원 1990. 12. 11. 선고 90다카27815 판결 참조]

「갑(甲)은 조선업자 을(乙)이 연대보증하여 은행으로부터 자금을 융자받아 조선업자 을(乙)과 선박건조 공사계약을 체결하면서, 은행과 어선 준공 후 은행이 선박에 대한 근저당권을 취득하고 실수요자에게 어선이 인도된 때 조선업자 을(乙)에 대하여 연대채무를 면제하여 주기로 약정하였는데 조선업자 을(乙)이 선박 준공 후 은행이 선박에 근저당권을 취득한 상태에서 실수요자가 선박대금 중 일부를 미지급하자 조선업자 을(乙)이 유치권을 행사하며 선박을 인도하지 아니하고 있다.

이 경우 조선업자 을(乙)의 연대채무가 면제되는지 여부와 유치권 성립여부가 문제되는 사건 」

은행으로부터 선박건조자금을 융자받은 실수요자 갑(甲)으로부터 선박건조를 주문받은 조선업자 을(乙)이 위 융자금에 대한 연대채무를 부담함에 있어 어선준공 후 수협이 선박에 대한 근저당권을 취득하고 실수요자 갑(甲)에게 어선이 인도된 때 조선업자 을(乙의 연대채무를 면제하여 주기로 약정하였다면, 이는 은행이 예정된 근저당권을 취득함은 물론 수주업자 을(乙)의 어선 건조에 관련된 어선에 대한 권리 및 지배를 배제하고 이를 실수요자 갑(甲)에게 인도함에 의하여 은행이 융자금의 대체물이라 할 수 있는 어선에 관하여 아무런 제약 없는 물적 담보권을 취득한 때에 한하여 위 연대채무를 면제하도록 한 취지라고 해석되므로 조선업자 을(乙)이 어선의 건조자로서 실수요자 갑(甲)에 대한 건조 대금채권을 담보하기 위하여 위 어선을 유치하면서 자기를 위하여 그 담보가치를 취득 지배하고 있는 이상, 그의 귀책사유 여하에 불구하고 그의 연대채무는 면제될 수 없으며, 조선업자 을(乙)은 건조된 어선에 대하여 유치권을 행사할 수 있다.

[99] 선하증권을 취득한 바 없는 수입업자의 요청으로 수입물품을 보관하고 있는 창고업자가 수입업자 소유의 다른 물건에 대한 보관료채권을 이유로 하여 그 수입물품에 대한 선하증권을 취득한 은행에 대하여 상사유치권을 행사할 수 있는지 여부

[부산고등법원 2002. 11. 22. 선고 2002나3518 판결 참조]

(1) 동산인도단행가처분의 집행으로 인하여 집행채무자의 점유가 상실되는지 여부(소극) 및 유치권 성립과의 관계

가처분의 피보전권리는 채무자가 소송과 관계없이 임의로 의무를 이행하는 경우, 또는 본안소송에서 피보전권리가 존재하는 것으로 판결이 확정됨에 따라 채무자가 의무를 이행한 때에 비로소 법률상 실현되는 것이다.

따라서, 가사 채권자의 만족을 목적으로 하는 "이른바 단행가처분의 집행"에 의하여 피보전권리가 실현된 것과 같은 상태가 사실상 달성된 경우라고 하더라도, 그것은 어디까지나 임시적인 것에 지나지 않으므

로 가처분의 집행으로 그 목적물이 채권자에게 인도되었다고 하더라도 그와 같은 임시적이고 잠정적인 상태와 관계없이 그 목적물의 점유는 계속 채무자에게 있으므로 집행채무자의 점유는 상실되지 아니하여 유치권자의 점유는 인정되지 아니하여 유치권이 성립하지 않는다.

(2) **은행이 수입업자와 수입거래약정을 체결함에 있어 수입업자가 수입물품을 양도담보로 제공받기로 약정한 경우, 그 양도담보의 성립시기(＝선하증권 취득 시)**

은행이 수입업자와 수입거래약정을 체결함에 있어 수입물품을 양도담보로 제공받기로 약정한 경우, 그 수입물품에 대한 동산 양도담보는 은행이 물품의 인도를 받은 것과 동일한 효력이 있는 선하증권을 취득함으로써 양도담보가 성립된다.

(3) **선하증권을 취득한 바 없는 수입업자의 요청으로 수입물품을 보관하고 있는 창고업자가 그 수입업자 소유의 다른 물건에 대한 보관료채권이 있음을 이유로 그 수입물품에 대한 선하증권을 취득한 은행에 대하여 상사유치권을 행사할 수 있는지 여부(소극)**

상법 제58조 소정의 상사유치권은 그 성립당시의 채무자 소유의 물건에 대하여 이를 행사할 수 있는바, 수입물품이 창고업자의 창고에 입고될 당시 수입업자가 선하증권을 취득한 바 없어 수입물품의 소유권을 취득하지 못하였다면, 창고업자는 그 수입업자 소유의 다른 물건에 대한 보관료채권이 있음을 이유로 그 수입물품에 대한 선하증권을 취득한 은행에 대하여 상사유치권을 행사할 수는 없다.

[100] 담보제공에 의한 유치권 소멸청구에 있어 담보의 상당성의 판단 기준 및 그 소멸청구권자

[대법원 2001. 12. 11. 선고 2001다59866 판결 참조]

민법 제327조 규정의 타담보제공(他擔保提供)에 의한 유치권소멸청구권에서 그 담보가 상당한지 여부는 그 담보의 가치가 채권의 담보로서 상당한지 여부, 태양에 있어 유치물에 의하였던 담보력을 저하시키지는 아니한지 여부 등을 종합적으로 판단하여야 한다.

따라서, 유치물의 가격이 채권액에 비하여 과다한 경우에는 채권액 상당의 가치가 있는 담보를 제공하면 족하다고 할 것이고, 이 경우 당해 유치물에 관하여 이해관계를 가지고 있는 자, 즉 채무자나 유치물의 소유자는 상당한 담보가 제공되어 있는 이상 유치권의 소멸청구를 할 수 있다고 할 것이다.

[101] 회생절차개시 전의 원인으로 생긴 물상보증인에 대한 재산상의 청구권의 경우 유치권 등 담보권은 회생담보권에 해당하는지 여부

[대법원 2024. 3. 12. 선고 2021다262189 판결 참조]

(1) 선순위 담보권자의 회생담보권이 회생담보권 조사확정절차에서 확정된 경우, 후순위 담보권자의 회생담보권과의 관계

선순위 담보권자의 회생담보권이 회생담보권 조사확정절차에서 확정된 경우, 후순위 담보권자의 회생담보권 존부와 범위를 정하는 과정에서 '선순위 담보권으로 담보된 채권액'의 산정 기준시점(=회생절차개시 당시), 그리고 후순위 담보권자의 회생담보권은 선순위 담보권자의 회생담보권 조사확정절차에서 확정된 회생담보권액에 구속되는지 여부(소극)

1) 채무자회생법 제141조제1항 규정에 의해, 회생담보권은 회생채권이나 회생절차개시 전의 원인으로 생긴 채무자 외의 자에 대한 재산상의 청구권으로서 회생절차개시 당시 채무자의 재산상에 존재하는 유치권·질권·저당권·양도담보권·가등기담보권·「동산·채권등의담보에 관한 법률」에 따른 담보권·전세권 또는 담보우선특권(다만, 이자 또는 채무불이행으로 인한 손해배상이나 위약금의 청구권에 관하여는 회생절차개시결정 전날까지 생긴 것이 한함)

이며, 채무자회생법 제141조제3항, 제4항 규정에 의하여, 회생담보권자는 피담보채권액 중 담보권의 목적의 가액(선순위의 담보권이 있을 때에는 그 담보권으로 담보된 채권을 공제한 금액)의 범위 내에서 회생담보권자로서 회생절차에 참가할 수 있고, 담보목적물의 가액을 초과하는 부분에 관하여는 회생채권자로서 회생절차에 참가할 수 있으며, 회생담보권자가 주장하는 채권이 회생담보권 또는 회생채권에 해당하는지 여부는 그 채권액 중 담보목적물의 가액을 초과하는 부분이 있는지, 선순위 담보권이 있는 경우에는 담보목적물의 가액에서 '선순위 담보권으로 담보된 채권액'을 공제한 나머지가 존재하는지에 달려 있으며, 회생절차개시 당시의 재산가액 평가에 관한 채무자회생법 제90조 규정과 회생절차개시 당시 담보된 범위의 채권을 회생담보권으로 규정한 같은 법 제141조제1항의 위 내용에 비추어 보면, 담보목적물의 가액은 회생절차개시 당시를 기준으로 평가하여야 하며, 선순위 담보권이 있는 경우 '선순위 담보권으로 담보된 채권액'도 담보목적물 가액 평가의 기준시점인 회생절차개시 당시를 기준으로 산정하여야 한다.

2) 선순위 담보권자의 회생담보권이 설령 회생담보권 조사확정절차에서 확정된 경우라고 하더라도 '선순위 담보권으로 담보된 채권액'과 후순위 담보권자의 회생담보권 존부와 범위는 모두 회생절차개시 당시를 기준으로 산정하므로 '후순위 담보권으로 담보된 채권액'은 회생담보권 조사확정절차에서 확정된 회생담보권액에 구속되는 것이 아니다.

(2) <u>물상보증인에 대한 회생절차에서 채권자가 회생담보권자로서 권리를 행사할 수 있는 범위(=담보목적물의 가액 범위 내에서 회생절차개시 당시 가진 채권의 전액)</u>

회생절차개시 전의 원인으로 생긴 채무자 외의 자에 대한 재산상의 청구권도 유치권 등 담보권으로 담보된 범위의 것은 위와 같이 회생담보권에 해당하므로 물상보증인에 대하여도 회생담보권이 성립할 수 있으며, 채무자회생법 제126조제1항은 "여럿이 각각 전부의 이행을 하여야 하는 의무를 지는 경우 그 전원 또는 일부에 관하여 회생절차가 개시된 때에는 채권자는 회생절차개시 당시 가진 채권의 전액에 관하여 각 회생절차에서 회생채권자로서 그 권리를 행사할 수 있다."라고 규정하고 있고, 채무자회생법 제141조제2항은 회생담보권에 관하여 위 규정을 준용하고 있으므로 채권자는 물상보증인에 대한 회생절차에서 담보목적물의 가액 범위 내에서 회생절차개시 당시 가진 채권의 전액에 관하여 회생담보권자로서 그 권리를 행사할 수 있다고 할 것이다.

[102] 파산재단에 속하는 재산상에 존재하는 유치권 등을 가진 별제권자와 파산절차상의 환취권의 목적재산과의 관계

[대법원 2023. 6. 15. 선고 2020다277481 판결 참조]

(1) 파산절차상 환취권(還取權)의 의의

환취권(還取權)이란 파산관재인이 파산자에게 속하지 아니하는 제3자의 특정재산을 파산재단에 투입하여 관리하고 있을 때, 그 재산의 원소유자인 제3자가 파산관재인을 상대로 하여 그 반환 또는 인도를 청구하는 소송상 또는 소송외의 권리를 말한다.

예를 들면, 갑(甲)이 을(乙)에게 기계를 임대하였는데, 을(乙)이 파산선고를 받았고, 법원이 선임한 파산관재인이 그 사실을 모르고 그 기계를 파산재산에 넣어 점유하고 있는 경우, 갑(甲)은 그 기계가 파산자에게 속하는 것이 아니고 자신의 소유라고 주장하면서 그 기계를 돌려달라고 환취권을 행사할 수 있다.

채무자회생법 제407조는 "파산선고는 채무자에 속하지 아니하는 재산을 파산재단으로부터 환취하는 권리에 영향을 미치지 아니한다."

고 채무자에게 속하지 아니한 재산의 환취(권)에 관하여 규정하고 있고,

제407의 2은 「신탁법」에 따라 신탁이 설정된 후 수탁자가 파산선고를 받은 경우의 신탁법상의 수탁자에 대한 파산절차에서의 환취권에 관한 특칙을 규정하고 있고, 제408조는 매도인이 매매목적물을 매수인에게 발송하였으나 매수인이 그 대금의 전액을 변제하지 아니하고 그 물건을 수령하지 않은 상태에서 매수인이 파산선고를 받은 경우의 운송 중인 매도물의 환취권에 관하여, 제409는 위탁매매인의 환취권에 관하여, 제410조는 채무자가 파산선고 전에 환취권자, 또는 파산관재인이 환취권자 소유의 재산을 제3자에게 양도한 경우에 환취권자가 반대급부의 이행청구권의 이전을 청구할 수 있는 대체적 환취권을 규정하고 있다.

환취권의 목적재산은 제3자 소유의 물건(동산, 부동산), 제3자의 채권이나 무체재산권(지적재산권), 지상권 등 용익물권, 유치권이나 질권 등 담보물권이 환취권의 기초가 되므로 유치권자는 환취권을 행사할 수 있다.

(2) **파산재단에 속하는 재산상에 존재하는 유치권 등을 가진 별제권과 파산절차상의 환취권의 목적재산과의 관계**

파산재단에 속하는 재산상에 존재하는 유치권·질권·저당권·'동산·채권 등의 담보에 관한 법률'에 따른 담보권 또는 전세권을 가진 자는 그 목적인 재산에 관하여 당연히 별제권을 가지며, 별제권은 파산절차에 의하지 아니하고 이를 행사할 수 있다(채무자회생법 제411조, 제412조). 즉, 별제권은 특정한 재산이 파산재단에 속하는 것을 전제로 해당 재산으로부터 우선적으로 피담보채권을 변제받는 권리이나, 환취권은 파산자에게 속하지 아니하는 제3자의 특정재산이 환취권의 목적재산이다. 따라서 별제권은 환취권의 목적재산이 아닌 재산으로서 파산재단에 속하는 재산에 대하여만 인정된다.

[103] 저당권설정등기나 가압류등기 또는 체납처분(강제징수)압류등기가 되어 있는 부동산에 관하여 경매개시결정등기가 되기 전에 민사유치권을 취득한 사람이 경매절차의 매수인에게 유치권으로 대항할 수 있는지 여부(적극), 그리고 저당권 설정 후 취득한 유치권이 경매절차에서의 매각으로 소멸하는지 여부(원칙적 소극)

[대법원 2014. 4. 10. 선고 2010다84932 판결 참조]

어느 부동산에 관하여 경매개시결정등기가 된 뒤에 비로소 민사유치권을 취득한 사람은 경매절차의 매수인에 대하여 그의 유치권을 주장할 수 없다.(대법원 2005. 8. 19. 선고 2005다22688 판결 등 참조)

이러한 법리는 어디까지나 경매절차의 법적 안정성을 보장하기 위한 것이므로, 경매개시결정등기가 되기 전에 이미 그 부동산에 관하여 민사유치권을 취득한 자는 그 취득에 앞서 저당권설정등기나 가압류등기 또는 체납처분(강제징수)압류등기가 먼저 되어 있다 하더라도 경매절차의 매수인에게 자기의 유치권으로 대항할 수 있다(대법원 2014. 3. 20. 선고 2009다60336 전원합의체 판결 등 참조).

한편, 근저당권이 설정된 이후 유치권자가 목적물의 점유를 이전받아 유치권을 취득하였다면, 경매절차에서의 매각으로 인하여 유치권이 소멸하지 않으므로 유치권자는 경락매수인에게 유치권을 행사할 수 있다.

본서 '제五장 유치권에 대한 대법원 판례 중심의 구체적
법리의 연구 및 사례분석'상의

참조판례정리
(사법정보공개포털)

- 일부 중복된 판례와 '사법정보공개포털'사이트 내 미등록 된 판례 등은 생략

1. 대법원 2013. 10. 24. 선고 2011다44788 판결

   【판시사항】

   [1] 유치권의 성립요건이자 존속요건으로서 점유의 의미와 판단 기준

   [2] 유치권의 피담보채권이 되기 위한 요건

2. 대법원 2012. 1. 26. 선고 2011다96208 판결

   【판시사항】

   [1] 유치권의 피담보채권이 되기 위한 요건

   [2] 갑이 건물 신축공사 수급인인 을 주식회사와 체결한 약정에 따라 공사현장에 시멘트와 모래 등의 건축자재를 공급한 사안에서, 갑의 건축자재대금채권이 건물에 관한 유치권의 피담보채권이 된다고 본 원심판결에 법리오해의 위법이 있다고 한 사례

   【판결요지】

   [1] 민법 제320조 제1항은 "타인의 물건 또는 유가증권을 점유한 자는 그 물건이나 유가증권에 관하여 생긴 채권이 변제기에 있는 경우에는 변제를 받을 때까지 그 물건 또는 유가증권을 유치할 권리가 있다."고 규정하고 있으므로, 유치권의 피담보채권은 '그 물건에 관하여 생긴 채권'이어야 한다.

   [2] 갑이 건물 신축공사 수급인인 을 주식회사와 체결한 약정에 따라 공사현장에 시멘트와 모래 등의 건축자재를 공급한 사안에서, 갑의 건축자재대금채권은 매매계약에 따른 매매대금채권에 불과할 뿐 건물 자체에 관하여 생긴 채권이라고 할 수는 없음에도 건물에 관한 유치권의 피담보채권이 된다고 본 원심판결에 유치권의

성립요건인 채권과 물건 간의 견련관계에 관한 법리오해의 위법이 있다고 한 사례.

3. 대법원 1996. 8. 23. 선고 95다8713 판결

【판시사항】

[1] 물건에 대한 점유의 의미와 판단 기준

[2] 공사금 채권에 기한 공장 건물 유치권자가 경락인에 의한 부당한 점유 침탈을 원인으로 점유회수의 소를 제기한 사안에서, 유치권자의 점유를 인정하지 아니한 원심판결을 파기한 사례

[3] 유치권자가 경락인에 대하여 피담보채권의 변제를 청구할 수 있는지 여부(소극)

【판결요지】

[1] 점유라고 함은 물건이 사회통념상 그 사람의 사실적 지배에 속한다고 보여지는 객관적 관계에 있는 것을 말하고 사실상의 지배가 있다고 하기 위하여는 반드시 물건을 물리적, 현실적으로 지배하는 것만을 의미하는 것이 아니고 물건과 사람과의 시간적, 공간적 관계와 본권관계, 타인지배의 배제가능성 등을 고려하여 사회관념에 따라 합목적적으로 판단하여야 한다.

[2] 공장 신축공사 공사잔대금채권에 기한 공장 건물의 유치권자가 공장 건물의 소유 회사가 부도가 난 다음에 그 공장에 직원을 보내 그 정문 등에 유치권자가 공장을 유치·점유한다는 안내문을 게시하고 경비용역회사와 경비용역계약을 체결하여 용역경비원으로 하여금 주야 교대로 2인씩 그 공장에 대한 경비·수호를 하도록 하는 한편 공장의 건물 등에 자물쇠를 채우고 공장 출입구 정면에 대형 컨테이너로 가로막아 차량은 물론 사람들의 공장 출

입을 통제하기 시작하고 그 공장이 경락된 다음에도 유치권자의 직원 10여 명을 보내 그 공장 주변을 경비·수호하게 하고 있었다면, 유치권자가 그 공장을 점유하고 있었다고 볼 여지가 충분하다는 이유로, 유치권자의 점유를 인정하지 아니한 원심판결을 파기한 사례.

[3] 민사소송법 제728조에 의하여 담보권의 실행을 위한 경매절차에 준용되는 같은 법 제608조 제3항은 경락인은 유치권자에게 그 유치권으로 담보하는 채권을 변제할 책임이 있다고 규정하고 있는바, 여기에서 '변제할 책임이 있다'는 의미는 부동산상의 부담을 승계한다는 취지로서 인적 채무까지 인수한다는 취지는 아니므로, 유치권자는 경락인에 대하여 그 피담보채권의 변제가 있을 때까지 유치목적물인 부동산의 인도를 거절할 수 있을 뿐이고 그 피담보채권의 변제를 청구할 수는 없다.

4. 대법원 2014. 1. 16. 선고 2013다30653 판결

【판시사항】

건물신축 도급계약에서 완성된 신축 건물에 하자가 있고 하자 및 손해에 상응하는 금액이 공사잔대금액 이상이어서 도급인이 하자보수청구권 등에 기하여 수급인의 공사잔대금 채권 전부에 대하여 동시이행 항변을 한 경우, 수급인이 공사잔대금 채권에 기한 유치권을 행사할 수 있는지 여부(원칙적 소극)

【판결요지】

수급인의 공사대금채권이 도급인의 하자보수청구권 내지 하자보수에 갈음한 손해배상채권 등과 동시이행의 관계에 있는 점 및 피담보채권의 변제기 도래를 유치권의 성립요건으로 규정한 취지 등에 비추어 보면, 건물신축 도급계약에서 수급인이 공사를 완성하였더라도,

신축된 건물에 하자가 있고 그 하자 및 손해에 상응하는 금액이 공사잔대금액 이상이어서, 도급인이 수급인에 대한 하자보수청구권 내지 하자보수에 갈음한 손해배상채권 등에 기하여 수급인의 공사잔대금 채권 전부에 대하여 동시이행의 항변을 한 때에는, 공사잔대금 채권의 변제기가 도래하지 아니한 경우와 마찬가지로 수급인은 도급인에 대하여 하자보수의무나 하자보수에 갈음한 손해배상의무 등에 관한 이행의 제공을 하지 아니한 이상 공사잔대금 채권에 기한 유치권을 행사할 수 없다고 보아야 한다.

5. 대법원 2009. 9. 24. 선고 2009다40684 판결

【판시사항】

공사대금채권에 기하여 유치권을 행사하는 자가 스스로 유치물인 주택에 거주하며 사용하는 것이 유치물의 보존에 필요한 사용에 해당하는지 여부(적극) 및 이 경우 차임 상당 이득을 소유자에게 반환할 의무가 있는지 여부(적극)

【판결요지】

민법 제324조에 의하면, 유치권자는 선량한 관리자의 주의로 유치물을 점유하여야 하고, 소유자의 승낙 없이 유치물을 보존에 필요한 범위를 넘어 사용하거나 대여 또는 담보제공을 할 수 없으며, 소유자는 유치권자가 위 의무를 위반한 때에는 유치권의 소멸을 청구할 수 있다고 할 것인바, 공사대금채권에 기하여 유치권을 행사하는 자가 스스로 유치물인 주택에 거주하며 사용하는 것은 특별한 사정이 없는 한 유치물인 주택의 보존에 도움이 되는 행위로서 유치물의 보존에 필요한 사용에 해당한다고 할 것이다. 그리고 유치권자가 유치물의 보존에 필요한 사용을 한 경우에도 특별한 사정이 없는 한 차임에 상당한 이득을 소유자에게 반환할 의무가 있다.

6. 대법원 1993. 3. 26. 선고 91다14116 판결

【판시사항】

가. 건물신축공사중 공사도급계약이 수급인의 해제통고로 해제된 경우 원상회복이 중대한 사회적·경제적 손실을 초래하게 되고 완성된 부분이 도급인에게 이익이 된다면 도급인은 기성부분에 대한 보수를 지급할 의무가 있는지 여부(적극)

나. 도급인인 대지소유자가 건축공사가 진척중 대지를 제3자에게 매도하여 매수인이 임의로 기성부분을 철거한 경우 수급인의 공사대금채권은 존속한다고 본 사례

다. 수급인의 기성부분 인도최고에 도급인이 아무런 이유 없이 수령을 거절하던 중 쌍방이 책임질 수 없는 제3자의 행위로 기성부분이 철거된 경우 도급인의 공사대금지급채무의 존부(적극)

라. 건축물을 불법철거당한 소유자가 부지소유자에게 대항할 권원이 없어서 자진철거하거나 강제로 철거당할 운명이었던 경우 불법철거로 인한 손해의 범위

마. 점유자의 자력방위권을 규정한 민법 제209조 제1항 소정의 "직시"의 의미 및 점유를 침탈당한 후 상당한 시간이 흘러도 점유자가 침탈사실을 몰랐다면 자력탈환권을 행사할 수 있는지 여부(소극)

바. 수급인은 공사대금을 지급받을 때까지 수급인의 재료와 노력으로 건축된 수급인 소유의 기성부분에 대하여 유치권을 가지는지 여부(소극)

【판결요지】

가. 건물신축공사의 진행중 공사도급계약이 수급인의 해제통고로 해

제된 경우 해제 당시 골조공사를 비롯한 상당한 부분이 이미 완성된 상태였다면 원상회복이 중대한 사회적·경제적 손실을 초래하게 되고 완성된 부분이 도급인에게 이익이 된다고 할 것이므로 도급인은 수급인에게 기성부분에 대한 보수를 지급할 의무가 있다.

나. 도급인인 대지소유자가 건축공사가 진척중 대지를 제3자에게 매도하여 매수인이 임의로 기성부분을 철거한 경우 수급인의 공사대금채권은 존속한다고 본 사례.

다. 수급인이 도급인에게 공사금을 지급하고 기성부분을 인도받아 가라고 최고하였다면 수급인은 이로써 자기 의무의 이행 제공을 하였다고 볼 수 있는데 도급인이 아무런 이유 없이 수령을 거절하던 중 쌍방이 책임질 수 없는 제3자의 행위로 기성부분이 철거되었다면 도급인의 수급인에 대한 공사대금지급채무는 여전히 남아 있다.

라. 기성부분의 소유자인 수급인이 제3자의 불법행위로 기성부분에 대한 소유권을 상실하기는 하였으나 부지 소유자에게 대항할 권원이 없어서 조만간손해배상 없이 이를 자진철거하거나 강제로 철거당할 운명이었다면 불법철거로 인한 손해는 기성부분의 교환가격이나 투자비용이라고 할 수 없고, 기성부분이 적법히 철거될 때까지 당분간 부지를 불법점유한 채 기성부분을 사실상 사용할 수 있는 이익, 철거 후 기성부분의 폐자재를 회수할 수 있는 이익의 침해로 인한 손해에 한정된다.

마. 민법 제209조 제1항에 규정된 점유자의 자력방위권은 점유의 침탈 또는방해의 위험이 있는 때에 인정되는 것인 한편, 제2항에 규정된 점유자의 자력탈환권은 점유가 침탈되었을 때 시간적으로 좁게 제한된 범위 내에서 자력으로 점유를 회복할 수 있다는 것으로서, 위 규정에서 말하는 "직시"란 "객관적으로 가능한 한 신속히"

또는 "사회관념상 가해자를 배제하여 점유를 회복하는 데 필요하다고 인정되는 범위 안에서 되도록 속히"라는 뜻으로 해석할 것이므로 점유자가 침탈사실을 알고 모르고와는 관계없이 침탈을 당한 후 상당한 시간이 흘렀다면 자력탈환권을 행사할 수 없다.

바. 유치권은 타물권인 점에 비추어 볼 때 수급인의 재료와 노력으로 건축되었고 독립한 건물에 해당되는 기성부분은 수급인의 소유라 할 것이므로 수급인은 공사대금을 지급받을 때까지 이에 대하여 유치권을 가질 수 없다.

7. 대법원 2009. 9. 24. 선고 2009도5900 판결

【판시사항】

[1] 소송사기에서 피기망자인 법원의 재판이 피해자의 처분행위에 갈음하는 내용과 효력을 가져야 하는지 여부(적극)

[2] 부동산 경매절차에서 피고인들이 허위의 공사대금채권을 근거로 유치권 신고를 한 경우, 소송사기의 실행의 착수가 있다고 볼 수 없다고 한 사례

8. 대법원 2008. 4. 11. 선고 2007다27236 판결

【판시사항】

채무자를 직접점유자로 하여 채권자가 간접점유하는 경우에도 유치권이 성립하는지 여부(소극)

9. 대법원 2009. 9. 10. 선고 2009다28462 판결

【판시사항】

[1] 건물 소유자가 현실적으로 건물이나 그 부지를 점거하고 있지 않

은 경우에도 그 부지를 점유한다고 보아야 하는지 여부(적극)

[2] 건물의 소유명의자가 아닌 자도 실제로 그 건물을 점유하고 있다면 그 건물의 부지를 점유하는 자로 볼 수 있는지 여부(원칙적 소극)

[3] 건물의 유치권자는 건물의 소유자가 아니므로 그 건물의 부지 부분을 점유·사용하였다고 볼 수 없다고 한 사례

[4] 건물의 유치권자가 건물을 사용하였을 경우 그 차임 상당액을 건물소유자에게 부당이득으로 반환하여야 하는지 여부(적극)

10. 서울고법 2014. 7. 2. 선고 2014나12050 판결

【판시사항】

갑이 을 주식회사와 을 회사 소유 토지 위에 건물을 신축하는 공사도급계약을 체결하고 공사하였으나 공사대금을 받지 못하였고, 공사대금채권을 피담보채권으로 하여 위 건물에 유치권을 행사하던 중 이를 제3자에게 임대하였는데, 위 건물 임의경매에서 소유권을 취득한 병이 갑을 상대로 유치권부존재확인을 구한 사안에서, 을 회사의 유치권소멸청구에 따라 갑의 유치권이 소멸하였다고 한 사례

【판결요지】

갑이 을 주식회사와 을 회사 소유 토지 위에 건물을 신축하는 공사도급계약을 체결하고 공사하였으나 공사대금을 받지 못하였고, 공사대금채권을 피담보채권으로 하여 위 건물에 유치권을 행사하던 중 이를 제3자에게 임대하였는데, 위 건물 임의경매에서 소유권을 취득한 병이 갑을 상대로 유치권부존재확인을 구한 사안에서, 갑이 을 회사의 승낙 없이 위 건물을 제3자에게 임대한 것은 유치물의 보존에 필요한 범위를 넘은 것으로 유치권자의 선량한 관리자의 주의의

무를 위반한 것이므로, 을 회사의 유치권소멸청구에 따라 갑의 유치권이 소멸하였다고 한 사례.

11. 서울고법 1970. 4. 29. 선고 69나1994 판결

【판시사항】

불법점유자의 유치권 항변

【판결요지】

원인무효인 보존등기를 경료하고 있는 자로부터 그 부동산을 임차한 사람은 정당한 소유자가 위 등기의 말소소송을 제기하여 승소 확정한 후 자기가 그 소유자임을 고지받았다면 그 이후부터 불법점유자가 되고 따라서 현재의 소유자에게 그 이후의 수리비로서 유치권 항변을 할 수 없다.

12. 서울고법 1973. 9. 21. 선고 72나1978, 1979 판결

【판시사항】

1. 유치권의 성립을 인정한 사례

2. 민법 324조 2항 단서 소정의 유치물의 보존에 필요한 사용으로 판시한 사례

【판결요지】

1. 피고가 원고로부터 원고 소유의 대지를 매수하여 그 계약금만 지급한 상태에서 원고의 승낙하에 그 대지상에 건물의 신축을 시공 중 그 자금이 부족하여 원고로부터 그 자금의 일부를 차용하여 그 건물을 완공하고 원고 와의 사이에 위 건물을 원고의 소유로 하되 피고가 약정기일까지 원고의 위 금원을 변제하면 원고는 위

건물소유권을 피고에게 양도하기로 약정하였다가 피고가 위 약정기일까지 위 금원을 변제하지 아니하여 원고가 피고에 대하여 위 건물의 명도를 구하는 본건에 있어서, 피고는 총건축공사비중 원고로부터 차용한 위 자금을제외한 피고가 투입한 공사비 금액범위내에서는 유치권을 행사할 수 있다.

2. 유치권자인 피고가 위 건물(1층 66.73평 2층 75.71평)의 대부분을 사용하고 그 1층중 56.73평을 다른 사람에게 대여한 것이라면 위 건물의 보존에 필요한 정도의 사용이라 못볼바 아니어서 이러한 경우에는 채무자인 원고에게 유치권소멸청구권이 발생할 여지가 없다.

13. 부산고등법원 2011. 9. 20. 선고 2011나2449 판결

14. 대구고법 1984. 3. 7. 선고 83나874(본소), 83나875(반소) 판결

【판시사항】

위약금채권에 의한 동시이행의 항변 및 유치권행사의 적법여부

【판결요지】

건물임대차계약시 위약금의 약정에 따라 취득한 건물임차인인 피고의 돈 4,000,000원의 위약금채권과 임대차계약 종료로 인한 피고의 위 건물명도의무는 동시이행관계에 있는 것도 아니고 또 위 건물에 관하여 생긴 채권이라 할 수도 없어 유치권도 인정되지 않는다.

15. 전주지방법원 2020. 4. 8. 선고 2019가합288 판결

【판시사항】

갑 유한회사가 을로부터 택지개발 공사를 도급받았는데, 그 후 공사 대상 토지를 비롯한 그 일대의 부동산에 관한 임의경매절차가 진행되어 병 유한회사가 위 각 부동산의 소유권을 취득하자 갑 회사가 병 회사를 상대로 을과 도급계약을 체결한 후 준공을 하였으나 공사대금을 변제받지 못하여 을로부터 위 각 부동산에 관한 점유를 이전받고 유치권을 취득하였다고 주장한 사안에서, 제반 사정에 비추어 갑 회사가 위 각 부동산에 관하여 타인의 간섭을 배제할 정도로 계속 점유하여 왔다고 인정하기 어렵다고 한 사례

【판결요지】

갑 유한회사가 을로부터 택지개발 공사를 도급받았는데, 그 후 공사 대상 토지를 비롯한 그 일대의 부동산에 임의경매절차가 진행되어 병 유한회사가 위 각 부동산의 소유권을 취득하자 갑 회사가 병 회사를 상대로 을과 도급계약을 체결한 후 준공을 하였으나 을이 공사대금을 변제하지 못하여 을로부터 위 각 부동산에 관한 점유를 이전받고 유치권을 취득하였다고 주장한 사안이다.

갑 회사가 위 각 부동산의 일부 위에 컨테이너를 설치하고 유치권 행사 관련 현수막을 게시한 사실은 인정되나 이후 위 각 부동산의 분양을 위하여 유치권 행사 관련 현수막 등을 철거하였다가 임의경매절차 개시 이후에 다시 현수막과 컨테이너 등을 설치한 점, 집행관이 임의경매절차에서 위 각 부동산의 점유 현황을 조사하고 작성한 부동산현황조사보고서에는 현장에서 이해관계인을 만나지 못하여 점유관계가 미상이라고 기재되어 있고 유치권과 관련된 기재는 찾을 수 없는 점, 따라서 갑 회사가 설치한 컨테이너와 현수막은, 갑 회사의 계속적·배타적 점유가 아닌 단지 일시적으로 위 각 부동산을 점유하는 것과 같은 형식적 외관을 표시하기 위한 용도로 사용된 것으로 보이는 점, 갑 회사가 임의경매절차에서 유치권 신고를 하지 아니한 점 등에 비추어 갑 회사가 위 각 부동산에 관하여 타인의 간섭

을 배제할 정도로 계속 점유하여 왔다고 인정하기 어렵다고 한 사례이다.

16. 청주지법 2015. 10. 22. 선고 2015가합20015 판결

【판시사항】

조경업자인 갑이 모텔의 실질적 소유자인 을과 계약을 체결하고 모텔 소재 부동산 일대에 수목을 식재하였는데, 병 등이 부동산임의경매절차에서 부동산을 매수하여 소유권이전등기를 마친 사안에서, 갑은 식재대금 채권을 이유로 부동산에 대하여 유치권을 행사할 수 없다고 한 사례

【판결요지】

조경업자인 갑이 모텔의 실질적 소유자인 을과 계약을 체결하고 모텔 소재 부동산 일대에 수목을 식재하였는데, 병 등이 부동산임의경매절차에서 부동산을 매수하여 소유권이전등기를 마친 사안에서, 갑은 계약에 따라 을에 대한 식재대금 채권을 보유하고 있을 뿐 부동산에 관하여 적법한 권원을 가지고 있지 않아 수목이 부동산에 부합되었으므로, 식재대금 채권을 이유로 부동산에 대하여 유치권을 행사할 수 없다고 한 사례.

17. 대법원 2011. 12. 22. 선고 2011다84298 판결

【판시사항】

[1] 사실상 최우선순위담보권인 유치권의 제도적 취지와 한계

[2] 채무자 소유의 목적물에 이미 저당권 기타 담보물권이 설정되어 있는데 채권자가 자기 채권의 우선적 만족을 위하여 채무자와 의도적으로 유치권의 성립요건을 충족하는 내용의 거래를 하고 목

적물을 점유함으로써 유치권이 성립한 경우, 유치권을 저당권자 등에게 주장하는 것이 허용되는지 여부(소극) 및 이 경우 저당권자 등이 경매절차 기타 채권실행절차에서 유치권을 배제하기 위하여 그 부존재확인 등을 소로써 청구할 수 있는지 여부(적극)

[3] 채무자 갑 주식회사 소유의 건물 등에 관하여 을 은행 명의의 1순위 근저당권이 설정되어 있었는데, 2순위 근저당권자인 병 주식회사가 갑 회사와 건물 일부에 관하여 임대차계약을 체결하고 건물 일부를 점유하고 있던 중 을 은행의 신청에 의하여 개시된 경매절차에서 유치권신고를 한 사안에서, 병 회사가 경매절차에서 유치권을 주장하는 것은 신의칙상 허용될 수 없다고 본 원심판단을 수긍한 사례

【판결요지】

[1] 우리 법에서 유치권제도는 무엇보다도 권리자에게 그 목적인 물건을 유치하여 계속 점유할 수 있는 대세적 권능을 인정한다(민법 제320조 제1항, 민사집행법 제91조 제5항 등 참조). 그리하여 소유권 등에 기하여 목적물을 인도받고자 하는 사람(물건의 점유는 대부분의 경우에 그 사용수익가치를 실현하는 전제가 된다)은 유치권자가 가지는 그 피담보채권을 만족시키는 등으로 유치권이 소멸하지 아니하는 한 그 인도를 받을 수 없으므로 실제로는 그 변제를 강요당하는 셈이 된다. 그와 같이 하여 유치권은 유치권자의 그 채권의 만족을 간접적으로 확보하려는 것이다. 그런데 우리 법상 저당권 등의 부동산담보권은 이른바 비점유담보로서 그 권리자가 목적물을 점유함이 없이 설정되고 유지될 수 있고 실제로도 저당권자 등이 목적물을 점유하는 일은 매우 드물다. 따라서 어떠한 부동산에 저당권 또는 근저당권과 같이 담보권이 설정된 경우에도 그 설정 후에 제3자가 그 목적물을 점유함으로써 그 위에 유치권을 취득하게 될 수 있다. 이와 같이 저

당권 등의 설정 후에 유치권이 성립한 경우에도 마찬가지로 유치권자는 그 저당권의 실행절차에서 목적물을 매수한 사람을 포함하여 목적물의 소유자 기타 권리자에 대하여 위와 같은 대세적인 인도거절권능을 행사할 수 있다. 따라서 부동산유치권은 대부분의 경우에 사실상 최우선순위의 담보권으로서 작용하여, 유치권자는 자신의 채권을 목적물의 교환가치로부터 일반채권자는 물론 저당권자 등에 대하여도 그 성립의 선후를 불문하여 우선적으로 자기 채권의 만족을 얻을 수 있게 된다. 이렇게 되면 유치권의 성립 전에 저당권 등 담보를 설정받고 신용을 제공한 사람으로서는 목적물의 담보가치가 자신이 애초 예상·계산하였던 것과는 달리 현저히 하락하는 경우가 발생할 수 있다. 이와 같이 유치권제도는 "시간에서 앞선 사람은 권리에서도 앞선다"는 일반적 법원칙의 예외로 인정되는 것으로서, 특히 부동산담보거래에 일정한 부담을 주는 것을 감수하면서 마련된 것이다.

유치권은 목적물의 소유자와 채권자와의 사이의 계약에 의하여 설정되는 것이 아니라 법이 정하는 일정한 객관적 요건(민법 제320조 제1항, 상법 제58조, 제91조, 제111조, 제120조, 제147조 등 참조)을 갖춤으로써 발생하는 이른바 법정담보물권이다. 법이 유치권제도를 마련하여 위와 같은 거래상의 부담을 감수하는 것은 유치권에 의하여 우선적으로 만족을 확보하여 주려는 그 피담보채권에 특별한 보호가치가 있다는 것에 바탕을 둔 것으로서, 그러한 보호가치는 예를 들어 민법 제320조 이하의 민사유치권의 경우에는 객관적으로 점유자의 채권과 그 목적물 사이에 특수한 관계(민법 제320조 제1항의 문언에 의하면 "그 물건에 관한 생긴 채권"일 것, 즉 이른바 '물건과 채권과의 견련관계'가 있는 것)가 있는 것에서 인정된다. 나아가 상법 제58조에서 정하는 상사유치권은 단지 상인 간의 상행위에 기하여 채권을 가지는 사람이 채무자와의 상행위(그 상행위가 채권 발생의 원인이 된 상행위일 것이 요구되지 아니한다)에 기하여 채무자 소유의 물건을 점유하는 것만으로 바로 성립하는 것으로서, 피담보채권의 보호가치라는 측면에서 보면 위와 같이 목적물과 피담보채권 사이의 이른바 견련관계를 요구하는 민사유치권보다 그 인정범위가 현저하게 광범위하다.

이상과 같은 사정을 고려하여 보면, 유치권제도와 관련하여서는 거래당사자가 유치권을 자신의 이익을 위하여 고의적으로 작출함으로써 앞서 본 유치권의 최우선순위담보권으로서의 지위를 부당하게 이용하고 전체 담보권질서에 관한 법의 구상을 왜곡할 위험이 내재한다. 이러한 위험에 대처하여, 개별 사안의 구체적인 사정을 종합적으로 고려할 때 신의성실의 원칙에 반한다고 평가되는 유치권제도 남용의 유치권 행사는 이를 허용하여서는 안 될 것이다.

[2] 채무자가 채무초과의 상태에 이미 빠졌거나 그러한 상태가 임박함으로써 채권자가 원래라면 자기 채권의 충분한 만족을 얻을 가능성이 현저히 낮아진 상태에서 이미 채무자 소유의 목적물에 저당권 기타 담보물권이 설정되어 있어서 유치권의 성립에 의하여 저당권자 등이 그 채권 만족상의 불이익을 입을 것을 잘 알면서 자기 채권의 우선적 만족을 위하여 위와 같이 취약한 재정적 지위에 있는 채무자와의 사이에 의도적으로 유치권의 성립요건을 충족하는 내용의 거래를 일으키고 그에 기하여 목적물을 점유하게 됨으로써 유치권이 성립하였다면, 유치권자가 그 유치권을 저당권자 등에 대하여 주장하는 것은 다른 특별한 사정이 없는 한 신의칙에 반하는 권리행사 또는 권리남용으로서 허용되지 아니한다. 그리고 저당권자 등은 경매절차 기타 채권실행절차에서 위와 같은 유치권을 배제하기 위하여 그 부존재의 확인 등을 소로써 청구할 수 있다고 할 것이다.

[3] 채무자 갑 주식회사 소유의 건물 등에 관하여 을 은행 명의의 1순위 근저당권이 설정되어 있었는데, 2순위 근저당권자인 병 주식회사가 갑 회사와 건물 일부에 관하여 임대차계약을 체결하고 건물 일부를 점유하고 있던 중 을 은행의 신청에 의하여 개시된 경매절차에서 유치권신고를 한 사안에서, 경매개시결정 기입등기가 마쳐지기 전에 임대차계약이 체결되어 병 회사가 건물 일부를 점유하고 있으며, 병 회사의 갑 회사에 대한 채권은 상인인 병 회사와 갑 회사 사이의 상행위로 인한 채권으로서 임대차계약 당시 이미 변제기에 도달하였고 상인인 병 회사가 건물 일부를 임차한 행위는 채무자인 갑 회사에 대한 상행위로 인한 것으로 인정되므로, 병 회사는 상사유치권자로서 갑 회사에 대한 채권 변제를 받을 때까지 유치목적물인 건물 일부를 점유할 권리가 있으나, 위 건물 등에 관한 저당권 설정 경과, 병 회사와 갑 회사의 임대차계약 체결 경위와 내용 및 체결 후의 정황, 경매에 이르기까지의 사정 등을 종합하여 보면, 병 회사는 선순위 근저당권자인 을 은행의 신청에 의하여 건물 등에 관한 경매절차가 곧 개시되리라는 사정을 충분히 인식하면서 임대차계약을 체결하고 그에 따라 유치목적물을 이전받았다고 보이므로, 병 회사가 선순위 근저당권자의 신청에 의하여 개시된 경매절차에서 유치권을 주장하는 것은 신의칙상 허용될 수 없다고 본 원심판단을 수긍한 사례.

18. 대법원 2009. 1. 15. 선고 2008다70763 판결

【판시사항】

근저당권설정 후 경매로 인한 압류의 효력 발생 전에 취득한 유치권으로 경매절차의 매수인에게 대항할 수 있는지 여부(적극)

【판결요지】

부동산 경매절차에서의 매수인은 민사집행법 제91조 제5항에 따라 유치권자에게 그 유치권으로 담보하는 채권을 변제할 책임이 있는 것이 원칙이나, 채무자 소유의 건물 등 부동산에 경매개시결정의 기입등기가 경료되어 압류의 효력이 발생한 후에 채무자가 위 부동산에 관한 공사대금 채권자에게 그 점유를 이전함으로써 그로 하여금 유치권을 취득하게 한 경우, 그와 같은 점유의 이전은 목적물의 교환가치를 감소시킬 우려가 있는 처분행위에 해당하여 민사집행법 제92조 제1항, 제83조 제4항에 따른 압류의 처분금지효에 저촉되므로 점유자로서는 위 유치권을 내세워 그 부동산에 관한 경매절차의 매수인에게 대항할 수 없다. 그러나 이러한 법리는 경매로 인한 압류의 효력이 발생하기 전에 유치권을 취득한 경우에는 적용되지 아니하고, 유치권 취득시기가 근저당권설정 후라거나 유치권 취득 전에 설정된 근저당권에 기하여 경매절차가 개시되었다고 하여 달리 볼 것은 아니다.

19. 대법원 2014. 3. 20. 선고 2009다60336 전원합의체 판결

【판시사항】

체납처분압류가 되어 있는 부동산에 대하여 경매절차가 개시되기 전에 민사유치권을 취득한 유치권자가 경매절차의 매수인에게 유치권을 행사할 수 있는지 여부(적극)

【판결요지】

[다수의견] 부동산에 관한 민사집행절차에서는 경매개시결정과 함께 압류를 명하므로 압류가 행하여짐과 동시에 매각절차인 경매절차가 개시되는 반면, 국세징수법에 의한 체납처분절차에서는 그와 달리 체납처분에 의한 압류(이하 '체납처분압류'라고 한다)와 동시에 매각절차인 공매절차가 개시되는 것이 아닐 뿐만 아니라, 체납처분압류가

반드시 공매절차로 이어지는 것도 아니다. 또한 체납처분절차와 민사집행절차는 서로 별개의 절차로서 공매절차와 경매절차가 별도로 진행되는 것이므로, 부동산에 관하여 체납처분압류가 되어 있다고 하여 경매절차에서 이를 그 부동산에 관하여 경매개시결정에 따른 압류가 행하여진 경우와 마찬가지로 볼 수는 없다.

따라서 체납처분압류가 되어 있는 부동산이라고 하더라도 그러한 사정만으로 경매절차가 개시되어 경매개시결정등기가 되기 전에 부동산에 관하여 민사유치권을 취득한 유치권자가 경매절차의 매수인에게 유치권을 행사할 수 없다고 볼 것은 아니다.

[대법관 신영철, 대법관 민일영, 대법관 박보영의 반대의견] 국세징수법에 의한 체납처분절차는 압류로써 개시되고, 체납처분에 의한 부동산 압류의 효력은 민사집행절차에서 경매개시결정의 기입등기로 인한 부동산 압류의 효력과 같으므로, 조세체납자 소유의 부동산에 체납처분압류등기가 마쳐져 압류의 효력이 발생한 후에 조세체납자가 제3자에게 그 부동산의 점유를 이전하여 유치권을 취득하게 하는 행위는 체납처분압류권자가 체납처분압류에 의하여 파악한 목적물의 교환가치를 감소시킬 우려가 있는 처분행위에 해당하여 체납처분압류의 처분금지효에 저촉되므로 유치권으로써 공매절차의 매수인에게 대항할 수 없다.

나아가 체납처분에 의한 부동산 압류 후 그 부동산에 관하여 개시된 경매절차에서 부동산이 매각되는 경우에 마치 공매절차에서 부동산이 매각된 것과 같이 매수인이 체납처분압류의 부담을 인수하지 아니하고 체납처분압류등기가 말소되는바, 선행하는 체납처분압류에 의하여 체납처분압류권자가 파악한 목적물의 교환가치는 그 후 개시된 경매절차에서도 실현되어야 하므로, 체납처분압류의 효력이 발생한 후에 채무자로부터 점유를 이전받아 유치권을 취득한 사람은 유치권으로써 경매절차의 매수인에게 대항할 수 없다고 보아야 한다.

20. 대법원 2005. 8. 19. 선고 2005다22688 판결

【판시사항】

채무자 소유의 부동산에 강제경매개시결정의 기입등기가 경료되어 압류의 효력이 발생한 이후에 채무자가 부동산에 관한 공사대금 채권자에게 그 점유를 이전함으로써 유치권을 취득하게 한 경우, 점유자가 유치권을 내세워 경매절차의 매수인에게 대항할 수 있는지 여부(소극)

【판결요지】

채무자 소유의 건물 등 부동산에 강제경매개시결정의 기입등기가 경료되어 압류의 효력이 발생한 이후에 채무자가 위 부동산에 관한 공사대금 채권자에게 그 점유를 이전함으로써 그로 하여금 유치권을 취득하게 한 경우, 그와 같은 점유의 이전은 목적물의 교환가치를 감소시킬 우려가 있는 처분행위에 해당하여 민사집행법 제92조 제1항, 제83조 제4항에 따른 압류의 처분금지효에 저촉되므로 점유자로서는 위 유치권을 내세워 그 부동산에 관한 경매절차의 매수인에게 대항할 수 없다.

21. 대법원 2009. 1. 15. 선고 2008다70763 판결(=위 18항 판례)【생략】

22. 대법원 1996. 8. 23. 선고 95다8713 판결

【판시사항】

[1] 물건에 대한 점유의 의미와 판단 기준
[2] 공사금 채권에 기한 공장 건물 유치권자가 경락인에 의한 부당한

점유 침탈을 원인으로 점유회수의 소를 제기한 사안에서, 유치권자의 점유를 인정하지 아니한 원심판결을 파기한 사례

[3] 유치권자가 경락인에 대하여 피담보채권의 변제를 청구할 수 있는지 여부(소극)

【판결요지】

[1] 점유라고 함은 물건이 사회통념상 그 사람의 사실적 지배에 속한다고 보여지는 객관적 관계에 있는 것을 말하고 사실상의 지배가 있다고 하기 위하여는 반드시 물건을 물리적, 현실적으로 지배하는 것만을 의미하는 것이 아니고 물건과 사람과의 시간적, 공간적 관계와 본권관계, 타인지배의 배제가능성 등을 고려하여 사회관념에 따라 합목적적으로 판단하여야 한다.

[2] 공장 신축공사 공사잔대금채권에 기한 공장 건물의 유치권자가 공장 건물의 소유 회사가 부도가 난 다음에 그 공장에 직원을 보내 그 정문 등에 유치권자가 공장을 유치·점유한다는 안내문을 게시하고 경비용역회사와 경비용역계약을 체결하여 용역경비원으로 하여금 주야 교대로 2인씩 그 공장에 대한 경비·수호를 하도록 하는 한편 공장의 건물 등에 자물쇠를 채우고 공장 출입구 정면에 대형 컨테이너로 가로막아 차량은 물론 사람들의 공장 출입을 통제하기 시작하고 그 공장이 경락된 다음에도 유치권자의 직원 10여 명을 보내 그 공장 주변을 경비·수호하게 하고 있었다면, 유치권자가 그 공장을 점유하고 있었다고 볼 여지가 충분하다는 이유로, 유치권자의 점유를 인정하지 아니한 원심판결을 파기한 사례.

[3] 민사소송법 제728조에 의하여 담보권의 실행을 위한 경매절차에 준용되는 같은 법 제608조 제3항은 경락인은 유치권자에게 그 유치권으로 담보하는 채권을 변제할 책임이 있다고 규정하고 있

는바, 여기에서 '변제할 책임이 있다'는 의미는 부동산상의 부담을 승계한다는 취지로서 인적 채무까지 인수한다는 취지는 아니므로, 유치권자는 경락인에 대하여 그 피담보채권의 변제가 있을 때까지 유치목적물인 부동산의 인도를 거절할 수 있을 뿐이고 그 피담보채권의 변제를 청구할 수는 없다.

23. 대법원 2000. 10. 30.자 2000마4002 결정

【판시사항】

유치물의 간이변제충당의 요건인 정당한 이유의 존부에 관한 판단 기준

【결정요지】

유치물의 처분에 관하여 이해관계를 달리하는 다수의 권리자가 존재하거나 유치물의 공정한 가격을 쉽게 알 수 없는 등의 경우에는 민법 제322조 제2항에 의하여 유치권자에게 유치물의 간이변제충당을 허가할 정당한 이유가 있다고 할 수 없다.

24. 대법원 1963. 7. 11. 선고 63다235 판결

【판시사항】

건물의 유익비 상환 청구권에 기인한 유치권을 행사하여 임차 건물을 사용 수익한 임차인의 임대인에 대한 부당이득 반환의무

【판결요지】

동시이행의 항변권 또는 유익비 상환청구권에 의한 유치권을 행사하여 가옥을 사용 수익한 경우에는 임료상당의 금원을 부당이득한 것으로 본다.

25. 대법원 1972. 5. 30. 선고 72다548 판결

【판시사항】

비록 건물에 대한 점유를 승계한 사실이 있다 하더라도 전점유자를 대위하여 유치권을 주장할 수 없는 것이다.

【판결요지】

비록 건물에 대한 점유를 승계한 사실이 있다 하더라도 전점유자를 대위하여 유치권을 주장할 수는 없는 것이다.

26. 대법원 2005. 8. 19. 선고 2005다22688 판결(=위 20항 판례)【생략】

27. 대법원 1965. 3. 30. 선고 64다1977 판결

【판시사항】

물건 점유 이전에 그 물건에 관련하여 채권이 발생한 후 그 물건의 점유를 취득한 경우에도 유치권의 성립이 인정되는 실례

【판결요지】

유치권자가 유치물을 점유하기 전에 발생된 채권(건축비채권)이라도 그후그 물건(건물)의 점유를 취득했다면 유치권은 성립한다.

28. 대법원 2022. 12. 29. 선고 2021다253710 판결

【판시사항】

[1] 부동산에 관하여 경매개시결정등기가 된 뒤에 부동산의 점유를

이전받거나 피담보채권이 발생하여 유치권을 취득한 사람이 경매절차의 매수인에 대하여 유치권을 행사할 수 있는지 여부(소극)

[2] 경매개시결정이 있기 전부터 유치권을 이유로 부동산을 점유하면서 채무자와 일정 기간 동안 변제기를 유예하기로 합의한 갑 주식회사가 그 후 개시된 경매절차에서 유치권 신고를 하였다가, 이후 갑 회사를 상대로 유치권부존재확인의 소가 제기되어 그 소송에서 갑 회사에 유치권이 존재한다는 판결이 선고되어 확정되자, 속행된 경매절차에서 다시 유치권 신고를 하였는데, 경매절차에서 부동산의 소유권을 취득한 을이 갑 회사를 상대로 부동산 인도와 부당이득반환을 청구한 사안에서, 경매개시결정 이후 변제기가 재차 도래함으로써 갑 회사가 다시 유치권을 취득하였다고 볼 여지가 있는데도, 이에 관하여 더 심리하지 아니한 채 변제기 유예로 경매개시결정 당시 갑 회사의 공사대금채권이 변제기에 있지 않았다는 이유만으로 갑 회사가 유치권을 주장할 수 없다고 본 원심판단에 법리오해 등의 잘못이 있다고 한 사례

【판결요지】

[1] 민사집행법 제91조 제3항이 "지상권·지역권·전세권 및 등기된 임차권은 저당권·압류채권·가압류채권에 대항할 수 없는 경우에는 매각으로 소멸된다."라고 규정하고 있는 것과는 달리, 같은 조 제5항은 "매수인은 유치권자에게 그 유치권으로 담보하는 채권을 변제할 책임이 있다."라고 규정하고 있으므로, 유치권은 특별한 사정이 없는 한 그 성립시기에 관계없이 경매절차에서 매각으로 인하여 소멸하지 않는다. 다만 부동산에 관하여 이미 경매절차가 개시되어 진행되고 있는 상태에서 비로소 그 부동산에 유치권을 취득한 경우에도 아무런 제한 없이 경매절차의 매수인에 대한 유치권의 행사를 허용하면 경매절차에 대한 신뢰와 절차적 안정성이 크게 위협받게 됨으로써 경매 목적 부동산을 신속하고 적정하

게 환가하기가 매우 어렵게 되고 경매절차의 이해관계인에게 예상하지 못한 손해를 줄 수도 있으므로, 그러한 경우에까지 압류채권자를 비롯한 다른 이해관계인들의 희생 아래 유치권자만을 우선 보호하는 것은 집행절차의 법적 안정성이라는 측면에서 받아들일 수 없다. 그리하여 대법원은 집행절차의 법적 안정성을 보장할 목적으로 부동산에 관하여 경매개시결정등기가 된 뒤에 비로소 부동산의 점유를 이전받거나 피담보채권이 발생하여 유치권을 취득한 경우에는 경매절차의 매수인에 대하여 유치권을 행사할 수 없다고 본 것이다.

[2] 경매개시결정이 있기 전부터 유치권을 이유로 부동산을 점유하면서 채무자와 일정 기간 동안 변제기를 유예하기로 합의한 갑 주식회사가 그 후 개시된 경매절차에서 유치권 신고를 하였다가, 이후 갑 회사를 상대로 유치권부존재확인의 소가 제기되어 그 소송에서 갑 회사에 유치권이 존재한다는 판결이 선고되어 확정되자, 속행된 경매절차에서 다시 유치권 신고를 하였는데, 경매절차에서 부동산의 소유권을 취득한 을이 갑 회사를 상대로 부동산 인도와 부당이득반환을 청구한 사안에서, 갑 회사가 경매개시결정 전후로 계속하여 경매목적물을 점유해 왔으므로 갑 회사의 공사대금채권 변제기가 변제기 유예 이전에 이미 도래하여 갑 회사가 경매개시결정등기 전에 유치권을 취득하였을 경우, 경매개시결정 이후 변제기가 재차 도래함으로써 갑 회사가 다시 유치권을 취득하였다고 볼 여지가 있는 점, 경매개시결정 전후로 유치권자가 부동산을 계속 점유하면서 유치권을 신고하였고 현황조사보고서에 이러한 사정이 기재된 점, 유치권의 존재를 확인하는 판결까지 확정되어 매수인 등이 유치권의 존재를 알고 있었던 것으로 보이고 달리 거래당사자가 유치권을 자신의 이익을 위하여 고의로 작출하였다는 사정을 찾아볼 수 없는 점을 종합하면 유치권의 행사를 허용하더라도 경매절차의 이해관계인에게 예상하지 못한

손해를 주지 않고 집행절차의 법적 안정성을 해치지 않아 유치권의 행사를 제한할 필요가 없으므로, 갑 회사가 경매절차의 매수인인 을에게 유치권을 주장할 수 있다고 봄이 타당한데도, 변제기 유예 전에 공사대금채권의 변제기가 도래하여 갑 회사가 경매개시결정등기 전에 유치권을 취득한 적이 있고 경매개시결정 이후 변제기가 재차 도래함으로써 다시 유치권을 취득한 것인지 등을 더 심리하지 아니한 채, 변제기 유예로 경매개시결정 당시 갑 회사의 공사대금채권이 변제기에 있지 않았다는 이유만으로 갑 회사가 유치권을 주장할 수 없다고 본 원심판단에 법리오해 등의 잘못이 있다고 한 사례.

29. 대법원 2016. 3. 10. 선고 2013다99409 판결

【판시사항】

[1] 근저당권자가 유치권 신고를 한 사람을 상대로 경매절차에서 유치권을 내세워 대항할 수 있는 범위를 초과하는 유치권의 부존재 확인을 구할 법률상 이익이 있는지 여부(적극) 및 유치권 신고를 한 사람이 피담보채권으로 주장하는 금액 중 일부만 경매절차에서 유치권으로 대항할 수 있는 경우, 법원이 취할 조치(=유치권 부분에 대한 일부패소 판결)

[2] 유치권 부존재 확인소송에서 유치권의 목적물과 견련관계 있는 채권의 존재에 관한 주장·증명책임의 소재(=피고)

【판결요지】

[1] 민사집행법 제268조에 의하여 담보권의 실행을 위한 경매절차에 준용되는 같은 법 제91조 제5항에 의하면 유치권자는 경락인에 대하여 피담보채권의 변제를 청구할 수는 없지만 자신의 피담보채권이 변제될 때까지 유치목적물인 부동산의 인도를 거절할 수

있어 경매절차의 입찰인들은 낙찰 후 유치권자로부터 경매목적물을 쉽게 인도받을 수 없다는 점을 고려하여 입찰하게 되고 그에 따라 경매목적 부동산이 그만큼 낮은 가격에 낙찰될 우려가 있다. 이와 같이 저가낙찰로 인해 경매를 신청한 근저당권자의 배당액이 줄어들거나 경매목적물 가액과 비교하여 거액의 유치권 신고로 매각 자체가 불가능하게 될 위험은 경매절차에서 근저당권자의 법률상 지위를 불안정하게 하는 것이므로 위 불안을 제거하는 근저당권자의 이익을 단순한 사실상·경제상의 이익이라고 볼 수는 없다. 따라서 근저당권자는 유치권 신고를 한 사람을 상대로 유치권 전부의 부존재뿐만 아니라 경매절차에서 유치권을 내세워 대항할 수 있는 범위를 초과하는 유치권의 부존재 확인을 구할 법률상 이익이 있고, 심리 결과 유치권 신고를 한 사람이 유치권의 피담보채권으로 주장하는 금액의 일부만이 경매절차에서 유치권으로 대항할 수 있는 것으로 인정되는 경우에는 법원은 특별한 사정이 없는 한 그 유치권 부분에 대하여 일부패소의 판결을 하여야 한다.

[2] 소극적 확인소송에서는 원고가 먼저 청구를 특정하여 채무발생원인 사실을 부정하는 주장을 하면 채권자인 피고는 권리관계의 요건사실에 관하여 주장·증명책임을 부담하므로, 유치권 부존재 확인소송에서 유치권의 요건사실인 유치권의 목적물과 견련관계 있는 채권의 존재에 대해서는 피고가 주장·증명하여야 한다.

30. 대법원 2022. 6. 16. 선고 2018다301350 판결

【판시사항】

[1] 민법 제321조에서 정한 유치권의 불가분성은 목적물이 분할 가능하거나 수 개의 물건인 경우에도 적용되는지 여부(적극) 및 이는 상법 제58조의 상사유치권에도 적용되는지 여부(적극)

[2] 하나의 채권을 피담보채권으로 하여 여러 필지의 토지에 대하여 유치권을 취득한 유치권자가 그중 일부 필지의 토지에 대하여 선량한 관리자의 주의의무를 위반한 경우, 위반행위가 있었던 필지의 토지에 대하여만 유치권 소멸청구가 가능한지 여부(원칙적 적극)

[3] 소송계속 중 제3자가 민사소송법 제81조에 따라 소송에 참가한 후 원고가 승계참가인의 승계 여부에 대해 다투지 않으면서도 소송탈퇴, 소 취하 등을 하지 않거나 이에 대하여 피고가 부동의하여 원고가 소송에 남아 있는 경우, 승계로 인해 중첩된 원고와 승계참가인의 청구 사이에 필수적 공동소송에 관한 민사소송법 제67조가 적용되는지 여부(적극)

【판결요지】

[1] 민법 제321조는 "유치권자는 채권 전부의 변제를 받을 때까지 유치물 전부에 대하여 그 권리를 행사할 수 있다."라고 정하므로, 유치물은 그 각 부분으로써 피담보채권의 전부를 담보하고, 이와 같은 유치권의 불가분성은 그 목적물이 분할 가능하거나 수개의 물건인 경우에도 적용되며, 상법 제58조의 상사유치권에도 적용된다.

[2] 민법 제324조는 '유치권자에게 유치물에 대한 선량한 관리자의 주의의무를 부여하고, 유치권자가 이를 위반하여 채무자의 승낙 없이 유치물을 사용, 대여, 담보 제공한 경우에 채무자는 유치권의 소멸을 청구할 수 있다.'고 정한다. 하나의 채권을 피담보채권으로 하여 여러 필지의 토지에 대하여 유치권을 취득한 유치권자가 그중 일부 필지의 토지에 대하여 선량한 관리자의 주의의무를 위반하였다면 특별한 사정이 없는 한 위반행위가 있었던 필지의 토지에 대하여만 유치권 소멸청구가 가능하다고 해석하는 것이 타당하다. 구체적인 이유는 다음과 같다.

① 여러 필지의 토지에 대하여 유치권이 성립한 경우 유치권의 불가분성으로 인하여 각 필지의 토지는 다른 필지의 토지와 관계없이 피담보채권의 전부를 담보한다. 이때 일부 필지 토지에 대한 점유를 상실하여도 나머지 필지 토지에 대하여 피담보채권의 담보를 위한 유치권이 존속한다. 같은 취지에서 일부 필지 토지에 대한 유치권자의 선량한 관리자의 주의의무 위반을 이유로 유치권 소멸청구가 있는 경우에도 그 위반 필지 토지에 대하여만 소멸청구가 허용된다고 해석함이 타당하다.

② 민법 제321조에서 '유치권의 불가분성'을 정한 취지는 담보물권인 유치권의 효력을 강화하여 유치권자의 이익을 위한 것으로서 이를 근거로 오히려 유치권자에게 불이익하게 선량한 관리자의 주의의무 위반이 문제 되지 않는 유치물에 대한 유치권까지 소멸한다고 해석하는 것은 상당하지 않다.

③ 유치권은 점유하는 물건으로써 유치권자의 피담보채권에 대한 우선적 만족을 확보하여 주는 법정담보물권이다(민법 제320조 제1항, 상법 제58조). 한편 민법 제324조에서 정한 유치권 소멸청구는 유치권자의 선량한 관리자의 주의의무 위반에 대한 제재로서 채무자 또는 유치물의 소유자를 보호하기 위한 규정이다. 유치권자가 선량한 관리자의 주의의무를 위반한 정도에 비례하여 유치권소멸의 효과를 인정하는 것이 유치권자와 채무자 또는 소유자 사이의 이익균형을 고려한 합리적인 해석이다.

[3] 승계참가에 관한 민사소송법 규정과 2002년 민사소송법 개정에 따른 다른 다수당사자 소송제도와의 정합성, 승계참가인과 피참가인인 원고의 중첩된 청구를 모순 없이 합일적으로 확정할 필요성 등을 종합적으로 고려하면, 소송이 법원에 계속되어 있는 동안에 제3자가 소송목적인 권리의 전부나 일부를 승계하였다고 주장하며 민사소송법 제81조에 따라 소송에 참가한 경우, 원고가

승계참가인의 승계 여부에 대해 다투지 않으면서도 소송탈퇴, 소취하 등을 하지 않거나 이에 대하여 피고가 부동의하여 원고가 소송에 남아 있다면 승계로 인해 중첩된 원고와 승계참가인의 청구 사이에는 필수적 공동소송에 관한 민사소송법 제67조가 적용된다.

31. 대법원 2023. 4. 27. 선고 2022다273018 판결

【판시사항】

[1] 유치권의 피담보채권이 되기 위한 요건 및 법률과 관습법이 인정하지 않는 새로운 종류나 내용의 물권을 창설할 수 있는지 여부(소극)

[2] 인접한 구분건물 사이에 설치된 경계벽이 제거되어 각 구분건물이 구조상 및 이용상 독립성을 상실하였으나, 각 구분건물의 위치와 면적 등을 특정할 수 있고 사회통념상 그것이 복원을 전제로 한 일시적인 것으로서 복원이 용이한 경우, 그 구분건물에 관한 등기의 효력(유효)

[3] 갑 주식회사가 구분등기가 마쳐진 4개 호실 중 1개 호실을 임차하면서 임대인과 '임대차계약이 종료된 경우에 임대인은 임차인에게 임차인이 위 부동산에 관하여 뷔페 영업을 위하여 투입한 총공사비의 70%를 반환한다.'는 내용의 공사비 반환 약정을 하였고, 그 후 갑 회사는 4개 호실을 점유하면서 각 호실을 구분하던 칸막이를 철거하는 등의 공사를 한 다음 점유 부분 전부를 뷔페 영업을 위한 공간으로 사용하였는데, 4개 호실이 경매절차에서 일괄매각되자 갑 회사가 위 약정에 따른 유익비상환채권을 피담보채권으로 하는 유치권의 존재 확인을 구한 사안에서, 갑 회사가 지출하였다고 주장하는 총공사비에 따라 산정한 금액을 유치권의 피담보채권으로 인정한 다음 갑 회사가 각 호실 전체에

대하여 유치권을 주장할 수 있다고 본 원심판단에 법리오해의 잘못이 있다고 한 사례

【판결요지】

[1] 유치권은 점유하는 물건으로써 유치권자의 피담보채권에 대한 우선적 만족을 확보하여 주는 법정담보물권이다. 민법 제320조 제1항은 "타인의 물건 또는 유가증권을 점유한 자는 그 물건이나 유가증권에 관하여 생긴 채권이 변제기에 있는 경우에는 변제를 받을 때까지 그 물건 또는 유가증권을 유치할 권리가 있다."라고 규정하고 있으므로, 유치권의 피담보채권은 '그 물건에 관하여 생긴 채권'이어야 한다. 민법 제185조는 "물권은 법률 또는 관습법에 의하는 외에는 임의로 창설하지 못한다."라고 정하여 물권법정주의를 선언하고 있다. 물권법의 강행법규성에 따라 법률과 관습법이 인정하지 않는 새로운 종류나 내용의 물권을 창설하는 것은 허용되지 않는다.

[2] 인접한 구분건물 사이에 설치된 경계벽이 제거됨으로써 각 구분건물이 구분건물로서의 구조상 및 이용상 독립성을 상실하게 되었다고 하더라도, 각 구분건물의 위치와 면적 등을 특정할 수 있고 사회통념상 그것이 구분건물로서의 복원을 전제로 한 일시적인 것일 뿐만 아니라 복원이 용이한 것이라면, 각 구분건물이 구분건물로서의 실체를 상실한다고 쉽게 단정할 수는 없고, 아직도 그 등기는 구분건물을 표상하는 등기로서 유효하다고 해석해야 한다.

[3] 갑 주식회사가 구분등기가 마쳐진 4개 호실 중 1개 호실을 임차하면서 임대인과 '임대차계약이 종료된 경우에 임대인은 임차인에게 임차인이 위 부동산에 관하여 뷔페 영업을 위하여 투입한 총공사비의 70%를 반환한다.'는 내용의 공사비 반환 약정을 하였고, 그 후 갑 회사는 4개 호실을 전부 점유하면서 각 호실을

구분하던 칸막이를 철거하는 등의 공사를 한 다음 점유 부분 전부를 뷔페 영업을 위한 공간으로 사용하였는데, 4개 호실이 경매절차에서 일괄매각되자 갑 회사가 위 약정에 따른 유익비상환채권을 피담보채권으로 하는 유치권의 존재 확인을 구한 사안에서, 임대차계약 및 공사비 반환 약정의 진정성에 의문스러운 부분이 있을 뿐만 아니라, 유치권의 목적물과 견련관계가 인정되지 않는 채권을 피담보채권으로 하는 유치권을 인정한다면 법률이 정하지 않은 새로운 내용의 유치권을 창설하는 것으로서 물권법정주의에 반하여 허용되지 않는데, 갑 회사가 공사에 지출하였다고 주장하는 비용에는 각 호실의 개량을 위하여 지출되어 물건의 가치를 객관적으로 증가시키는 비용과 갑 회사의 주관적 이익이나 특정한 영업을 위한 목적으로 지출된 비용이 구분되어 있지 않으므로, 공사비 반환 약정을 근거로, 민법상 유익비에 해당하지 않는, 즉 건물의 객관적 가치 증가와 무관한 비용지출로서 유치권 목적물과의 견련관계가 인정되지 않는 부분까지 법정담보물권인 유치권의 피담보채권이 된다고 볼 수 없으며, 한편 각 호실의 칸막이가 철거되어 구조상·이용상 독립성을 상실하기는 하였으나 현재도 건축물대장에 첨부된 건축물현황도 등으로 위치와 면적 등을 쉽게 특정할 수 있고, 기존 칸막이 철거는 점유 부분을 뷔페 영업에 사용하기 위한 일시적인 방편에 불과하여 언제든지 원상태로 복원할 수 있을 뿐만 아니라 복원에 과다한 비용이 들 것으로 보이지 않는데도, 갑 회사가 지출하였다고 주장하는 총공사비에 따라 산정한 금액을 유치권의 피담보채권으로 인정한 다음 갑 회사가 각 호실 전체에 대하여 유치권을 주장할 수 있다고 본 원심판단에 법리오해의 잘못이 있다고 한 사례.

32. 대법원 2011. 12. 13. 선고 2009다5162 판결

【판시사항】

[1] 점유자가 회복자에게서 점유물 반환을 청구받은 경우, 필요비나 유익비 상환청구권의 이행기가 도래하는지 여부(적극)

[2] 갑 교회 목사 을이 교인총회에서 소속 교단을 탈퇴하기로 결의하고 독립교회인 병 교회를 설립한 후 종전 교회건물을 병 교회가 점유·사용하고 있었는데, 갑 교회가 을을 비롯한 병 교회 목사와 장로들을 상대로 교회건물 등에 대한 출입금지 등을 구한 사안에서, 갑 교회 청구가 실질은 병 교회에 교회건물 등의 반환을 청구하는 것과 다르지 않으므로, 갑 교회가 을 등에게 교회건물 등에 대한 출입금지 등을 청구함으로써 병 교회가 점유자로서 가지는 필요비와 유익비 상환청구권도 이행기가 도래하였다고 한 사례

[3] 점유물에 대한 필요비와 유익비 상환청구권을 기초로 하는 유치권 주장을 배척하기 위하여 상대방 당사자가 주장·증명하여야 할 사항

[4] 갑 교회 목사 을이 교인총회에서 소속 교단을 탈퇴하기로 결의하고 독립교회인 병 교회를 설립한 후 종전 교회건물을 병 교회가 점유·사용하고 있었는데, 갑 교회가 을을 비롯한 병 교회 목사와 장로들을 상대로 교회건물 등에 대한 출입금지 등을 구한 사안에서, 필요비와 유익비 상환청구권에 기초한 병 교회 유치권을 근거로 을 등이 갑 교회 청구에 대항할 수 있다고 한 사례

[5] 물건의 인도를 청구하는 소송에서 피고의 유치권 항변이 인용되는 경우, 물건에 관하여 생긴 채권의 변제와 상환으로 물건의 인도를 명하여야 하는지 여부(적극)

[6] 갑 교회 목사 을이 교인총회에서 소속 교단을 탈퇴하기로 결의하고 독립교회인 병 교회를 설립한 후 종전 교회건물을 병 교회가 점유·사용하고 있었는데, 갑 교회가 을을 비롯한 병 교회 목사와 장로들을 상대로 교회건물 등에 대한 출입금지 등을 구한 사안에

서, 소송당사자도 아닌 병 교회가 필요비와 유익비를 지급받는 것과 상환으로 을 등에 대한 갑 교회 청구를 인용할 수는 없으므로, 원심이 을 등의 유치권 주장을 받아들이면서도 상환이행 판결을 하지 아니한 것이 위법하다고 볼 수 없다고 한 사례

【판결요지】

[1] 점유자가 점유물을 보존하거나 개량하기 위하여 지출한 필요비나 유익비에 관하여 민법 제203조 제1항, 제2항은 '점유자가 점유물을 반환할 때'에 상환을 청구할 수 있도록 규정하고 있으므로, 그 상환청구권은 점유자가 회복자에게서 점유물 반환을 청구받은 때에 비로소 이를 행사할 수 있는 상태가 되고 이행기가 도래한다.

[2] 갑 교회 목사 을이 교인총회에서 소속 교단을 탈퇴하기로 결의하고 독립교회인 병 교회를 설립한 후 종전 교회건물을 병 교회가 점유·사용하고 있었는데, 갑 교회가 을을 비롯한 병 교회 목사와 장로들을 상대로 교회건물 등에 대한 출입금지 등을 구한 사안에서, 병 교회가 교회건물 등의 증축 등에 지출한 필요비와 유익비 상환청구권을 담보하는 유치권이 성립하려면, 교회건물 등의 점유 주체인 병 교회가 점유 반환을 청구받음으로써 상환청구권의 변제기가 도래한 것으로 인정되어야 하는데, 갑 교회가 교회건물 등에 대한 출입금지 등을 구하는 상대방인 을 등은 병 교회 목사, 장로 등으로서 병 교회가 고유 목적인 예배 등 일상적인 활동을 하는 데 중심적인 역할을 하는 구성원들이고 특히 을은 병 교회 대표자 지위에 있다는 점을 감안하면, 을 등에게 교회 출입금지 및 갑 교회의 사용 방해 금지 등을 청구하는 것은 형식은 피고들 개인에 대한 청구이지만 실질은 병 교회에 교회건물 등의 반환을 청구하는 것과 다르지 않으므로, 갑 교회가 소를 제기하여 을 등에게 교회건물 등에 대한 출입금지 등을 청구함으로써 병 교회가 점유자로서 가지는 필요비와 유익비 상환청구권도 이

행기가 도래하였다고 한 사례.

[3] 물건의 점유자는 소유의 의사로 선의, 평온 및 공연하게 점유한 것으로 추정되고 점유자가 점유물에 대하여 행사하는 권리는 적법하게 보유하는 것으로 추정된다(민법 제197조 제1항, 제200조). 따라서 점유물에 대한 필요비와 유익비 상환청구권을 기초로 하는 유치권 주장을 배척하려면 적어도 점유가 불법행위로 인하여 개시되었거나 점유자가 필요비와 유익비를 지출할 당시 점유권원이 없음을 알았거나 중대한 과실로 알지 못하였다고 인정할만한 사유에 대한 상대방 당사자의 주장·증명이 있어야 한다.

[4] 갑 교회 목사 을이 교인총회에서 소속 교단을 탈퇴하기로 결의하고 독립교회인 병 교회를 설립한 후 종전 교회건물을 병 교회가 점유·사용하고 있었는데, 갑 교회가 을을 비롯한 병 교회 목사와 장로들을 상대로 교회건물 등에 대한 출입금지 등을 구한 사안에서, 을 등이 병 교회 구성원으로서 내부 규약 등에 정하여진 데 따라 준총유에 속하는 유치권의 유치물을 사용하는 것은, 법인이 아닌 사단의 구성원으로서 자신의 정당한 권능을 행사하는 것일 뿐만 아니라 유치물의 보존에 필요한 사용으로 허용되고, 이러한 사용에는 총유물의 관리·처분과 달리 사원총회의 결의를 요하지 않으므로, 필요비와 유익비 상환청구권에 기초한 병 교회 유치권을 근거로 을 등이 갑 교회 청구에 대항할 수 있다고 한 사례.

[5] 물건의 인도를 청구하는 소송에서 피고의 유치권 항변이 인용되는 경우에는 물건에 관하여 생긴 채권의 변제와 상환으로 물건의 인도를 명하여야 한다.

[6] 갑 교회 목사 을이 교인총회에서 소속 교단을 탈퇴하기로 결의하고 독립교회인 병 교회를 설립한 후 종전 교회건물을 병 교회가 점유·사용하고 있었는데, 갑 교회가 을을 비롯한 병 교회 목사와 장로들을 상대로 교회건물 등에 대한 출입금지 등을 구한 사안에

서, 교회건물 등의 점유자로서 민법 제203조 제1항, 제2항에 의하여 필요비와 유익비의 상환을 받을 수 있는 권리자는 병 교회이므로, 구성원 일부에 지나지 않는 을 등을 상대로 교회건물 등에 대한 출입금지 등을 구하는 경우에 소송당사자도 아닌 병 교회가 위 비용을 지급받는 것과 상환으로 을 등에 대한 갑 교회 청구를 인용할 수는 없으므로, 원심이 을 등의 유치권 주장을 받아들이면서도 상환이행 판결을 하지 아니한 것이 위법하다고 볼 수 없다고 한 사례.

33. 대법원 2013. 2. 28. 선고 2010다57350 판결

【판시사항】

채무자 소유의 부동산에 관하여 이미 선행저당권이 설정되어 있는 상태에서 채권자의 상사유치권이 성립한 경우, 상사유치권자가 선행저당권자 또는 선행저당권에 기한 임의경매절차에서 부동산을 취득한 매수인에 대한 관계에서 상사유치권으로 대항할 수 있는지 여부(소극)

【판결요지】

상사유치권은 민사유치권과 달리 피담보채권이 '목적물에 관하여' 생긴 것일 필요는 없지만 유치권의 대상이 되는 물건은 '채무자 소유'일 것으로 제한되어 있다(상법 제58조, 민법 제320조 제1항 참조). 이와 같이 상사유치권의 대상이 되는 목적물을 '채무자 소유의 물건'에 한정하는 취지는, 상사유치권의 경우에는 목적물과 피담보채권 사이의 견련관계가 완화됨으로써 피담보채권이 목적물에 대한 공익비용적 성질을 가지지 않아도 되므로 피담보채권이 유치권자와 채무자 사이에 발생하는 모든 상사채권으로 무한정 확장될 수 있고, 그로 인하여 이미 제3자가 목적물에 관하여 확보한 권리를 침해할 우려가 있어 상사유치권의 성립범위 또는 상사유치권으로 대항할 수 있는 범위를 제한한 것으로 볼 수 있다. 즉 상사유치권이 채무자 소유의 물건에 대해서만 성립한다는 것은, 상사유치권은 성립 당시 채무자가 목적물에 대하여 보유하고 있는 담보가치만을 대상으로 하는 제한물권이라는 의미를 담고 있다 할 것이고, 따라서 유치권 성립 당시에 이미 목적물에 대하여 제3자가 권리자인 제한물권이 설정되어 있다면, 상사유치권은 그와 같이 제한된 채무자의 소유권에 기초하여 성립할 뿐이고, 기존의 제한물권이 확보하고 있는 담보가치를 사후적으로 침탈하지는 못한다고 보아야 한다. 그러므로 채무자 소유의 부동산에 관하여 이미 선행(선행)저당권이 설정되어 있는 상태에서 채권자의 상사유치권이 성립한 경우, 상사유치권자는 채무자 및 그 이후 채무자로부터 부동산을 양수하거나 제한물권을 설정받는 자에 대해서는 대항할 수 있지만, 선행저당권자 또는 선행저당권에 기한 임의경매절차에서 부동산을 취득한 매수인에 대한 관계에서는 상사유치권으로 대항할 수 없다.

34. 대법원 2016. 5. 12. 선고 2014다52087 판결

【판시사항】

[1] 유치권을 포기하는 특약의 효력(유효) / 유치권을 사후에 포기한 경우, 곧바로 유치권이 소멸하는지 여부(적극) 및 이때 포기로 인한 유치권의 소멸은 포기의 의사표시 상대방뿐만 아니라 그 이외의 사람도 주장할 수 있는지 여부(적극)

[2] 법률행위의 부관으로서 조건의 의의와 성질

[3] 처분문서에 나타난 당사자 의사의 해석 방법

【판결요지】

[1] 유치권은 법정담보물권이기는 하나 채권자의 이익보호를 위한 채권담보의 수단에 불과하므로 이를 포기하는 특약은 유효하고, 유

치권을 사전에 포기한 경우 다른 법정요건이 모두 충족되더라도 유치권이 발생하지 않는 것과 마찬가지로 유치권을 사후에 포기한 경우 곧바로 유치권은 소멸한다. 그리고 유치권 포기로 인한 유치권의 소멸은 유치권 포기의 의사표시의 상대방뿐 아니라 그 이외의 사람도 주장할 수 있다.

[2] 조건은 법률행위의 효력의 발생 또는 소멸을 장래의 불확실한 사실의 성부에 의존케 하는 법률행위의 부관으로서 법률행위에 있어서의 효과의사와 일체적인 내용을 이루는 의사표시 그 자체이므로 조건의사가 법률행위의 내용으로 외부에 표시되어야 한다.

[3] 처분문서는 그 성립의 진정함이 인정되는 이상 법원은 그 기재 내용을 부인할 만한 분명하고도 수긍할 수 있는 반증이 없는 한 처분문서에 기재되어 있는 문언대로의 의사표시의 존재 및 내용을 인정하여야 하고, 처분문서에 나타난 당사자의 의사해석이 문제 되는 경우에는 문언의 내용, 그와 같은 약정이 이루어진 동기와 경위, 약정에 의하여 달성하려는 목적, 당사자의 진정한 의사 등을 종합적으로 고찰하여 논리와 경험칙에 따라 합리적으로 해석하여야 한다.

35. 대법원 2012. 9. 27. 선고 2012다37176 판결

【판시사항】

[1] 상사유치권 배제 특약이 당사자 사이의 묵시적 약정으로도 가능한지 여부(적극)

[2] 갑 주식회사에 대한 회생절차에서, 갑 회사에 대한 대출금 채권을 가지고 있던 을 은행이 갑 회사한테서 추심위임을 받아 보관 중이던 병 주식회사 발행의 약속어음에 관한 상사유치권 취득을 주장하며 그 어음금 상당의 채권을 회생담보권으로 신고하자 갑

회사의 관리인이 이를 부인하였는데, 대출금 약정 당시 계약에 편입된 을 은행의 여신거래기본약관에는 '채무자가 채무이행을 지체한 경우, 은행이 점유하고 있는 채무자의 동산·어음 기타 유가증권을 담보로 제공된 것이 아닐지라도 계속 점유하거나 추심 또는 처분 등 처리를 할 수 있다'는 취지의 조항이 있는 사안에서, 추심위임약정만으로 위 어음에 관한 유치권 배제의 묵시적 약정이 있었다고 보아 상사유치권 성립을 부정한 원심판결에 법리오해의 위법이 있다고 한 사례

【판결요지】

[1] 상법은 상인 간의 거래에서 신속하고 편리한 방법으로 담보를 취득하게 하기 위한 목적에서 민법상의 유치권과 별도로 상사유치권에 관한 규정을 두고 있다. 즉 상법 제58조 본문은 "상인 간의 상행위로 인한 채권이 변제기에 있는 때에는 채권자는 변제를 받을 때까지 그 채무자에 대한 상행위로 인하여 자기가 점유하고 있는 채무자 소유의 물건 또는 유가증권을 유치할 수 있다."고 규정하여 상사유치권을 인정하는 한편 같은 조 단서에서 "그러나 당사자 간에 다른 약정이 있으면 그러하지 아니하다."고 규정하여 상사유치권을 특약으로 배제할 수 있게 하였다. 이러한 상사유치권 배제의 특약은 묵시적 약정에 의해서도 가능하다.

[2] 갑 주식회사에 대한 회생절차에서, 갑 회사에 대출금 채권을 가지고 있던 을 은행이 갑 회사한테서 추심위임을 받아 보관 중이던 병 주식회사 발행의 약속어음에 관한 상사유치권 취득을 주장하며 그 어음금 상당의 채권을 회생담보권으로 신고하자 갑 회사의 관리인이 이를 부인하였는데, 대출금 약정 당시 계약에 편입된 을 은행의 여신거래기본약관에는 '채무자가 채무이행을 지체한 경우, 은행이 점유하고 있는 채무자의 동산·어음 기타 유가증권을 담보로 제공된 것이 아닐지라도 계속 점유하거나 추심 또는 처분

등 처리를 할 수 있다'는 취지의 조항이 있는 사안에서, 어음에 관하여 위 약관 조항의 내용과 달리 상사유치권을 행사하지 않기로 하는 상사유치권 배제의 특약이 있었다고 인정하기 위하여는 당사자 사이에 약관 조항에 우선하는 다른 약정이 있었다는 점이 명확하게 인정되어야 하는데, 그러한 내용의 명시적 약정이 존재하지 않는 상황에서 어음의 추심위임약정만으로 을 은행과 갑 회사 사이에 유치권 배제의 묵시적 의사합치가 있었다고 보아 을 은행의 위 어음에 관한 상사유치권 성립을 부정한 원심판결에 상사유치권 배제 특약에 관한 법리오해의 위법이 있다고 한 사례.

36.1) 대법원 2014. 3. 20. 선고 2009다60336 전원합의체 판결 (=위 19항 판례) 【생략】

36.2) 대법원 2011. 11. 24. 선고 2009다19246 판결

【판시사항】

[1] 부동산에 가압류등기가 경료된 후에 채무자의 점유이전으로 제3자가 유치권을 취득하는 경우, 가압류의 처분금지효에 저촉되는지 여부(소극)

[2] 토지에 대한 담보권 실행 등을 위한 경매 개시 후 그 지상건물에 가압류등기가 경료되었는데, 갑이 채무자인 을 주식회사에게서 건물 점유를 이전받아 그 건물에 관한 공사대금채권을 피담보채권으로 한 유치권을 취득하였고, 그 후 건물에 대한 강제경매가 개시되어 병이 토지와 건물을 낙찰받은 사안에서, 갑이 병에게 건물에 대한 유치권을 주장할 수 있다고 한 사례

【판결요지】

[1] 부동산에 가압류등기가 경료되면 채무자가 당해 부동산에 관한 처분행위를 하더라도 이로써 가압류채권자에게 대항할 수 없게 되는데, 여기서 처분행위란 당해 부동산을 양도하거나 이에 대해 용익물권, 담보물권 등을 설정하는 행위를 말하고 특별한 사정이 없는 한 점유의 이전과 같은 사실행위는 이에 해당하지 않는다. 다만 부동산에 경매개시결정의 기입등기가 경료되어 압류의 효력이 발생한 후에 채무자가 제3자에게 당해 부동산의 점유를 이전함으로써 그로 하여금 유치권을 취득하게 하는 경우 그와 같은 점유의 이전은 처분행위에 해당한다는 것이 당원의 판례이나, 이는 어디까지나 경매개시결정의 기입등기가 경료되어 압류의 효력이 발생한 후에 채무자가 당해 부동산의 점유를 이전함으로써 제3자가 취득한 유치권으로 압류채권자에게 대항할 수 있다고 한다면 경매절차에서의 매수인이 매수가격 결정의 기초로 삼은 현황조사보고서나 매각물건명세서 등에서 드러나지 않는 유치권의 부담을 그대로 인수하게 되어 경매절차의 공정성과 신뢰를 현저히 훼손하게 될 뿐만 아니라, 유치권신고 등을 통해 매수신청인이 위와 같은 유치권의 존재를 알게 되는 경우에는 매수가격의 즉각적인 하락이 초래되어 책임재산을 신속하고 적정하게 환가하여 채권자의 만족을 얻게 하려는 민사집행제도의 운영에 심각한 지장을 줄 수 있으므로, 위와 같은 상황하에서는 채무자의 제3자에 대한 점유이전을 압류의 처분금지효에 저촉되는 처분행위로 봄이 타당하다는 취지이다. 따라서 이와 달리 부동산에 가압류등기가 경료되어 있을 뿐 현실적인 매각절차가 이루어지지 않고 있는 상황하에서는 채무자의 점유이전으로 인하여 제3자가 유치권을 취득하게 된다고 하더라도 이를 처분행위로 볼 수는 없다.

[2] 토지에 대한 담보권 실행 등을 위한 경매가 개시된 후 그 지상

건물에 가압류등기가 경료되었는데, 갑이 채무자인 을 주식회사에게서 건물 점유를 이전받아 그 건물에 관한 공사대금채권을 피담보채권으로 한 유치권을 취득하였고, 그 후 건물에 대한 강제경매가 개시되어 병이 토지와 건물을 낙찰받은 사안에서, 건물에 가압류등기가 경료된 후 을 회사가 갑에게 건물 점유를 이전한 것은 처분행위에 해당하지 않아 가압류의 처분금지효에 저촉되지 않으므로, 갑은 병에게 건물에 대한 유치권을 주장할 수 있다고 한 사례.

37. 대법원 2018. 1. 24. 선고 2016다234043 판결

【판시사항】

[1] 유치권 배제 특약의 효력(유효) 및 특약에 따른 효력은 특약의 상대방뿐 아니라 그 밖의 사람도 주장할 수 있는지 여부(적극)

[2] 유치권 배제 특약에 조건을 붙일 수 있는지 여부(적극) 및 조건을 붙이고자 하는 의사가 있는지 판단하는 기준

[3] 처분문서에 나타난 당사자 의사의 해석 방법

【판결요지】

[1] 제한물권은 이해관계인의 이익을 부당하게 침해하지 않는 한 자유로이 포기할 수 있는 것이 원칙이다. 유치권은 채권자의 이익을 보호하기 위한 법정담보물권으로서, 당사자는 미리 유치권의 발생을 막는 특약을 할 수 있고 이러한 특약은 유효하다. 유치권 배제 특약이 있는 경우 다른 법정요건이 모두 충족되더라도 유치권은 발생하지 않는데, 특약에 따른 효력은 특약의 상대방뿐 아니라 그 밖의 사람도 주장할 수 있다.

[2] 조건은 법률행위의 효력 발생 또는 소멸을 장래의 불확실한 사실의 발생 여부에 의존케 하는 법률행위의 부관으로서, 법률행위에서 효과의사와 일체적인 내용을 이루는 의사표시 그 자체라고 볼 수 있다. 유치권 배제 특약에도 조건을 붙일 수 있는데, 조건을 붙이고자 하는 의사가 있는지는 의사표시에 관한 법리에 따라 판단하여야 한다.

[3] 당사자 사이에 약정의 해석을 둘러싸고 다툼이 있어 처분문서에 나타난 당사자의 의사해석이 문제 되는 경우에는 문언의 내용, 약정이 이루어진 동기와 경위, 약정으로 달성하려는 목적, 당사자의 진정한 의사 등을 종합적으로 고찰하여 논리와 경험칙에 따라 합리적으로 해석하여야 한다.

38.1) 대법원 2001. 7. 10. 선고 2000다66010 판결

【판시사항】

[1] 선행경매절차에서 한 주소변경신고의 효력이 후행경매절차에 영향을 미치는지 여부(적극)

[2] 입찰기일과 낙찰기일의 통지누락과 채무자의 손해발생 여부(소극)

【판결요지】

[1] 강제경매 또는 담보권실행을 위한 경매개시결정이 이루어진 부동산에 대하여 다른 채권자로부터 또 다시 경매신청이 있어 이중경매개시결정을 하는 경우에 먼저 개시결정한 경매신청이 취하되거나 그 절차가 취소 또는 정지되지 아니하는 이상 뒤의 경매개시결정에 의하여 경매절차를 진행할 수는 없는 것이지만, 선행한 경매신청이 취하되거나 그 절차가 취소 또는 정지된 경우에는 후행의 경매신청인을 위하여 그때까지 진행되어 온 선행의 경매절

차를 인계하여 당연하게 경매절차를 속행하여야 하는 것이고, 이 경우에 선행한 경매절차의 결과는 후행한 경매절차에서 유효한 범위에서 그대로 승계되어 이용되는 것이므로, 선행한 경매절차에서 경매채무자가 주소변경신고를 하였다면 선행절차가 취소되었다고 하더라도 그 주소변경신고는 후행절차에 의하여 속행된 경매절차에서 당연하게 효력이 있다.

[2] 민사소송법상 부동산입찰절차의 이해관계인에게 입찰기일과 낙찰기일을 통지하도록 규정하고 있는 취지는, 입찰절차의 이해관계인은 입찰기일에 출석하여 목적부동산이 지나치게 저렴하게 매각되는 것을 방지하기 위하여 필요한 조치를 취할 수도 있고, 채무자를 제외하고는 스스로 매수신청을 하는 등 누구에게 얼마에 매각되느냐에 대하여 직접적인 이해관계를 가지고 있을 뿐 아니라, 입찰기일에 출석하여 의견진술을 할 수 있는 권리가 있는 이해관계를 가진 사람들이므로, 입찰기일과 낙찰기일을 공고만으로 고지하는 것은 충분하지 못하다는 점을 고려하여 개별적으로 이러한 기일에 관하여 통지를 함으로써 입찰절차에 참여할 기회를 부여한다는 데에 있다 할 것인바, 이와 같이 입찰기일과 낙찰기일을 채무자에게 통지하는 취지에 비추어 보면, 스스로는 매수신청을 할 수 없는 채무자에게 입찰기일과 낙찰기일을 통지하지 아니하여 채무자가 절차의 진행을 알지 못하여 입찰절차에 참가할 수 없었던 상황에서 경매목적물이 제3자에게 낙찰되어 그 낙찰대금을 납입함으로써 채무자가 경매목적물의 소유권을 상실하게 되었다고 하더라도, 특별한 사정이 없는 이상 입찰기일 및 낙찰기일 등을 통지받지 못하였다는 그러한 절차상의 위법사유만으로는 그로 인하여 채무자에게 어떠한 손해가 발생하였다고 볼 수는 없다.

38.2) 대법원 2014. 3. 20. 선고 2009다60336 전원합의체 판결 (=위 19항 판례) 【생략】

39. 대법원 2011. 6. 15.자 2010마1059 결정

【판시사항】

[1] 민법 제322조 제1항에 따른 유치권에 의한 경매가 목적부동산 위의 부담을 소멸시키는 것을 법정매각조건으로 하여 실시되는지 여부(적극)와 유치권자의 배당순위(=일반채권자와 동일한 순위) 및 집행법원이 매각조건 변경결정을 통해 목적부동산 위의 부담을 매수인이 인수하도록 정할 수 있는지 여부(적극)

[2] 유치권에 의한 경매에서 집행법원은 매각기일 공고나 매각물건명세서에 목적부동산 위의 부담이 소멸하지 않고 매수인이 이를 인수하게 된다는 취지를 기재하여야 하는지 여부(원칙적 소극)

[3] 집행법원이 유치권에 의한 경매절차에 매수인이 인수할 부담의 존재에 관하여 매수신청인 등에게 고지하지 않은 중대한 잘못이 있다는 이유로 매각을 불허하고 원심이 이를 그대로 유지한 사안에서, 유치권에 의한 경매가 인수주의로 진행됨을 전제로 매각을 불허한 집행법원의 판단을 그대로 유지한 원심결정에는 유치권에 의한 경매에 관한 법리오해의 위법이 있다고 한 사례

【결정요지】

[1] 민사집행법 제91조 제2항, 제3항, 제268조는 경매의 대부분을 차지하는 강제경매와 담보권 실행을 위한 경매에서 소멸주의를 원칙으로 하고 있을 뿐만 아니라 이를 전제로 하여 배당요구의 종기결정이나 채권신고의 최고, 배당요구, 배당절차 등에 관하여

상세히 규정하고 있는 점, 민법 제322조 제1항에 "유치권자는 채권의 변제를 받기 위하여 유치물을 경매할 수 있다."고 규정하고 있는데, 유치권에 의한 경매에도 채권자와 채무자의 존재를 전제로 하고 채권의 실현·만족을 위한 경매를 상정하고 있는 점, 반면에 인수주의를 취할 경우 필요하다고 보이는 목적부동산 위의 부담의 존부 및 내용을 조사·확정하는 절차에 대하여 아무런 규정이 없고 인수되는 부담의 범위를 제한하는 규정도 두지 않아, 유치권에 의한 경매를 인수주의를 원칙으로 진행하면 매수인의 법적 지위가 매우 불안정한 상태에 놓이게 되는 점, 인수되는 부담의 범위를 어떻게 설정하느냐에 따라 인수주의를 취하는 것이 오히려 유치권자에게 불리해질 수 있는 점 등을 함께 고려하면, 유치권에 의한 경매도 강제경매나 담보권 실행을 위한 경매와 마찬가지로 목적부동산 위의 부담을 소멸시키는 것을 법정매각조건으로 하여 실시되고 우선채권자뿐만 아니라 일반채권자의 배당요구도 허용되며, 유치권자는 일반채권자와 동일한 순위로 배당을 받을 수 있다고 보아야 한다. 다만 집행법원은 부동산 위의 이해관계를 살펴 위와 같은 법정매각조건과는 달리 매각조건 변경결정을 통하여 목적부동산 위의 부담을 소멸시키지 않고 매수인으로 하여금 인수하도록 정할 수 있다.

[2] 유치권에 의한 경매가 소멸주의를 원칙으로 하여 진행되는 이상 강제경매나 담보권 실행을 위한 경매의 경우와 같이 목적부동산 위의 부담을 소멸시키는 것이므로 집행법원이 달리 매각조건 변경결정을 통하여 목적부동산 위의 부담을 소멸시키지 않고 매수인으로 하여금 인수하도록 정하지 않은 이상 집행법원으로서는 매각기일 공고나 매각물건명세서에 목적부동산 위의 부담이 소멸하지 않고 매수인이 이를 인수하게 된다는 취지를 기재할 필요없다.

[3] 유치권에 의한 경매절차에서 집행법원이 매각기일 공고와 매각물건명세서 작성을 하면서 목적부동산이 매각되더라도 그 위에 설정된

제한물권 등 부담이 소멸하지 않고 매수인이 이를 인수하게 된다는 취지의 기재를 하지 않았고, 이에 집행법원이 경매절차에 매수인이 인수할 부담의 존재에 관하여 매수신청인 등에게 이를 고지하지 않은 중대한 잘못이 있다는 이유로 매각을 불허하고 원심이 이를 그대로 유지한 사안에서, 집행법원이 목적부동산 위의 부담이 소멸하지 않고 매수인에게 이를 인수시키기로 하는 변경결정을 하지 않은 이상 그러한 취지를 매각기일 공고나 매각물건명세서에 기재하는 등으로 매수신청인 등에게 고지하여야만 하는 것이 아님에도 유치권에 의한 경매가 인수주의로 진행됨을 전제로 위와 같이 매각을 불허한 집행법원의 판단을 그대로 유지한 원심결정에는 유치권에 의한 경매에 관한 법리오해의 위법이 있다고 한 사례.

40. 대법원 2023. 8. 31. 선고 2019다295278 판결

【판시사항】

유치권자가 민법 제324조 제2항을 위반하여 유치물 소유자의 승낙 없이 유치물을 임대한 경우, 유치물의 소유자는 유치권의 소멸을 청구할 수 있는지 여부(적극) / 유치권자의 민법 제324조 제2항을 위반한 임대행위가 있은 뒤에 유치물의 소유권을 취득한 제3자가 유치권소멸청구를 할 수 있는지 여부(원칙적 적극)

【판결요지】

유치권은 점유하는 물건으로써 유치권자의 피담보채권에 대한 우선적 만족을 확보하여 주는 법정담보물권이다(민법 제320조 제1항, 상법 제58조). 한편 유치권자가 민법 제324조 제2항을 위반하여 유치물 소유자의 승낙 없이 유치물을 임대한 경우 유치물의 소유자는 이를 이유로 민법 제324조 제3항에 의하여 유치권의 소멸을 청구할 수 있다. 민법 제324조에서 정한 유치권소멸청구는 유치권자의 선량한 관리자의 주의의무 위반에 대한 제재로서 채무자 또는 유치물의 소유자를 보호하기 위한 규정이므로, 특별한 사정이 없는 한 민법 제324조 제2항을 위반한 임대행위가 있은 뒤에 유치물의 소유권을 취득한 제3자도 유치권소멸청구를 할 수 있다.

41. 대법원 2012. 9. 13.자 2011그213 결정

【판시사항】

유치권에 의한 경매절차가 개시된 유체동산에 대하여 유치권자의 승낙 없이 민사집행법 제215조에 따라 다른 채권자가 강제집행을 위하여 압류를 한 다음 민사집행법 제274조 제2항에 따라 유치권에 의한 경매절차를 정지하고 채권자를 위한 강제경매절차를 진행한 경우, 강제경매절차에서 목적물이 매각되더라도 유치권자에게 목적물을 계속하여 유치할 권리가 있는지 여부(적극)

【결정요지】

민사집행법 제189조 제1항은 채무자가 점유하고 있는 유체동산의 압류는 집행관이 그 물건을 점유함으로써 한다고 규정하고, 제191조는 채권자 또는 물건의 제출을 거부하지 아니하는 제3자가 점유하고 있는 물건은 제189조의 규정을 준용하여 압류할 수 있다고 규정하고 있으므로, 유치권자가 점유하고 있는 채무자의 유체동산에 대한 강제집행은 유치권자가 채권자의 강제집행을 위하여 집행관에게 그 물건을 제출한 경우에 한하여 허용된다. 또한 유체동산의 유치권자가 민사집행법 제274조 제1항, 제271조에 따라 유치권에 의한 경매를 신청하고 집행관에게 그 목적물을 제출하여 유치권에 의한 경매절차가 개시된 때에도 그 목적물에 대한 유치권자의 유치권능은 유지되고 있다고 보아야 하므로, 유치권에 의한 경매절차가 개시된 유체동산에 대하여 다른 채권자가 민사집행법 제215조에 정한 이중압류의 방법으로 강제집행을 하기 위해서는 채권자의 압류에 대한 유치권자의 승낙이 있어야 한다. 그런데도 유치권에 의한 경매절차가 개시된 유체동산에 대하여 유치권자의 승낙 없이 민사집행법 제215조에 따라 다른 채권자가 강제집행을 위하여 압류를 한 다음 민사집행법 제274조 제2항에 따라 유치권에 의한 경매절차를 정지하고 채권자를 위한 강제경매절차를 진행하였다면, 그 강제경매절차에서 목적물이 매각되었더라도 유치권자의 지위에는 영향을 미칠 수 없고 유치권자는 그 목적물을 계속하여 유치할 권리가 있다고 보아야 한다.

42. 대법원 2012. 2. 9. 선고 2011다72189 판결

【판시사항】

갑 주식회사가 건물신축 공사대금 일부를 지급받지 못하자 건물을 점유하면서 유치권을 행사해 왔는데, 그 후 을이 경매절차에서 건물 중 상가 부분을 매수하여 소유권이전등기를 마친 다음 갑 회사의 점유를 침탈하여 병에게 임대한 사안에서, 갑 회사의 유치권이 소멸하지 않았다고 본 원심판결에 법리오해의 위법이 있다고 한 사례

【판결요지】

갑 주식회사가 건물신축 공사대금 일부를 지급받지 못하자 건물을 점유하면서 유치권을 행사해 왔는데, 그 후 을이 경매절차에서 건물 중 일부 상가를 매수하여 소유권이전등기를 마친 다음 갑 회사의 점유를 침탈하여 병에게 임대한 사안에서, 을의 점유침탈로 갑 회사가 점유를 상실한 이상 유치권은 소멸하고, 갑 회사가 점유회수의 소를 제기하여 승소판결을 받아 점유를 회복하면 점유를 상실하지 않았던 것으로 되어 유치권이 되살아나지만, 위와 같은 방법으로 점유를 회복하기 전에는 유치권이 되살아나는 것이 아님에도, 갑 회사가 상가에 대한 점유를 회복하였는지를 심리하지 아니한 채 점유회수의 소를 제기하여 점유를 회복할 수 있다는 사정만으로 갑 회사의 유치권이 소멸하지 않았다고 본 원심판결에 점유상실로 인한 유치권 소멸에 관한 법리오해의 위법이 있다고 한 사례.

43. 대법원 2010. 4. 15. 선고 2009다96953 판결

【판시사항】

공매절차에서 점유자의 유치권 신고 사실을 알고 부동산을 매수한 자가 그 점유를 침탈하여 유치권을 소멸시키고 나아가 고의적인 점유이전으로 유치권자의 확정판결에 기한 점유회복조차 곤란하게 하였음에도, 유치권자가 현재까지 점유회복을 하지 못한 사실을 내세워 유치권자를 상대로 적극적으로 유치권부존재확인을 구하는 것은, 권리남용에 해당하여 허용되지 않는다고 한 사례

【판결요지】

공매절차에서 점유자의 유치권 신고 사실을 알고 부동산을 매수한 자가 그 점유를 침탈하여 유치권을 소멸시키고 나아가 고의적인 점유이전으로 유치권자의 확정판결에 기한 점유회복조차 곤란하게 하였음에도 유치권자가 현재까지 점유회복을 하지 못한 사실을 내세워 유치권자를 상대로 적극적으로 유치권부존재확인을 구하는 것은, 자신의 불법행위로 초래된 상황을 자기의 이익으로 원용하면서 피해자에 대하여는 불법행위로 인한 권리침해의 결과를 수용할 것을 요구하고, 나아가 법원으로부터는 위와 같은 불법적 권리침해의 결과를 승인받으려는 것으로서, 이는 명백히 정의 관념에 반하여 사회생활상 도저히 용인될 수 없는 것으로 권리남용에 해당하여 허용되지 않는다고 한 사례.

44.1) 대법원 2005. 8. 19. 선고 2005다22688 판결(=위 20항 판례)【생략】

44.2) 대법원 2006. 8. 25. 선고 2006다22050 판결

【판시사항】

채무자 소유의 부동산에 경매개시결정의 기입등기가 경료되어 압류의 효력이 발생한 후에 부동산의 점유를 이전받아 유치권을 취득한 채권자가 그 기입등기의 경료사실을 과실 없이 알지 못하였다는 사정을 내세워 그 유치권으로 경매절차의 매수인에게 대항할 수 있는지 여부(소극)

【판결요지】

채무자 소유의 부동산에 경매개시결정의 기입등기가 경료되어 압류의 효력이 발생한 이후에 채권자가 채무자로부터 위 부동산의 점유를 이전받고 이에 관한 공사 등을 시행함으로써 채무자에 대한 공사대금채권 및 이를 피담보채권으로 한 유치권을 취득한 경우, 이러한 점유의 이전은 목적물의 교환가치를 감소시킬 우려가 있는 처분행위에 해당하여 민사집행법 제92조 제1항, 제83조 제4항에 따른 압류의 처분금지효에 저촉되므로, 위와 같은 경위로 부동산을 점유한 채권자로서는 위 유치권을 내세워 그 부동산에 관한 경매절차의 매수인에게 대항할 수 없고, 이 경우 위 부동산에 경매개시결정의 기입등기가 경료되어 있음을 채권자가 알았는지 여부 또는 이를 알지 못한 것에 관하여 과실이 있는지 여부 등은 채권자가 그 유치권을 매수인에게 대항할 수 없다는 결론에 아무런 영향을 미치지 못한다.

44.3) 대법원 2011. 11. 24. 선고 2009다19246 판결

【판시사항】

[1] 부동산에 가압류등기가 경료된 후에 채무자의 점유이전으로 제3자가 유치권을 취득하는 경우, 가압류의 처분금지효에 저촉되는지 여부(소극)

[2] 토지에 대한 담보권 실행 등을 위한 경매 개시 후 그 지상건물

에 가압류등기가 경료되었는데, 갑이 채무자인 을 주식회사에게서 건물 점유를 이전받아 그 건물에 관한 공사대금채권을 피담보채권으로 한 유치권을 취득하였고, 그 후 건물에 대한 강제경매가 개시되어 병이 토지와 건물을 낙찰받은 사안에서, 갑이 병에게 건물에 대한 유치권을 주장할 수 있다고 한 사례

【판결요지】

[1] 부동산에 가압류등기가 경료되면 채무자가 당해 부동산에 관한 처분행위를 하더라도 이로써 가압류채권자에게 대항할 수 없게 되는데, 여기서 처분행위란 당해 부동산을 양도하거나 이에 대해 용익물권, 담보물권 등을 설정하는 행위를 말하고 특별한 사정이 없는 한 점유의 이전과 같은 사실행위는 이에 해당하지 않는다. 다만 부동산에 경매개시결정의 기입등기가 경료되어 압류의 효력이 발생한 후에 채무자가 제3자에게 당해 부동산의 점유를 이전함으로써 그로 하여금 유치권을 취득하게 하는 경우 그와 같은 점유의 이전은 처분행위에 해당한다는 것이 당원의 판례이나, 이는 어디까지나 경매개시결정의 기입등기가 경료되어 압류의 효력이 발생한 후에 채무자가 당해 부동산의 점유를 이전함으로써 제3자가 취득한 유치권으로 압류채권자에게 대항할 수 있다고 한다면 경매절차에서의 매수인이 매수가격 결정의 기초로 삼은 현황조사보고서나 매각물건명세서 등에서 드러나지 않는 유치권의 부담을 그대로 인수하게 되어 경매절차의 공정성과 신뢰를 현저히 훼손하게 될 뿐만 아니라, 유치권신고 등을 통해 매수신청인이 위와 같은 유치권의 존재를 알게 되는 경우에는 매수가격의 즉각적인 하락이 초래되어 책임재산을 신속하고 적정하게 환가하여 채권자의 만족을 얻게 하려는 민사집행제도의 운영에 심각한 지장을 줄 수 있으므로, 위와 같은 상황하에서는 채무자의 제3자에 대한 점유이전을 압류의 처분금지효에 저촉되는 처분행위로 봄이 타당하다는 취지이다. 따라서 이와 달리 부동산에 가압류등

기가 경료되어 있을 뿐 현실적인 매각절차가 이루어지지 않고 있는 상황하에서는 채무자의 점유이전으로 인하여 제3자가 유치권을 취득하게 된다고 하더라도 이를 처분행위로 볼 수는 없다.

[2] 토지에 대한 담보권 실행 등을 위한 경매가 개시된 후 그 지상건물에 가압류등기가 경료되었는데, 갑이 채무자인 을 주식회사에게서 건물 점유를 이전받아 그 건물에 관한 공사대금채권을 피담보채권으로 한 유치권을 취득하였고, 그 후 건물에 대한 강제경매가 개시되어 병이 토지와 건물을 낙찰받은 사안에서, 건물에 가압류등기가 경료된 후 을 회사가 갑에게 건물 점유를 이전한 것은 처분행위에 해당하지 않아 가압류의 처분금지효에 저촉되지 않으므로, 갑은 병에게 건물에 대한 유치권을 주장할 수 있다고 한 사례.

44.4) 대법원 2022. 12. 29. 선고 2021다253710 판결(=위 28항 판례)【생략】

45. 대법원 2007. 9. 7. 선고 2005다16942 판결

【판시사항】

[1] 민법 제320조 제1항에 정한 유치권의 피담보채권인 '그 물건에 관하여 생긴 채권'의 범위 및 민법 제321조에 정한 유치권의 불가분성이 그 목적물이 분할 가능하거나 수개의 물건인 경우에도 적용되는지 여부(적극)

[2] 다세대주택의 창호 등의 공사를 완성한 하수급인이 공사대금채권 잔액을 변제받기 위하여 위 다세대주택 중 한 세대를 점유하여 유치권을 행사하는 경우, 그 유치권은 위 한 세대에 대하여 시행한 공사대금만이 아니라 다세대주택 전체에 대하여 시행한 공사대금채권의 잔액 전부를 피담보채권으로 하여 성립한다고 본 사례

【판결요지】

[1] 민법 제320조 제1항에서 '그 물건에 관하여 생긴 채권'은 유치권 제도 본래의 취지인 공평의 원칙에 특별히 반하지 않는 한 채권이 목적물 자체로부터 발생한 경우는 물론이고 채권이 목적물의 반환청구권과 동일한 법률관계나 사실관계로부터 발생한 경우도 포함하고, 한편 민법 제321조는 "유치권자는 채권 전부의 변제를 받을 때까지 유치물 전부에 대하여 그 권리를 행사할 수 있다"고 규정하고 있으므로, 유치물은 그 각 부분으로써 피담보채권의 전부를 담보하며, 이와 같은 유치권의 불가분성은 그 목적물이 분할 가능하거나 수개의 물건인 경우에도 적용된다.

[2] 다세대주택의 창호 등의 공사를 완성한 하수급인이 공사대금채권 잔액을 변제받기 위하여 위 다세대주택 중 한 세대를 점유하여 유치권을 행사하는 경우, 그 유치권은 위 한 세대에 대하여 시행한 공사대금만이 아니라 다세대주택 전체에 대하여 시행한 공사대금채권의 잔액 전부를 피담보채권으로 하여 성립한다고 본 사례.

46. 대법원 2014. 12. 11. 선고 2014다53462 판결

【판시사항】

[1] 거래당사자가 유치권을 고의적으로 작출하여 유치권의 최우선순위담보권으로서의 지위를 부당하게 이용하는 등 신의성실의 원칙에 반하는 유치권 행사가 허용되는지 여부(소극)

[2] 저당권 등 담보물권이 설정된 후 목적물에 관한 점유를 취득한 채권자가 민사유치권을 저당권자 등에게 주장할 수 있는지 여부(원칙적 적극)

[3] 갑 주식회사 등이 을과 호텔신축 공사계약을 체결하고 공사를 완

료하였으나 을이 공사대금을 완제하지 못하고 있는 상황에서 병 주식회사가 을에게 금전을 대여하면서 위 호텔에 관하여 근저당권설정등기를 마쳤고, 그 후 갑 회사 등이 을로부터 호텔을 인도받아 점유하고 있던 중 병 회사가 신청한 임의경매절차에서 유치권 행사를 주장한 사안에서, 갑 회사 등이 병 회사의 신청에 의하여 임의경매절차가 곧 개시되리라는 점을 인식하면서 을로부터 호텔을 인도받았다는 사정만으로 갑 회사 등의 유치권 행사가 신의칙 위반에 해당한다고 본 원심판결에 법리오해 등의 위법이 있다고 한 사례

47.1) 대법원 2005. 8. 19. 선고 2005다22688 판결(=위 20항 판례)【생략】

47.2) 대법원 2009. 1. 15. 선고 2008다70763 판결(=위18항 판례)【생략】

47.3) 대법원 2011. 5. 13.자 2010마1544 결정

【판시사항】

[1] 채권자가 유치권 소멸 후에 목적물을 계속하여 점유하는 경우, 적법한 유치의 의사나 효력이 있다고 볼 것인지 여부(소극)

[2] 근저당권설정 후 경매로 인한 압류의 효력 발생 전에 취득한 유치권으로 경매절차의 매수인에게 대항할 수 있는지 여부(적극)

[3] 갑이 을과의 계약에 따라 병 부동산에 관하여 공사('제1공사')를 하였고 이후 이를 낙찰받아 소유권을 취득한 정이 무 등과 교환계약을 체결하여 위 부동산을 양도하기로 하였는데, 갑이 무 등에게서 위 부동산에 관한 리모델링 공사('제2공사')를 위임받고

진행하였고, 이때 갑이 제1공사를 진행한 뒤 을한테서 지급받지 못한 공사대금채권과 제2공사로 인한 공사대금채권 내지 부동산의 가치증가로 인한 비용상환청구권에 기하여 유치권을 행사한 사안에서, 갑이 기 은행의 근저당권 설정 후이기는 하나 경매절차가 개시되기 전에 적법하게 유치권을 취득한 이상, 경매절차에서 위 부동산을 매수한 자는 민사집행법 제91조 제5항에 따라 갑에게 그 유치권으로 담보하는 채권을 변제할 책임이 있고, 갑이 주장하는 유치권 발생의 원인이 된 제2공사를 통해 실제로 부동산의 객관적 가치가 상당한 정도로 상승하였다면 갑에게 위와 같은 유치권의 행사를 인정한다고 하여 담보권자의 이익을 부당하게 해하거나 적정한 경매절차의 진행이 위법하게 방해된다고 볼 수는 없다고 판단한 사례

48. 대법원 2009. 12. 10. 선고 2009다61803, 61810 판결

【판시사항】

[1] 창고업자의 유치권 행사를 상당한 이유 없이 배제하는 약관 조항의 효력(무효)

[2] 금융기관인 양도담보권자가 양도담보 목적물을 보관하는 창고업자로부터 '양도담보권자의 담보물 환가와 채무변제 충당시 창고업자는 유치권 등과 관련된 우선변제권을 행사할 수 없다'는 문구가 부동문자로 인쇄된 확약서를 제출받은 사안에서, 이는 공정을 잃은 약관 조항으로 무효라고 한 사례

【판결요지】

[1] 약관의 규제에 관한 법률은 제6조 제1항에서 "신의성실의 원칙에 반하여 공정을 잃은 약관조항은 무효이다"라고 규정하고, 제11조에서 "고객의 권익에 관하여 정하고 있는 약관의 내용 중

다음 각 호의 1에 해당되는 내용을 정하고 있는 조항은 이를 무효로 한다"고 규정하면서 그 제1호에 '법률의 규정에 의한 고객의 항변권, 상계권 등의 권리를 상당한 이유 없이 배제 또는 제한하는 조항'을 들고 있다. 따라서 공평의 관점에서 창고업자에게 인정되는 권리인 유치권의 행사를 상당한 이유 없이 배제하는 내용의 약관 조항은 고객에게 부당하게 불리하고 신의성실의 원칙에 반하여 공정을 잃은 것으로서 무효라고 보아야 한다.

[2] 금융기관인 양도담보권자가 양도담보 목적물을 보관하는 창고업자로부터 '창고주는 양도담보권자가 담보물 임의처분 또는 법적 조치 등 어떠한 방법의 담보물 환가와 채무변제 충당시에도 유치권 등과 관련된 우선변제권을 행사할 수 없다'는 문구가 부동문자로 인쇄된 확약서를 제출받은 사안에서, 이는 창고업자가 보관료 징수 등을 위하여 공평의 관점에서 보유하는 권리인 유치권의 행사를 상당한 이유 없이 배제하고 일방적으로 금융기관인 양도담보권자의 담보권 실행에 유리한 내용의 약관 조항으로서, 고객에게 부당하게 불리하고 신의성실의 원칙에 반하여 공정을 잃은 것이므로 무효라고 한 사례.

49. 대법원 2011. 10. 13. 선고 2011다55214 판결

【판시사항】

채무자 소유의 건물에 관하여 공사를 도급받은 수급인이 경매개시결정의 기입등기가 마쳐지기 전에 채무자에게서 건물의 점유를 이전받았으나 경매개시결정의 기입등기가 마쳐져 압류의 효력이 발생한 후에 공사를 완공하여 공사대금채권을 취득함으로써 유치권이 성립한 경우, 수급인이 유치권을 내세워 경매절차의 매수인에게 대항할 수 있는지 여부(소극)

【판결요지】

유치권은 목적물에 관하여 생긴 채권이 변제기에 있는 경우에 비로소 성립하고(민법 제320조), 한편 채무자 소유의 부동산에 경매개시결정의 기입등기가 마쳐져 압류의 효력이 발생한 후에 유치권을 취득한 경우에는 그로써 부동산에 관한 경매절차의 매수인에게 대항할 수 없는데, 채무자 소유의 건물에 관하여 증·개축 등 공사를 도급받은 수급인이 경매개시결정의 기입등기가 마쳐지기 전에 채무자에게서 건물의 점유를 이전받았다 하더라도 경매개시결정의 기입등기가 마쳐져 압류의 효력이 발생한 후에 공사를 완공하여 공사대금채권을 취득함으로써 그때 비로소 유치권이 성립한 경우에는, 수급인은 유치권을 내세워 경매절차의 매수인에게 대항할 수 없다.

50. 대법원 2021. 7. 29. 선고 2019다216077 판결

【판시사항】

민법 제327조에 따른 유치권 소멸청구를 채무자뿐만 아니라 유치물의 소유자도 할 수 있는지 여부(적극) 및 이때 채무자나 소유자가 제공하는 담보가 상당한지 판단하는 기준

【판결요지】

채무자는 상당한 담보를 제공하고 유치권의 소멸을 청구할 수 있다(민법 제327조).

유치권 소멸청구는 민법 제327조에 규정된 채무자뿐만 아니라 유치물의 소유자도 할 수 있다. 민법 제327조에 따라 채무자나 소유자가 제공하는 담보가 상당한지는 담보 가치가 채권 담보로서 상당한지, 유치물에 의한 담보력을 저하시키지 않는지를 종합하여 판단해야 한다. 따라서 유치물 가액이 피담보채권액보다 많을 경우에는 피담보채

권액에 해당하는 담보를 제공하면 되고, 유치물 가액이 피담보채권액보다 적을 경우에는 유치물 가액에 해당하는 담보를 제공하면 된다.

51.1) 대법원 2011. 6. 15.자 2010마1059 결정(=위 39항 판례)

【생략】

51.2) 대법원 2011. 6. 17.자 2009마2063 결정【미등록 생략】

51.3) 대법원 2011. 8. 18. 선고 2011다35593 판결

【판시사항】

[1] 민법 제322조 제1항에 따른 유치권에 의한 경매가 목적부동산 위의 부담을 소멸시키는 것을 법정매각조건으로 하여 실시되는지 여부(적극)와 유치권자의 배당순위(=일반채권자와 동일한 순위) 및 집행법원이 매각조건 변경결정을 통해 목적부동산 위의 부담을 매수인이 인수하도록 정할 수 있는지 여부(적극)

[2] 유치권에 의한 경매절차가 정지된 상태에서 목적물에 대한 강제경매 또는 담보권 실행을 위한 경매절차가 진행되어 매각이 이루어진 경우, 유치권이 소멸하는지 여부(소극)

[3] 유치권자인 갑의 신청으로 점포 등에 대하여 유치권에 의한 경매절차가 개시되어 진행되던 중 근저당권자의 신청으로 점포 등에 대해 경매절차가 개시되어 유치권에 기한 경매절차는 정지되었고 을이 담보권 실행 등을 위한 경매절차에서 점포를 낙찰받아 소유권을 취득하였는데, 이후 점포에 대하여 다시 개시된 경매절차에서 병 등이 점포를 낙찰받아 소유권을 취득한 사안에서, 유치권에 의한 경매절차는 근저당권에 의한 경매절차가 개시됨으로써 정지되었고 을이 경매절차에서 점포를 낙찰받아 유치권 부담까지

함께 인수받았다고 보아야 하므로, 유치권자인 갑은 공사대금 중 미변제된 부분을 모두 변제받을 때까지 점포를 유치할 권리가 있다고 본 원심판단을 수긍한 사례

52. 대법원 2021. 8. 19. 선고 2021다213866 판결

【판시사항】

민법 제204조 제3항에서 말하는 1년의 행사기간의 의미(=소를 제기하여야 하는 제척기간) 및 점유를 침탈당한 자가 본권인 유치권 소멸에 따른 손해배상청구권을 행사하는 경우, 위 조항이 적용되는지 여부(소극)

【판결요지】

민법 제204조에 따르면, 점유자가 점유의 침탈을 당한 때에는 그 물건의 반환 및 손해의 배상을 청구할 수 있고(제1항), 위 청구권은 점유를 침탈당한 날부터 1년 내에 행사하여야 하며(제3항), 여기서 말하는 1년의 행사기간은 제척기간으로서 소를 제기하여야 하는 기간을 말한다. 그런데 민법 제204조 제3항은 본권 침해로 발생한 손해배상청구권의 행사에는 적용되지 않으므로 점유를 침탈당한 자가 본권인 유치권 소멸에 따른 손해배상청구권을 행사하는 때에는 민법 제204조 제3항이 적용되지 아니하고, 점유를 침탈당한 날부터 1년 내에 행사할 것을 요하지 않는다.

53. 대법원 2014. 3. 20. 선고 2009다60336 전원합의체 판결(= 위 19항 판례)

【생략】

54. 대법원 2009. 9. 24. 선고 2009다39530 판결

【판시사항】

[1] 물건에 대한 점유의 의미와 판단 기준

[2] 지급명령에서 확정된 채권의 소멸시효기간(=10년)

[3] 유치권의 피담보채권의 소멸시효기간이 확정판결 등에 의하여 10년으로 연장된 경우, 유치권이 성립된 부동산의 매수인이 종전의 단기소멸시효를 원용할 수 있는지 여부(소극)

【판결요지】

[1] 점유라고 함은 물건이 사회통념상 그 사람의 사실적 지배에 속한다고 보여지는 객관적 관계에 있는 것을 말하고 사실상의 지배가 있다고 하기 위하여는 반드시 물건을 물리적, 현실적으로 지배하는 것만을 의미하는 것이 아니고 물건과 사람과의 시간적, 공간적 관계와 본권관계, 타인지배의 배제가능성 등을 고려하여 사회관념에 따라 합목적적으로 판단하여야 한다.

[2] 민사소송법 제474조, 민법 제165조 제2항에 의하면, 지급명령에서 확정된 채권은 단기의 소멸시효에 해당하는 것이라도 그 소멸시효기간이 10년으로 연장된다.

[3] 유치권이 성립된 부동산의 매수인은 피담보채권의 소멸시효가 완성되면 시효로 인하여 채무가 소멸되는 결과 직접적인 이익을 받는 자에 해당하므로 소멸시효의 완성을 원용할 수 있는 지위에 있다고 할 것이나, 매수인은 유치권자에게 채무자의 채무와는 별개의 독립된 채무를 부담하는 것이 아니라 단지 채무자의 채무를 변제할 책임을 부담하는 점 등에 비추어 보면, 유치권의 피담보채권의 소멸시효기간이 확정판결 등에 의하여 10년으로 연장된 경우 매수인은 그 채권의 소멸시효기간이 연장된 효과를 부정하고 종전의 단기소멸시효기간을 원용할 수는 없다.

55.1) 대법원 2005. 8. 19. 선고 2005다22688 판결(=위 20항 판례)【생략】

55.2) 대법원 2006. 8. 25. 선고 2006다22050 판결(=위 44.2) 판례)【생략】

56. 대법원 2002. 11. 27.자 2002마3516 결정

【판시사항】

소유자의 동의 없이 유치권자로부터 유치권의 목적물을 임차한 자의 점유가 구 민사소송법 제647조 제1항 단서 소정의 '경락인에게 대항할 수 있는 권원'에 기한 것인지 여부(소극)

【결정요지】

유치권의 성립요건인 유치권자의 점유는 직접점유이든 간접점유이든 관계없지만, 유치권자는 채무자의 승낙이 없는 이상 그 목적물을 타에 임대할 수 있는 처분권한이 없으므로(민법 제324조 제2항 참조), 유치권자의 그러한 임대행위는 소유자의 처분권한을 침해하는 것으로서 소유자에게 그 임대의 효력을 주장할 수 없고, 따라서 소유자의 동의 없이 유치권자로부터 유치권의 목적물을 임차한 자의 점유는 구 민사소송법(2002. 1. 26. 법률 제6626호로 전문 개정되기 전의 것) 제647조 제1항 단서에서 규정하는 '경락인에게 대항할 수 있는 권원'에 기한 것이라고 볼 수 없다.

57. 대법원 1972. 1. 31. 선고 71다2414 판결

【판시사항】

가. 유치물소유자의 변동과 유치권행사

나. 유치권자의 목적물사용의 적법 여부

【판결요지】

가. 유치권자의 점유하에 있는 유치물의 소유자가 변동하더라도 유치권자의 점유는 유치물에 대한 보존행위로서 하는 것이므로 적법하고 그 소유자변동후 유치권자가 유치물에 관하여 새로이 유익비를 지급하여 그 가격의 증가가 현존하는 경우에는 이 유익비에 대하여도 유치권을 행사할 수 있다.

나. 유치권자가 유치물에 대한 보존행위로서 목적물을 사용하는 것은 적법행위이므로 불법점유로 인한 손해배상책임이 없는 것이다.

58. 대법원 2019. 8. 14. 선고 2019다205329 판결

【판시사항】

유치권의 성립요건인 유치권자의 점유에 간접점유가 포함되는지 여부(적극) 및 간접점유에서 점유매개관계를 이루는 임대차계약 등이 종료된 이후에도 직접점유자가 목적물을 점유한 채 이를 반환하지 않고 있는 경우, 점유매개관계가 단절되는지 여부(소극)

【판결요지】

유치권의 성립요건인 유치권자의 점유는 직접점유이든 간접점유이든 관계없다. 간접점유를 인정하기 위해서는 간접점유자와 직접점유를 하는 자 사이에 일정한 법률관계, 즉 점유매개관계가 필요한데, 간접점유에서 점유매개관계를 이루는 임대차계약 등이 해지 등의 사유로 종료되더라도 직접점유자가 목적물을 반환하기 전까지는 간접점유자의 직접점유자에 대한 반환청구권이 소멸하지 않는다. 따라서 점유매개관계를 이루는 임대차계약 등이 종료된 이후에도 직접점유자가 목적물을 점유한 채 이를 반환하지 않고 있는 경우에는, 간접점유자의 반환청구권이 소멸한 것이 아니므로 간접점유의 점유매개관계가 단절된다고 할 수 없다.

59.1) 대법원 1993. 10. 12. 선고 93다9903, 93다9910 판결

【판시사항】

건물의 매수인 겸 임차인이 건물의 공사금채무의 변제에 대하여 채무를 변제할 이해관계 있는 제3자이자 변제할 정당한 이익이 있는 자에 해당한다고 본 사례

【판결요지】

건물을 신축한 자가 건물을 매도함과 동시에 소유권이전등기 전까지 그 건물을 매수인에게 임대하기로 하였는데 그 건물의 건축공사수급인이 공사금 일부를 지급받지 못하였다는 이유로 건물의 매수인 겸 임차인의 입주를 저지하자 건물의 매수인 겸 임차인이 매도인에게 지급할 매매대금의 일부를 건축공사수급인에게 공사금채무 변제조로 지급한 경우, 건물의 매수인 겸 임차인은 그 권리실현에 장애가 되는 위 수급인의 건물에 대한 유치권 등의 권리를 소멸시키기 위하여 매도인의 공사금채무를 대신 변제할 법률상 이해관계 있는 제3자이자 변제할 정당한 이익이 있는 자라고 볼 것이므로 위 변제는 공사금채무의 범위 내에서는 매도인의 의사에 반하여도 효력이 있다.

59.2) 대법원 1995. 3. 24. 선고 94다44620 판결

【판시사항】

가. 법률행위의 중요부분에 착오가 있음을 이유로 한 의사표시의 취소가 신의성실의 원칙에 비추어 허용될 수 없다고 본 사례

나. 부동산의 매수인이 그 부동산에 대한 담보권 등의 권리를 소멸시키기 위하여 매도인의 채무를 대신 변제할 법률상 이해관계 있는 제3자인지 여부

【판결요지】

가. 매매계약의 체결 경위 및 당시 시행되던 소득세법, 같은법시행령, 조세감면규제법, 주택건설촉진법 등 관계 규정에 의하면, 토지의 매수인이 개인인지 법인인지, 법인이라도 주택건설사업자인지 및 주택건설사업자라도 양도소득세 면제신청을 할 것인지 여부 등은 매도인이 부담하게 될 양도소득세액 산출에 중대한 영향을 미치게 되어 이 점에 관한 착오는 법률행위의 내용의 중요부분에 관한 것이라고 할 수 있으나, 소득세법 및 같은법시행령의 개정으로 1989.8.1. 이후 양도한 것으로 보게 되는 거래에 대하여는 투기거래의 경우를 제외하고는 법인과의 거래에 있어서도 개인과의 거래와 마찬가지로 양도가액을 양도 당시의 기준시가에 의하도록 변경된 점에 비추어 볼 때, 매매계약의 체결에 위와 같은 착오가 있었다 하더라도 소득세법상의 양도시기가 1989.8.1. 이후로 보게 되는 관계로 매도인은 당초 예상한 바와 같이 기준시가에 의한 양도소득세액만 부담하면 족한 것으로 확정되어 위 착오로 인한 불이익이 소멸되었으므로, 그 후 이 사건 소송계속중에 준비서면의 송달로써 한 취소의 의사표시는 신의성실의 원칙상 허용될 수 없다고 한 사례.

나. 부동산의 매수인은 그 권리실현에 장애가 되는 그 부동산에 대한 담보권 등의 권리를 소멸시키기 위하여 매도인의 채무를 대신 변제할 법률상 이해관계 있는 제3자라고 볼 것이다.

59.3) 대법원 2021. 9. 30. 선고 2017다278743 판결

【판시사항】

민사집행법 제91조 제5항에서 정한 '변제할 책임이 있다.'의 의미 및 유치권의 부담이 있는 경매목적 부동산의 매수인이 유치권의 피담보채무를 변제하는 것이 민법 제469조에서 정한 제3자의 변제에 해당하는지 여부(적극) / 민법 제469조 제2항과 제481조에서 정한 '이해관계' 또는 '변제할 정당한 이익'이 있는 자의 의미 / 유치권의 부담이 있는 경매목적 부동산의 매수인이 채무자의 의사에 반하여 유치권의 피담보채무를 변제할 수 있는지 여부(적극) 및 이때 채무자에게 구상권을 행사할 수 있는지 여부(원칙적 적극)

60. 대법원 2011. 4. 28. 선고 2010다101394 판결

【판시사항】

[1] '상대방이 제3자에 대하여 가지는 채권'을 수동채권으로 하여 상계할 수 있는지(소극)

[2] 유치권이 인정되는 아파트를 경락·취득한 자가 유치권자에 대한 임료 상당의 부당이득금 반환채권을 자동채권으로 하고 유치권자의 종전 소유자에 대한 유익비상환채권을 수동채권으로 하여 상계의 의사표시를 한 사안에서, 그 상계가 허용되지 않는다고 한 사례

【판결요지】

[1] 상계는 당사자 쌍방이 서로 같은 종류를 목적으로 한 채무를 부담한 경우에 서로 같은 종류의 급부를 현실로 이행하는 대신 어느 일방 당사자의 의사표시로 그 대등액에 관하여 채권과 채무를 동시에 소멸시키는 것이고, 이러한 상계제도의 취지는 서로 대립하는 두 당사자 사이의 채권·채무를 간이한 방법으로 원활하고 공평하게 처리하려는 데 있으므로, 수동채권으로 될 수 있는 채권은 상대방이 상계자에 대하여 가지는 채권이어야 하고, 상대방이 제3자에 대하여 가지는 채권과는 상계할 수 없다고 보아야 한다. 그렇지 않고 만약 상대방이 제3자에 대하여 가지는 채권을 수동채권으로 하여 상계할 수 있다고 한다면, 이는 상계의 당사자가 아닌 상대방과 제3자 사이의 채권채무관계에서 상대방이 제3자에게서 채무의 본지에 따른 현실급부를 받을 이익을 침해하게 될 뿐 아니라, 상대방의 채권자들 사이에서 상계자만 독점적인 만족을 얻게 되는 불합리한 결과를 초래하게 되므로, 상계의 담보적 기능과 관련하여 법적으로 보호받을 수 있는 당사자의 합리적 기대가 이러한 경우에까지 미친다고 볼 수는 없다.

[2] 유치권이 인정되는 아파트를 경락·취득한 자가 아파트 일부를 점유·사용하고 있는 유치권자에 대한 임료 상당의 부당이득금 반환채권을 자동채권으로 하고 유치권자의 종전 소유자에 대한 유익비상환채권을 수동채권으로 하여 상계의 의사표시를 한 사안에서, 상대방이 제3자에 대하여 가지는 채권을 수동채권으로 하여 상계할 수 없음에도, 그러한 상계가 허용됨을 전제로 위 상계의 의사표시로 부당이득금 반환채권과 유익비상환채권이 대등액의 범위 내에서 소멸하였다고 본 원심판결에 법리오해의 위법이 있다고 한 사례.

61. 대법원 2012. 1. 12.자 2011마2380 결정

【판시사항】

부동산 매도인이 매매대금을 다 지급받지 않은 상태에서 매수인에게 소유권이전등기를 마쳐주었으나 부동산을 계속 점유하고 있는 경우, 매매대금채권을 피담보채권으로 하여 매수인이나 그에게서 부동산 소유권을 취득한 제3자에게 유치권을 주장할 수 있는지 여부(소극)

【결정요지】

부동산 매도인이 매매대금을 다 지급받지 아니한 상태에서 매수인에게 소유권이전등기를 마쳐주어 목적물의 소유권을 매수인에게 이전한 경우에는, 매도인의 목적물인도의무에 관하여 동시이행의 항변권 외에 물권적 권리인 유치권까지 인정할 것은 아니다. 왜냐하면 법률행위로 인한 부동산물권변동의 요건으로 등기를 요구함으로써 물권관계의 명확화 및 거래의 안전·원활을 꾀하는 우리 민법의 기본정신에 비추어 볼 때, 만일 이를 인정한다면 매도인은 등기에 의하여 매수인에게 소유권을 이전하였음에도 매수인 또는 그의 처분에 기하여 소유권을 취득한 제3자에 대하여 소유권에 속하는 대세적인 점유의 권능을 여전히 보유하게 되는 결과가 되어 부당하기 때문이다. 또한 매도인으로서는 자신이 원래 가지는 동시이행의 항변권을 행사하지 아니하고 자신의 소유권이전의무를 선이행함으로써 매수인에게 소유권을 넘겨 준 것이므로 그에 필연적으로 부수하는 위험은 스스로 감수하여야 한다. 따라서 매도인이 부동산을 점유하고 있고 소유권을 이전받은 매수인에게서 매매대금 일부를 지급받지 못하고 있다고 하여 매매대금채권을 피담보채권으로 매수인이나 그에게서 부동산 소유권을 취득한 제3자를 상대로 유치권을 주장할 수 없다.

62. 대법원 2012. 11. 15. 선고 2012도9603 판결

【판시사항】

피담보채권인 공사대금 채권을 실제와 달리 허위로 부풀려 유치권에 의한 경매를 신청한 경우, 소송사기죄의 실행의 착수에 해당하는지 여부(적극)

【판결요지】

유치권에 의한 경매를 신청한 유치권자는 일반채권자와 마찬가지로 피담보채권액에 기초하여 배당을 받게 되는 결과 피담보채권인 공사대금 채권을 실제와 달리 허위로 크게 부풀려 유치권에 의한 경매를 신청할 경우 정당한 채권액에 의하여 경매를 신청한 경우보다 더 많은 배당금을 받을 수도 있으므로, 이는 법원을 기망하여 배당이라는 법원의 처분행위에 의하여 재산상 이익을 취득하려는 행위로서, 불능범에 해당한다고 볼 수 없고, 소송사기죄의 실행의 착수에 해당한다.

63. 대법원 1989. 2. 14. 선고 87다카3073 판결

【판시사항】

가. 등기를 갖추지 아니한 건물의 양수인에 대한 대지소유자의 건물철거 청구권(적극)

나. 제3자에게 가지는 건물에 관한 유치권으로 건물철거청구권을 갖는 대지소유자에게 대항할 수 있는지 여부(소극)

【판결요지】

가. 건물철거는 그 소유권의 종국적 처분에 해당하는 사실행위이므로 원칙으로는 그 소유자에게만 그 철거처분권이 있으나 미등기건물

을 그 소유권의 원시취득자로부터 양도받아 점유중에 있는 자는 비록 소유권취득등기를 하지 못하였다고 하더라도 그 권리의 범위내에서는 점유중인 건물을 법률상 또는 사실상 처분할 수 있는 지위에 있으므로 그 건물의 존재로 불법점유를 당하고 있는 토지소유자는 위와 같은 건물점유자에게 그 철거를 구할 수 있다.

나. 가.항의 건물점유자가 건물의 원시취득자에게 그 건물에 관한 유치권이 있다고 하더라도 그 건물의 존재와 점유가 토지소유자에게 불법행위가 되고 있다면 그 유치권으로 토지소유자에게 대항할 수 없다.

64. 대법원 2022. 8. 23.자 2020마1521 결정

【판시사항】

[1] 유치권에 의한 경매절차에서 유치권의 부존재나 소멸을 이유로 경매개시결정에 대한 이의를 할 수 있는지 여부(적극) 및 법원은 이의재판 당시까지 제출된 모든 자료를 종합하여 개시결정의 당부를 판단할 수 있는지 여부(적극)

[2] 갑이 을 주식회사에 대한 공사대금 채권을 피담보채권으로 하여 병 주식회사의 소유인 건물에 대한 유치권을 행사하여 경매개시결정이 이루어졌고, 이에 병 회사가 유치권의 피담보채권이 존재하지 않거나 소멸하였다고 주장하면서 이의를 신청한 사안에서, 원심으로서는 이미 제출된 자료에서 갑이 주장하는 피담보채권으로서 을 회사를 상대로 공사대금을 청구하는 소송이 계속되어 있다는 사실을 알 수 있었고, 위 소송에서 갑의 유치권이 인정되지 않는다는 내용의 판결이 원심결정 전에 선고되었는데도, 이미 선고된 본안소송 결과나 내용을 확인하지 아니한 채 병 회사의 이의신청을 기각한 원심결정에 법리오해 등의 잘못이 있다고 한 사례

65. 대법원 2001. 7. 27. 선고 2001다13709 판결

【판시사항】

공사대금을 지급받지 못한 아파트 공사 수급인이 신축 아파트에 대한 유치권을 포기하는 대신 수분양자들로부터 미납입 분양대금을 직접 지급받기로 하고, 그 담보를 위해 도급인과의 사이에 당해 아파트를 대상으로 수익자를 수급인으로 하는 신탁계약을 체결하고 수급인이 지정하는 자 앞으로 소유권이전등기를 경료하게 한 행위가 사해행위에 해당하지 않는다고 한 사례

【판결요지】

공사대금을 지급받지 못한 아파트 공사 수급인이 신축 아파트에 대한 유치권을 포기하는 대신 수분양자들로부터 미납입 분양대금을 직접 지급받기로 하고, 그 담보를 위해 도급인과의 사이에 당해 아파트를 대상으로 수익자를 수급인으로 하는 신탁계약을 체결하고 수급인이 지정하는 자 앞으로 소유권이전등기를 경료하게 한 경우, 수급인의 지위가 유치권을 행사할 수 있는 지위보다 강화된 것이 아니고, 도급인의 일반채권자들 입장에서도 수급인이 유치권을 행사하여 도급인의 분양사업 수행이 불가능해지는 경우와 비교할 때 더 불리해지는 것은 아니므로 위 신탁계약이 사해행위에 해당하지 않는다고 한 사례.

66. 대법원 2007. 9. 21. 선고 2005다41740 판결

【판시사항】

[1] 토지임차인의 지상물매수청구권에 관한 민법 제643조가 토지의 전세권에도 유추 적용되는지 여부(적극) 및 위 매수청구권의 행사요건

[2] 변제기에 이르지 아니한 채권에 기하여 유치권을 행사할 수 있는
지 여부(소극)

67.1) 대법원 2005. 8. 8.자 2005마643 결정

【판시사항】

[1] 매각허가에 대한 이의신청사유를 규정한 민사집행법 제121조 제
6호에서 말하는 '부동산에 관한 중대한 권리관계의 변동'의 의미

[2] 부동산의 경매절차에서 근린생활시설인 매각목적물을 업무시설로
잘못 적용하여 가격평가를 하였다는 사유가 민사집행법 제127조
제1항에 의한 매각허가결정의 취소사유가 되지 않는다고 한 사례

【결정요지】

[1] 매각허가에 대한 이의신청사유를 규정한 민사집행법 제121조 제
6호에서 말하는 '부동산에 관한 중대한 권리관계의 변동'이라 함
은 부동산에 물리적 훼손이 없는 경우라도 선순위 근저당권의 존
재로 후순위 처분금지가처분(내지 가등기)이나 대항력 있는 임차
권 등이 소멸하거나 또는 부동산에 관하여 유치권이 존재하지 않
는 것으로 알고 매수신청을 하여 매각허가결정까지 받았으나 그
이후 선순위 근저당권의 소멸로 인하여 처분금지가처분(내지 가
등기)이나 임차권의 대항력이 존속하는 것으로 변경되거나 또는
부동산에 관하여 유치권이 존재하는 사실이 새로 밝혀지는 경우
와 같이 매수인이 소유권을 취득하지 못하거나 또는 매각부동산
의 부담이 현저히 증가하여 매수인이 인수할 권리가 중대하게 변
동되는 경우를 말한다.

[2] 부동산의 경매절차에서 근린생활시설인 매각목적물을 업무시설로
잘못 적용하여 가격평가를 하였다는 사유가 민사집행법 제127조

제1항에 의한 매각허가결정의 취소사유가 되지 않는다고 한 사례.

67.2) 대법원 2007. 5. 15.자 2007마128 결정

【판시사항】

부동산 임의경매절차에서 유치권이 존재하지 않는 것으로 알고 매수신청을 하여 최고가매수신고인으로 정하여졌음에도 이후 매각결정기일까지 사이에 유치권의 신고가 있고, 그 유치권이 성립할 여지가 없음이 명백하지 아니한 경우, 집행법원의 조치

68.1) 대법원 2011. 9. 29. 선고 2011다38707 판결【미등록 생략】

68.2) 대법원 2023. 7. 13. 선고 2021다274243 판결

【판시사항】

유치권자의 선관의무에 대해 규정한 민법 제324조에서 말하는 '대여'는 임대차뿐만 아니라 사용대차도 포함되는지 여부(적극) / 유치권자가 유치물을 다른 사람으로 하여금 사용하게 한 경우, 유치물의 보존에 필요한 사용을 넘어서는 것으로서 유치권 소멸 청구의 사유가 되는 사용 또는 대여에 해당하는지 판단하는 방법

69. 대법원 2011. 5. 13. 선고 2011도2368 판결

【판시사항】

[1] 권리행사방해죄에서 '타인의 점유'의 의미

[2] 갑 종합건설회사가 유치권 행사를 위하여 점유하고 있던 주택에 피고인이 그 소유자인 처(처)와 함께 출입문 용접을 해제하고 들어가 거주한 사안에서, 유치권자인 갑 회사의 권리행사를 방해하

였다고 보아 형법 제323조의 권리행사방해죄의 유죄를 인정한 원심판단을 수긍한 사례

70. 대법원 2008. 6. 17.자 2008마459 결정

【판시사항】

부동산 임의경매절차에서 이미 최고가매수신고인이 정해진 후 매각결정기일까지 사이에 유치권의 신고가 있고 그 유치권이 성립될 여지가 없음이 명백하지 아니한 경우, 집행법원이 취할 조치(=매각불허가결정)

71. 대법원 1996. 12. 23. 선고 95다25770 판결

【판시사항】

[1] 명도단행가처분의 집행으로 집행채무자의 점유가 상실되는지 여부(소극)

[2] 명도단행가처분의 집행으로 인도된 목적물을 집행채권자가 제3자에게 소유권유보부로 매도하고 인도한 경우, 집행채권자 및 집행채무자의 점유 상실 여부(소극)

[3] 경락인인 집행채권자가 단행가처분의 집행을 통하여 유치권자인 집행채무자로부터 인도받은 목적물에 대한 소유권 및 점유를 상실한 경우, 집행채무자의 유치권을 상실하게 하는 불법행위의 성립 여부(적극) 및 성립 시기

【판결요지】

[1] 가처분의 피보전권리는 채무자가 소송과 관계없이 임의로 의무를 이행하거나 본안소송에서 피보전권리가 존재하는 것으로 판결이 확정됨에 따라 채무자가 의무를 이행한 때에 비로소 법률상 실현

되는 것이어서 채권자의 만족을 목적으로 하는 이른바 단행가처분의 집행에 의하여 피보전권리가 실현된 것과 마찬가지의 상태가 사실상 달성되었다 하더라도 그것은 어디까지나 임시적인 것에 지나지 않고, 가처분이 집행됨으로써 그 목적물이 채권자에게 인도되었다고 하더라도 그와 같은 잠정적인 상태를 고려함이 없이 그 목적물의 점유는 채무자에게 있다.

[2] 명도단행가처분의 집행채권자가 인도집행받은 목적물을 제3자에게 인도하였을지라도 그에게 소유권이전을 유보한 매매를 하고 그 점유를 환원할 수 있는 상태에 둔 이상 그 제3자의 직접점유도 아직 집행채권자 및 집행채무자의 간접점유하에 있는 점유로 보아야 한다.

[3] 목적물을 경락받은 집행채권자가 유치권자인 집행채무자의 점유하에 있던 목적물을 단행가처분의 집행을 통하여 인도받은 후 제3자에게 처분·인도하고 그 목적물에 관하여 소유권이전등기까지 경료하여 그 제3자로 하여금 목적물에 관한 완전한 소유권을 취득하게 하여 버림으로써 목적물에 관한 소유권이나 점유를 환원시킬 수 없는 새로운 사태가 만들어진 경우, 그 때 비로소 가처분의 집행채권자로서 인도집행받은 목적물의 점유를 타에 이전하거나 점유명의를 변경하여서는 아니되는 가처분의 결정취지에 반하여 점유를 타에 이전하여 그 점유명의를 변경한 것이 되고 집행채무자의 점유를 침탈하여 유치권을 상실하게 하는 불법행위를 저지른 것이라고 보아야 한다.

72. 대법원 2023. 7. 13. 선고 2022다265093 판결

【판시사항】

저당부동산의 소유권을 취득한 자가 민법 제367조의 제3취득자에 해당하는지 여부(적극) / 제3취득자가 민법 제367조를 근거로 직접

저당권설정자, 저당권자 또는 경매절차 매수인 등에 대하여 비용상환을 청구할 수 있는지 여부(소극) 및 이를 피담보채권으로 주장하면서 유치권을 행사할 수 있는지 여부(소극)

【판결요지】

민법 제367조는 저당물의 제3취득자가 그 부동산의 보존, 개량을 위하여 필요비 또는 유익비를 지출한 때에는 제203조 제1항, 제2항의 규정에 의하여 저당물의 경매대가에서 우선상환을 받을 수 있다고 규정하고 있다.

이는 저당권이 설정되어 있는 부동산의 제3취득자가 저당부동산에 관하여 지출한 필요비, 유익비는 부동산 가치의 유지·증가를 위하여 지출된 일종의 공익비용이므로 저당부동산의 환가대금에서 부담하여야 할 성질의 비용이고 더욱이 제3취득자는 경매의 결과 그 권리를 상실하게 되므로 특별히 경매로 인한 매각대금에서 우선적으로 상환을 받도록 한 것이다. 저당부동산의 소유권을 취득한 자도 민법 제367조의 제3취득자에 해당한다. 제3취득자가 민법 제367조에 의하여 우선상환을 받으려면 저당부동산의 경매절차에서 배당요구의 종기까지 배당요구를 하여야 한다(민사집행법 제268조, 제88조).

위와 같이 민법 제367조에 의한 우선상환은 제3취득자가 경매절차에서 배당받는 방법으로 민법 제203조 제1항, 제2항에서 규정한 비용에 관하여 경매절차의 매각대금에서 우선변제받을 수 있다는 것이지 이를 근거로 제3취득자가 직접 저당권설정자, 저당권자 또는 경매절차 매수인 등에 대하여 비용상환을 청구할 수 있는 권리가 인정될 수 없다. 따라서 제3취득자는 민법 제367조에 의한 비용상환청구권을 피담보채권으로 주장하면서 유치권을 행사할 수 없다.

73. 대법원 2020. 9. 3. 선고 2018다288044 판결

【판시사항】

부동산 인도청구의 집행을 할 때 강제집행의 목적물이 아닌 동산이 있어 이를 인도하려고 하나 인도받을 채무자나 채무자의 친족 등이 없는 경우, 집행관이 동산을 스스로 보관하거나 채권자 또는 제3자를 보관인으로 선임하여 보관하게 할 수 있는지 여부(적극) 및 이때 발생한 보관비용에 관하여 동산에 유치권을 행사할 수 있는지 여부(적극)

【판결요지】

민사집행법 제258조는 부동산 등 인도청구의 집행에 관하여 다음과 같이 정하고 있다. 부동산 인도청구의 집행을 할 때 강제집행의 목적물이 아닌 동산이 있는 경우 그 동산을 제거하여 채무자나 채무자의 친족 등(이하 '채무자 등'이라 한다)에게 인도하여야 한다(제3항, 제4항). 채무자 등이 없는 때에는 집행관은 그 동산을 채무자의 비용으로 보관하여야 한다(제5항).

채무자 등이 없는 때 집행관은 동산을 스스로 보관할 수도 있고 채권자나 제3자를 보관인으로 선임하여 보관하게 할 수도 있다. 이때 집행관이나 채권자 등은 보관비용이 생긴 경우 동산의 수취를 청구하는 채무자 등에게 보관비용을 변제받을 때까지 유치권을 행사할 수 있다.

74. 대법원 2016. 1. 14. 선고 2013다219142 판결

【판시사항】

구분건물이 물리적으로 완성되기 전에 분양계약 등을 통하여 구분행위를 한 다음 1동의 건물과 구분건물이 객관적·물리적으로 완성된 경우, 그 시점에 구분소유가 성립하는지 여부(적극) 및 이후 소유권자가 분양계약을 전부 해지하고 1동 건물 전체를 1개의 건물로 소유권보존등기를 마친 경우, 구분소유권이 소멸하는지 여부(적극) / 이러한 법리는 구분폐지 전 개개의 구분건물에 유치권이 성립한 경우에도 마찬가지인지 여부(적극)

【판결요지】

1동 건물의 구분된 각 부분이 구조상·이용상 독립성을 가지는 경우 각 부분을 구분건물로 할지 1동 전체를 1개의 건물로 할지는 소유자의 의사에 의하여 자유롭게 결정할 수 있는 점에 비추어 보면, 구분건물이 물리적으로 완성되기 전에 분양계약 등을 통하여 장래 신축되는 건물을 구분건물로 하겠다는 구분의사를 표시함으로써 구분행위를 한 다음 1동의 건물 및 구분행위에 상응하는 구분건물이 객관적·물리적으로 완성되면 그 시점에서 구분소유가 성립하지만, 이후 소유권자가 분양계약을 전부 해지하고 1동 건물의 전체를 1개의 건물로 소유권보존등기를 마쳤다면 이는 구분폐지행위를 한 것으로서 구분소유권은 소멸한다. 그리고 이러한 법리는 구분폐지가 있기 전에 개개의 구분건물에 대하여 유치권이 성립한 경우라 하여 달리 볼 것은 아니다.

75. 대법원 2017. 9. 7. 선고 2017도9999 판결

【판시사항】

[1] 부동산에 관한 자력탈환권을 규정한 민법 제209조 제2항 전단에서 '직시(直時)'의 의미 및 자력탈환권의 행사가 '직시'에 이루어졌는지 판단하는 기준

[2] 집행관이 집행채권자 갑 조합 소유 아파트에서 유치권을 주장하

는 피고인을 상대로 부동산인도집행을 실시하자, 피고인이 이에 불만을 갖고 아파트 출입문과 잠금 장치를 훼손하며 강제로 개방하고 아파트에 들어갔다고 하여 재물손괴 및 건조물침입으로 기소된 사안에서, 점유를 실력에 의하여 탈환한 피고인의 행위가 민법상 자력구제에 해당하지 않는다고 보아 유죄를 인정한 원심판단을 수긍한 사례

【판결요지】

[1] 민법 제209조 제2항 전단은 '점유물이 침탈되었을 경우에 부동산일 때에는 점유자는 침탈 후 직시(直時) 가해자를 배제하여 이를 탈환할 수 있다'고 하여 자력구제권 중 부동산에 관한 자력탈환권에 관하여 규정하고 있다. 여기에서 '직시(直時)'란 '객관적으로 가능한 한 신속히' 또는 '사회관념상 가해자를 배제하여 점유를 회복하는 데 필요하다고 인정되는 범위 안에서 되도록 속히'라는 뜻으로, 자력탈환권의 행사가 '직시'에 이루어졌는지는 물리적 시간의 장단은 물론 침탈자가 확립된 점유를 취득하여 자력탈환권의 행사를 허용하는 것이 오히려 법적 안정 내지 평화를 해하거나 자력탈환권의 남용에 이르는 것은 아닌지 함께 살펴 판단하여야 한다.

[2] 집행관이 집행채권자 갑 조합 소유 아파트에서 유치권을 주장하는 피고인을 상대로 부동산인도집행을 실시하자, 피고인이 이에 불만을 갖고 아파트 출입문과 잠금 장치를 훼손하며 강제로 개방하고 아파트에 들어갔다고 하여 재물손괴 및 건조물침입으로 기소된 사안에서, 피고인이 아파트에 들어갈 당시에는 이미 갑 조합이 집행관으로부터 아파트를 인도받은 후 출입문의 잠금 장치를 교체하는 등으로 그 점유가 확립된 상태여서 점유권 침해의 현장성 내지 추적가능성이 있다고 보기 어려워 점유를 실력에 의하여 탈환한 피고인의 행위가 민법상 자력구제에 해당하지 않는다고 보아 유죄를 인정한 원심판단을 수긍한 사례.

76. 대법원 2017. 2. 3. 선고 2016도3674 판결

【판시사항】

[1] 배임죄에서 '타인의 사무를 처리하는 자' 및 '임무위배행위'의 의미

[2] 배임죄에서 '재산상의 손해'의 의미와 판단 기준(=경제적 관점) 및 재산상 손해가 발생하였다고 평가될 수 있는 '재산상 실해 발생의 위험'의 의미 / 유치권자로부터 점유를 위탁받아 부동산을 점유하는 자가 부동산의 소유자로부터 인도소송을 당하여 재판상 자백을 한 경우, 재판상 자백이 손해 발생의 구체적·현실적인 위험을 초래하기에 이르렀는지 판단하는 기준

【판결요지】

[1] 배임죄는 타인의 사무를 처리하는 자가 임무에 위배하는 행위로 재산상 이익을 취득하여 사무의 주체인 타인에게 손해를 가함으로써 성립하므로 범죄의 주체는 타인의 사무를 처리하는 지위에 있어야 한다. 여기에서 '타인의 사무'를 처리한다고 하려면 당사자 관계의 본질적 내용이 단순한 채권채무 관계를 넘어서 그들 간의 신임관계에 기초하여 타인의 재산을 보호 또는 관리하는 것이어야 하고, 임무위배행위란 처리하는 사무의 내용, 성질 등 구체적 상황에 비추어 법령의 규정, 계약 내용 또는 신의성실의 원칙상 당연히 하여야 할 것으로 기대되는 행위를 하지 않거나 당연히 하지 않아야 할 것으로 기대되는 행위를 함으로써 본인과 맺은 신임관계를 저버리는 일체의 행위를 말한다.

[2] 배임죄에서 재산상의 손해에는 현실적인 손해가 발생한 경우뿐만 아니라 재산상 실해 발생의 위험을 초래한 경우도 포함되고, 재산상 손해의 유무에 대한 판단은 법률적 판단에 의하지 않고 경제적 관점에서 파악하여야 한다. 그런데 재산상 손해가 발생하였

다고 평가될 수 있는 재산상 실해 발생의 위험이란 본인에게 손해가 발생할 막연한 위험이 있는 것만으로는 부족하고 경제적인 관점에서 보아 본인에게 손해가 발생한 것과 같은 정도로 구체적인 위험이 있는 경우를 의미한다. 따라서 재산상 실해 발생의 위험은 구체적·현실적인 위험이 야기된 정도에 이르러야 하고 단지 막연한 가능성이 있다는 정도로는 부족하다.

따라서 유치권자로부터 점유를 위탁받아 부동산을 점유하는 자가 부동산의 소유자로부터 인도소송을 당하여 재판상 자백을 한 경우, 그러한 재판상 자백이 손해 발생의 구체적·현실적인 위험을 초래하기에 이르렀는지를 판단할 때에는 재판상 자백이 인도소송 및 유치권의 존속·성립에 어떠한 영향을 미치는지, 소유자가 재판상 자백에 의한 판결에 기초하여 유치권자 등을 상대로 인도집행을 할 수 있는지, 유치권자가 그 집행을 배제할 방법이 있는지 등 여러 사정을 종합하여 신중하게 판단하여야 한다.

77. 대법원 2008. 5. 30.자 2007마98 결정

【판시사항】

건물신축공사를 도급받은 수급인이 사회통념상 독립한 건물이 되지 못한 정착물을 토지에 설치한 상태에서 공사가 중단된 경우, 위 정착물 또는 토지에 대하여 유치권을 행사할 수 있는지 여부(소극)

78. 대법원 2014. 12. 24. 선고 2011다62618 판결

【판시사항】

유치권자로부터 유치물을 유치하기 위한 방법으로 유치물의 점유나 보관을 위탁받은 자가 소유자의 소유물반환청구를 거부할 수 있는지 여부(원칙적 적극)

【판결요지】

소유자는 그 소유에 속한 물건을 점유한 자에 대하여 반환을 청구할 수 있다. 그러나 점유자가 그 물건을 점유할 권리가 있는 때에는 반환을 거부할 수 있다(민법 제213조). 여기서 반환을 거부할 수 있는 점유할 권리에는 유치권도 포함되고, 유치권자로부터 유치물을 유치하기 위한 방법으로 유치물의 점유 내지 보관을 위탁받은 자는 특별한 사정이 없는 한 점유할 권리가 있음을 들어 소유자의 소유물반환청구를 거부할 수 있다.

79. 대법원 2008. 3. 27. 선고 2007다78616,78623 판결

【판시사항】

수급인의 저당권설정청구권에 관한 민법 제666조의 입법 취지 및 수급인의 저당권설정청구권 행사에 따라 도급인이 저당권을 설정하는 행위가 사해행위에 해당하는지 여부(소극)

【판결요지】

수급인의 저당권설정청구권을 규정하는 민법 제666조는 부동산공사에서 그 목적물이 보통 수급인의 자재와 노력으로 완성되는 점을 감안하여 그 목적물의 소유권이 원시적으로 도급인에게 귀속되는 경우 수급인에게 목적물에 대한 저당권설정청구권을 부여함으로써 수급인이 사실상 목적물로부터 공사대금을 우선적으로 변제받을 수 있도록 하는 데 그 취지가 있고, 이러한 수급인의 지위가 목적물에 대하여 유치권을 행사하는 지위보다 더 강화되는 것은 아니어서 도급인의 일반 채권자들에게 부당하게 불리해지는 것도 아닌 점 등에 비추어, 신축건물의 도급인이 민법 제666조가 정한 수급인의 저당권설정청구권의 행사에 따라 공사대금채무의 담보로 그 건물에 저당권을 설정하는 행위는 특별한 사정이 없는 한 사해행위에 해당하지 아니한다.

80. 대법원 2013. 4. 11. 선고 2013다1105 판결

【판시사항】

저당권이 설정되어 있는 부동산이 사해행위로 이전된 후 변제 등으로 저당권설정등기가 말소된 경우, 사해행위 취소의 범위와 원상회복의 방법 및 이러한 법리가 유치권의 목적인 부동산이 사해행위로 처분된 경우에도 마찬가지로 적용되는지 여부(적극)

81. 대법원 2002. 6. 14. 선고 2000다37517 판결

【판시사항】

[1] 장래의 이행을 명하는 판결을 하기 위한 요건

[2] 점유 토지의 사용·수익으로 인한 임료 상당 금원의 부당이득 반환의무의 불이행사유가 원심이 이행을 명한 토지인도시까지 존속한다는 것을 변론종결 당시에 확정적으로 예정할 수 없으므로, 장래의 이행을 명하는 판결을 할 수 없다고 한 사례

【판결요지】

[1] 장래의 이행을 명하는 판결을 하기 위하여는 채무의 이행기가 장래에 도래하는 것뿐만 아니라 의무불이행사유가 그 때까지 존속한다는 것을 변론종결 당시에 확정적으로 예정할 수 있는 것이어야 하며 이러한 책임기간이 불확실하여 변론종결 당시에 확정적으로 예정할 수 없는 경우에는 장래의 이행을 명하는 판결을 할 수 없다.

[2] 피고의 계쟁 토지에 대한 점유는 동시이행항변권 또는 유치권의 행사에 따른 것이어서 적법한 것이기는 하나 피고가 토지를 그 본래의 목적에 따라 사용·수익함으로써 실질적인 이득을 얻고 있다

는 이유로 임료 상당의 금원의 부당이득을 명하고 있는 경우, 피고가 원고에게 토지를 인도하지 아니하더라도 원심이 이행을 명한 '인도하는 날' 이전에 토지의 사용·수익을 종료할 수도 있기 때문에 의무불이행사유가 '인도하는 날까지' 존속한다는 것을 변론종결 당시에 확정적으로 예정할 수 없는 경우에 해당한다 할 것이어서 그때까지 이행할 것을 명하는 판결을 할 수 없다고 한 사례.

82. 대법원 1978. 7. 25. 선고 78다417 판결

【판시사항】

사설묘지를 조성하기 위하여 임야의 시설비로 지출한 비용이 임야에 대한 필요비 또는 유익비가 되는지 여부

【판결요지】

임야를 사설묘지로 사용하기 위하여 석축을 쌓고 나무를 심고 잔디를 입히는 등 그 시설에 들인 비용은 임야 소유자가 임야를 보존하는데 필요한 비용은 아니라 할 것이고 또한 그 시설비가 사설묘지설치허가 없는 임야 소유자에 대하여는 임야의 가치를 증가시킨 유익비라고 할 수 없다.

83. 대법원 2003. 7. 25. 선고 2001다64752 판결

【판시사항】

점유자가 유익비를 지출할 당시 계약관계 등 적법한 점유권원을 가진 경우 계약관계 등의 상대방이 아닌 점유회복 당시의 상대방에 대하여 민법 제203조 제2항에 따른 지출비용의 상환을 구할 수 있는지 여부(소극)

【판결요지】

민법 제203조 제2항에 의한 점유자의 회복자에 대한 유익비상환청구권은 점유자가 계약관계 등 적법하게 점유할 권리를 가지지 않아 소유자의 소유물반환청구에 응하여야 할 의무가 있는 경우에 성립되는 것으로서, 이 경우 점유자는 그 비용을 지출할 당시의 소유자가 누구이었는지 관계없이 점유회복 당시의 소유자 즉 회복자에 대하여 비용상환청구권을 행사할 수 있는 것이나, 점유자가 유익비를 지출할 당시 계약관계 등 적법한 점유의 권원을 가진 경우에 그 지출비용의 상환에 관하여는 그 계약관계를 규율하는 법조항이나 법리 등이 적용되는 것이어서, 점유자는 그 계약관계 등의 상대방에 대하여 해당 법조항이나 법리에 따른 비용상환청구권을 행사할 수 있을 뿐 계약관계 등의 상대방이 아닌 점유회복 당시의 소유자에 대하여 민법 제203조 제2항에 따른 지출비용의 상환을 구할 수는 없다.

84. 대구고법 2017. 11. 24. 선고 2016나23534 판결

【판시사항】

갑 은행의 을 주식회사에 대한 대출금채권을 담보하기 위하여 을 회사 소유의 공장용지와 공장용지 상의 건물 3동 및 기계기구에 관하여 공장저당권이 설정되었는데, 병 주식회사가 을 회사로부터 공장용지 상에 있던 기존 건물 1동 등을 철거하고 그 자리에 공장 2동 건물을 신축하는 공사를 도급받아 공사를 하다가 을 회사의 부도로 공사대금을 지급받지 못하게 되어 공사를 중단한 후, 공장저당권의 목적물에 관하여 경매가 개시되자 신축건물의 기성고에 대한 공사대금채권액을 피담보채권으로 하여 유치권신고를 하였고, 이에 갑 은행으로부터 공장저당권의 피담보채권을 양수한 정 유한회사가 병 회사를 상대로 유치권 부존재확인을 구한 사안에서, 경매개시결정의 압류의 효력이 신축건물에까지 미친다고 할 수 없으므로 정 회사의 청구는 확인의 이익이 없다고 한 사례

【판결요지】

갑 은행의 을 주식회사에 대한 대출금채권을 담보하기 위하여 을 회사 소유의 공장용지와 공장용지 상의 건물 3동 및 기계기구에 관하여 공장저당권이 설정되었는데, 병 주식회사가 을 회사로부터 공장용지 상에 있던 기존 건물 1동 등을 철거하고 그 자리에 공장 2동 건물을 신축하는 공사를 도급받아 공사를 하다가 을 회사의 부도로 공사대금을 지급받지 못하게 되어 공사를 중단한 후, 공장저당권의 목적물에 관하여 강제경매 및 임의경매가 개시되자 신축건물의 기성고에 대한 공사대금채권액을 피담보채권으로 하여 유치권신고를 하였고, 이에 갑 은행으로부터 공장저당권의 피담보채권을 양수한 정 유한회사가 병 회사를 상대로 유치권 부존재확인을 구한 사안에서, 강제경매개시결정의 효력은 등기된 토지와 건물 및 그 부합물 또는 종물에만 미치고, 임의경매개시결정의 효력은 공장저당권의 목적물(공장용지, 기존 건물들, 기계기구) 및 그 부합물 또는 종물에만 미치는 점, 신축건물은 기존 건물을 포함한 부분을 철거하여 생긴 나대지에 신축된 미등기건물이어서 공장용지의 부합물이라거나 종물이라고 할 수 없는 점, 신축건물은 기존의 다른 2동의 건물과는 완전히 분리되어 신축된 별개의 독립된 건물이어서 기존 건물의 부합물이라거나 종물이라고 할 수 없는 점 등을 종합하면, 경매개시결정의 압류의 효력은 신축건물에까지 미친다고 할 수 없으므로 신축건물이 경매목적물 즉 공장저당권의 목적물에 포함되지 않는 이상, 공장저당권의 피담보채무를 양수한 정 회사로서는 경매와 무관한 신축건물에 대하여 병 회사의 유치권이 부존재한다는 확인을 구할 이익이 없다고 한 사례.

85. 광주고법 1967. 6. 7. 선고 66나325 판결

【판시사항】

가. 구 황실재산법상의 영구보존 재산의 성질

나. 위 국유문화재에 대한 유치권 항변

【판결요지】

가. 구 황실재산법에 의하여 영구보존 재산으로 지정된 임야는 동법이 폐지되고 문화재보호법이 개정됨에 따라 동법 부칙에 의하여 국유문화재로 규정된 임야인바, 원칙적으로 이에는 사권의 설정 대상이 될 수 없다.

나. 국유문화재에 대하여 국가가 일시 잠정적으로 사용 승인한 결과 피고들이 일정한 시설을 하여 이를 인도함으로써 손해를 입는 경우라 할지라도 원고에 대하여 그 보상을 청구함은 모르거니와 영구보존할 국유문화재의 성질상 유치권 항변은 할 수 없다.

86. 대전고법 2004. 1. 15. 선고 2002나5475 판결

【판시사항】

부동산에 관한 경매절차가 개시될 가능성이 있음을 충분히 인식하고서도 그 부동산의 개조에 관한 공사도급계약을 체결한 후 이에 따른 공사를 시행한 자가 공사대금채권에 기초하여 낙찰자에 대하여 유치권을 주장하는 것은 신의칙에 반하여 허용되지 않는다고 한 사례

【판결요지】

건물 및 대지에 거액의 근저당권, 전세권, 가압류등기 등이 설정되어 있는 등으로 부동산 소유자의 재산상태가 좋지 아니하여 위 부동산에 관한 경매절차가 개시될 가능성이 있음을 충분히 인식하고서도 수급인이 거액의 공사도급계약 및 그 후의 사용·수익 약정을 체결하여 건물의 일부를 점유하였다면 수급인이 전 소유자와 사이에 위 건물 부분에 관한 공사도급계약을 하고 그 계약에 따른 공사를 일부라도 실제로 진행하여 상당한 공사비용을 투하하였다고 하더라도, 만약

이러한 경우에까지 유치권의 성립을 제한 없이 인정한다면 전 소유자와 유치권자 사이의 묵시적 담합이나 기타 사유에 의한 유치권의 남용을 막을 방법이 없게 되어 공시주의를 기초로 하는 담보법질서를 교란시킬 위험이 있다는 점을 고려할 때, 수급인의 공사도급계약 전에 가압류등기와 근저당권설정등기를 마친 자의 신청에 의한 경매절차의 매수인(낙찰자)에 대한 관계에서는, 민법 제320조 제2항을 유추적용하여 수급인이 공사대금채권에 기초한 유치권을 주장하여 그 소유자인 낙찰자에게 대항할 수 없다고 하거나, 그 유치권을 행사하는 것이 신의칙에 반하여 허용될 수 없다고 보아야 한다고 한 사례.

87. 광주고법 1989. 12. 20. 선고 89나106 판결

【판시사항】

가. 가처분결정후 피보전권리가 유치권에 의하여 제한되고 있음이 판명된 경우와 사정변경에 의한 가처분취소

나. 채권자가 채무자에 대한 채권을 자동채권으로 하여 채무자의 제3자에 대한 채권과 상계할 수 있는지 여부

【판결요지】

가. 가처분결정후 피보전권리가 유치권에 의하여 제한되고 있음이 확정판결에 의하여 판명되었다면 이는 위 가처분을 유지할 필요가 없는 사정변경이 생긴 경우에 해당한다.

나. 채무자에 대하여 제3자로부터 선박건조대금을 지급받음과 상환으로 채권자에게 위 선박을 인도하라는 내용의 확정판결이 있었다면 채권자로서는 제3자의 위 채무를 이해관계있는 제3자로서 대위변제할 수 있으나 채무자에 대한 융자금 채권으로써 채무자의 제3자에 대한 채권과 상계할 수는 없다.

88. 서울고법 1975. 6. 18. 선고 74나2637 판결

【판시사항】

건물임차인이 임차보증금반환청구권 또는 임대인의 채무불이행으로 인한 손해배상청구권이 있음을 이유로 건물에 대한 유치권을 행사할 수 있는지 여부

【판결요지】

임차보증반환청구권 또는 임대인이 건물시설을 아니하기 때문에 임차인이 건물을 임차목적대로 사용하지 못한 것을 이유로 하는 손해배상청구권은 구 건물에 관하여 생긴 채권이라 할 수 없으므로 그에 관한 유치권을 주장할 수 없다.

89. 대법원 1975. 4. 22. 선고 73다2010 판결

【판시사항】

임대차종료시에 임차인이 건물을 원상으로 복구하여 임대인에게 명도키로 약정한 경우에 비용상환청구권이 있음을 전제로 하는 유치권 주장의 당부

【판결요지】

건물의 임차인이 임대차관계 종료시에는 건물을 원상으로 복구하여 임대인에게 명도하기로 약정한 것은 건물에 지출한 각종 유익비 또는 필요비의 상환청구권을 미리 포기하기로 한 취지의 특약이라고 볼 수 있어 임차인은 유치권을 주장을 할 수 없다.

90. 대법원 2024. 4. 5.자 2023마7896 결정

【판시사항】

[1] 매각허가결정에 대하여 항고할 수 있는 경우 / 민사집행법 제121조에서 정한 매각허가에 대한 이의신청사유 중 같은 조 제5호의 '매각물건명세서의 작성에 중대한 흠이 있는 때'에 해당하는지 판단하는 기준 및 같은 조 제7호의 '경매절차에 중대한 잘못이 있는 때'의 의미

[2] 유치권 신고자가 집행법원이 민사집행법 제104조 제2항에 따라 매각기일과 매각결정기일을 통지하여야 하는 같은 법 제90조 제4호의 이해관계인인 '부동산 위의 권리자로서 그 권리를 증명한 사람'에 해당하기 위한 요건

[3] 채권자 갑 새마을금고의 신청에 따라 개시된 채무자 을 주식회사 소유의 부동산에 관한 임의경매절차에서 제1심법원이 '유치권자 병 주식회사에 대한 매각기일 등 통지가 누락되었다.'는 이유로 최고가매수인 정 주식회사에 대한 매각불허가결정을 내린 다음, 위 결정이 확정되자 다시 새로운 매각절차를 개시하여 최고가매수인 무에 대한 매각허가결정을 하였는데, 원심법원이 병 회사가 신고한 유치권은 병 회사가 위 부동산을 경매개시결정 기입등기 이전부터 점유하였다고 보기 어려워 성립될 여지가 없음이 명백한 경우에 해당하는데도 제1심법원이 작성한 매각물건명세서의 기재 및 매각불허가결정은 위 유치권의 성립을 전제로 하고 있고, 이는 일반 매수희망자가 매수의사나 매수신고가격을 결정할 때 중대한 영향을 끼친 것으로 보이므로 민사집행법 제123조 제2항의 직권 매각불허가사유가 되는 같은 법 제121조 제5호의 '매각물건명세서 작성에 중대한 흠이 있는 때' 및 같은 조 제7호의 '경매절차에 그 밖의 중대한 잘못이 있는 때'에 해당한다며

무에 대한 매각허가결정을 위법하다고 판단한 사안에서, 위와 같이 무에 대한 매각허가결정을 위법하다고 본 원심판단에 법리오해의 잘못이 있다고 한 사례

【결정요지】

[1] 매각허가결정에 대한 항고는 민사집행법 제121조에서 정한 매각허가에 대한 이의신청사유가 있거나 그 결정절차에 중대한 잘못이 있다는 것을 이유로 드는 때에만 할 수 있다(민사집행법 제130조 제1항). 위 이의신청사유 중 민사집행법 제121조 제5호의 '매각물건명세서의 작성에 중대한 흠이 있는 때'에 해당하는지 여부는 그 흠이 일반 매수희망자가 매수의사나 매수신고가격을 결정함에 있어 어떠한 영향을 받을 정도의 것이었는지를 중심으로 하여 부동산 경매와 매각물건명세서 제도의 취지에 비추어 구체적인 사안에 따라 합리적으로 판단하여야 한다. 또한 민사집행법 제121조 제7호의 이의신청사유인 '경매절차에 중대한 잘못이 있는 때'란 이해관계인의 이익이 침해되거나 매각절차의 공정성을 해칠 우려가 있는 중대한 절차위반의 사유가 있는 때를 말한다.

[2] 집행법원은 민사집행법 제104조 제2항에 따라 매각기일과 매각결정기일을 민사집행법 제90조 각호에서 정한 이해관계인에게 통지하여야 하는데, 이때 유치권 신고자가 민사집행법 제90조 제4호의 이해관계인인 '부동산 위의 권리자로서 그 권리를 증명한 사람'에 해당하기 위해서는 신고서 접수 이후 매각허가결정이 있을 때까지 유치권의 취득·존속에 관한 사실을 집행법원에 증명하여야 한다.

[3] 채권자 갑 새마을금고의 신청에 따라 개시된 채무자 을 주식회사 소유의 부동산에 관한 임의경매절차에서 제1심법원이 '유치권자 병 주식회사에 대한 매각기일 등 통지가 누락되었다.'는 이유로 최고가매수인 정 주식회사에 대한 매각불허가결정을 내린 다음,

위 결정이 확정되자 다시 새로운 매각절차를 개시하여 최고가매수인 무에 대한 매각허가결정을 하였는데, 원심법원이 병 회사가 신고한 유치권은 병 회사가 위 부동산을 경매개시결정 기입등기 이전부터 점유하였다고 보기 어려워 성립될 여지가 없음이 명백한 경우에 해당하는데도 제1심법원이 작성한 매각물건명세서의 기재 및 매각불허가결정은 위 유치권의 성립을 전제로 하고 있고, 이는 일반 매수희망자가 매수의사나 매수신고가격을 결정할 때 중대한 영향을 끼친 것으로 보이므로 민사집행법 제123조 제2항의 직권 매각불허가사유가 되는 같은 법 제121조 제5호의 '매각물건명세서 작성에 중대한 흠이 있는 때' 및 같은 조 제7호의 '경매절차에 그 밖의 중대한 잘못이 있는 때'에 해당한다며 무에 대한 매각허가결정을 위법하다고 판단한 사안에서, 설령 매각불허가결정이 잘못되었다고 하더라도 특별한 사정이 없는 한 이를 이유로 이후 새로이 개시된 매각절차에서 이루어진 매각허가결정까지 '경매절차에 중대한 잘못이 있는 때'에 해당한다고 보기 어렵고, 제1심법원이 유치권 신고자인 병 회사도 일단 매각기일 등의 통지 대상자에는 해당하는 것으로 보아 직권으로 '병 회사에 대한 기일통지의 누락'을 이유로 민사집행법 제123조 제2항 및 제121조 제1호에 따라 내린 매각불허가결정에 병 회사의 유치권 성립을 전제로 한 중대한 잘못이 있다고 단정할 수도 없으며, 그 밖에 매각물건명세서 작성에 중대한 흠이 있었다거나 일반 매수희망자가 매수의사나 매수신고가격을 결정할 때 매각물건명세서의 유치권 관련 기재 및 매각불허가결정에 관하여 병 회사의 유치권이 성립될 수 있음을 전제로 고려할 것이라고 단정하기도 어려운데도, 위와 같이 무에 대한 매각허가결정을 위법하다고 본 원심판단에 매각불허가사유에 관한 법리오해의 잘못이 있다고 한 사례.

91. 대법원 2020. 1. 16. 선고 2019다247385 판결

【판시사항】

[1] 확인의 이익 등 소송요건이 법원의 직권조사사항인지 여부(적극) 및 사실심 변론종결 이후 소송요건이 흠결되거나 흠결이 치유된 경우 상고심에서 이를 참작하여야 하는지 여부(적극)

[2] 경매절차에서 유치권이 주장되었으나 소유부동산 또는 담보목적물이 매각된 경우, 소유권을 상실하거나 근저당권이 소멸된 소유자와 근저당권자가 유치권의 부존재 확인을 구할 법률상 이익이 있는지 여부(소극)

[3] 경매절차에서 유치권이 주장되지 아니한 경우, 채권자인 근저당권자가 유치권의 부존재 확인을 구할 법률상 이익이 있는지 여부(적극) 및 이때 채무자가 아닌 소유자가 유치권의 부존재 확인을 구할 법률상 이익이 있는지 여부(소극)

【판결요지】

[1] 확인의 소는 원고의 권리 또는 법률상의 지위에 현존하는 불안·위험이 있고, 확인판결을 받는 것이 그 분쟁을 근본적으로 해결하는 가장 유효·적절한 수단일 때에 허용된다. 그리고 확인의 이익 등 소송요건은 직권조사사항으로서 당사자가 주장하지 않더라도 법원이 직권으로 조사하여 판단하여야 하고, 사실심 변론종결 이후에 소송요건이 흠결되거나 그 흠결이 치유된 경우 상고심에서도 이를 참작하여야 한다.

[2] 근저당권자에게 담보목적물에 관하여 각 유치권의 부존재 확인을 구할 법률상 이익이 있다고 보는 것은 경매절차에서 유치권이 주장됨으로써 낮은 가격에 입찰이 이루어져 근저당권자의 배당액이

줄어들 위험이 있다는 데에 근거가 있고, 이는 소유자가 그 소유의 부동산에 관한 경매절차에서 유치권의 부존재 확인을 구하는 경우에도 마찬가지이다. 위와 같이 경매절차에서 유치권이 주장되었으나 소유부동산 또는 담보목적물이 매각되어 그 소유권이 이전되어 소유권을 상실하거나 근저당권이 소멸하였다면, 소유자와 근저당권자는 유치권의 부존재 확인을 구할 법률상 이익이 없다.

[3] 경매절차에서 유치권이 주장되지 아니한 경우에는, 담보목적물이 매각되어 그 소유권이 이전됨으로써 근저당권이 소멸하였더라도 채권자는 유치권의 존재를 알지 못한 매수인으로부터 민법 제575조, 제578조 제1항, 제2항에 의한 담보책임을 추급당할 우려가 있고, 위와 같은 위험은 채권자의 법률상 지위를 불안정하게 하는 것이므로, 채권자인 근저당권자로서는 위 불안을 제거하기 위하여 유치권 부존재 확인을 구할 법률상 이익이 있다. 반면 채무자가 아닌 소유자는 위 각 규정에 의한 담보책임을 부담하지 아니하므로, 유치권의 부존재 확인을 구할 법률상 이익이 없다.

92. 대법원 2014. 12. 24. 선고 2012다94186 판결

【판시사항】

회생담보권으로 인정되기 위해서는 '회생절차개시 당시' 채무자의 재산상에 유치권 등의 담보권이 존재하면 충분한지 여부(적극) 및 그 후 담보목적물의 멸실 등으로 실체법상의 담보권이 소멸한 경우, 회생절차상 회생담보권도 소멸하는지 여부(소극)

【판결요지】

구 채무자 회생 및 파산에 관한 법률(2010. 6. 10. 법률 제10366호로 개정되기 전의 것) 제141조 제1항 본문은 "회생채권이나 회생절차개시 전의 원인으로 생긴 채무자 외의 자에 대한 재산상의 청구권으로서 회생절차개시 당시 채무자의 재산상에 존재하는 유치권·질권·저당권·양도담보권·가등기담보권·전세권 또는 우선특권으로 담보된 범위의 것은 회생담보권으로 한다."고 규정하고 있다. 따라서 회생담보권으로 인정되기 위해서는 회생절차개시 당시 채무자의 재산상에 유치권 등의 담보권이 존재하면 충분하고, 그 후에 담보목적물의 멸실 등으로 실체법상의 담보권이 소멸한다고 하더라도 회생절차상 회생담보권으로 존속하는 데 영향이 없다.

93. 대법원 2009. 3. 26. 선고 2008다34828 판결

【판시사항】

[1] 이른바 계약명의신탁에 있어 명의신탁자가 명의수탁자에 대하여 가지는 매매대금 상당의 부당이득반환청구권에 기하여 유치권을 행사할 수 있는지 여부(소극)

[2] 점유자가 유익비를 지출할 당시 계약관계 등 적법한 점유의 권원을 가진 경우, 그 지출비용 또는 가액증가액 상환의 규준(=그 계약관계를 규율하는 법조항이나 법리)

【판결요지】

[1] 명의신탁자와 명의수탁자가 이른바 계약명의신탁약정을 맺고 명의수탁자가 당사자가 되어 명의신탁약정이 있다는 사실을 알지 못하는 소유자와 부동산에 관한 매매계약을 체결한 뒤 수탁자 명의로 소유권이전등기를 마친 경우에는, 명의신탁자와 명의수탁자 사이의 명의신탁약정은 무효이지만 그 명의수탁자는 당해 부동산의 완전한 소유권을 취득하게 되고(부동산 실권리자명의 등기에 관한 법률 제4조 제1항, 제2항 참조), 반면 명의신탁자는 애초부터 당해 부동산의 소유권을 취득할 수 없고 다만 그가 명의수탁자에게 제공한 부동산 매수자금이 무효의 명의신탁약정에 의한

법률상 원인 없는 것이 되는 관계로 명의수탁자에 대하여 동액 상당의 부당이득반환청구권을 가질 수 있을 뿐이다. 명의신탁자의 이와 같은 부당이득반환청구권은 부동산 자체로부터 발생한 채권이 아닐 뿐만 아니라 소유권 등에 기한 부동산의 반환청구권과 동일한 법률관계나 사실관계로부터 발생한 채권이라고 보기도 어려우므로, 결국 민법 제320조 제1항에서 정한 유치권 성립요건으로서의 목적물과 채권 사이의 견련관계를 인정할 수 없다.

[2] 민법 제203조 제2항에 의한 점유자의 회복자에 대한 유익비상환청구권은 점유자가 계약관계 등 적법하게 점유할 권리를 가지지 않아 소유자의 소유물반환청구에 응하여야 할 의무가 있는 경우에 성립하는 것으로서, 점유자가 유익비를 지출할 당시 계약관계 등 적법한 점유의 권원을 가진 경우에 그 지출비용 또는 가액증가액의 상환에 관하여는 그 계약관계를 규율하는 법조항이나 법리 등이 적용된다.

94. 대법원 1969. 11. 25. 선고 69다1592 판결

【판시사항】

물건의 인도를 청구하는 소송에서 피고의 유치권 항변이 인용되는 경우에는 그 물건에 관하여 생긴 채권의 변제와 상환으로 그 물건의 인도를 명하여야 한다.

【판결요지】

물건의 인도를 청구하는 소송에 있어서 피고의 유치권 항변이 인용되는 경우에는 그 물건에 관하여 생긴 채권의 변제와 상환으로 그 물건의 인도를 명하여야 한다.

95. 대법원 2011. 7. 14. 선고 2008두4275 판결

【판시사항】

[1] 구 상속세 및 증여세법 제14조 제2항 제2호에서 정한 '당해 상속재산을 목적으로 하는 유치권·질권 또는 저당권으로 담보된 채무'에 판결에 의하여 존재 및 범위가 확정된 '국내 상속재산에 대한 가압류에 의하여 보전된 피상속인의 채무'가 포함되는지 여부(소극)

[2] 과세관청이 갑, 을이 상속한 병 주식회사 발행 비상장주식의 순손익가치를 평가하면서, 구 상속세 및 증여세법 시행령 제56조 제1항 제1호에서 정한 산식에 따라 상속이 개시된 사업연도를 포함하지 아니하고 그 이전 3개 사업연도의 순손익액만을 반영하여 상속세 부과처분을 한 사안에서, 주식 가액 평가방법이 적법하다고 본 원심판단을 수긍한 사례

[3] 구 상속세 및 증여세법 시행령 제56조 제3항에서 정한 최근 3년간 '순손익액'을 산정하는 경우, 당해 사업연도 말의 퇴직급여추계액을 기준으로 한 퇴직급여충당금 과소계상액을 차감해야 하는지 여부(적극)

【판결요지】

[1] 구 상속세 및 증여세법(2002. 12. 18. 법률 제6780호로 개정되기 전의 것, 이하 '상증법'이라고 한다) 제14조 제2항의 문언 및 비거주자의 경우 상증법 제1조 제1항 제2호에 따라 상속세 과세대상이 국내에 있는 상속재산으로 제한되는 것을 고려하여 상속재산 가액에서 차감하는 채무도 국내 상속재산으로 담보되거나 국내 상속재산과 일정한 경제적 관련성이 있는 것으로 제한함으로써 비거주자 사망으로 인한 상속세의 국제적 과세권을 합리적

으로 배분하려는 입법 취지 등에 비추어 보면, '국내 상속재산에 대한 가압류에 의하여 보전된 피상속인의 채무'는 판결에 의하여 존재 및 범위가 확정되었다고 하더라도 상증법 제14조 제2항 제2호에서 정한 '당해 상속재산을 목적으로 하는 유치권·질권 또는 저당권으로 담보된 채무'에 포함되지 않는다고 해석하는 것이 타당하다.

[2] 과세관청이 갑, 을이 상속한 병 주식회사 발행 비상장주식의 순손익가치를 평가하면서 구 상속세 및 증여세법 시행령(2002. 12. 30. 대통령령 제17828호로 개정되기 전의 것) 제56조 제1항 제1호에서 정한 산식에 따라 상속이 개시된 사업연도를 포함하지 아니하고 그 이전 3개 사업연도의 순손익액만을 반영하여 상속세 부과처분을 한 사안에서, 위 산식은 평가기준일에 가까운 사업연도에 가중치를 부여하는 등 1주당 최근 3년간 순손익액 산정에 합리성을 기하고 있는 점, 평가기준일이 속하는 사업연도를 포함시킬 경우 평가기준일 이후의 손익상황도 불가피하게 고려할 수밖에 없으므로 그 이전 3개 사업연도의 순손익액만을 반영한다고 하여 불합리하다고 볼 수 없는 점, 병 회사의 매출 추이 등을 고려하면, 반드시 상속개시일이 속한 사업연도의 순손익액까지 고려한 방법에 의하여 주식 가액을 평가하여야 한다고 할 수 없다는 이유로, 과세관청이 한 위와 같은 주식 가액 평가방법이 적법하다고 본 원심판단을 수긍한 사례.

[3] 구 상속세 및 증여세법 시행령(2002. 12. 30. 대통령령 제17828호로 개정되기 전의 것, 이하 '상증법 시행령'이라고 한다) 제54조 제1항, 제56조 제1항, 제3항은, 비상장주식의 순손익가치를 평가할 때 최근 3년간 '순손익액'은 구 법인세법(2010. 12. 30. 법률 제10423호로 개정되기 전의 것) 제14조에 의한 각 사업연도소득에 상증법 시행령 제56조 제3항 제1호에 의한 금액을 가산한 금액에서 같은 항 제2호에 의한 금액을 차감한 금액에

의하여 산정하도록 규정하고 있는데, 위 입법 취지가 평가기준일 이전 최근 3년간 기업이 산출한 순손익액의 가중평균액을 기준으로 평가기준일 현재의 주식가치를 정확히 파악하려는 데 있는 점에 비추어 보면, 상증법 시행령 제56조 제3항에서 정한 최근 3년간 '순손익액'을 산정할 때에는 당해 사업연도 말의 퇴직급여추계액을 기준으로 한 퇴직급여충당금 과소계상액을 차감하는 것이 타당하다.

96. 대법원 2002. 4. 23. 선고 2000두8752 판결

【판시사항】

[1] 양도담보권자가 화의법상 별제권을 가지는지 여부(적극)

[2] 화의절차에서의 양도담보권의 실행과 재화의 공급시기

【판결요지】

[1] 화의법 제44조는 파산의 경우에 별제권을 행사할 수 있는 권리를 가지는 자를 별제권자로 보고, 파산법 제84조는 유치권, 질권, 저당권 또는 전세권을 가진 자는 그 목적인 재산에 관하여 별제권을 가진다고 규정하고 있는바, 양도담보권자는 위 각 규정에서 별제권을 가지는 자로 되어 있지는 않지만 특정 재산에 대한 담보권을 가진다는 점에서 별제권을 가지는 것으로 열거된 유치권자 등과 다름이 없으므로 그들과 마찬가지로 화의법상 별제권을 행사할 수 있는 권리를 가지는 자로 봄이 상당하다.

[2] 화의법상 별제권을 행사할 수 있는 자는 명시적으로 그 권리를 포기하는 등 특별한 사정이 없는 한 화의절차에서 자신의 채권을 화의채권으로 신고한 여부에 관계없이 별제권을 행사할 수 있고, 그 별제권의 행사에 있어 인가된 화의조건에 의하여 제약을 받지도 아니하므로, 양도담보권자가 담보권을 실행하여 정산절차를 마친

때에는 인가된 화의조건에 관계없이 담보물건의 소유권이 넘어가고, 그 때 부가가치세법상 재화의 공급이 이루어진 것으로 된다.

97. 대법원 1996. 12. 10. 선고 96다19840 판결

【판시사항】

별제권자가 파산절차에 의하지 않고 별제권을 행사하는 경우, 파산법 소정의 신고·조사절차를 거쳐야 하는지 여부(소극)

【판결요지】

파산재단에 속하는 재산상에 존재하는 유치권, 질권, 저당권 또는 전세권을 가진 자는 그 목적인 재산에 관하여 당연히 별제권을 가지고, 별제권은 파산절차에 의하지 아니하고 이를 행사할 수 있으며, 파산법 제201조 제2항은 별제권자가 별제권의 행사에 의하여 채권 전액을 변제받을 수 없는 경우에 파산절차에 참가하여 파산채권자로서 배당받기 위하여 채권신고를 하는 경우에 관한 규정이므로, 별제권도 파산채권과 같이 반드시 신고·조사절차를 거쳐 확정되어야만 행사할 수 있는 것은 아니다.

98. 대법원 1990. 12. 11. 선고 90다카27815 판결

【판시사항】

수산업협동조합중앙회로부터 선박건조자금을 융자받은 실수요자로부터 선박건조를 주문받은 조선업자가 위 융자금에 대한 연대채무를 부담함에 있어 어선 준공 후 수협이 선박에 대한 근저당권을 취득하고 실수요자에게 어선이 인도된 때 조선업자의 연대채무를 면제하여 주기로 약정하였는데 선박 준공 후 수협이 근저당권을 취득하였으나 실수요자가 선박대금 중 일부를 미지급함으로써 조선업자가 유치권을 행사하여 선박을 인도하지 아니하고 있는 경우 조선업자의 연대

채무가 면제되는지 여부(소극)

【판결요지】

수산업협동조합중앙회(수협이라 약칭한다)로부터 선박건조자금을 융자받은 실수요자로부터 선박건조를 주문받은 조선업자가 위 융자금에 대한 연대채무를 부담함에 있어 어선준공 후 수협이 선박에 대한 근저당권을 취득하고 실수요자에게 어선이 인도된 때 조선업자의 연대채무를 면제하여 주기로 약정하였다면, 이는 수협이 예정된 근저당권을 취득함은 물론 수주업자의 어선 건조에 관련된 어선에 대한 권리 및 지배를 배제하고 이를 실수요자에게 인도함에 의하여 수협이 융자금의 대체물이라 할 수 있는 어선에 관하여 아무런 제약 없는 물적담보권을 취득한 때에 한하여 위 연대채무를 면제하도록 한 취지라고 해석되므로 조선업자가 어선의 건조자로서 실수요자에 대한 건조대금채권을 담보하기 위하여 위 어선을 유치하면서 자기를 위하여 그 담보가치를 취득 지배하고 있는 이상, 그의 귀책사유 여하에 불구하고 그의 연대채무는 면제될 수 없다고 보아야 한다.

99. 부산고법 2002. 11. 22. 선고 2002나3518 판결

【판시사항】

[1] 동산인도단행가처분의 집행으로 집행채무자의 점유가 상실되는지 여부(소극)

[2] 은행이 수입업자와 수입거래약정을 체결함에 있어 수입물품을 양도담보로 제공받기로 약정한 경우, 양도담보의 성립시기(=선하증권 취득시)

[3] 선하증권을 취득한 바 없는 수입업자의 요청으로 수입물품을 보관하고 있는 창고업자가 그 수입업자 소유의 다른 물건에 대한 보관료채권이 있음을 이유로 그 수입물품에 대한 선하증권을 취

득한 은행에 대하여 상사유치권을 행사할 수 있는지 여부(소극)

【판결요지】

[1] 가처분의 피보전권리는 채무자가 소송과 관계없이 임의로 의무를 이행하거나 본안소송에서 피보전권리가 존재하는 것으로 판결이 확정됨에 따라 채무자가 의무를 이행한 때에 비로소 법률상 실현되는 것이어서 채권자의 만족을 목적으로 하는 이른바 단행가처분의 집행에 의하여 피보전권리가 실현된 것과 마찬가지의 상태가 사실상 달성되었다 하더라도 그것은 어디까지나 임시적인 것에 지나지 않고, 가처분이 집행됨으로써 그 목적물이 채권자에게 인도되었다고 하더라도 그와 같은 잠정적인 상태를 고려함이 없이 그 목적물의 점유는 채무자에게 있다.

[2] 은행이 수입업자와 수입거래약정을 체결함에 있어 수입물품을 양도담보로 제공받기로 약정한 경우, 그 수입물품에 대한 동산 양도담보는 은행이 물품의 인도를 받은 것과 동일한 효력이 있는 선하증권을 취득함으로써 성립된다.

[3] 상법 제58조 소정의 상사유치권은 그 성립당시 채무자 소유의 물건인 것에 대하여 이를 행사할 수 있는데, 수입물품이 창고업자의 창고에 입고될 당시 수입업자가 선하증권을 취득한 바 없어 수입물품의 소유권을 취득하지 못하였다면 창고업자로서는 그 수입업자 소유의 다른 물건에 대한 보관료채권이 있음을 이유로 그 수입물품에 대한 선하증권을 취득한 은행에 대하여 상사유치권을 행사할 수는 없다.

100. 대법원 2001. 12. 11. 선고 2001다59866 판결

【판시사항】

[1] 담보제공에 의한 유치권 소멸청구에 있어 담보의 상당성의 판단 기준 및 그 소멸청구권자

[2] 손해액 산정시 계산상의 잘못은 판결경정사유일 뿐 원심판결을 파기할 사유는 되지 않는다고 한 사례

【판결요지】

[1] 민법 제327조에 의하여 제공하는 담보가 상당한가의 여부는 그 담보의 가치가 채권의 담보로서 상당한가, 태양에 있어 유치물에 의하였던 담보력을 저하시키지는 아니한가 하는 점을 종합하여 판단하여야 할 것인바, 유치물의 가격이 채권액에 비하여 과다한 경우에는 채권액 상당의 가치가 있는 담보를 제공하면 족하다고 할 것이고, 한편 당해 유치물에 관하여 이해관계를 가지고 있는 자인 채무자나 유치물의 소유자는 상당한 담보가 제공되어 있는 이상 유치권 소멸 청구의 의사표시를 할 수 있다.

[2] 권원 없는 점유로 인한 손해액을 산정함에 있어서 그 기간이 7개월 25일인 것을 7개월 26일로 잘못 계산하였고 이로 인하여 손해액의 계산에 차이가 생긴다 하더라도 원심의 이와 같은 잘못은 판결경정 방법에 의하여 시정될 것이고 이로 인하여 원심판결을 파기할 이유는 되지 못한다.

101. 대법원 2024. 3. 12. 선고 2021다262189 판결

【판시사항】

[1] 변제할 정당한 이익이 있는 자가 채무자에 대한 회생절차개시 전에 채무자의 근저당권 피담보채무 중 일부를 대위변제한 경우, 채권자가 잔존 채권액 및 피담보채권액의 한도에서 일부 대위변제자에 우선하여 회생담보권을 행사할 수 있는지 여부(원칙적 적극)

[2] 선순위 담보권자의 회생담보권이 회생담보권 조사확정절차에서 확정된 경우, 후순위 담보권자의 회생담보권 존부와 범위를 정하는 과정에서 담보목적물의 가액에서 공제하여야 하는 '선순위 담보권으로 담보된 채권액'의 산정 기준시점(=회생절차개시 당시) 및 선순위 담보권자의 회생담보권 조사확정절차에서 확정된 회생담보권액에 구속되는지 여부(소극)

[3] 물상보증인에 대한 회생절차에서 채권자가 회생담보권자로서 권리를 행사할 수 있는 범위(=담보목적물의 가액 범위 내에서 회생절차개시 당시 가진 채권의 전액)

【판결요지】

[1] 변제할 정당한 이익이 있는 자가 채무자를 위하여 근저당권 피담보채무의 일부를 대위변제한 경우 대위변제자는 변제한 가액의 범위 내에서 종래 채권자가 가지고 있던 채권 및 담보에 관한 권리를 법률상 당연히 취득하게 되지만 이때에도 채권자는 대위변제자에 대하여 우선변제권을 가진다. 이 경우에 채권자의 우선변제권은 피담보채권액을 한도로 특별한 사정이 없는 한 자기가 보유하고 있는 잔존 채권액 전액에 미친다. 이러한 법리는 채무자에 대한 회생절차개시 전에 채무자의 근저당권 피담보채무 중 일부를 대위변제한 자와 채권자 사이에서도 마찬가지이다. 따라서 채무자에 대한 회생절차에서도 채권자는 잔존 채권액 및 피담보채권액의 한도에서 일부 대위변제자에 우선하여 회생담보권을 행사하고, 일부 대위변제자는 채권자보다 후순위로 회생담보권을 행사할 수 있다.

[2] 회생담보권은 회생채권이나 회생절차개시 전의 원인으로 생긴 채무자 외의 자에 대한 재산상의 청구권으로서 회생절차개시 당시 채무자의 재산상에 존재하는 유치권 등의 담보권으로 담보된 범

위의 것이다[채무자 회생 및 파산에 관한 법률(이하 '채무자회생법'이라 한다) 제141조 제1항 본문]. 회생담보권자는 피담보채권 중 담보목적물의 가액 범위 내에서는 회생담보권자로서, 담보목적물의 가액을 초과하는 부분에 관하여는 회생채권자로서 회생절차에 참가할 수 있고, 선순위 담보권이 있는 경우 그 담보권으로 담보된 채권액을 담보목적물의 가액에서 공제한다(채무자회생법 제141조 제3항, 제4항). 이와 같이 회생담보권자가 주장하는 채권이 회생담보권 또는 회생채권에 해당하는지는 그 채권액 중 담보목적물의 가액을 초과하는 부분이 있는지, 선순위 담보권이 있는 경우에는 담보목적물의 가액에서 '선순위 담보권으로 담보된 채권액'을 공제한 나머지가 존재하는지에 달려 있다.

나아가 회생절차개시 당시의 재산가액 평가에 관한 채무자회생법 제90조와 회생절차개시 당시 담보된 범위의 채권을 회생담보권으로 규정한 채무자회생법 제141조 제1항의 내용에 비추어 보면, 담보목적물의 가액은 회생절차개시 당시를 기준으로 평가하여야 한다. 선순위 담보권이 있는 경우 '선순위 담보권으로 담보된 채권액'도 담보목적물 가액 평가의 기준시점인 회생절차개시 당시를 기준으로 산정하여야 한다.

이는 선순위 담보권자의 회생담보권이 회생담보권 조사확정절차에서 확정된 경우에도 마찬가지이다. 즉 선순위 담보권자의 회생담보권이 회생담보권 조사확정절차에서 확정되었다고 하더라도 후순위 담보권자의 회생담보권 존부와 범위를 정하는 과정에서 '선순위 담보권으로 담보된 채권액'은 회생절차개시 당시를 기준으로 산정하여야 하고, 선순위 담보권자의 회생담보권 조사확정절차에서 확정된 회생담보권액에 구속되는 것이 아니다. 구체적인 이유는 다음과 같다.

① 회생절차개시 당시 채무자의 재산에 담보권이 존재하면 그 후

에 실체법상의 담보권이 소멸하더라도 회생절차상 회생담보권으로 존속하는 데 영향이 없다. 이와 마찬가지로 후순위 담보권자의 회생담보권은 회생절차개시 당시를 기준으로 결정하여야 하므로, 선순위 담보권자의 회생담보권이 조사확정절차를 거치면서 실권되었다고 하더라도 후순위 담보권자의 회생담보권 확정의 전제가 되는 '선순위 담보권으로 담보된 채권액'도 회생절차개시 당시를 기준으로 정하여야 한다.

② 채무자회생법 제176조 제2항은 채권조사확정재판에 대한 이의의 소가 제171조 제1항의 규정에 의한 기간 안에 제기되지 아니한 때에는 그 재판은 회생채권자·회생담보권자·주주·지분권자 전원에 대하여 확정판결과 동일한 효력이 있다고 규정한다. 이러한 선순위 담보권자의 회생담보권 조사확정재판의 효력은 채무자에 대하여 행사할 수 있는 해당 회생담보권의 존부와 범위에 관한 것이고 회생담보권은 회생담보권자마다 개별적으로 확정하므로, 선순위 담보권자의 회생담보권 조사확정재판의 효력이 후순위 담보권자의 회생담보권 존부와 범위를 확정하는 경우에도 작용하는 것은 아니다.

③ 후순위 담보권자는 원래 담보목적물 가액에서 회생절차개시 당시 '선순위 담보권으로 담보된 채권액'을 공제한 나머지 금액에 관한 회생담보권을 취득하는데, 그 나머지가 없는 경우에는 회생담보권자로서 권리를 행사할 수 없었다. 후순위 담보권자가 선순위 담보권자의 회생담보권이 절차적으로 실권됨에 따른 이익을 얻지 못하더라도 부당하다고 볼 수 없다.

④ 선순위 담보권자의 확정된 회생담보권을 기준으로 후순위 담보권자의 회생담보권을 확정할 경우 후순위 담보권자는 선순위 담보권자의 절차적 실권을 기대하면서 회생담보권에 대하여 이의를 할 가능성이 커져 회생담보권 확정에 관한 분쟁이

증가할 우려가 있다. 또한 선순위 담보권자의 회생담보권이 확정되지 않는 한 후순위 담보권자의 회생담보권을 확정할 수 없어 회생절차의 원활한 진행을 저해할 수 있다.

[3] 회생절차개시 전의 원인으로 생긴 채무자 외의 자에 대한 재산상의 청구권도 유치권 등 담보권으로 담보된 범위의 것은 회생담보권에 해당하므로[채무자 회생 및 파산에 관한 법률(이하 '채무자회생법'이라 한다) 제141조 제1항 본문] 물상보증인에 대하여도 회생담보권이 성립할 수 있다. 채무자회생법 제126조 제1항은 "여럿이 각각 전부의 이행을 하여야 하는 의무를 지는 경우 그 전원 또는 일부에 관하여 회생절차가 개시된 때에는 채권자는 회생절차개시 당시 가진 채권의 전액에 관하여 각 회생절차에서 회생채권자로서 그 권리를 행사할 수 있다."라고 정하고, 채무자회생법 제141조 제2항은 회생담보권에 관하여 위 규정을 준용한다. 따라서 채권자는 물상보증인에 대한 회생절차에서 담보목적물의 가액 범위 내에서 회생절차개시 당시 가진 채권의 전액에 관하여 회생담보권자로서 그 권리를 행사할 수 있다.

102. 대법원 2023. 6. 15. 선고 2020다277481 판결

【판시사항】

[1] 파산관재인이 환취권의 목적인 재산을 환취권의 목적이 아닌 다른 재산과 한꺼번에 양도하면서 각각의 반대급부를 특정하지 않은 경우, 환취권자가 대체적 환취권을 행사할 수 있는 범위(=전체 반대급부의 이행청구권 중 환취권의 목적인 재산의 가치에 상응하는 부분)

[2] 파산관재인이 채무자 회생 및 파산에 관한 법률 제415조 제1항에서 정한 임차인에게 해당 주택(대지 포함)을 양도하면서 파산법원으로부터 별제권 목적의 환수 허가 등을 얻은 경우, 매매대

금채권을 자동채권으로 하여 환취권의 목적인 재산의 가치에 상응하는 부분을 제외한 나머지 부분의 범위 내에 있는 임차인의 임대차보증금 상당 환수대금채권과 상계하거나 상계합의를 할 수 있는지 여부(적극)

【판결요지】

[1] 채무자 회생 및 파산에 관한 법률(이하 '채무자회생법'이라 한다) 제407조는 "파산선고는 채무자에 속하지 아니하는 재산을 파산재단으로부터 환취하는 권리에 영향을 미치지 아니한다."라고 규정하여 채무자에 속하지 않는 재산을 파산절차에 의하지 않고 파산관재인으로부터 환취할 권리를 보장한다. 그런데 채무자 또는 파산관재인이 환취권의 목적인 재산을 처분하여 파산재단 중에 현존하지 않는 경우 그 재산 자체를 환취할 수 없다. 이때 원칙적으로 환취권자는 채무자가 파산선고 전에 처분한 경우에는 부당이득반환청구권을 파산채권으로 행사할 수밖에 없고(채무자회생법 제423조), 파산관재인이 처분한 경우에는 부당이득반환청구권을 재단채권으로 행사할 수 있으나(채무자회생법 제473조 제5호) 파산재단이 부족한 때에는 재단채권이라도 완전한 만족을 얻을 수 없다. 이에 환취권자를 보호하기 위하여 채무자회생법 제410조 제1항은 "채무자가 파산선고 전에 환취권의 목적인 재산을 양도한 때에는 환취권자는 반대급부의 이행청구권의 이전을 청구할 수 있다. 파산관재인이 환취권의 목적인 재산을 양도한 때에도 또한 같다."라고 규정하고, 제2항은 "제1항의 경우 파산관재인이 반대급부의 이행을 받은 때에는 환취권자는 파산관재인이 반대급부로 받은 재산의 반환을 청구할 수 있다."라고 규정한다. 이와 같이 환취권자가 양도된 환취권의 목적인 재산에 관한 반대급부 이행청구권의 이전 또는 반대급부로 받은 재산의 반환을 청구할 수 있는 권리를 '대체적 환취권'이라고 한다.

파산관재인이 환취권의 목적인 재산을 양도하였으나 양수인이 반대급부를 이행하지 않은 경우 환취권자는 파산관재인에게 반대급부 이행청구권의 이전을 청구할 수 있다(채무자회생법 제410조 제1항). 만약 파산관재인이 환취권의 목적인 재산을 환취권의 목적이 아닌 다른 재산과 한꺼번에 양도하면서 각각의 반대급부를 특정하지 않은 경우 환취권자는 전체 반대급부의 이행청구권 중 환취권의 목적인 재산의 가치에 상응하는 부분에 한하여 대체적 환취권을 행사할 수 있다.

[2] 파산재단에 속하는 재산상에 존재하는 유치권·질권·저당권·'동산·채권 등의 담보에 관한 법률'에 따른 담보권 또는 전세권을 가진 자는 그 목적인 재산에 관하여 당연히 별제권을 가지고[채무자회생 및 파산에 관한 법률(이하 '채무자회생법'이라 한다) 제411조], 별제권은 파산절차에 의하지 아니하고 이를 행사할 수 있다(채무자회생법 제412조). 별제권은 특정한 재산이 파산재단에 속하는 것을 전제로 해당 재산으로부터 우선적으로 피담보채권을 변제받는 권리이므로, 환취권의 목적이 아닌 재산으로서 파산재단에 속하는 재산에 대하여만 인정된다.

채무자회생법 제422조 제1호는 '파산채권자가 파산선고 후에 파산재단에 대하여 채무를 부담한 때'를 상계금지사유로 규정하고 있다. 이는 파산채권자가 파산선고 후에 부담한 채무를 파산채권과 상계하도록 허용한다면 그 파산채권자에게 그 금액에 대하여 다른 파산채권자들보다 우선하여 변제하는 것을 용인하는 것이 되어 결과적으로 파산채권자 사이의 공평을 해치게 되므로, 이를 방지하기 위하여 상계를 금지하고 파산절차에 의하여 파산채권을 행사하도록 한 것에 그 목적이 있다. 이 법리는 특별한 사정이 없는 한 파산채권자와 파산관재인이 상계의 합의를 한 경우에도 마찬가지로 봄이 타당하다.

한편 주택임차인이 주택임대차보호법 제3조 제1항에 의한 대항요건을 갖추고 임대차계약증서상의 확정일자를 받은 후 임대인이 파산한 경우에, 주택임차인은 채무자회생법 제415조 제1항에 따라 파산채권인 임대차보증금 반환채권에 관하여 파산재단에 속하는 주택(대지를 포함한다)의 환가대금에서 후순위권리자나 그 밖의 채권자보다 우선하여 변제받을 권리가 있으며, 우선변제권의 한도 내에서는 파산절차에 의하지 아니하고 주택에 대한 경매절차 등에서 만족을 받을 수 있다.

이러한 임차인은 파산절차에서 별제권자에 준하는 지위에 있으므로, 파산관재인이 임차인에게 임대주택을 처분하면서 채무자회생법 제492조 제14호에 따라 '별제권의 목적의 환수'에 관한 파산법원의 허가 등을 얻어 임대차보증금 반환채무액 상당의 환수대금을 지급하는 것도 가능하다. 나아가 이러한 경우 임차인의 환수대금채권은 파산선고 전의 원인으로 발생한 파산채권이 아니므로 파산관재인은 매매대금채권을 자동채권으로 하여 환수대금채권과 대등액에서 상계하거나 상계합의를 하는 것도 가능하다.

따라서 파산관재인이 채무자회생법 제415조 제1항에서 정한 임차인에게 해당 주택(대지를 포함한다)을 양도하면서 파산법원으로부터 별제권 목적의 환수 허가 등을 얻은 경우 환취권의 목적인 재산의 가치에 상응하는 부분을 제외한 나머지 부분의 범위에서 환수대금채무를 부담하므로, 매매대금채권을 자동채권으로 하여 위 범위 내에 있는 임차인의 임대차보증금 상당 환수대금채권과 대등액에서 상계하거나 상계합의를 할 수 있다.

103. 대법원 2014. 4. 10. 선고 2010다84932 판결

【판시사항】

[1] 갑 소유의 점포를 을 주식회사가 점유하고 있는 상황에서 갑이 점포 인도를 구하는 것과 별도로 을 회사를 상대로 점포에 대한 유치권 부존재확인을 구하는 것은 확인의 이익이 없어 부적법하다고 한 사례

[2] 저당권설정등기나 가압류등기 또는 체납처분압류등기가 되어 있는 부동산에 관하여 경매개시결정등기가 되기 전에 민사유치권을 취득한 사람이 경매절차의 매수인에게 유치권으로 대항할 수 있는지 여부(적극)

[3] 저당권 설정 후 취득한 유치권이 경매절차에서의 매각으로 소멸하는지 여부(원칙적 소극)

민사집행법

타법개정 2024.9.20[법률 20434호, 시행 2025.1.31.] 법무부

제1편 총칙

제1조(목적)

이 법은 강제집행, 담보권 실행을 위한 경매, 민법·상법, 그 밖의 법률의 규정에 의한 경매(이하 "민사집행"이라 한다) 및 보전처분의 절차를 규정함을 목적으로 한다.

제2조(집행실시자)

민사집행은 이 법에 특별한 규정이 없으면 집행관이 실시한다.

제3조(집행법원)

① 이 법에서 규정한 집행행위에 관한 법원의 처분이나 그 행위에 관한 법원의 협력사항을 관할하는 집행법원은 법률에 특별히 지정되어 있지 아니하면 집행절차를 실시할 곳이나 실시한 곳을 관할하는 지방법원이 된다.

② 집행법원의 재판은 변론 없이 할 수 있다.

제4조(집행신청의 방식)

민사집행의 신청은 서면으로 하여야 한다.

제5조(집행관의 강제력 사용)

① 집행관은 집행을 하기 위하여 필요한 경우에는 채무자의 주거·창고 그 밖의 장소를 수색하고, 잠근 문과 기구를 여는 등 적절한 조치를 할 수 있다.

② 제1항의 경우에 저항을 받으면 집행관은 경찰 또는 국군의 원조를 요청할 수 있다.

③ 제2항의 국군의 원조는 법원에 신청하여야 하며, 법원이 국군의 원조를 요청하는 절차는 대법원규칙으로 정한다.

제6조(참여자)

집행관은 집행하는 데 저항을 받거나 채무자의 주거에서 집행을 실시하려는데 채무자나 사리를 분별할 지능이 있는 그 친족·고용인을 만나지 못한 때에는 성년 두 사람이나 특별시·광역시의 구 또는 동 직원, 시·읍·면 직원(도농복합형태의 시의 경우 동지역에서는 시 직원, 읍·면지역에서는 읍·면 직원) 또는 경찰공무원중 한 사람을 증인으로 참여하게 하여야 한다.

제7조(집행관에 대한 원조요구)

① 집행관 외의 사람으로서 법원의 명령에 의하여 민사집행에 관한 직무를 행하는 사람은 그 신분 또는 자격을 증명하는 문서를 지니고 있다가 관계인이 신청할 때에

는 이를 내보여야 한다.
② 제1항의 사람이 그 직무를 집행하는 데 저항을 받으면 집행관에게 원조를 요구할 수 있다.
③ 제2항의 원조요구를 받은 집행관은 제5조 및 제6조에 규정된 권한을 행사할 수 있다.

제8조(공휴일 · 야간의 집행)
① 공휴일과 야간에는 법원의 허가가 있어야 집행행위를 할 수 있다.
② 제1항의 허가명령은 민사집행을 실시할 때에 내보여야 한다.

제9조(기록열람 · 등본부여)
집행관은 이해관계 있는 사람이 신청하면 집행기록을 볼 수 있도록 허가하고, 기록에 있는 서류의 등본을 교부하여야 한다.

제10조(집행조서)
① 집행관은 집행조서(집행조서)를 작성하여야 한다.
② 제1항의 조서(조서)에는 다음 각호의 사항을 밝혀야 한다.
   1. 집행한 날짜와 장소
   2. 집행의 목적물과 그 중요한 사정의 개요
   3. 집행참여자의 표시
   4. 집행참여자의 서명날인
   5. 집행참여자에게 조서를 읽어 주거나 보여 주고, 그가 이를 승인하고 서명날인한 사실
   6. 집행관의 기명날인 또는 서명
③ 제2항제4호 및 제5호의 규정에 따라 서명날인할 수 없는 경우에는 그 이유를 적어야 한다.

제11조(집행행위에 속한 최고, 그 밖의 통지)
① 집행행위에 속한 최고(최고) 그 밖의 통지는 집행관이 말로 하고 이를 조서에 적어야 한다.
② 말로 최고나 통지를 할 수 없는 경우에는 민사소송법 제181조 · 제182조 및 제187조의 규정을 준용하여 그 조서의 등본을 송달한다. 이 경우 송달증서를 작성하지 아니한 때에는 조서에 송달한 사유를 적어야 한다.
③ 집행하는 곳과 법원의 관할구역안에서 제2항의 송달을 할 수 없는 경우에는 최고나 통지를 받을 사람에게 대법원규칙이 정하는 방법으로 조서의 등본을 발송하고 그 사유를 조서에 적어야 한다.

제12조(송달 · 통지의 생략)
채무자가 외국에 있거나 있는 곳이 분명하지 아니한 때에는 집행행위에 속한 송달이나

통지를 하지 아니하여도 된다.

제13조(외국송달의 특례)
① 집행절차에서 외국으로 송달이나 통지를 하는 경우에는 송달이나 통지와 함께 대한민국안에 송달이나 통지를 받을 장소와 영수인을 정하여 상당한 기간 이내에 신고하도록 명할 수 있다.
② 제1항의 기간 이내에 신고가 없는 경우에는 그 이후의 송달이나 통지를 하지 아니할 수 있다.

제14조(주소 등이 바뀐 경우의 신고의무)
① 집행에 관하여 법원에 신청이나 신고를 한 사람 또는 법원으로부터 서류를 송달받은 사람이 송달받을 장소를 바꾼 때에는 그 취지를 법원에 바로 신고하여야 한다.
② 제1항의 신고를 하지 아니한 사람에 대한 송달은 달리 송달할 장소를 알 수 없는 경우에는 법원에 신고된 장소 또는 종전에 송달을 받던 장소에 대법원규칙이 정하는 방법으로 발송할 수 있다.
③ 제2항의 규정에 따라 서류를 발송한 경우에는 발송한 때에 송달된 것으로 본다.

제15조(즉시항고)
① 집행절차에 관한 집행법원의 재판에 대하여는 특별한 규정이 있어야만 즉시항고(즉시항고)를 할 수 있다.
② 항고인(항고인)은 재판을 고지받은 날부터 1주의 불변기간 이내에 항고장(항고장)을 원심법원에 제출하여야 한다.
③ 항고장에 항고이유를 적지 아니한 때에는 항고인은 항고장을 제출한 날부터 10일 이내에 항고이유서를 원심법원에 제출하여야 한다.
④ 항고이유는 대법원규칙이 정하는 바에 따라 적어야 한다.
⑤ 항고인이 제3항의 규정에 따른 항고이유서를 제출하지 아니하거나 항고이유가 제4항의 규정에 위반한 때 또는 항고가 부적법하고 이를 보정(보정)할 수 없음이 분명한 때에는 원심법원은 결정으로 그 즉시항고를 각하하여야 한다.
⑥ 제1항의 즉시항고는 집행정지의 효력을 가지지 아니한다. 다만, 항고법원(재판기록이 원심법원에 남아 있는 때에는 원심법원)은 즉시항고에 대한 결정이 있을 때까지 담보를 제공하게 하거나 담보를 제공하게 하지 아니하고 원심재판의 집행을 정지하거나 집행절차의 전부 또는 일부를 정지하도록 명할 수 있고, 담보를 제공하게 하고 그 집행을 계속하도록 명할 수 있다.
⑦ 항고법원은 항고장 또는 항고이유서에 적힌 이유에 대하여서만 조사한다. 다만, 원심재판에 영향을 미칠 수 있는 법령위반 또는 사실오인이 있는지에 대하여 직권으로 조사할 수 있다.

⑧ 제5항의 결정에 대하여는 즉시항고를 할 수 있다.
⑨ 제6항 단서의 규정에 따른 결정에 대하여는 불복할 수 없다.
⑩ 제1항의 즉시항고에 대하여는 이 법에 특별한 규정이 있는 경우를 제외하고는 민사소송법 제3편 제3장중 즉시항고에 관한 규정을 준용한다.

제16조(집행에 관한 이의신청)

① 집행법원의 집행절차에 관한 재판으로서 즉시항고를 할 수 없는 것과, 집행관의 집행처분, 그 밖에 집행관이 지킬 집행절차에 대하여서는 법원에 이의를 신청할 수 있다.
② 법원은 제1항의 이의신청에 대한 재판에 앞서, 채무자에게 담보를 제공하게 하거나 제공하게 하지 아니하고 집행을 일시정지하도록 명하거나, 채권자에게 담보를 제공하게 하고 그 집행을 계속하도록 명하는 등 잠정처분(잠정처분)을 할 수 있다.
③ 집행관이 집행을 위임받기를 거부하거나 집행행위를 지체하는 경우 또는 집행관이 계산한 수수료에 대하여 다툼이 있는 경우에는 법원에 이의를 신청할 수 있다.

제17조(취소결정의 효력)

① 집행절차를 취소하는 결정, 집행절차를 취소한 집행관의 처분에 대한 이의신청을 기각·각하하는 결정 또는 집행관에게 집행절차의 취소를 명하는 결정에 대하여는 즉시항고를 할 수 있다.
② 제1항의 결정은 확정되어야 효력을 가진다.

제18조(집행비용의 예납 등)

① 민사집행의 신청을 하는 때에는 채권자는 민사집행에 필요한 비용으로서 법원이 정하는 금액을 미리 내야 한다. 법원이 부족한 비용을 미리 내라고 명하는 때에도 또한 같다.
② 채권자가 제1항의 비용을 미리 내지 아니한 때에는 법원은 결정으로 신청을 각하하거나 집행절차를 취소할 수 있다.
③ 제2항의 규정에 따른 결정에 대하여는 즉시항고를 할 수 있다.

제19조(담보제공·공탁 법원)

① 이 법의 규정에 의한 담보의 제공이나 공탁은 채권자나 채무자의 보통재판적(보통재판적)이 있는 곳의 지방법원 또는 집행법원에 할 수 있다.
② 당사자가 담보를 제공하거나 공탁을 한 때에는, 법원은 그의 신청에 따라 증명서를 주어야 한다.
③ 이 법에 규정된 담보에는 특별한 규정이 있는 경우를 제외하고는 민사소송법 제122조·제123조·제125조 및 제126조의 규정을 준용한다.

제20조(공공기관의 원조)

법원은 집행을 하기 위하여 필요하면 공공기관에 원조를 요청할 수 있다.

제21조(재판적)

이 법에 정한 재판적(재판적)은 전속관할(전속관할)로 한다.

제22조(시·군법원의 관할에 대한 특례)

다음 사건은 시·군법원이 있는 곳을 관할하는 지방법원 또는 지방법원지원이 관할한다.
1. 시·군법원에서 성립된 화해·조정(민사조정법 제34조제4항의 규정에 따라 재판상의 화해와 동일한 효력이 있는 결정을 포함한다. 이하 같다) 또는 확정된 지급명령에 관한 집행문부여의 소, 청구에 관한 이의의 소 또는 집행문부여에 대한 이의의 소로서 그 집행권원에서 인정된 권리가 소액사건심판법의 적용대상이 아닌 사건
2. 시·군법원에서 한 보전처분의 집행에 대한 제3자이의의 소
3. 시·군법원에서 성립된 화해·조정에 기초한 대체집행 또는 간접강제
4. 소액사건심판법의 적용대상이 아닌 사건을 본안으로 하는 보전처분

제23조(민사소송법의 준용 등)

① 이 법에 특별한 규정이 있는 경우를 제외하고는 민사집행 및 보전처분의 절차에 관하여는 민사소송법의 규정을 준용한다.

② 이 법에 정한 것 외에 민사집행 및 보전처분의 절차에 관하여 필요한 사항은 대법원규칙으로 정한다.

제2편 강제집행

제1장 총칙

제24조(강제집행과 종국판결)

강제집행은 확정된 종국판결(종국판결)이나 가집행의 선고가 있는 종국판결에 기초하여 한다.

제25조(집행력의 주관적 범위)

① 판결이 그 판결에 표시된 당사자 외의 사람에게 효력이 미치는 때에는 그 사람에 대하여 집행하거나 그 사람을 위하여 집행할 수 있다. 다만, 민사소송법 제71조의 규정에 따른 참가인에 대하여는 그러하지 아니하다.

② 제1항의 집행을 위한 집행문(집행문)을 내어 주는데 대하여는 제31조 내지 제33조의 규정을 준용한다.

제26조(외국재판의 강제집행)

① 외국법원의 확정판결 또는 이와 동일한 효력이 인정되는 재판(이하 "확정재판등"이라 한다)에 기초한 강제집행은 대한민국 법원에서 집행판결로 그 강제집행을 허가하여야 할 수 있다. 〈개정 2014.5.20〉
② 집행판결을 청구하는 소(訴)는 채무자의 보통재판적이 있는 곳의 지방법원이 관할하며, 보통재판적이 없는 때에는 민사소송법 제11조의 규정에 따라 채무자에 대한 소를 관할하는 법원이 관할한다.

[제목개정 2014.5.20]

제27조(집행판결)

① 집행판결은 재판의 옳고 그름을 조사하지 아니하고 하여야한다.
② 집행판결을 청구하는 소는 다음 각호 가운데 어느 하나에 해당하면 각하하여야 한다. 〈개정 2014.5.20〉
  1. 외국법원의 확정재판등이 확정된 것을 증명하지 아니한 때
  2. 외국법원의 확정재판등이 민사소송법 제217조의 조건을 갖추지 아니한 때

제28조(집행력 있는 정본)

① 강제집행은 집행문이 있는 판결정본(이하 "집행력 있는 정본"이라 한다)이 있어야 할 수 있다.
② 집행문은 신청에 따라 제1심 법원의 법원서기관·법원사무관·법원주사 또는 법원주사보(이하 "법원사무관등"이라 한다)가 내어 주며, 소송기록이 상급심에 있는 때에는 그 법원의 법원사무관등이 내어 준다.
③ 집행문을 내어 달라는 신청은 말로 할 수 있다.

제29조(집행문)

① 집행문은 판결정본의 끝에 덧붙여 적는다.
② 집행문에는 "이 정본은 피고 아무개 또는 원고 아무개에 대한 강제집행을 실시하기 위하여 원고 아무개 또는 피고 아무개에게 준다."라고 적고 법원사무관등이 기명날인하여야 한다.

제30조(집행문부여)

① 집행문은 판결이 확정되거나 가집행의 선고가 있는 때에만 내어 준다.
② 판결을 집행하는 데에 조건이 붙어 있어 그 조건이 성취되었음을 채권자가 증명하여야 하는 때에는 이를 증명하는 서류를 제출하여야만 집행문을 내어 준다. 다만, 판결의 집행이 담보의 제공을 조건으로 하는 때에는 그러하지 아니하다.

제31조(승계집행문)

① 집행문은 판결에 표시된 채권자의 승계인을 위하여 내어 주거나 판결에 표시된 채

무자의 승계인에 대한 집행을 위하여 내어 줄 수 있다. 다만, 그 승계가 법원에 명백한 사실이거나, 증명서로 승계를 증명한 때에 한한다.
② 제1항의 승계가 법원에 명백한 사실인 때에는 이를 집행문에 적어야 한다.

제32조(재판장의 명령)

① 재판을 집행하는 데에 조건을 붙인 경우와 제31조의 경우에는 집행문은 재판장(합의부의 재판장 또는 단독판사를 말한다. 이하 같다)의 명령이 있어야 내어 준다.
② 재판장은 그 명령에 앞서 서면이나 말로 채무자를 심문(심문) 할 수 있다.
③ 제1항의 명령은 집행문에 적어야 한다.

제33조(집행문부여의 소)

제30조제2항 및 제31조의 규정에 따라 필요한 증명을 할 수 없는 때에는 채권자는 집행문을 내어 달라는 소를 제1심 법원에 제기할 수 있다.

제34조(집행문부여 등에 관한 이의신청)

① 집행문을 내어 달라는 신청에 관한 법원사무관등의 처분에 대하여 이의신청이 있는 경우에는 그 법원사무관등이 속한 법원이 결정으로 재판한다.
② 집행문부여에 대한 이의신청이 있는 경우에는 법원은 제16조제2항의 처분에 준하는 결정을 할 수 있다.

제35조(여러 통의 집행문의 부여)

① 채권자가 여러 통의 집행문을 신청하거나 전에 내어 준 집행문을 돌려주지 아니하고 다시 집행문을 신청한 때에는 재판장의 명령이 있어야만 이를 내어 준다.
② 재판장은 그 명령에 앞서 서면이나 말로 채무자를 심문할 수 있으며, 채무자를 심문하지 아니하고 여러 통의 집행문을 내어 주거나 다시 집행문을 내어 준 때에는 채무자에게 그 사유를 통지하여야 한다.
③ 여러 통의 집행문을 내어 주거나 다시 집행문을 내어 주는 때에는 그 사유를 원본과 집행문에 적어야 한다.

제36조(판결원본에의 기재)

집행문을 내어 주는 경우에는 판결원본 또는 상소심 판결정본에 원고 또는 피고에게 이를 내어 준다는 취지와 그 날짜를 적어야 한다.

제37조(집행력 있는 정본의 효력)

집행력 있는 정본의 효력은 전국 법원의 관할구역에 미친다.

제38조(여러 통의 집행력 있는 정본에 의한 동시집행)

채권자가 한 지역에서 또는 한 가지 방법으로 강제집행을 하여도 모두 변제를 받을 수 없는 때에는 여러 통의 집행력 있는 정본에 의하여 여러 지역에서 또는 여러 가지 방법으로 동시에 강제집행을 할 수 있다.

제39조(집행개시의 요건)

① 강제집행은 이를 신청한 사람과 집행을 받을 사람의 성명이 판결이나 이에 덧붙여 적은 집행문에 표시되어 있고 판결을 이미 송달하였거나 동시에 송달한 때에만 개시할 수 있다.

② 판결의 집행이 그 취지에 따라 채권자가 증명할 사실에 매인 때 또는 판결에 표시된 채권자의 승계인을 위하여 하는 것이거나 판결에 표시된 채무자의 승계인에 대하여 하는 것일 때에는 집행할 판결 외에, 이에 덧붙여 적은 집행문을 강제집행을 개시하기 전에 채무자의 승계인에게 송달하여야 한다.

③ 증명서에 의하여 집행문을 내어 준 때에는 그 증명서의 등본을 강제집행을 개시하기 전에 채무자에게 송달하거나 강제집행과 동시에 송달하여야 한다.

제40조(집행개시의 요건)

① 집행을 받을 사람이 일정한 시일에 이르러야 그 채무를 이행하게 되어 있는 때에는 그 시일이 지난 뒤에 강제집행을 개시할 수 있다.

② 집행이 채권자의 담보제공에 매인 때에는 채권자는 담보를 제공한 증명서류를 제출하여야 한다. 이 경우의 집행은 그 증명서류의 등본을 채무자에게 이미 송달하였거나 동시에 송달하는 때에만 개시할 수 있다.

제41조(집행개시의 요건)

① 반대의무의 이행과 동시에 집행할 수 있다는 것을 내용으로 하는 집행권원의 집행은 채권자가 반대의무의 이행 또는 이행의 제공을 하였다는 것을 증명하여야만 개시할 수 있다.

② 다른 의무의 집행이 불가능한 때에 그에 갈음하여 집행할 수 있다는 것을 내용으로 하는 집행권원의 집행은 채권자가 그 집행이 불가능하다는 것을 증명하여야만 개시할 수 있다.

제42조(집행관에 의한 영수증의 작성·교부)

① 채권자가 집행관에게 집행력 있는 정본을 교부하고 강제집행을 위임한 때에는 집행관은 특별한 권한을 받지 못하였더라도 지급이나 그 밖의 이행을 받고 그에 대한 영수증서를 작성하고 교부할 수 있다. 집행관은 채무자가 그 의무를 완전히 이행한 때에는 집행력 있는 정본을 채무자에게 교부하여야 한다.

② 채무자가 그 의무의 일부를 이행한 때에는 집행관은 집행력 있는 정본에 그 사유를 덧붙여 적고 영수증서를 채무자에게 교부하여야 한다.

③ 채무자의 채권자에 대한 영수증 청구는 제2항의 규정에 의하여 영향을 받지 아니한다.

제43조(집행관의 권한)

① 집행관은 집행력 있는 정본을 가지고 있으면 채무자와 제3자에 대하여 강제집행을 하고 제42조에 규정된 행위를 할 수 있는 권한을 가지며, 채권자는 그에 대하여 위임의 흠이나 제한을 주장하지 못한다.
② 집행관은 집행력 있는 정본을 가지고 있다가 관계인이 요청할 때에는 그 자격을 증명하기 위하여 이를 내보여야 한다.

제44조(청구에 관한 이의의 소)

① 채무자가 판결에 따라 확정된 청구에 관하여 이의하려면 제1심 판결법원에 청구에 관한 이의의 소를 제기하여야 한다.
② 제1항의 이의는 그 이유가 변론이 종결된 뒤(변론 없이 한 판결의 경우에는 판결이 선고된 뒤)에 생긴 것이어야 한다.
③ 이의이유가 여러 가지인 때에는 동시에 주장하여야 한다.

제45조(집행문부여에 대한 이의의 소)

제30조제2항과 제31조의 경우에 채무자가 집행문부여에 관하여 증명된 사실에 의한 판결의 집행력을 다투거나, 인정된 승계에 의한 판결의 집행력을 다투는 때에는 제44조의 규정을 준용한다. 다만, 이 경우에도 제34조의 규정에 따라 집행문부여에 대하여 이의를 신청할 수 있는 채무자의 권한은 영향을 받지 아니한다.

제46조(이의의 소와 잠정처분)

① 제44조 및 제45조의 이의의 소는 강제집행을 계속하여 진행하는 데에는 영향을 미치지 아니한다.
② 제1항의 이의를 주장한 사유가 법률상 정당한 이유가 있다고 인정되고, 사실에 대한 소명(소명)이 있을 때에는 수소법원(수소법원)은 당사자의 신청에 따라 판결이 있을 때까지 담보를 제공하게 하거나 담보를 제공하게 하지 아니하고 강제집행을 정지하도록 명할 수 있으며, 담보를 제공하게 하고 그 집행을 계속하도록 명하거나 실시한 집행처분을 취소하도록 명할 수 있다.
③ 제2항의 재판은 변론 없이 하며 급박한 경우에는 재판장이 할 수 있다.
④ 급박한 경우에는 집행법원이 제2항의 권한을 행사할 수 있다. 이 경우 집행법원은 상당한 기간 이내에 제2항에 따른 수소법원의 재판서를 제출하도록 명하여야 한다.
⑤ 제4항 후단의 기간을 넘긴 때에는 채권자의 신청에 따라 강제집행을 계속하여 진행한다.

제47조(이의의 재판과 잠정처분)

① 수소법원은 이의의 소의 판결에서 제46조의 명령을 내리고 이미 내린 명령을 취소

·변경 또는 인가할 수 있다.
② 판결중 제1항에 규정된 사항에 대하여는 직권으로 가집행의 선고를 하여야 한다.
③ 제2항의 재판에 대하여는 불복할 수 없다.

제48조(제3자이의의 소)

① 제3자가 강제집행의 목적물에 대하여 소유권이 있다고 주장하거나 목적물의 양도나 인도를 막을 수 있는 권리가 있다고 주장하는 때에는 채권자를 상대로 그 강제집행에 대한 이의의 소를 제기할 수 있다. 다만, 채무자가 그 이의를 다투는 때에는 채무자를 공동피고로 할 수 있다.
② 제1항의 소는 집행법원이 관할한다. 다만, 소송물이 단독판사의 관할에 속하지 아니할 때에는 집행법원이 있는 곳을 관할하는 지방법원의 합의부가 이를 관할한다.
③ 강제집행의 정지와 이미 실시한 집행처분의 취소에 대하여는 제46조 및 제47조의 규정을 준용한다. 다만, 집행처분을 취소할 때에는 담보를 제공하게 하지 아니할 수 있다.

제49조(집행의 필수적 정지·제한)

강제집행은 다음 각호 가운데 어느 하나에 해당하는 서류를 제출한 경우에 정지하거나 제한하여야 한다.
1. 집행할 판결 또는 그 가집행을 취소하는 취지나, 강제집행을 허가하지 아니하거나 그 정지를 명하는 취지 또는 집행처분의 취소를 명한 취지를 적은 집행력 있는 재판의 정본
2. 강제집행의 일시정지를 명한 취지를 적은 재판의 정본
3. 집행을 면하기 위하여 담보를 제공한 증명서류
4. 집행할 판결이 있은 뒤에 채권자가 변제를 받았거나, 의무이행을 미루도록 승낙한 취지를 적은 증서
5. 집행할 판결, 그 밖의 재판이 소의 취하 등의 사유로 효력을 잃었다는 것을 증명하는 조서등본 또는 법원사무관등이 작성한 증서
6. 강제집행을 하지 아니한다거나 강제집행의 신청이나 위임을 취하한다는 취지를 적은 화해조서(화해조서)의 정본 또는 공정증서(공정증서)의 정본

제50조(집행처분의 취소·일시유지)

① 제49조제1호·제3호·제5호 및 제6호의 경우에는 이미 실시한 집행처분을 취소하여야 하며, 같은 조 제2호 및 제4호의 경우에는 이미 실시한 집행처분을 일시적으로 유지하게 하여야 한다.
② 제1항에 따라 집행처분을 취소하는 경우에는 제17조의 규정을 적용하지 아니한다.

제51조(변제증서 등의 제출에 의한 집행정지의 제한)

① 제49조제4호의 증서 가운데 변제를 받았다는 취지를 적은 증서를 제출하여 강제집

행이 정지되는 경우 그 정지기간은 2월로 한다.
② 제49조제4호의 증서 가운데 의무이행을 미루도록 승낙하였다는 취지를 적은 증서를 제출하여 강제집행이 정지되는 경우 그 정지는 2회에 한하며 통산하여 6월을 넘길 수 없다.

제52조(집행을 개시한 뒤 채무자가 죽은 경우)
① 강제집행을 개시한 뒤에 채무자가 죽은 때에는 상속재산에 대하여 강제집행을 계속하여 진행한다.
② 채무자에게 알려야 할 집행행위를 실시할 경우에 상속인이 없거나 상속인이 있는 곳이 분명하지 아니하면 집행법원은 채권자의 신청에 따라 상속재산 또는 상속인을 위하여 특별대리인을 선임하여야 한다.
③ 제2항의 특별대리인에 관하여는 「민사소송법」제62조제2항부터 제5항까지의 규정을 준용한다. 〈개정 2016.2.3〉

제53조(집행비용의 부담)
① 강제집행에 필요한 비용은 채무자가 부담하고 그 집행에 의하여 우선적으로 변상을 받는다.
② 강제집행의 기초가 된 판결이 파기된 때에는 채권자는 제1항의 비용을 채무자에게 변상하여야 한다.

제54조(군인·군무원에 대한 강제집행)
① 군인·군무원에 대하여 병영·군사용 청사 또는 군용 선박에서 강제집행을 할 경우 법원은 채권자의 신청에 따라 군판사 또는 부대장(부대장)이나 선장에게 촉탁하여 이를 행한다.
② 촉탁에 따라 압류한 물건은 채권자가 위임한 집행관에게 교부하여야 한다.

제55조(외국에서 할 집행)
① 외국에서 강제집행을 할 경우에 그 외국 공공기관의 법률상 공조를 받을 수 있는 때에는 제1심 법원이 채권자의 신청에 따라 외국 공공기관에 이를 촉탁하여야 한다.
② 외국에 머물고 있는 대한민국 영사(영사)에 의하여 강제집행을 할 수 있는 때에는 제1심 법원은 그 영사에게 이를 촉탁하여야 한다.

제56조(그 밖의 집행권원)
강제집행은 다음 가운데 어느 하나에 기초하여서도 실시할 수 있다.
  1. 항고로만 불복할 수 있는 재판
  2. 가집행의 선고가 내려진 재판
  3. 확정된 지급명령

4. 공증인이 일정한 금액의 지급이나 대체물 또는 유가증권의 일정한 수량의 급여를 목적으로 하는 청구에 관하여 작성한 공정증서로서 채무자가 강제집행을 승낙한 취지가 적혀 있는 것
5. 소송상 화해, 청구의 인낙(인낙) 등 그 밖에 확정판결과 같은 효력을 가지는 것

제57조(준용규정)

제56조의 집행권원에 기초한 강제집행에 대하여는 제58조 및 제59조에서 규정하는 바를 제외하고는 제28조 내지 제55조의 규정을 준용한다.

제58조(지급명령과 집행)

① 확정된 지급명령에 기한 강제집행은 집행문을 부여받을 필요없이 지급명령 정본에 의하여 행한다. 다만, 다음 각호 가운데 어느 하나에 해당하는 경우에는 그러하지 아니하다.
  1. 지급명령의 집행에 조건을 붙인 경우
  2. 당사자의 승계인을 위하여 강제집행을 하는 경우
  3. 당사자의 승계인에 대하여 강제집행을 하는 경우
② 채권자가 여러 통의 지급명령 정본을 신청하거나, 전에 내어준 지급명령 정본을 돌려주지 아니하고 다시 지급명령 정본을 신청한 때에는 법원사무관등이 이를 부여한다. 이 경우 그 사유를 원본과 정본에 적어야 한다.
③ 청구에 관한 이의의 주장에 대하여는 제44조제2항의 규정을 적용하지 아니한다.
④ 집행문부여의 소, 청구에 관한 이의의 소 또는 집행문부여에 대한 이의의 소는 지급명령을 내린 지방법원이 관할한다.
⑤ 제4항의 경우에 그 청구가 합의사건인 때에는 그 법원이 있는 곳을 관할하는 지방법원의 합의부에서 재판한다.

제59조(공정증서와 집행)

① 공증인이 작성한 증서의 집행문은 그 증서를 보존하는 공증인이 내어 준다.
② 집행문을 내어 달라는 신청에 관한 공증인의 처분에 대하여 이의신청이 있는 때에는 그 공증인의 사무소가 있는 곳을 관할하는 지방법원 단독판사가 결정으로 재판한다.
③ 청구에 관한 이의의 주장에 대하여는 제44조제2항의 규정을 적용하지 아니한다.
④ 집행문부여의 소, 청구에 관한 이의의 소 또는 집행문부여에 대한 이의의 소는 채무자의 보통재판적이 있는 곳의 법원이 관할한다. 다만, 그러한 법원이 없는 때에는 민사소송법 제11조의 규정에 따라 채무자에 대하여 소를 제기할 수 있는 법원이 관할한다.

제60조(과태료의 집행)

① 과태료의 재판은 검사의 명령으로 집행한다.

② 제1항의 명령은 집행력 있는 집행권원과 같은 효력을 가진다.

제2장 금전채권에 기초한 강제집행

제1절 재산명시절차 등

제61조(재산명시신청)
① 금전의 지급을 목적으로 하는 집행권원에 기초하여 강제집행을 개시할 수 있는 채권자는 채무자의 보통재판적이 있는 곳의 법원에 채무자의 재산명시를 요구하는 신청을 할 수 있다. 다만, 민사소송법 제213조에 따른 가집행의 선고가 붙은 판결 또는 같은 조의 준용에 따른 가집행의 선고가 붙어 집행력을 가지는 집행권원의 경우에는 그러하지 아니하다.
② 제1항의 신청에는 집행력 있는 정본과 강제집행을 개시하는데 필요한 문서를 붙여야 한다.

제62조(재산명시신청에 대한 재판)
① 재산명시신청에 정당한 이유가 있는 때에는 법원은 채무자에게 재산상태를 명시한 재산목록을 제출하도록 명할 수 있다.
② 재산명시신청에 정당한 이유가 없거나, 채무자의 재산을 쉽게 찾을 수 있다고 인정한 때에는 법원은 결정으로 이를 기각하여야 한다.
③ 제1항 및 제2항의 재판은 채무자를 심문하지 아니하고 한다.
④ 제1항의 결정은 신청한 채권자 및 채무자에게 송달하여야 하고, 채무자에 대한 송달에서는 결정에 따르지 아니할 경우 제68조에 규정된 제재를 받을 수 있음을 함께 고지하여야 한다.
⑤ 제4항의 규정에 따라 채무자에게 하는 송달은 민사소송법 제187조 및 제194조에 의한 방법으로는 할 수 없다.
⑥ 제1항의 결정이 채무자에게 송달되지 아니한 때에는 법원은 채권자에게 상당한 기간을 정하여 그 기간 이내에 채무자의 주소를 보정하도록 명하여야 한다.
⑦ 채권자가 제6항의 명령을 받고도 이를 이행하지 아니한 때에는 법원은 제1항의 결정을 취소하고 재산명시신청을 각하하여야 한다.
⑧ 제2항 및 제7항의 결정에 대하여는 즉시항고를 할 수 있다.
⑨ 채무자는 제1항의 결정을 송달받은 뒤 송달장소를 바꾼 때에는 그 취지를 법원에 바로 신고하여야 하며, 그러한 신고를 하지 아니한 경우에는 민사소송법 제185조 제2항 및 제189조의 규정을 준용한다.

제63조(재산명시명령에 대한 이의신청)

① 채무자는 재산명시명령을 송달받은 날부터 1주 이내에 이의신청을 할 수 있다.
② 채무자가 제1항에 따라 이의신청을 한 때에는 법원은 이의신청사유를 조사할 기일을 정하고 채권자와 채무자에게 이를 통지하여야 한다.
③ 이의신청에 정당한 이유가 있는 때에는 법원은 결정으로 재산명시명령을 취소하여야 한다.
④ 이의신청에 정당한 이유가 없거나 채무자가 정당한 사유 없이 기일에 출석하지 아니한 때에는 법원은 결정으로 이의신청을 기각하여야 한다.
⑤ 제3항 및 제4항의 결정에 대하여는 즉시항고를 할 수 있다.

제64조(재산명시기일의 실시)

① 재산명시명령에 대하여 채무자의 이의신청이 없거나 이를 기각한 때에는 법원은 재산명시를 위한 기일을 정하여 채무자에게 출석하도록 요구하여야 한다. 이 기일은 채권자에게도 통지하여야 한다.
② 채무자는 제1항의 기일에 강제집행의 대상이 되는 재산과 다음 각호의 사항을 명시한 재산목록을 제출하여야 한다.
  1. 재산명시명령이 송달되기 전 1년 이내에 채무자가 한 부동산의 유상양도(유상양도)
  2. 재산명시명령이 송달되기 전 1년 이내에 채무자가 배우자, 직계혈족 및 4촌 이내의 방계혈족과 그 배우자, 배우자의 직계혈족과 형제자매에게 한 부동산 외의 재산의 유상양도
  3. 재산명시명령이 송달되기 전 2년 이내에 채무자가 한 재산상 무상처분(무상처분). 다만, 의례적인 선물은 제외한다.
③ 재산목록에 적을 사항과 범위는 대법원규칙으로 정한다.
④ 제1항의 기일에 출석한 채무자가 3월 이내에 변제할 수 있음을 소명한 때에는 법원은 그 기일을 3월의 범위내에서 연기할 수 있으며, 채무자가 새 기일에 채무액의 3분의 2 이상을 변제하였음을 증명하는 서류를 제출한 때에는 다시 1월의 범위내에서 연기할 수 있다.

제65조(선서)

① 채무자는 재산명시기일에 재산목록이 진실하다는 것을 선서하여야한다.
② 제1항의 선서에 관하여는 민사소송법 제320조 및 제321조의 규정을 준용한다. 이 경우 선서서(선서서)에는 다음과 같이 적어야 한다."양심에 따라 사실대로 재산목록을 작성하여 제출하였으며, 만일 숨긴 것이나 거짓 작성한 것이 있으면 처벌을 받기로 맹세합니다."

제66조(재산목록의 정정)

① 채무자는 명시기일에 제출한 재산목록에 형식적인 흠이 있거나 불명확한 점이 있는

때에는 제65조의 규정에 의한 선서를 한 뒤라도 법원의 허가를 얻어 이미 제출한 재산목록을 정정할 수 있다.
② 제1항의 허가에 관한 결정에 대하여는 즉시항고를 할 수 있다.

제67조(재산목록의 열람·복사)
채무자에 대하여 강제집행을 개시할 수 있는 채권자는 재산목록을 보거나 복사할 것을 신청할 수 있다.

제68조(채무자의 감치 및 벌칙)
① 채무자가 정당한 사유 없이 다음 각호 가운데 어느 하나에 해당하는 행위를 한 경우에는 법원은 결정으로 20일 이내의 감치(감치)에 처한다.
  1. 명시기일 불출석
  2. 재산목록 제출 거부
  3. 선서 거부
② 채무자가 법인 또는 민사소송법 제52조의 사단이나 재단인 때에는 그 대표자 또는 관리인을 감치에 처한다.
③ 법원은 감치재판기일에 채무자를 소환하여 제1항 각호의 위반행위에 대하여 정당한 사유가 있는지 여부를 심리하여야 한다.
④ 제1항의 결정에 대하여는 즉시항고를 할 수 있다.
⑤ 채무자가 감치의 집행중에 재산명시명령을 이행하겠다고 신청한 때에는 법원은 바로 명시기일을 열어야 한다.
⑥ 채무자가 제5항의 명시기일에 출석하여 재산목록을 내고 선서하거나 신청채권자에 대한 채무를 변제하고 이를 증명하는 서면을 낸 때에는 법원은 바로 감치결정을 취소하고 그 채무자를 석방하도록 명하여야 한다.
⑦ 제5항의 명시기일은 신청채권자에게 통지하지 아니하고도 실시할 수 있다. 이 경우 제6항의 사실을 채권자에게 통지하여야 한다.
⑧ 제1항 내지 제7항의 규정에 따른 재판절차 및 그 집행 그 밖에 필요한 사항은 대법원규칙으로 정한다.
⑨ 채무자가 거짓의 재산목록을 낸 때에는 3년 이하의 징역 또는 500만원 이하의 벌금에 처한다.
⑩ 채무자가 법인 또는 민사소송법 제52조의 사단이나 재단인 때에는 그 대표자 또는 관리인을 제9항의 규정에 따라 처벌하고, 채무자는 제9항의 벌금에 처한다.

제69조(명시신청의 재신청)
재산명시신청이 기각·각하된 경우에는 그 명시신청을 한 채권자는 기각·각하사유를 보완하지 아니하고서는 같은 집행권원으로 다시 재산명시신청을 할 수 없다.

제70조(채무불이행자명부 등재신청)

① 채무자가 다음 각호 가운데 어느 하나에 해당하면 채권자는 그 채무자를 채무불이행자명부(채무불이행자명부)에 올리도록 신청할 수 있다.
　1. 금전의 지급을 명한 집행권원이 확정된 후 또는 집행권원을 작성한 후 6월 이내에 채무를 이행하지 아니하는 때. 다만, 제61조제1항 단서에 규정된 집행권원의 경우를 제외한다.
　2. 제68조제1항 각호의 사유 또는 같은 조제9항의 사유 가운데 어느 하나에 해당하는 때
② 제1항의 신청을 할 때에는 그 사유를 소명하여야 한다.
③ 제1항의 신청에 대한 재판은 제1항제1호의 경우에는 채무자의 보통재판적이 있는 곳의 법원이 관할하고, 제1항제2호의 경우에는 재산명시절차를 실시한 법원이 관할한다.

제71조(등재신청에 대한 재판)

① 제70조의 신청에 정당한 이유가 있는 때에는 법원은 채무자를 채무불이행자명부에 올리는 결정을 하여야 한다.
② 등재신청에 정당한 이유가 없거나 쉽게 강제집행할 수 있다고 인정할 만한 명백한 사유가 있는 때에는 법원은 결정으로 이를 기각하여야 한다.
③ 제1항 및 제2항의 재판에 대하여는 즉시항고를 할 수 있다. 이 경우 민사소송법 제447조의 규정은 준용하지 아니한다.

제72조(명부의 비치)

① 채무불이행자명부는 등재결정을 한 법원에 비치한다.
② 법원은 채무불이행자명부의 부본을 채무자의 주소지(채무자가 법인인 경우에는 주된 사무소가 있는 곳) 시(구가 설치되지 아니한 시를 말한다. 이하 같다)·구·읍·면의 장(도농복합형태의 시의 경우 동지역은 시·구의 장, 읍·면지역은 읍·면의 장으로 한다. 이하 같다)에게 보내야 한다.
③ 법원은 채무불이행자명부의 부본을 대법원규칙이 정하는 바에 따라 일정한 금융기관의 장이나 금융기관 관련단체의 장에게 보내어 채무자에 대한 신용정보로 활용하게 할 수 있다.
④ 채무불이행자명부나 그 부본은 누구든지 보거나 복사할 것을 신청할 수 있다.
⑤ 채무불이행자명부는 인쇄물 등으로 공표되어서는 아니된다.

제73조(명부등재의 말소)

① 변제, 그 밖의 사유로 채무가 소멸되었다는 것이 증명된 때에는 법원은 채무자의 신청에 따라 채무불이행자명부에서 그 이름을 말소하는 결정을 하여야 한다.

② 채권자는 제1항의 결정에 대하여 즉시항고를 할 수 있다. 이 경우 민사소송법 제447조의 규정은 준용하지 아니한다.
③ 채무불이행자명부에 오른 다음 해부터 10년이 지난 때에는 법원은 직권으로 그 명부에 오른 이름을 말소하는 결정을 하여야 한다.
④ 제1항과 제3항의 결정을 한 때에는 그 취지를 채무자의 주소지(채무자가 법인인 경우에는 주된 사무소가 있는 곳) 시·구·읍·면의 장 및 제72조제3항의 규정에 따라 채무불이행자명부의 부본을 보낸 금융기관 등의 장에게 통지하여야 한다.
⑤ 제4항의 통지를 받은 시·구·읍·면의 장 및 금융기관 등의 장은 그 명부의 부본에 오른 이름을 말소하여야 한다.

제74조(재산조회)
① 재산명시절차의 관할 법원은 다음 각호의 어느 하나에 해당하는 경우에는 그 재산명시를 신청한 채권자의 신청에 따라 개인의 재산 및 신용에 관한 전산망을 관리하는 공공기관·금융기관·단체 등에 채무자명의의 재산에 관하여 조회할 수 있다. 〈개정 2005.1.27〉
  1. 재산명시절차에서 채권자가 제62조제6항의 규정에 의한 주소보정명령을 받고도 민사소송법 제194조제1항의 규정에 의한 사유로 인하여 채권자가 이를 이행할 수 없었던 것으로 인정되는 경우
  2. 재산명시절차에서 채무자가 제출한 재산목록의 재산만으로는 집행채권의 만족을 얻기에 부족한 경우
  3. 재산명시절차에서 제68조제1항 각호의 사유 또는 동조제9항의 사유가 있는 경우
② 채권자가 제1항의 신청을 할 경우에는 조회할 기관·단체를 특정하여야 하며 조회에 드는 비용을 미리 내야 한다.
③ 법원이 제1항의 규정에 따라 조회할 경우에는 채무자의 인적 사항을 적은 문서에 의하여 해당 기관·단체의 장에게 채무자의 재산 및 신용에 관하여 그 기관·단체가 보유하고 있는 자료를 한꺼번에 모아 제출하도록 요구할 수 있다.
④ 공공기관·금융기관·단체 등은 정당한 사유 없이 제1항 및 제3항의 조회를 거부하지 못한다.

제75조(재산조회의 결과 등)
① 법원은 제74조제1항 및 제3항의 규정에 따라 조회한 결과를 채무자의 재산목록에 준하여 관리하여야 한다.
② 제74조제1항 및 제3항의 조회를 받은 기관·단체의 장이 정당한 사유 없이 거짓 자료를 제출하거나 자료를 제출할 것을 거부한 때에는 결정으로 500만원 이하의 과태료에 처한다.
③ 제2항의 결정에 대하여는 즉시항고를 할 수 있다.

제76조(벌칙)

① 누구든지 재산조회의 결과를 강제집행 외의 목적으로 사용하여서는 아니된다.
② 제1항의 규정에 위반한 사람은 2년 이하의 징역 또는 500만원 이하의 벌금에 처한다.

제77조(대법원규칙)

제74조제1항 및 제3항의 규정에 따라 조회를 할 공공기관·금융기관·단체 등의 범위 및 조회절차, 제74조제2항의 규정에 따라 채권자가 내야 할 비용, 제75조제1항의 규정에 따른 조회결과의 관리에 관한 사항, 제75조제2항의 규정에 의한 과태료의 부과절차 등은 대법원규칙으로 정한다.

제2절 부동산에 대한 강제집행

제1관 통칙

제78조(집행방법)

① 부동산에 대한 강제집행은 채권자의 신청에 따라 법원이 한다.
② 강제집행은 다음 각호의 방법으로 한다.
  1. 강제경매
  2. 강제관리
③ 채권자는 자기의 선택에 의하여 제2항 각호 가운데 어느 한 가지 방법으로 집행하게 하거나 두 가지 방법을 함께 사용하여 집행하게 할 수 있다.
④ 강제관리는 가압류를 집행할 때에도 할 수 있다.

제79조(집행법원)

① 부동산에 대한 강제집행은 그 부동산이 있는 곳의 지방법원이 관할한다.
② 부동산이 여러 지방법원의 관할구역에 있는 때에는 각 지방법원에 관할권이 있다. 이 경우 법원이 필요하다고 인정한 때에는 사건을 다른 관할 지방법원으로 이송할 수 있다.

제2관 강제경매

제80조(강제경매신청서)

강제경매신청서에는 다음 각호의 사항을 적어야 한다.
  1. 채권자·채무자와 법원의 표시
  2. 부동산의 표시
  3. 경매의 이유가 된 일정한 채권과 집행할 수 있는 일정한 집행권원

제81조(첨부서류)

① 강제경매신청서에는 집행력 있는 정본 외에 다음 각호 가운데 어느 하나에 해당하는 서류를 붙여야 한다. 〈개정 2011.4.12〉
　1. 채무자의 소유로 등기된 부동산에 대하여는 등기사항증명서
　2. 채무자의 소유로 등기되지 아니한 부동산에 대하여는 즉시 채무자명의로 등기할 수 있다는 것을 증명할 서류. 다만, 그 부동산이 등기되지 아니한 건물인 경우에는 그 건물이 채무자의 소유임을 증명할 서류, 그 건물의 지번·구조·면적을 증명할 서류 및 그 건물에 관한 건축허가 또는 건축신고를 증명할 서류
② 채권자는 공적 장부를 주관하는 공공기관에 제1항제2호 단서의 사항들을 증명하여 줄 것을 청구할 수 있다.
③ 제1항제2호 단서의 경우에 건물의 지번·구조·면적을 증명하지 못한 때에는, 채권자는 경매신청과 동시에 그 조사를 집행법원에 신청할 수 있다.
④ 제3항의 경우에 법원은 집행관에게 그 조사를 하게 하여야 한다.
⑤ 강제관리를 하기 위하여 이미 부동산을 압류한 경우에 그 집행기록에 제1항 각호 가운데 어느 하나에 해당하는 서류가 붙어 있으면 다시 그 서류를 붙이지 아니할 수 있다.

제82조(집행관의 권한)

① 집행관은 제81조제4항의 조사를 위하여 건물에 출입할 수 있고, 채무자 또는 건물을 점유하는 제3자에게 질문하거나 문서를 제시하도록 요구할 수 있다.
② 집행관은 제1항의 규정에 따라 건물에 출입하기 위하여 필요한 때에는 잠긴 문을 여는 등 적절한 처분을 할 수 있다.

제83조(경매개시결정 등)

① 경매절차를 개시하는 결정에는 동시에 그 부동산의 압류를 명하여야 한다.
② 압류는 부동산에 대한 채무자의 관리·이용에 영향을 미치지 아니한다.
③ 경매절차를 개시하는 결정을 한 뒤에는 법원은 직권으로 또는 이해관계인의 신청에 따라 부동산에 대한 침해행위를 방지하기 위하여 필요한 조치를 할 수 있다.
④ 압류는 채무자에게 그 결정이 송달된 때 또는 제94조의 규정에 따른 등기가 된 때에 효력이 생긴다.
⑤ 강제경매신청을 기각하거나 각하하는 재판에 대하여는 즉시항고를 할 수 있다.

제84조(배당요구의 종기결정 및 공고)

① 경매개시결정에 따른 압류의 효력이 생긴 때(그 경매개시결정전에 다른 경매개시결정이 있은 경우를 제외한다)에는 집행법원은 절차에 필요한 기간을 고려하여 배당요구를 할 수 있는 종기(종기)를 첫 매각기일 이전으로 정한다. 〈개정 2022.1.4〉

② 배당요구의 종기가 정하여진 때에는 법원은 경매개시결정을 한 취지 및 배당요구의 종기를 공고하고, 제91조제4항 단서의 전세권자 및 법원에 알려진 제88조제1항의 채권자에게 이를 고지하여야 한다.
③ 제1항의 배당요구의 종기결정 및 제2항의 공고는 경매개시결정에 따른 압류의 효력이 생긴 때부터 1주 이내에 하여야 한다.
④ 법원사무관등은 제148조제3호 및 제4호의 채권자 및 조세, 그 밖의 공과금을 주관하는 공공기관에 대하여 채권의 유무, 그 원인 및 액수(원금·이자·비용, 그 밖의 부대채권(부대채권)을 포함한다)를 배당요구의 종기까지 법원에 신고하도록 최고하여야 한다.
⑤ 제148조제3호 및 제4호의 채권자가 제4항의 최고에 대한 신고를 하지 아니한 때에는 그 채권자의 채권액은 등기사항증명서 등 집행기록에 있는 서류와 증빙(증빙)에 따라 계산한다. 이 경우 다시 채권액을 추가하지 못한다. 〈개정 2011.4.12〉
⑥ 법원은 특별히 필요하다고 인정하는 경우에는 배당요구의 종기를 연기할 수 있다.
⑦ 제6항의 경우에는 제2항 및 제4항의 규정을 준용한다. 다만, 이미 배당요구 또는 채권신고를 한 사람에 대하여는 같은 항의 고지 또는 최고를 하지 아니한다.

제85조(현황조사)
① 법원은 경매개시결정을 한 뒤에 바로 집행관에게 부동산의 현상, 점유관계, 차임(차임) 또는 보증금의 액수, 그 밖의 현황에 관하여 조사하도록 명하여야 한다.
② 집행관이 제1항의 규정에 따라 부동산을 조사할 때에는 그 부동산에 대하여 제82조에 규정된 조치를 할 수 있다.

제86조(경매개시결정에 대한 이의신청)
① 이해관계인은 매각대금이 모두 지급될 때까지 법원에 경매개시결정에 대한 이의신청을 할 수 있다.
② 제1항의 신청을 받은 법원은 제16조제2항에 준하는 결정을 할 수 있다.
③ 제1항의 신청에 관한 재판에 대하여 이해관계인은 즉시항고를 할 수 있다.

제87조(압류의 경합)
① 강제경매절차 또는 담보권 실행을 위한 경매절차를 개시하는 결정을 한 부동산에 대하여 다른 강제경매의 신청이 있는 때에는 법원은 다시 경매개시결정을 하고, 먼저 경매개시결정을 한 집행절차에 따라 경매한다.
② 먼저 경매개시결정을 한 경매신청이 취하되거나 그 절차가 취소된 때에는 법원은 제91조제1항의 규정에 어긋나지 아니하는 한도 안에서 뒤의 경매개시결정에 따라 절차를 계속 진행하여야 한다.
③ 제2항의 경우에 뒤의 경매개시결정이 배당요구의 종기 이후의 신청에 의한 것인

때에는 집행법원은 새로이 배당요구를 할 수 있는 종기를 정하여야 한다. 이 경우 이미 제84조제2항 또는 제4항의 규정에 따라 배당요구 또는 채권신고를 한 사람에 대하여는 같은 항의 고지 또는 최고를 하지 아니한다.
④ 먼저 경매개시결정을 한 경매절차가 정지된 때에는 법원은 신청에 따라 결정으로 뒤의 경매개시결정(배당요구의 종기까지 행하여진 신청에 의한 것에 한한다)에 기초하여 절차를 계속하여 진행할 수 있다. 다만, 먼저 경매개시결정을 한 경매절차가 취소되는 경우 제105조제1항제3호의 기재사항이 바뀔 때에는 그러하지 아니하다.
⑤ 제4항의 신청에 대한 재판에 대하여는 즉시항고를 할 수 있다.

제88조(배당요구)

① 집행력 있는 정본을 가진 채권자, 경매개시결정이 등기된 뒤에 가압류를 한 채권자, 민법·상법, 그 밖의 법률에 의하여 우선변제청구권이 있는 채권자는 배당요구를 할 수 있다.
② 배당요구에 따라 매수인이 인수하여야 할 부담이 바뀌는 경우 배당요구를 한 채권자는 배당요구의 종기가 지난 뒤에 이를 철회하지 못한다.

제89조(이중경매신청 등의 통지)

법원은 제87조제1항 및 제88조제1항의 신청이 있는 때에는 그 사유를 이해관계인에게 통지하여야 한다.

제90조(경매절차의 이해관계인)

경매절차의 이해관계인은 다음 각호의 사람으로한다.
  1. 압류채권자와 집행력 있는 정본에 의하여 배당을 요구한 채권자
  2. 채무자 및 소유자
  3. 등기부에 기입된 부동산 위의 권리자
  4. 부동산 위의 권리자로서 그 권리를 증명한 사람

제91조(인수주의와 잉여주의의 선택 등)

① 압류채권자의 채권에 우선하는 채권에 관한 부동산의 부담을 매수인에게 인수하게 하거나, 매각대금으로 그 부담을 변제하는 데 부족하지 아니하다는 것이 인정된 경우가 아니면 그 부동산을 매각하지못한다.
② 매각부동산 위의 모든 저당권은 매각으로 소멸된다.
③ 지상권·지역권·전세권 및 등기된 임차권은 저당권·압류채권·가압류채권에 대항할 수 없는 경우에는 매각으로 소멸된다.
④ 제3항의 경우 외의 지상권·지역권·전세권 및 등기된 임차권은 매수인이 인수한다. 다만, 그중 전세권의 경우에는 전세권자가 제88조에 따라 배당요구를 하면 매

각으로 소멸된다.

⑤ 매수인은 유치권자(유치권자)에게 그 유치권(유치권)으로 담보하는 채권을 변제할 책임이 있다.

제92조(제3자와 압류의 효력)

① 제3자는 권리를 취득할 때에 경매신청 또는 압류가 있다는 것을 알았을 경우에는 압류에 대항하지 못한다.

② 부동산이 압류채권을 위하여 의무를 진 경우에는 압류한 뒤 소유권을 취득한 제3자가 소유권을 취득할 때에 경매신청 또는 압류가 있다는 것을 알지 못하였더라도 경매절차를 계속하여 진행하여야 한다.

제93조(경매신청의 취하)

① 경매신청이 취하되면 압류의 효력은 소멸된다.

② 매수신고가 있은 뒤 경매신청을 취하하는 경우에는 최고가매수신고인 또는 매수인과 제114조의 차순위매수신고인의 동의를 받아야 그 효력이 생긴다.

③ 제49조제3호 또는 제6호의 서류를 제출하는 경우에는 제1항 및 제2항의 규정을, 제49조제4호의 서류를 제출하는 경우에는 제2항의 규정을 준용한다.

제94조(경매개시결정의 등기)

① 법원이 경매개시결정을 하면 법원사무관등은 즉시 그 사유를 등기부에 기입하도록 등기관(등기관)에게 촉탁하여야 한다.

② 등기관은 제1항의 촉탁에 따라 경매개시결정사유를 기입하여야 한다.

제95조(등기사항증명서의 송부)

등기관은 제94조에 따라 경매개시결정사유를 등기부에 기입한 뒤 그 등기사항증명서를 법원에 보내야 한다. 〈개정 2011.4.12〉

[제목개정 2011.4.12]

제96조(부동산의 멸실 등으로 말미암은 경매취소)

① 부동산이 없어지거나 매각 등으로 말미암아 권리를 이전할 수 없는 사정이 명백하게 된 때에는 법원은 강제경매의 절차를 취소하여야 한다.

② 제1항의 취소결정에 대하여는 즉시항고를 할 수 있다.

제97조(부동산의 평가와 최저매각가격의 결정)

① 법원은 감정인(감정인)에게 부동산을 평가하게 하고 그 평가액을 참작하여 최저매각가격을 정하여야 한다.

② 감정인은 제1항의 평가를 위하여 필요하면 제82조제1항에 규정된 조치를 할 수 있다.

③ 감정인은 제7조의 규정에 따라 집행관의 원조를 요구하는 때에는 법원의 허가를 얻어야 한다.

제98조(일괄매각결정)

① 법원은 여러 개의 부동산의 위치·형태·이용관계 등을 고려하여 이를 일괄매수하게 하는 것이 알맞다고 인정하는 경우에는 직권으로 또는 이해관계인의 신청에 따라 일괄매각하도록 결정할 수 있다.
② 법원은 부동산을 매각할 경우에 그 위치·형태·이용관계 등을 고려하여 다른 종류의 재산(금전채권을 제외한다)을 그 부동산과 함께 일괄매수하게 하는 것이 알맞다고 인정하는 때에는 직권으로 또는 이해관계인의 신청에 따라 일괄매각하도록 결정할 수 있다.
③ 제1항 및 제2항의 결정은 그 목적물에 대한 매각기일 이전까지 할 수 있다.

제99조(일괄매각사건의 병합)

① 법원은 각각 경매신청된 여러 개의 재산 또는 다른 법원이나 집행관에 계속된 경매사건의 목적물에 대하여 제98조제1항 또는 제2항의 결정을 할 수 있다.
② 다른 법원이나 집행관에 계속된 경매사건의 목적물의 경우에 그 다른 법원 또는 집행관은 그 목적물에 대한 경매사건을 제1항의 결정을 한 법원에 이송한다.
③ 제1항 및 제2항의 경우에 법원은 그 경매사건들을 병합한다.

제100조(일괄매각사건의 관할)

제98조 및 제99조의 경우에는 민사소송법 제31조에 불구하고 같은 법 제25조의 규정을 준용한다. 다만, 등기할 수 있는 선박에 관한 경매사건에 대하여서는 그러하지 아니하다.

제101조(일괄매각절차)

① 제98조 및 제99조의 일괄매각결정에 따른 매각절차는 이 관의 규정에 따라 행한다. 다만, 부동산 외의 재산의 압류는 그 재산의 종류에 따라 해당되는 규정에서 정하는 방법으로 행하고, 그 중에서 집행관의 압류에 따르는 재산의 압류는 집행법원이 집행관에게 이를 압류하도록 명하는 방법으로 행한다.
② 제1항의 매각절차에서 각 재산의 대금액을 특정할 필요가 있는 경우에는 각 재산에 대한 최저매각가격의 비율을 정하여야 하며, 각 재산의 대금액은 총대금액을 각 재산의 최저매각가격비율에 따라 나눈 금액으로 한다. 각 재산이 부담할 집행비용액을 특정할 필요가 있는 경우에도 또한 같다.
③ 여러 개의 재산을 일괄매각하는 경우에 그 가운데 일부의 매각대금으로 모든 채권자의 채권액과 강제집행비용을 변제하기에 충분하면 다른 재산의 매각을 허가하지 아니한다. 다만, 토지와 그 위의 건물을 일괄매각하는 경우나 재산을 분리하여 매각하면 그 경제적 효용이 현저하게 떨어지는 경우 또는 채무자의 동의가 있는 경

우에는 그러하지 아니하다.
④ 제3항 본문의 경우에 채무자는 그 재산 가운데 매각할 것을 지정할 수 있다.
⑤ 일괄매각절차에 관하여 이 법에서 정한 사항을 제외하고는 대법원규칙으로 정한다.

제102조(남을 가망이 없을 경우의 경매취소)

① 법원은 최저매각가격으로 압류채권자의 채권에 우선하는 부동산의 모든 부담과 절차비용을 변제하면 남을 것이 없겠다고 인정한 때에는 압류채권자에게 이를 통지하여야 한다.
② 압류채권자가 제1항의 통지를 받은 날부터 1주 이내에 제1항의 부담과 비용을 변제하고 남을 만한 가격을 정하여 그 가격에 맞는 매수신고가 없을 때에는 자기가 그 가격으로 매수하겠다고 신청하면서 충분한 보증을 제공하지 아니하면, 법원은 경매절차를 취소하여야 한다.
③ 제2항의 취소 결정에 대하여는 즉시항고를 할 수 있다.

제103조(강제경매의 매각방법)

① 부동산의 매각은 집행법원이 정한 매각방법에 따른다.
② 부동산의 매각은 매각기일에 하는 호가경매(호가경매), 매각기일에 입찰 및 개찰하게 하는 기일입찰 또는 입찰기간 이내에 입찰하게 하여 매각기일에 개찰하는 기간입찰의 세가지 방법으로 한다.
③ 부동산의 매각절차에 관하여 필요한 사항은 대법원규칙으로 정한다.

제104조(매각기일과 매각결정기일 등의 지정)

① 법원은 최저매각가격으로 제102조제1항의 부담과 비용을 변제하고도 남을 것이 있다고 인정하거나 압류채권자가 제102조제2항의 신청을 하고 충분한 보증을 제공한 때에는 직권으로 매각기일과 매각결정기일을 정하여 대법원규칙이 정하는 방법으로 공고한다.
② 법원은 매각기일과 매각결정기일을 이해관계인에게 통지하여야 한다.
③ 제2항의 통지는 집행기록에 표시된 이해관계인의 주소에 대법원규칙이 정하는 방법으로 발송할 수 있다.
④ 기간입찰의 방법으로 매각할 경우에는 입찰기간에 관하여도 제1항 내지 제3항의 규정을 적용한다.

제105조(매각물건명세서 등)

① 법원은 다음 각호의 사항을 적은 매각물건명세서를 작성하여야 한다.
  1. 부동산의 표시
  2. 부동산의 점유자와 점유의 권원, 점유할 수 있는 기간, 차임 또는 보증금에 관한

관계인의 진술
   3. 등기된 부동산에 대한 권리 또는 가처분으로서 매각으로 효력을 잃지 아니하는 것
   4. 매각에 따라 설정된 것으로 보게 되는 지상권의 개요
② 법원은 매각물건명세서·현황조사보고서 및 평가서의 사본을 법원에 비치하여 누구든지 볼 수 있도록 하여야 한다.

제106조(매각기일의 공고내용)

매각기일의 공고내용에는 다음 각호의 사항을 적어야 한다.
   1. 부동산의 표시
   2. 강제집행으로 매각한다는 취지와 그 매각방법
   3. 부동산의 점유자, 점유의 권원, 점유하여 사용할 수 있는 기간, 차임 또는 보증금약정 및 그 액수
   4. 매각기일의 일시·장소, 매각기일을 진행할 집행관의 성명 및 기간입찰의 방법으로 매각할 경우에는 입찰기간·장소
   5. 최저매각가격
   6. 매각결정기일의 일시·장소
   7. 매각물건명세서·현황조사보고서 및 평가서의 사본을 매각기일 전에 법원에 비치하여 누구든지 볼 수 있도록 제공한다는 취지
   8. 등기부에 기입할 필요가 없는 부동산에 대한 권리를 가진 사람은 채권을 신고하여야 한다는 취지
   9. 이해관계인은 매각기일에 출석할 수 있다는 취지

제107조(매각장소)

매각기일은 법원안에서 진행하여야 한다. 다만, 집행관은 법원의 허가를 얻어 다른 장소에서 매각기일을 진행할 수 있다.

제108조(매각장소의 질서유지)

집행관은 다음 각호 가운데 어느 하나에 해당한다고 인정되는 사람에 대하여 매각장소에 들어오지 못하도록 하거나 매각장소에서 내보내거나 매수의 신청을 하지 못하도록 할 수 있다.
   1. 다른 사람의 매수신청을 방해한 사람
   2. 부당하게 다른 사람과 담합하거나 그 밖에 매각의 적정한 실시를 방해한 사람
   3. 제1호 또는 제2호의 행위를 교사(교사)한 사람
   4. 민사집행절차에서의 매각에 관하여 형법 제136조·제137조·제140조·제140조의2·제142조·제315조 및 제323조 내지 제327조에 규정된 죄로 유죄판결을 받고 그 판결확정일부터 2년이 지나지 아니한 사람

제109조(매각결정기일)

① 매각결정기일은 매각기일부터 1주 이내로 정하여야 한다.

② 매각결정절차는 법원안에서 진행하여야 한다.

제110조(합의에 의한 매각조건의 변경)

① 최저매각가격 외의 매각조건은 법원이 이해관계인의 합의에 따라 바꿀 수 있다.
② 이해관계인은 배당요구의 종기까지 제1항의 합의를 할 수 있다.

제111조(직권에 의한 매각조건의 변경)

① 거래의 실상을 반영하거나 경매절차를 효율적으로 진행하기 위하여 필요한 경우에 법원은 배당요구의 종기까지 매각조건을 바꾸거나 새로운 매각조건을 설정할 수 있다.
② 이해관계인은 제1항의 재판에 대하여 즉시항고를 할 수 있다.
③ 제1항의 경우에 법원은 집행관에게 부동산에 대하여 필요한 조사를 하게 할 수 있다.

제112조(매각기일의 진행)

집행관은 기일입찰 또는 호가경매의 방법에 의한 매각기일에는 매각물건명세서·현황조사보고서 및 평가서의 사본을 볼 수 있게 하고, 특별한 매각조건이 있는 때에는 이를 고지하며, 법원이 정한 매각방법에 따라 매수가격을 신고하도록 최고하여야 한다.

제113조(매수신청의 보증)

매수신청인은 대법원규칙이 정하는 바에 따라 집행법원이 정하는 금액과 방법에 맞는 보증을 집행관에게 제공하여야 한다.

제114조(차순위매수신고)

① 최고가매수신고인 외의 매수신고인은 매각기일을 마칠 때까지 집행관에게 최고가매수신고인이 대금지급기한까지 그 의무를 이행하지 아니하면 자기의 매수신고에 대하여 매각을 허가하여 달라는 취지의 신고(이하 "차순위매수신고"라 한다)를 할 수 있다.
② 차순위매수신고는 그 신고액이 최고가매수신고액에서 그 보증액을 뺀 금액을 넘는 때에만 할 수 있다.

제115조(매각기일의 종결)

① 집행관은 최고가매수신고인의 성명과 그 가격을 부르고 차순위매수신고를 최고한 뒤, 적법한 차순위매수신고가 있으면 차순위매수신고인을 정하여 그 성명과 가격을 부른 다음 매각기일을 종결한다고 고지하여야 한다.
② 차순위매수신고를 한 사람이 둘 이상인 때에는 신고한 매수가격이 높은 사람을 차순위매수신고인으로 정한다. 신고한 매수가격이 같은 때에는 추첨으로 차순위매수신고인을 정한다.
③ 최고가매수신고인과 차순위매수신고인을 제외한 다른 매수신고인은 제1항의 고지에

따라 매수의 책임을 벗게 되고, 즉시 매수신청의 보증을 돌려 줄 것을 신청할 수 있다.
④ 기일입찰 또는 호가경매의 방법에 의한 매각기일에서 매각기일을 마감할 때까지 허가할 매수가격의 신고가 없는 때에는 집행관은 즉시 매각기일의 마감을 취소하고 같은 방법으로 매수가격을 신고하도록 최고할 수 있다.
⑤ 제4항의 최고에 대하여 매수가격의 신고가 없어 매각기일을 마감하는 때에는 매각기일의 마감을 다시 취소하지 못한다.

제116조(매각기일조서)

① 매각기일조서에는 다음 각호의 사항을 적어야 한다.
  1. 부동산의 표시
  2. 압류채권자의 표시
  3. 매각물건명세서·현황조사보고서 및 평가서의 사본을 볼 수 있게 한 일
  4. 특별한 매각조건이 있는 때에는 이를 고지한 일
  5. 매수가격의 신고를 최고한 일
  6. 모든 매수신고가격과 그 신고인의 성명·주소 또는 허가할 매수가격의 신고가 없는 일
  7. 매각기일을 마감할 때까지 허가할 매수가격의 신고가 없어 매각기일의 마감을 취소하고 다시 매수가격의 신고를 최고한 일
  8. 최종적으로 매각기일의 종결을 고지한 일시
  9. 매수하기 위하여 보증을 제공한 일 또는 보증을 제공하지 아니하므로 그 매수를 허가하지 아니한 일
  10. 최고가매수신고인과 차순위매수신고인의 성명과 그 가격을 부른 일
② 최고가매수신고인 및 차순위매수신고인과 출석한 이해관계인은 조서에 서명날인하여야 한다. 그들이 서명날인할 수 없을 때에는 집행관이 그 사유를 적어야 한다.
③ 집행관이 매수신청의 보증을 돌려 준 때에는 영수증을 받아 조서에 붙여야 한다.

제117조(조서와 금전의 인도)

집행관은 매각기일조서와 매수신청의 보증으로 받아 돌려주지 아니한 것을 매각기일부터 3일 이내에 법원사무관등에게 인도하여야 한다.

제118조(최고가매수신고인 등의 송달영수인신고)

① 최고가매수신고인과 차순위매수신고인은 대한민국안에 주소·거소와 사무소가 없는 때에는 대한민국안에 송달이나 통지를 받을 장소와 영수인을 정하여 법원에 신고하여야 한다.
② 최고가매수신고인이나 차순위매수신고인이 제1항의 신고를 하지 아니한 때에는 법원은 그에 대한 송달이나 통지를 하지 아니할 수 있다.

③ 제1항의 신고는 집행관에게 말로 할 수 있다. 이 경우 집행관은 조서에 이를 적어야 한다.

제119조(새 매각기일)

허가할 매수가격의 신고가 없이 매각기일이 최종적으로 마감된 때에는 제91조제1항의 규정에 어긋나지 아니하는 한도에서 법원은 최저매각가격을 상당히 낮추고 새 매각기일을 정하여야 한다. 그 기일에 허가할 매수가격의 신고가 없는 때에도 또한 같다.

제120조(매각결정기일에서의 진술)

① 법원은 매각결정기일에 출석한 이해관계인에게 매각허가에 관한 의견을 진술하게 하여야 한다.

② 매각허가에 관한 이의는 매각허가가 있을 때까지 신청하여야 한다. 이미 신청한 이의에 대한 진술도 또한 같다.

제121조(매각허가에 대한 이의신청사유)

매각허가에 관한 이의는 다음 각호 가운데 어느 하나에 해당하는 이유가 있어야 신청할 수 있다.
1. 강제집행을 허가할 수 없거나 집행을 계속 진행할 수 없을 때
2. 최고가매수신고인이 부동산을 매수할 능력이나 자격이 없는 때
3. 부동산을 매수할 자격이 없는 사람이 최고가매수신고인을 내세워 매수신고를 한 때
4. 최고가매수신고인, 그 대리인 또는 최고가매수신고인을 내세워 매수신고를 한 사람이 제108조 각호 가운데 어느 하나에 해당되는 때
5. 최저매각가격의 결정, 일괄매각의 결정 또는 매각물건명세서의 작성에 중대한 흠이 있는 때
6. 천재지변, 그 밖에 자기가 책임을 질 수 없는 사유로 부동산이 현저하게 훼손된 사실 또는 부동산에 관한 중대한 권리관계가 변동된 사실이 경매절차의 진행중에 밝혀진 때
7. 경매절차에 그 밖의 중대한 잘못이 있는 때

제122조(이의신청의 제한)

이의는 다른 이해관계인의 권리에 관한 이유로 신청하지못한다.

제123조(매각의 불허)

① 법원은 이의신청이 정당하다고 인정한 때에는 매각을 허가하지 아니한다.

② 제121조에 규정한 사유가 있는 때에는 직권으로 매각을 허가하지 아니한다. 다만, 같은 조 제2호 또는 제3호의 경우에는 능력 또는 자격의 흠이 제거되지 아니한 때에 한한다.

제124조(과잉매각되는 경우의 매각불허가)
① 여러 개의 부동산을 매각하는 경우에 한 개의 부동산의 매각대금으로 모든 채권자의 채권액과 강제집행비용을 변제하기에 충분하면 다른 부동산의 매각을 허가하지 아니한다. 다만, 제101조제3항 단서에 따른 일괄매각의 경우에는 그러하지 아니하다.
② 제1항 본문의 경우에 채무자는 그 부동산 가운데 매각할 것을 지정할 수 있다.

제125조(매각을 허가하지 아니할 경우의 새 매각기일)
① 제121조와 제123조의 규정에 따라 매각을 허가하지 아니하고 다시 매각을 명하는 때에는 직권으로 새 매각기일을 정하여야 한다.
② 제121조제6호의 사유로 제1항의 새 매각기일을 열게 된 때에는 제97조 내지 제105조의 규정을 준용한다.

제126조(매각허가여부의 결정선고)
① 매각을 허가하거나 허가하지 아니하는 결정은 선고하여야 한다.
② 매각결정기일조서에는 민사소송법 제152조 내지 제154조와 제156조 내지 제158조 및 제164조의 규정을 준용한다.
③ 제1항의 결정은 확정되어야 효력을 가진다.

제127조(매각허가결정의 취소신청)
① 제121조제6호에서 규정한 사실이 매각허가결정의 확정 뒤에 밝혀진 경우에는 매수인은 대금을 낼 때까지 매각허가결정의 취소신청을 할 수 있다.
② 제1항의 신청에 관한 결정에 대하여는 즉시항고를 할 수 있다.

제128조(매각허가결정)
① 매각허가결정에는 매각한 부동산, 매수인과 매각가격을 적고 특별한 매각조건으로 매각한 때에는 그 조건을 적어야 한다.
② 제1항의 결정은 선고하는 외에 대법원규칙이 정하는 바에 따라 공고하여야 한다.

제129조(이해관계인 등의 즉시항고)
① 이해관계인은 매각허가여부의 결정에 따라 손해를 볼 경우에만 그 결정에 대하여 즉시항고를 할 수 있다.
② 매각허가에 정당한 이유가 없거나 결정에 적은 것 외의 조건으로 허가하여야 한다고 주장하는 매수인 또는 매각허가를 주장하는 매수신고인도 즉시항고를 할 수 있다.
③ 제1항 및 제2항의 경우에 매각허가를 주장하는 매수신고인은 그 신청한 가격에 대하여 구속을 받는다.

제130조(매각허가여부에 대한 항고)

① 매각허가결정에 대한 항고는 이 법에 규정한 매각허가에 대한 이의신청사유가 있다거나, 그 결정절차에 중대한 잘못이 있다는 것을 이유로 드는 때에만 할 수 있다.
② 민사소송법 제451조제1항 각호의 사유는 제1항의 규정에 불구하고 매각허가 또는 불허가결정에 대한 항고의 이유로 삼을 수 있다.
③ 매각허가결정에 대하여 항고를 하고자 하는 사람은 보증으로 매각대금의 10분의 1에 해당하는 금전 또는 법원이 인정한 유가증권을 공탁하여야 한다.
④ 항고를 제기하면서 항고장에 제3항의 보증을 제공하였음을 증명하는 서류를 붙이지 아니한 때에는 원심법원은 항고장을 받은 날부터 1주 이내에 결정으로 이를 각하하여야 한다.
⑤ 제4항의 결정에 대하여는 즉시항고를 할 수 있다.
⑥ 채무자 및 소유자가 한 제3항의 항고가 기각된 때에는 항고인은 보증으로 제공한 금전이나 유가증권을 돌려 줄 것을 요구하지 못한다.
⑦ 채무자 및 소유자 외의 사람이 한 제3항의 항고가 기각된 때에는 항고인은 보증으로 제공한 금전이나, 유가증권을 현금화한 금액 가운데 항고를 한 날부터 항고기각결정이 확정된 날까지의 매각대금에 대한 대법원규칙이 정하는 이율에 의한 금액(보증으로 제공한 금전이나, 유가증권을 현금화한 금액을 한도로 한다)에 대하여는 돌려 줄 것을 요구할 수 없다. 다만, 보증으로 제공한 유가증권을 현금화하기 전에 위의 금액을 항고인이 지급한 때에는 그 유가증권을 돌려 줄 것을 요구할 수 있다.
⑧ 항고인이 항고를 취하한 경우에는 제6항 또는 제7항의 규정을 준용한다.

제131조(항고심의 절차)

① 항고법원은 필요한 경우에 반대진술을 하게 하기 위하여 항고인의 상대방을 정할 수 있다.
② 한 개의 결정에 대한 여러 개의 항고는 병합한다.
③ 항고심에는 제122조의 규정을 준용한다.

제132조(항고법원의 재판과 매각허가여부결정)

항고법원이 집행법원의 결정을 취소하는 경우에 그 매각허가여부의 결정은 집행법원이 한다.

제133조(매각을 허가하지 아니하는 결정의 효력)

매각을 허가하지 아니한 결정이 확정된 때에는 매수인과 매각허가를 주장한 매수신고인은 매수에 관한 책임이 면제된다.

제134조(최저매각가격의 결정부터 새로할 경우)

제127조의 규정에 따라 매각허가결정을 취소한 경우에는 제97조 내지 제105조의 규정을 준용한다.

제135조(소유권의 취득시기)

매수인은 매각대금을 다 낸 때에 매각의 목적인 권리를 취득한다.

제136조(부동산의 인도명령 등)

① 법원은 매수인이 대금을 낸 뒤 6월 이내에 신청하면 채무자·소유자 또는 부동산 점유자에 대하여 부동산을 매수인에게 인도하도록 명할 수 있다. 다만, 점유자가 매수인에게 대항할 수 있는 권원에 의하여 점유하고 있는 것으로 인정되는 경우에는 그러하지 아니하다.
② 법원은 매수인 또는 채권자가 신청하면 매각허가가 결정된 뒤 인도할 때까지 관리인에게 부동산을 관리하게 할 것을 명할 수 있다.
③ 제2항의 경우 부동산의 관리를 위하여 필요하면 법원은 매수인 또는 채권자의 신청에 따라 담보를 제공하게 하거나 제공하게 하지 아니하고 제1항의 규정에 준하는 명령을 할 수 있다.
④ 법원이 채무자 및 소유자 외의 점유자에 대하여 제1항 또는 제3항의 규정에 따른 인도명령을 하려면 그 점유자를 심문하여야 한다. 다만, 그 점유자가 매수인에게 대항할 수 있는 권원에 의하여 점유하고 있지 아니함이 명백한 때 또는 이미 그 점유자를 심문한 때에는 그러하지 아니하다.
⑤ 제1항 내지 제3항의 신청에 관한 결정에 대하여는 즉시항고를 할 수 있다.
⑥ 채무자·소유자 또는 점유자가 제1항과 제3항의 인도명령에 따르지 아니할 때에는 매수인 또는 채권자는 집행관에게 그 집행을 위임할 수 있다.

제137조(차순위매수신고인에 대한 매각허가여부결정)

① 차순위매수신고인이 있는 경우에 매수인이 대금지급기한까지 그 의무를 이행하지 아니한 때에는 차순위매수신고인에게 매각을 허가할 것인지를 결정하여야 한다. 다만, 제142조제4항의 경우에는 그러하지 아니하다.
② 차순위매수신고인에 대한 매각허가결정이 있는 때에는 매수인은 매수신청의 보증을 돌려 줄 것을 요구하지 못한다.

제138조(재매각)

① 매수인이 대금지급기한 또는 제142조제4항의 다시 정한 기한까지 그 의무를 완전히 이행하지 아니하였고, 차순위매수신고인이 없는 때에는 법원은 직권으로 부동산의 재매각을 명하여야 한다.
② 재매각절차에도 종전에 정한 최저매각가격, 그 밖의 매각조건을 적용한다.
③ 매수인이 재매각기일의 3일 이전까지 대금, 그 지급기한이 지난 뒤부터 지급일까지의 대금에 대한 대법원규칙이 정하는 이율에 따른 지연이자와 절차비용을 지급한 때에는 재매각절차를 취소하여야 한다. 이 경우 차순위매수신고인이 매각허가결정

을 받았던 때에는 위 금액을 먼저 지급한 매수인이 매매목적물의 권리를 취득한다.
④ 재매각절차에서는 전의 매수인은 매수신청을 할 수 없으며 매수신청의 보증을 돌려 줄 것을 요구하지 못한다.

제139조(공유물지분에 대한 경매)
① 공유물지분을 경매하는 경우에는 채권자의 채권을 위하여 채무자의 지분에 대한 경매개시결정이 있음을 등기부에 기입하고 다른 공유자에게 그 경매개시결정이 있다는 것을 통지하여야 한다. 다만, 상당한 이유가 있는 때에는 통지하지 아니할 수 있다.
② 최저매각가격은 공유물 전부의 평가액을 기본으로 채무자의 지분에 관하여 정하여야 한다. 다만, 그와 같은 방법으로 정확한 가치를 평가하기 어렵거나 그 평가에 부당하게 많은 비용이 드는 등 특별한 사정이 있는 경우에는 그러하지 아니하다.

제140조(공유자의 우선매수권)
① 공유자는 매각기일까지 제113조에 따른 보증을 제공하고 최고매수신고가격과 같은 가격으로 채무자의 지분을 우선매수하겠다는 신고를 할 수 있다.
② 제1항의 경우에 법원은 최고가매수신고가 있더라도 그 공유자에게 매각을 허가하여야 한다.
③ 여러 사람의 공유자가 우선매수하겠다는 신고를 하고 제2항의 절차를 마친 때에는 특별한 협의가 없으면 공유지분의 비율에 따라 채무자의 지분을 매수하게 한다.
④ 제1항의 규정에 따라 공유자가 우선매수신고를 한 경우에는 최고가매수신고인을 제114조의 차순위매수신고인으로 본다.

제141조(경매개시결정등기의 말소)
경매신청이 매각허가 없이 마쳐진 때에는 법원사무관등은 제94조와 제139조제1항의 규정에 따른 기입을 말소하도록 등기관에게 촉탁하여야 한다.

제142조(대금의 지급)
① 매각허가결정이 확정되면 법원은 대금의 지급기한을 정하고, 이를 매수인과 차순위매수신고인에게 통지하여야 한다.
② 매수인은 제1항의 대금지급기한까지 매각대금을 지급하여야 한다.
③ 매수신청의 보증으로 금전이 제공된 경우에 그 금전은 매각대금에 넣는다.
④ 매수신청의 보증으로 금전 외의 것이 제공된 경우로서 매수인이 매각대금중 보증액을 뺀 나머지 금액만을 낸 때에는, 법원은 보증을 현금화하여 그 비용을 뺀 금액을 보증액에 해당하는 매각대금 및 이에 대한 지연이자에 충당하고, 모자라는 금액이 있으면 다시 대금지급기한을 정하여 매수인으로 하여금 내게 한다.

⑤ 제4항의 지연이자에 대하여는 제138조제3항의 규정을 준용한다.
⑥ 차순위매수신고인은 매수인이 대금을 모두 지급한 때 매수의 책임을 벗게 되고 즉시 매수신청의 보증을 돌려 줄 것을 요구할 수 있다.

제143조(특별한 지급방법)
① 매수인은 매각조건에 따라 부동산의 부담을 인수하는 외에 배당표(배당표)의 실시에 관하여 매각대금의 한도에서 관계채권자의 승낙이 있으면 대금의 지급에 갈음하여 채무를 인수할 수 있다.
② 채권자가 매수인인 경우에는 매각결정기일이 끝날 때까지 법원에 신고하고 배당받아야 할 금액을 제외한 대금을 배당기일에 낼 수 있다.
③ 제1항 및 제2항의 경우에 매수인이 인수한 채무나 배당받아야 할 금액에 대하여 이의가 제기된 때에는 매수인은 배당기일이 끝날 때까지 이에 해당하는 대금을 내야 한다.

제144조(매각대금 지급 뒤의 조치)
① 매각대금이 지급되면 법원사무관등은 매각허가결정의 등본을 붙여 다음 각호의 등기를 촉탁하여야 한다.
  1. 매수인 앞으로 소유권을 이전하는 등기
  2. 매수인이 인수하지 아니한 부동산의 부담에 관한 기입을 말소하는 등기
  3. 제94조 및 제139조제1항의 규정에 따른 경매개시결정등기를 말소하는 등기
② 매각대금을 지급할 때까지 매수인과 부동산을 담보로 제공받으려고 하는 사람이 대법원규칙으로 정하는 바에 따라 공동으로 신청한 경우, 제1항의 촉탁은 등기신청의 대리를 업으로 할 수 있는 사람으로서 신청인이 지정하는 사람에게 촉탁서를 교부하여 등기소에 제출하도록 하는 방법으로 하여야 한다. 이 경우 신청인이 지정하는 사람은 지체 없이 그 촉탁서를 등기소에 제출하여야 한다. 〈신설 2010.7.23〉
③ 제1항의 등기에 드는 비용은 매수인이 부담한다. 〈개정 2010.7.23〉

제145조(매각대금의 배당)
① 매각대금이 지급되면 법원은 배당절차를 밟아야 한다.
② 매각대금으로 배당에 참가한 모든 채권자를 만족하게 할 수 없는 때에는 법원은 민법·상법, 그 밖의 법률에 의한 우선순위에 따라 배당하여야 한다.

제146조(배당기일)
매수인이 매각대금을 지급하면 법원은 배당에 관한 진술 및 배당을 실시할 기일을 정하고 이해관계인과 배당을 요구한 채권자에게 이를 통지하여야 한다. 다만, 채무자가 외국에 있거나 있는 곳이 분명하지 아니한 때에는 통지하지 아니한다.

제147조(배당할 금액 등)

① 배당할 금액은 다음 각호에 규정한 금액으로 한다.
 1. 대금
 2. 제138조제3항 및 제142조제4항의 경우에는 대금지급기한이 지난 뒤부터 대금의 지급·충당까지의 지연이자
 3. 제130조제6항의 보증(제130조제8항에 따라 준용되는 경우를 포함한다.)
 4. 제130조제7항 본문의 보증 가운데 항고인이 돌려 줄 것을 요구하지 못하는 금액 또는 제130조제7항 단서의 규정에 따라 항고인이 낸 금액(각각 제130조제8항에 따라 준용되는 경우를 포함한다.)
 5. 제138조제4항의 규정에 의하여 매수인이 돌려줄 것을 요구할 수 없는 보증(보증이 금전 외의 방법으로 제공되어 있는 때에는 보증을 현금화하여 그 대금에서 비용을 뺀 금액)
② 제1항의 금액 가운데 채권자에게 배당하고 남은 금액이 있으면, 제1항제4호의 금액의 범위안에서 제1항제4호의 보증 등을 제공한 사람에게 돌려준다.
③ 제1항의 금액 가운데 채권자에게 배당하고 남은 금액으로 제1항제4호의 보증 등을 돌려주기 부족한 경우로서 그 보증 등을 제공한 사람이 여럿인 때에는 제1항제4호의 보증 등의 비율에 따라 나누어 준다.

제148조(배당받을 채권자의 범위)

제147조제1항에 규정한 금액을 배당받을 채권자는 다음 각호에 규정된 사람으로 한다.
 1. 배당요구의 종기까지 경매신청을 한 압류채권자
 2. 배당요구의 종기까지 배당요구를 한 채권자
 3. 첫 경매개시결정등기전에 등기된 가압류채권자
 4. 저당권·전세권, 그 밖의 우선변제청구권으로서 첫 경매개시결정등기전에 등기되었고 매각으로 소멸하는 것을 가진 채권자

제149조(배당표의 확정)

① 법원은 채권자와 채무자에게 보여 주기 위하여 배당기일의 3일전에 배당표원안(배당표원안)을 작성하여 법원에 비치하여야 한다.
② 법원은 출석한 이해관계인과 배당을 요구한 채권자를 심문하여 배당표를 확정하여야 한다.

제150조(배당표의 기재 등)

① 배당표에는 매각대금, 채권자의 채권의 원금, 이자, 비용, 배당의 순위와 배당의 비율을 적어야 한다.
② 출석한 이해관계인과 배당을 요구한 채권자가 합의한 때에는 이에 따라 배당표를 작성하여야 한다.

제151조(배당표에 대한 이의)

① 기일에 출석한 채무자는 채권자의 채권 또는 그 채권의 순위에 대하여 이의할 수 있다.
② 제1항의 규정에 불구하고 채무자는 제149조제1항에 따라 법원에 배당표원안이 비치된 이후 배당기일이 끝날 때까지 채권자의 채권 또는 그 채권의 순위에 대하여 서면으로 이의할 수 있다.
③ 기일에 출석한 채권자는 자기의 이해에 관계되는 범위 안에서는 다른 채권자를 상대로 그의 채권 또는 그 채권의 순위에 대하여 이의할 수 있다.

제152조(이의의 완결)

① 제151조의 이의에 관계된 채권자는 이에 대하여 진술하여야 한다.
② 관계인이 제151조의 이의를 정당하다고 인정하거나 다른 방법으로 합의한 때에는 이에 따라 배당표를 경정(경정)하여 배당을 실시하여야 한다.
③ 제151조의 이의가 완결되지 아니한 때에는 이의가 없는 부분에 한하여 배당을 실시하여야 한다.

제153조(불출석한 채권자)

① 기일에 출석하지 아니한 채권자는 배당표와 같이 배당을 실시하는 데에 동의한 것으로 본다.
② 기일에 출석하지 아니한 채권자가 다른 채권자가 제기한 이의에 관계된 때에는 그 채권자는 이의를 정당하다고 인정하지 아니한 것으로 본다.

제154조(배당이의의 소 등)

① 집행력 있는 집행권원의 정본을 가지지 아니한 채권자(가압류채권자를 제외한다)에 대하여 이의한 채무자와 다른 채권자에 대하여 이의한 채권자는 배당이의의 소를 제기하여야 한다.
② 집행력 있는 집행권원의 정본을 가진 채권자에 대하여 이의한 채무자는 청구이의의 소를 제기하여야 한다.
③ 이의한 채권자나 채무자가 배당기일부터 1주 이내에 집행법원에 대하여 제1항의 소를 제기한 사실을 증명하는 서류를 제출하지 아니한 때 또는 제2항의 소를 제기한 사실을 증명하는 서류와 그 소에 관한 집행정지재판의 정본을 제출하지 아니한 때에는 이의가 취하된 것으로 본다.

제155조(이의한 사람 등의 우선권 주장)

이의한 채권자가 제154조제3항의 기간을 지키지 아니한 경우에도 배당표에 따른 배당을 받은 채권자에 대하여 소로 우선권 및 그 밖의 권리를 행사하는 데 영향을 미치지 아니한다.

제156조(배당이의의 소의 관할)

① 제154조제1항의 배당이의의 소는 배당을 실시한 집행법원이 속한 지방법원의 관할로 한다. 다만, 소송물이 단독판사의 관할에 속하지 아니할 경우에는 지방법원의 합의부가 이를 관할한다.
② 여러 개의 배당이의의 소가 제기된 경우에 한 개의 소를 합의부가 관할하는 때에는 그 밖의 소도 함께 관할한다.
③ 이의한 사람과 상대방이 이의에 관하여 단독판사의 재판을 받을 것을 합의한 경우에는 제1항 단서와 제2항의 규정을 적용하지 아니한다.

제157조(배당이의의 소의 판결)

배당이의의 소에 대한 판결에서는 배당액에 대한 다툼이 있는 부분에 관하여 배당을 받을 채권자와 그 액수를 정하여야 한다. 이를 정하는 것이 적당하지 아니하다고 인정한 때에는 판결에서 배당표를 다시 만들고 다른 배당절차를 밟도록 명하여야 한다.

제158조(배당이의의 소의 취하간주)

이의한 사람이 배당이의의 소의 첫 변론기일에 출석하지 아니한 때에는 소를 취하한 것으로 본다.

제159조(배당실시절차·배당조서)

① 법원은 배당표에 따라 제2항 및 제3항에 규정된 절차에 의하여 배당을 실시하여야 한다.
② 채권 전부의 배당을 받을 채권자에게는 배당액지급증을 교부하는 동시에 그가 가진 집행력 있는 정본 또는 채권증서를 받아 채무자에게 교부하여야 한다.
③ 채권 일부의 배당을 받을 채권자에게는 집행력 있는 정본 또는 채권증서를 제출하게 한 뒤 배당액을 적어서 돌려주고 배당액지급증을 교부하는 동시에 영수증을 받아 채무자에게 교부하여야 한다.
④ 제1항 내지 제3항의 배당실시절차는 조서에 명확히 적어야 한다.

제160조(배당금액의 공탁)

① 배당을 받아야 할 채권자의 채권에 대하여 다음 각호 가운데 어느 하나의 사유가 있으면 그에 대한 배당액을 공탁하여야 한다.
  1. 채권에 정지조건 또는 불확정기한이 붙어 있는 때
  2. 가압류채권자의 채권인 때
  3. 제49조제2호 및 제266조제1항제5호에 규정된 문서가 제출되어 있는 때
  4. 저당권설정의 가등기가 마쳐져 있는 때
  5. 제154조제1항에 의한 배당이의의 소가 제기된 때
  6. 민법 제340조제2항 및 같은 법 제370조에 따른 배당금액의 공탁청구가 있는 때

② 채권자가 배당기일에 출석하지 아니한 때에는 그에 대한 배당액을 공탁하여야 한다.

제161조(공탁금에 대한 배당의 실시)
① 법원이 제160조제1항의 규정에 따라 채권자에 대한 배당액을 공탁한 뒤 공탁의 사유가 소멸한 때에는 법원은 공탁금을 지급하거나 공탁금에 대한 배당을 실시하여야 한다.
② 제1항에 따라 배당을 실시함에 있어서 다음 각호 가운데 어느 하나에 해당하는 때에는 법원은 배당에 대하여 이의하지 아니한 채권자를 위하여서도 배당표를 바꾸어야 한다.
   1. 제160조제1항제1호 내지 제4호의 사유에 따른 공탁에 관련된 채권자에 대하여 배당을 실시할 수 없게 된 때
   2. 제160조제1항제5호의 공탁에 관련된 채권자가 채무자로부터 제기당한 배당이의의 소에서 진 때
   3. 제160조제1항제6호의 공탁에 관련된 채권자가 저당물의 매각대가로부터 배당을 받은 때
③ 제160조제2항의 채권자가 법원에 대하여 공탁금의 수령을 포기하는 의사를 표시한 때에는 그 채권자의 채권이 존재하지 아니하는 것으로 보고 배당표를 바꾸어야 한다.
④ 제2항 및 제3항의 배당표변경에 따른 추가 배당기일에 제151조의 규정에 따라 이의할 때에는 종전의 배당기일에서 주장할 수 없었던 사유만을 주장할 수 있다.

제162조(공동경매)
여러 압류채권자를 위하여 동시에 실시하는 부동산의 경매절차에는 제80조 내지 제161조의 규정을 준용한다.

제3관 강제관리

제163조(강제경매규정의 준용)
강제관리에는 제80조 내지 제82조, 제83조제1항·제3항 내지 제5항, 제85조 내지 제89조 및 제94조 내지 제96조의 규정을 준용한다.

제164조(강제관리개시결정)
① 강제관리를 개시하는 결정에는 채무자에게는 관리사무에 간섭하여서는 아니되고 부동산의 수익을 처분하여서도 아니된다고 명하여야 하며, 수익을 채무자에게 지급할 제3자에게는 관리인에게 이를 지급하도록 명하여야 한다.
② 수확하였거나 수확할 과실(과실)과, 이행기에 이르렀거나 이르게 될 과실은 제1항의 수익에 속한다.
③ 강제관리개시결정은 제3자에게는 결정서를 송달하여야 효력이 생긴다.

④ 강제관리신청을 기각하거나 각하하는 재판에 대하여는 즉시항고를 할 수 있다.

제165조(강제관리개시결정 등의 통지)

법원은 강제관리를 개시하는 결정을 한 부동산에 대하여 다시 강제관리의 개시결정을 하거나 배당요구의 신청이 있는 때에는 관리인에게 이를 통지하여야 한다.

제166조(관리인의 임명 등)

① 관리인은 법원이 임명한다. 다만, 채권자는 적당한 사람을 관리인으로 추천할 수 있다.

② 관리인은 관리와 수익을 하기 위하여 부동산을 점유할 수 있다. 이 경우 저항을 받으면 집행관에게 원조를 요구할 수 있다.

③ 관리인은 제3자가 채무자에게 지급할 수익을 추심(추심)할 권한이 있다.

제167조(법원의 지휘·감독)

① 법원은 관리에 필요한 사항과 관리인의 보수를 정하고, 관리인을 지휘·감독한다.

② 법원은 관리인에게 보증을 제공하도록 명할 수 있다.

③ 관리인에게 관리를 계속할 수 없는 사유가 생긴 경우에는 법원은 직권으로 또는 이해관계인의 신청에 따라 관리인을 해임할 수 있다. 이 경우 관리인을 심문하여야 한다.

제168조(준용규정)

제3자가 부동산에 대한 강제관리를 막을 권리가 있다고 주장하는 경우에는 제48조의 규정을 준용한다.

제169조(수익의 처리)

① 관리인은 부동산수익에서 그 부동산이 부담하는 조세, 그 밖의 공과금을 뺀 뒤에 관리비용을 변제하고, 그 나머지 금액을 채권자에게 지급한다.

② 제1항의 경우 모든 채권자를 만족하게 할 수 없는 때에는 관리인은 채권자 사이의 배당협의에 따라 배당을 실시하여야 한다.

③ 채권자 사이에 배당협의가 이루어지지 못한 경우에 관리인은 그 사유를 법원에 신고하여야 한다.

④ 제3항의 신고가 있는 경우에는 제145조·제146조 및 제148조 내지 제161조의 규정을 준용하여 배당표를 작성하고 이에 따라 관리인으로 하여금 채권자에게 지급하게 하여야 한다.

제170조(관리인의 계산보고)

① 관리인은 매년 채권자·채무자와 법원에 계산서를 제출하여야 한다. 그 업무를 마

친 뒤에도 또한 같다.
② 채권자와 채무자는 계산서를 송달받은 날부터 1주 이내에 집행법원에 이에 대한 이의신청을 할 수 있다.
③ 제2항의 기간 이내에 이의신청이 없는 때에는 관리인의 책임이 면제된 것으로 본다.
④ 제2항의 기간 이내에 이의신청이 있는 때에는 관리인을 심문한 뒤 결정으로 재판하여야 한다. 신청한 이의를 매듭 지은 때에는 법원은 관리인의 책임을 면제한다.

제171조(강제관리의 취소)
① 강제관리의 취소는 법원이 결정으로 한다.
② 채권자들이 부동산수익으로 전부 변제를 받았을 때에는 법원은 직권으로 제1항의 취소결정을 한다.
③ 제1항 및 제2항의 결정에 대하여는 즉시항고를 할 수 있다.
④ 강제관리의 취소결정이 확정된 때에는 법원사무관등은 강제관리에 관한 기입등기를 말소하도록 촉탁하여야 한다.

제3절 선박 등에 대한 강제집행

제172조(선박에 대한 강제집행)
등기할 수 있는 선박에 대한 강제집행은 부동산의 강제경매에 관한 규정에 따른다. 다만, 사물의 성질에 따른 차이가 있거나 특별한 규정이 있는 경우에는 그러하지 아니하다.

제173조(관할법원)
선박에 대한 강제집행의 집행법원은 압류 당시에 그 선박이 있는 곳을 관할하는 지방법원으로 한다.

제174조(선박국적증서 등의 제출)
① 법원은 경매개시결정을 한 때에는 집행관에게 선박국적증서 그 밖에 선박운행에 필요한 문서(이하 "선박국적증서등"이라 한다)를 선장으로부터 받아 법원에 제출하도록 명하여야 한다.
② 경매개시결정이 송달 또는 등기되기 전에 집행관이 선박국적증서등을 받은 경우에는 그 때에 압류의 효력이 생긴다.

제175조(선박집행신청전의 선박국적증서등의 인도명령)
① 선박에 대한 집행의 신청전에 선박국적증서등을 받지 아니하면 집행이 매우 곤란할 염려가 있을 경우에는 선적(선적)이 있는 곳을 관할하는 지방법원(선적이 없는 때에는 대법원규칙이 정하는 법원)은 신청에 따라 채무자에게 선박국적증서등을 집행관에게 인도하도록 명할 수 있다. 급박한 경우에는 선박이 있는 곳을 관할하는 지방법원도 이 명령을 할 수 있다.

② 집행관은 선박국적증서등을 인도받은 날부터 5일 이내에 채권자로부터 선박집행을 신청하였음을 증명하는 문서를 제출받지 못한 때에는 그 선박국적증서등을 돌려 주어야 한다.
③ 제1항의 규정에 따른 재판에 대하여는 즉시항고를 할 수 있다.
④ 제1항의 규정에 따른 재판에는 제292조제2항 및 제3항의 규정을 준용한다.

제176조(압류선박의 정박)
① 법원은 집행절차를 행하는 동안 선박이 압류 당시의 장소에 계속 머무르도록 명하여야 한다.
② 법원은 영업상의 필요, 그 밖에 상당한 이유가 있다고 인정할 경우에는 채무자의 신청에 따라 선박의 운행을 허가할 수 있다. 이 경우 채권자·최고가매수신고인·차순위매수신고인 및 매수인의 동의가 있어야 한다.
③ 제2항의 선박운행허가결정에 대하여는 즉시항고를 할 수 있다.
④ 제2항의 선박운행허가결정은 확정되어야 효력이 생긴다.

제177조(경매신청의 첨부서류)
① 강제경매신청을 할 때에는 다음 각호의 서류를 내야 한다.
  1. 채무자가 소유자인 경우에는 소유자로서 선박을 점유하고 있다는 것을, 선장인 경우에는 선장으로서 선박을 지휘하고 있다는 것을 소명할 수 있는 증서
  2. 선박에 관한 등기사항을 포함한 등기부의 초본 또는 등본
② 채권자는 공적 장부를 주관하는 공공기관이 멀리 떨어진 곳에 있는 때에는 제1항 제2호의 초본 또는 등본을 보내주도록 법원에 신청할 수 있다.

제178조(감수·보존처분)
① 법원은 채권자의 신청에 따라 선박을 감수(감수)하고 보존하기 위하여 필요한 처분을 할 수 있다.
② 제1항의 처분을 한 때에는 경매개시결정이 송달되기 전에도 압류의 효력이 생긴다.

제179조(선장에 대한 판결의 집행)
① 선장에 대한 판결로 선박채권자를 위하여 선박을 압류하면 그 압류는 소유자에 대하여도 효력이 미친다. 이 경우 소유자도 이해관계인으로 본다.
② 압류한 뒤에 소유자나 선장이 바뀌더라도 집행절차에는 영향을 미치지 아니한다.
③ 압류한 뒤에 선장이 바뀐 때에는 바뀐 선장만이 이해관계인이 된다.

제180조(관할위반으로 말미암은 절차의 취소)
압류 당시 선박이 그 법원의 관할안에 없었음이 판명된 때에는 그 절차를 취소하여야 한다.

제181조(보증의 제공에 의한 강제경매절차의 취소)

① 채무자가 제49조제2호 또는 제4호의 서류를 제출하고 압류채권자 및 배당을 요구한 채권자의 채권과 집행비용에 해당하는 보증을 매수신고전에 제공한 때에는 법원은 신청에 따라 배당절차 외의 절차를 취소하여야 한다.
② 제1항에 규정한 서류를 제출함에 따른 집행정지가 효력을 잃은 때에는 법원은 제1항의 보증금을 배당하여야 한다.
③ 제1항의 신청을 기각한 재판에 대하여는 즉시항고를 할 수 있다.
④ 제1항의 규정에 따른 집행취소결정에는 제17조제2항의 규정을 적용하지 아니한다.
⑤ 제1항의 보증의 제공에 관하여 필요한 사항은 대법원규칙으로 정한다.

제182조(사건의 이송)

① 압류된 선박이 관할구역 밖으로 떠난 때에는 집행법원은 선박이 있는 곳을 관할하는 법원으로 사건을 이송할 수 있다.
② 제1항의 규정에 따른 결정에 대하여는 불복할 수 없다.

제183조(선박국적증서등을 넘겨받지 못한 경우의 경매절차취소)

경매개시결정이 있은 날부터 2월이 지나기까지 집행관이 선박국적증서등을 넘겨받지 못하고, 선박이 있는 곳이 분명하지 아니한 때에는 법원은 강제경매절차를 취소할 수 있다.

제184조(매각기일의 공고)

매각기일의 공고에는 선박의 표시와 그 정박한 장소를 적어야 한다.

제185조(선박지분의 압류명령)

① 선박의 지분에 대한 강제집행은 제251조에서 규정한 강제집행의 예에 따른다.
② 채권자가 선박의 지분에 대하여 강제집행신청을 하기 위하여서는 채무자가 선박의 지분을 소유하고 있다는 사실을 증명할 수 있는 선박등기부의 등본이나 그 밖의 증명서를 내야 한다.
③ 압류명령은 채무자 외에 「상법」 제764조에 의하여 선임된 선박관리인(이하 이 조에서 "선박관리인"이라 한다)에게도 송달하여야 한다. 〈개정 2007.8.3〉
④ 압류명령은 선박관리인에게 송달되면 채무자에게 송달된 것과 같은 효력을 가진다.

제186조(외국선박의 압류)

외국선박에 대한 강제집행에는 등기부에 기입할 절차에 관한 규정을 적용하지 아니한다.

제187조(자동차 등에 대한 강제집행)

자동차·건설기계·소형선박(「자동차 등 특정동산 저당법」 제3조제2호에 따른 소형선박을 말한다) 및 항공기(「자동차 등 특정동산 저당법」제3조제4호에 따른 항공기 및 경량항공기를 말한다)에 대한 강제집행절차는 제2편제2장제2절부터 제4절까지의 규정에 준하여 대법원규칙으로 정한다. 〈개정 2007.8.3, 2009.3.25, 2015.5.18〉

제4절 동산에 대한 강제집행

제1관 통칙

제188조(집행방법, 압류의 범위)

① 동산에 대한 강제집행은 압류에 의하여 개시한다.
② 압류는 집행력 있는 정본에 적은 청구금액의 변제와 집행비용의 변상에 필요한 한도안에서 하여야 한다.
③ 압류물을 현금화하여도 집행비용 외에 남을 것이 없는 경우에는 집행하지 못한다.

제2관 유체동산에 대한 강제집행

제189조(채무자가 점유하고 있는 물건의 압류)

① 채무자가 점유하고 있는 유체동산의 압류는 집행관이 그 물건을 점유함으로써 한다. 다만, 채권자의 승낙이 있거나 운반이 곤란한 때에는 봉인(봉인), 그 밖의 방법으로 압류물임을 명확히 하여 채무자에게 보관시킬 수 있다.
② 다음 각호 가운데 어느 하나에 해당하는 물건은 이 법에서 유체동산으로 본다.
  1. 등기할 수 없는 토지의 정착물로서 독립하여 거래의 객체가 될 수 있는 것
  2. 토지에서 분리하기 전의 과실로서 1월 이내에 수확할 수 있는 것
  3. 유가증권으로서 배서가 금지되지 아니한 것
③ 집행관은 채무자에게 압류의 사유를 통지하여야 한다.

제190조(부부공유 유체동산의 압류)

채무자와 그 배우자의 공유로서 채무자가 점유하거나 그 배우자와 공동으로 점유하고 있는 유체동산은 제189조의 규정에 따라 압류할 수 있다.

제191조(채무자 외의 사람이 점유하고 있는 물건의 압류)

채권자 또는 물건의 제출을 거부하지 아니하는 제3자가 점유하고 있는 물건은 제189조의 규정을 준용하여 압류할 수 있다.

제192조(국고금의 압류)

국가에 대한 강제집행은 국고금을 압류함으로써 한다.

제193조(압류물의 인도)

① 압류물을 제3자가 점유하게 된 경우에는 법원은 채권자의 신청에 따라 그 제3자에 대하여 그 물건을 집행관에게 인도하도록 명할 수 있다.

② 제1항의 신청은 압류물을 제3자가 점유하고 있는 것을 안 날부터 1주 이내에 하여야 한다.
③ 제1항의 재판은 상대방에게 송달되기 전에도 집행할 수 있다.
④ 제1항의 재판은 신청인에게 고지된 날부터 2주가 지난 때에는 집행할 수 없다.
⑤ 제1항의 재판에 대하여는 즉시항고를 할 수 있다.

제194조(압류의 효력)
압류의 효력은 압류물에서 생기는 천연물에도 미친다.

제195조(압류가 금지되는 물건)
다음 각호의 물건은 압류하지 못한다. 〈개정 2005.1.27〉
1. 채무자 및 그와 같이 사는 친족(사실상 관계에 따른 친족을 포함한다. 이하 이 조에서 "채무자등"이라 한다)의 생활에 필요한 의복·침구·가구·부엌기구, 그 밖의 생활필수품
2. 채무자등의 생활에 필요한 2월간의 식료품·연료 및 조명재료
3. 채무자등의 생활에 필요한 1월간의 생계비로서 대통령령이 정하는 액수의 금전
4. 주로 자기 노동력으로 농업을 하는 사람에게 없어서는 아니될 농기구·비료·가축·사료·종자, 그 밖에 이에 준하는 물건
5. 주로 자기의 노동력으로 어업을 하는 사람에게 없어서는 아니될 고기잡이 도구·어망·미끼·새끼고기, 그 밖에 이에 준하는 물건
6. 전문직 종사자·기술자·노무자, 그 밖에 주로 자기의 정신적 또는 육체적 노동으로 직업 또는 영업에 종사하는 사람에게 없어서는 아니 될 제복·도구, 그 밖에 이에 준하는 물건
7. 채무자 또는 그 친족이 받은 훈장·포장·기장, 그 밖에 이에 준하는 명예증표
8. 위패·영정·묘비, 그 밖에 상례·제사 또는 예배에 필요한 물건
9. 족보·집안의 역사적인 기록·사진첩, 그 밖에 선조숭배에 필요한 물건
10. 채무자의 생활 또는 직무에 없어서는 아니 될 도장·문패·간판, 그 밖에 이에 준하는 물건
11. 채무자의 생활 또는 직업에 없어서는 아니 될 일기장·상업장부, 그 밖에 이에 준하는 물건
12. 공표되지 아니한 저작 또는 발명에 관한 물건
13. 채무자등이 학교·교회·사찰, 그 밖의 교육기관 또는 종교단체에서 사용하는 교과서·교리서·학습용구, 그 밖에 이에 준하는 물건
14. 채무자등의 일상생활에 필요한 안경·보청기·의치·의수족·지팡이·장애보조용 바퀴의자, 그 밖에 이에 준하는 신체보조기구
15. 채무자등의 일상생활에 필요한 자동차로서 자동차관리법이 정하는 바에 따른 장애인용 경형자동차

16. 재해의 방지 또는 보안을 위하여 법령의 규정에 따라 설비하여야 하는 소방설비·경보기구·피난시설, 그 밖에 이에 준하는 물건

제196조(압류금지 물건을 정하는 재판)

① 법원은 당사자가 신청하면 채권자와 채무자의 생활형편, 그 밖의 사정을 고려하여 유체동산의 전부 또는 일부에 대한 압류를 취소하도록 명하거나 제195조의 유체동산을 압류하도록 명할 수 있다.
② 제1항의 결정이 있은 뒤에 그 이유가 소멸되거나 사정이 바뀐 때에는 법원은 직권으로 또는 당사자의 신청에 따라 그 결정을 취소하거나 바꿀 수 있다.
③ 제1항 및 제2항의 경우에 법원은 제16조제2항에 준하는 결정을 할 수 있다.
④ 제1항 및 제2항의 결정에 대하여는 즉시항고를 할 수 있다.
⑤ 제3항의 결정에 대하여는 불복할 수 없다.

제197조(일괄매각)

① 집행관은 여러 개의 유체동산의 형태, 이용관계 등을 고려하여 일괄매수하게 하는 것이 알맞다고 인정하는 때에는 직권으로 또는 이해관계인의 신청에 따라 일괄하여 매각할 수 있다.
② 제1항의 경우에는 제98조제3항, 제99조, 제100조, 제101조제2항 내지 제5항의 규정을 준용한다.

제198조(압류물의 보존)

① 압류물을 보존하기 위하여 필요한 때에는 집행관은 적당한 처분을 하여야 한다.
② 제1항의 경우에 비용이 필요한 때에는 채권자로 하여금 이를 미리 내게 하여야 한다. 채권자가 여럿인 때에는 요구하는 액수에 비례하여 미리 내게 한다.
③ 제49조제2호 또는 제4호의 문서가 제출된 경우에 압류물을 즉시 매각하지 아니하면 값이 크게 내릴 염려가 있거나, 보관에 지나치게 많은 비용이 드는 때에는 집행관은 그 물건을 매각할 수 있다.
④ 집행관은 제3항의 규정에 따라 압류물을 매각하였을 때에는 그 대금을 공탁하여야 한다.

제199조(압류물의 매각)

집행관은 압류를 실시한 뒤 입찰 또는 호가경매의 방법으로 압류물을 매각하여야 한다.

제200조(값비싼 물건의 평가)

매각할 물건 가운데 값이 비싼 물건이 있는 때에는 집행관은 적당한 감정인에게 이를 평가하게 하여야 한다.

제201조(압류금전)

① 압류한 금전은 채권자에게 인도하여야 한다.
② 집행관이 금전을 추심한 때에는 채무자가 지급한 것으로 본다. 다만, 담보를 제공하거나 공탁을 하여 집행에서 벗어날 수 있도록 채무자에게 허가한 때에는 그러하지 아니하다.

제202조(매각일)

압류일과 매각일 사이에는 1주 이상 기간을 두어야 한다. 다만, 압류물을 보관하는 데 지나치게 많은 비용이 들거나, 시일이 지나면 그 물건의 값이 크게 내릴 염려가 있는 때에는 그러하지 아니하다.

제203조(매각장소)

① 매각은 압류한 유체동산이 있는 시·구·읍·면(도농복합형태의 시의 경우 동지역은 시·구, 읍·면지역은 읍·면)에서 진행한다. 다만, 압류채권자와 채무자가 합의하면 합의된 장소에서 진행한다.
② 매각일자와 장소는 대법원규칙이 정하는 방법으로 공고한다. 공고에는 매각할 물건을 표시하여야 한다.

제204조(준용규정)

매각장소의 질서유지에 관하여는 제108조의 규정을 준용한다.

제205조(매각·재매각)

① 집행관은 최고가매수신고인의 성명과 가격을 말한 뒤 매각을 허가한다.
② 매각물은 대금과 서로 맞바꾸어 인도하여야 한다.
③ 매수인이 매각조건에 정한 지급기일에 대금의 지급과 물건의 인도청구를 게을리 한 때에는 재매각을 하여야 한다. 지급기일을 정하지 아니한 경우로서 매각기일의 마감에 앞서 대금의 지급과 물건의 인도청구를 게을리 한 때에도 또한 같다.
④ 제3항의 경우에는 전의 매수인은 재매각절차에 참가하지 못하며, 뒤의 매각대금이 처음의 매각대금보다 적은 때에는 그 부족한 액수를 부담하여야 한다.

제206조(배우자의 우선매수권)

① 제190조의 규정에 따라 압류한 유체동산을 매각하는 경우에 배우자는 매각기일에 출석하여 우선매수할 것을 신고할 수 있다.
② 제1항의 우선매수신고에는 제140조제1항 및 제2항의 규정을 준용한다.

제207조(매각의 한도)

매각은 매각대금으로 채권자에게 변제하고 강제집행비용을 지급하기에 충분하게 되면 즉시 중지하여야 한다. 다만, 제197조제2항 및 제101조제3항 단서에 따른 일괄매각의 경우에는 그러하지 아니하다.

제208조(집행관이 매각대금을 영수한 효과)

집행관이 매각대금을 영수한 때에는 채무자가 지급한 것으로 본다. 다만, 담보를 제공하거나 공탁을 하여 집행에서 벗어날 수 있도록 채무자에게 허가한 때에는 그러하지 아니하다.

제209조(금·은붙이의 현금화)

금·은붙이는 그 금·은의 시장가격 이상의 금액으로 일반 현금화의 규정에 따라 매각하여야 한다. 시장가격 이상의 금액으로 매수하는 사람이 없는 때에는 집행관은 그 시장가격에 따라 적당한 방법으로 매각할 수 있다.

제210조(유가증권의 현금화)

집행관이 유가증권을 압류한 때에는 시장가격이 있는 것은 매각하는 날의 시장가격에 따라 적당한 방법으로 매각하고 그 시장가격이 형성되지 아니한 것은 일반 현금화의 규정에 따라 매각하여야 한다.

제211조(기명유가증권의 명의개서)

유가증권이 기명식인 때에는 집행관은 매수인을 위하여 채무자에 갈음하여 배서 또는 명의개서에 필요한 행위를 할 수 있다.

제212조(어음 등의 제시의무)

① 집행관은 어음·수표 그 밖의 금전의 지급을 목적으로 하는 유가증권(이하 "어음등"이라 한다)으로서 일정한 기간 안에 인수 또는 지급을 위한 제시 또는 지급의 청구를 필요로 하는 것을 압류하였을 경우에 그 기간이 개시되면 채무자에 갈음하여 필요한 행위를 하여야 한다.

② 집행관은 미완성 어음등을 압류한 경우에 채무자에게 기한을 정하여 어음등에 적을 사항을 보충하도록 최고하여야 한다.

제213조(미분리과실의 매각)

① 토지에서 분리되기 전에 압류한 과실은 충분히 익은 다음에 매각하여야 한다.
② 집행관은 매각하기 위하여 수확을 하게 할 수 있다.

제214조(특별한 현금화 방법)

① 법원은 필요하다고 인정하면 직권으로 또는 압류채권자, 배당을 요구한 채권자 또는 채무자의 신청에 따라 일반 현금화의 규정에 의하지 아니하고 다른 방법이나 다른 장소에서 압류물을 매각하게 할 수 있다. 또한 집행관에게 위임하지 아니하고 다른 사람으로 하여금 매각하게 하도록 명할 수 있다.
② 제1항의 재판에 대하여는 불복할 수 없다.

제215조(압류의 경합)

① 유체동산을 압류하거나 가압류한 뒤 매각기일에 이르기 전에 다른 강제집행이 신청된 때에는 집행관은 집행신청서를 먼저 압류한 집행관에게 교부하여야 한다. 이 경우 더 압류할 물건이 있으면 이를 압류한 뒤에 추가압류조서를 교부하여야 한다.
② 제1항의 경우에 집행에 관한 채권자의 위임은 먼저 압류한 집행관에게 이전된다.
③ 제1항의 경우에 각 압류한 물건은 강제집행을 신청한 모든 채권자를 위하여 압류한 것으로 본다.
④ 제1항의 경우에 먼저 압류한 집행관은 뒤에 강제집행을 신청한 채권자를 위하여 다시 압류한다는 취지를 덧붙여 그 압류조서에 적어야 한다.

제216조(채권자의 매각최고)

① 상당한 기간이 지나도 집행관이 매각하지 아니하는 때에는 압류채권자는 집행관에게 일정한 기간 이내에 매각하도록 최고할 수 있다.
② 집행관이 제1항의 최고에 따르지 아니하는 때에는 압류채권자는 법원에 필요한 명령을 신청할 수 있다.

제217조(우선권자의 배당요구)

민법·상법, 그 밖의 법률에 따라 우선변제청구권이 있는 채권자는 매각대금의 배당을 요구할 수 있다.

제218조(배당요구의 절차)

제217조의 배당요구는 이유를 밝혀 집행관에게 하여야 한다.

제219조(배당요구 등의 통지)

제215조제1항 및 제218조의 경우에는 집행관은 그 사유를 배당에 참가한 채권자와 채무자에게 통지하여야 한다.

제220조(배당요구의 시기)

① 배당요구는 다음 각호의 시기까지 할 수 있다.
  1. 집행관이 금전을 압류한 때 또는 매각대금을 영수한 때
  2. 집행관이 어음·수표 그 밖의 금전의 지급을 목적으로 한 유가증권에 대하여 그 금전을 지급받은 때
② 제198조제4항에 따라 공탁된 매각대금에 대하여는 동산집행을 계속하여 진행할 수 있게 된 때까지, 제296조제5항 단서에 따라 공탁된 매각대금에 대하여는 압류의 신청을 한 때까지 배당요구를 할 수 있다.

제221조(배우자의 지급요구)

① 제190조의 규정에 따라 압류한 유체동산에 대하여 공유지분을 주장하는 배우자는 매각대금을 지급하여 줄 것을 요구할 수 있다.
② 제1항의 지급요구에는 제218조 내지 제220조의 규정을 준용한다.
③ 제219조의 통지를 받은 채권자가 배우자의 공유주장에 대하여 이의가 있는 때에는 배우자를 상대로 소를 제기하여 공유가 아니라는 것을 확정하여야 한다.
④ 제3항의 소에는 제154조제3항, 제155조 내지 제158조, 제160조제1항제5호 및 제161조제1항·제2항·제4항의 규정을 준용한다.

제222조(매각대금의 공탁)
① 매각대금으로 배당에 참가한 모든 채권자를 만족하게 할 수 없고 매각허가된 날부터 2주 이내에 채권자 사이에 배당협의가 이루어지지 아니한 때에는 매각대금을 공탁하여야 한다.
② 여러 채권자를 위하여 동시에 금전을 압류한 경우에도 제1항과 같다.
③ 제1항 및 제2항의 경우에 집행관은 집행절차에 관한 서류를 붙여 그 사유를 법원에 신고하여야 한다.

제3관 채권과 그 밖의 재산권에 대한 강제집행

제223조(채권의 압류명령)
제3자에 대한 채무자의 금전채권 또는 유가증권, 그 밖의 유체물의 권리이전이나 인도를 목적으로 한 채권에 대한 강제집행은 집행법원의 압류명령에 의하여 개시한다.

제224조(집행법원)
① 제223조의 집행법원은 채무자의 보통재판적이 있는 곳의 지방법원으로 한다.
② 제1항의 지방법원이 없는 경우 집행법원은 압류한 채권의 채무자(이하 "제3채무자"라 한다)의 보통재판적이 있는 곳의 지방법원으로 한다. 다만, 이 경우에 물건의 인도를 목적으로 하는 채권과 물적 담보권 있는 채권에 대한 집행법원은 그 물건이 있는 곳의 지방법원으로 한다.
③ 가압류에서 이전되는 채권압류의 경우에 제223조의 집행법원은 가압류를 명한 법원이 있는 곳을 관할하는 지방법원으로 한다.

제225조(압류명령의 신청)
채권자는 압류명령신청에 압류할 채권의 종류와 액수를 밝혀야 한다.

제226조(심문의 생략)
압류명령은 제3채무자와 채무자를 심문하지 아니하고 한다.

제227조(금전채권의 압류)

① 금전채권을 압류할 때에는 법원은 제3채무자에게 채무자에 대한 지급을 금지하고 채무자에게 채권의 처분과 영수를 금지하여야 한다.
② 압류명령은 제3채무자와 채무자에게 송달하여야 한다.
③ 압류명령이 제3채무자에게 송달되면 압류의 효력이 생긴다.
④ 압류명령의 신청에 관한 재판에 대하여는 즉시항고를 할 수 있다.

제228조(저당권이 있는 채권의 압류)

① 저당권이 있는 채권을 압류할 경우 채권자는 채권압류사실을 등기부에 기입하여 줄 것을 법원사무관등에게 신청할 수 있다. 이 신청은 채무자의 승낙 없이 법원에 대한 압류명령의 신청과 함께 할 수 있다.
② 법원사무관등은 의무를 지는 부동산 소유자에게 압류명령이 송달된 뒤에 제1항의 신청에 따른 등기를 촉탁하여야 한다.

제229조(금전채권의 현금화방법)

① 압류한 금전채권에 대하여 압류채권자는 추심명령(추심명령)이나 전부명령(전부명령)을 신청할 수 있다.
② 추심명령이 있는 때에는 압류채권자는 대위절차(대위절차) 없이 압류채권을 추심할 수 있다.
③ 전부명령이 있는 때에는 압류된 채권은 지급에 갈음하여 압류채권자에게 이전된다.
④ 추심명령에 대하여는 제227조제2항 및 제3항의 규정을, 전부명령에 대하여는 제227조제2항의 규정을 각각 준용한다.
⑤ 전부명령이 제3채무자에게 송달될 때까지 그 금전채권에 관하여 다른 채권자가 압류·가압류 또는 배당요구를 한 경우에는 전부명령은 효력을 가지지 아니한다.
⑥ 제1항의 신청에 관한 재판에 대하여는 즉시항고를 할 수 있다.
⑦ 전부명령은 확정되어야 효력을 가진다.
⑧ 전부명령이 있은 뒤에 제49조제2호 또는 제4호의 서류를 제출한 것을 이유로 전부명령에 대한 즉시항고가 제기된 경우에는 항고법원은 다른 이유로 전부명령을 취소하는 경우를 제외하고는 항고에 관한 재판을 정지하여야 한다.

제230조(저당권이 있는 채권의 이전)

저당권이 있는 채권에 관하여 전부명령이 있는 경우에는 제228조의 규정을 준용한다.

제231조(전부명령의 효과)

전부명령이 확정된 경우에는 전부명령이 제3채무자에게 송달된 때에 채무자가 채무를 변제한 것으로 본다. 다만, 이전된 채권이 존재하지 아니한 때에는 그러하지 아니하다.

제232조(추심명령의 효과)

① 추심명령은 그 채권전액에 미친다. 다만, 법원은 채무자의 신청에 따라 압류채권자를 심문하여 압류액수를 그 채권자의 요구액수로 제한하고 채무자에게 그 초과된 액수의 처분과 영수를 허가할 수 있다.
② 제1항 단서의 제한부분에 대하여 다른 채권자는 배당요구를 할 수 없다.
③ 제1항의 허가는 제3채무자와 채권자에게 통지하여야 한다.

제233조(지시채권의 압류)

어음·수표 그 밖에 배서로 이전할 수 있는 증권으로서 배서가 금지된 증권채권의 압류는 법원의 압류명령으로 집행관이 그 증권을 점유하여 한다.

제234조(채권증서)

① 채무자는 채권에 관한 증서가 있으면 압류채권자에게 인도하여야 한다.
② 채권자는 압류명령에 의하여 강제집행의 방법으로 그 증서를 인도받을 수 있다.

제235조(압류의 경합)

① 채권 일부가 압류된 뒤에 그 나머지 부분을 초과하여 다시 압류명령이 내려진 때에는 각 압류의 효력은 그 채권 전부에 미친다.
② 채권 전부가 압류된 뒤에 그 채권 일부에 대하여 다시 압류명령이 내려진 때 그 압류의 효력도 제1항과 같다.

제236조(추심의 신고)

① 채권자는 추심한 채권액을 법원에 신고하여야 한다.
② 제1항의 신고전에 다른 압류·가압류 또는 배당요구가 있었을 때에는 채권자는 추심한 금액을 바로 공탁하고 그 사유를 신고하여야 한다.

제237조(제3채무자의 진술의무)

① 압류채권자는 제3채무자로 하여금 압류명령을 송달받은 날부터 1주 이내에 서면으로 다음 각호의 사항을 진술하게 하도록 법원에 신청할 수 있다.
  1. 채권을 인정하는지의 여부 및 인정한다면 그 한도
  2. 채권에 대하여 지급할 의사가 있는지의 여부 및 의사가 있다면 그 한도
  3. 채권에 대하여 다른 사람으로부터 청구가 있는지의 여부 및 청구가 있다면 그 종류
  4. 다른 채권자에게 채권을 압류당한 사실이 있는지의 여부 및 그 사실이 있다면 그 청구의 종류
② 법원은 제1항의 진술을 명하는 서면을 제3채무자에게 송달하여야 한다.

③ 제3채무자가 진술을 게을리 한 때에는 법원은 제3채무자에게 제1항의 사항을 심문할 수 있다.

제238조(추심의 소제기)

채권자가 명령의 취지에 따라 제3채무자를 상대로 소를 제기할 때에는 일반규정에 의한 관할법원에 제기하고 채무자에게 그 소를 고지하여야 한다. 다만, 채무자가 외국에 있거나 있는 곳이 분명하지 아니한 때에는 고지할 필요가 없다.

제239조(추심의 소홀)

채권자가 추심할 채권의 행사를 게을리 한 때에는 이로써 생긴 채무자의 손해를 부담한다.

제240조(추심권의 포기)

① 채권자는 추심명령에 따라 얻은 권리를 포기할 수 있다. 다만, 기본채권에는 영향이 없다.
② 제1항의 포기는 법원에 서면으로 신고하여야 한다. 법원사무관등은 그 등본을 제3채무자와 채무자에게 송달하여야 한다.

제241조(특별한 현금화방법)

① 압류된 채권이 조건 또는 기한이 있거나, 반대의무의 이행과 관련되어 있거나 그 밖의 이유로 추심하기 곤란할 때에는 법원은 채권자의 신청에 따라 다음 각호의 명령을 할 수 있다.
  1. 채권을 법원이 정한 값으로 지급함에 갈음하여 압류채권자에게 양도하는 양도명령
  2. 추심에 갈음하여 법원이 정한 방법으로 그 채권을 매각하도록 집행관에게 명하는 매각명령
  3. 관리인을 선임하여 그 채권의 관리를 명하는 관리명령
  4. 그 밖에 적당한 방법으로 현금화하도록 하는 명령
② 법원은 제1항의 경우 그 신청을 허가하는 결정을 하기 전에 채무자를 심문하여야 한다. 다만, 채무자가 외국에 있거나 있는 곳이 분명하지 아니한 때에는 심문할 필요가 없다.
③ 제1항의 결정에 대하여는 즉시항고를 할 수 있다.
④ 제1항의 결정은 확정되어야 효력을 가진다.
⑤ 압류된 채권을 매각한 경우에는 집행관은 채무자를 대신하여 제3채무자에게 서면으로 양도의 통지를 하여야 한다.
⑥ 양도명령에는 제227조제2항·제229조제5항·제230조 및 제231조의 규정을, 매각명령에 의한 집행관의 매각에는 제108조의 규정을, 관리명령에는 제227조제2항의 규정을, 관리명령에 의한 관리에는 제167조, 제169조 내지 제171조, 제222조제2

항·제3항의 규정을 각각 준용한다.

제242조(유체물인도청구권 등에 대한 집행)

부동산·유체동산·선박·자동차·건설기계·항공기·경량항공기 등 유체물의 인도나 권리이전의 청구권에 대한 강제집행에 대하여는 제243조부터 제245조까지의 규정을 우선적용하는 것을 제외하고는 제227조부터 제240조까지의 규정을 준용한다. 〈개정 2015.5.18〉

제243조(유체동산에 관한 청구권의 압류)

① 유체동산에 관한 청구권을 압류하는 경우에는 법원이 제3채무자에 대하여 그 동산을 채권자의 위임을 받은 집행관에게 인도하도록 명한다.
② 채권자는 제3채무자에 대하여 제1항의 명령의 이행을 구하기 위하여 법원에 추심명령을 신청할 수 있다.
③ 제1항의 동산의 현금화에 대하여는 압류한 유체동산의 현금화에 관한 규정을 적용한다.

제244조(부동산청구권에 대한 압류)

① 부동산에 관한 인도청구권의 압류에 대하여는 그 부동산소재지의 지방법원은 채권자 또는 제3채무자의 신청에 의하여 보관인을 정하고 제3채무자에 대하여 그 부동산을 보관인에게 인도할 것을 명하여야 한다.
② 부동산에 관한 권리이전청구권의 압류에 대하여는 그 부동산소재지의 지방법원은 채권자 또는 제3채무자의 신청에 의하여 보관인을 정하고 제3채무자에 대하여 그 부동산에 관한 채무자명의의 권리이전등기절차를 보관인에게 이행할 것을 명하여야 한다.
③ 제2항의 경우에 보관인은 채무자명의의 권리이전등기신청에 관하여 채무자의 대리인이 된다.
④ 채권자는 제3채무자에 대하여 제1항 또는 제2항의 명령의 이행을 구하기 위하여 법원에 추심명령을 신청할 수 있다.

제245조(전부명령 제외)

유체물의 인도나 권리이전의 청구권에 대하여는 전부명령을 하지 못한다.

제246조(압류금지채권)

① 다음 각호의 채권은 압류하지 못한다. 〈개정 2005.1.27, 2010.7.23, 2011.4.5, 2022.1.4〉

   1. 법령에 규정된 부양료 및 유족부조료(유족부조료)
   2. 채무자가 구호사업이나 제3자의 도움으로 계속 받는 수입

3. 병사의 급료
4. 급료·연금·봉급·상여금·퇴직연금, 그 밖에 이와 비슷한 성질을 가진 급여채권의 2분의 1에 해당하는 금액. 다만, 그 금액이 국민기초생활보장법에 의한 최저생계비를 고려하여 대통령령이 정하는 금액에 미치지 못하는 경우 또는 표준적인 가구의 생계비를 고려하여 대통령령이 정하는 금액을 초과하는 경우에는 각각 당해 대통령령이 정하는 금액으로 한다.
5. 퇴직금 그 밖에 이와 비슷한 성질을 가진 급여채권의 2분의 1에 해당하는 금액
6. 「주택임대차보호법」제8조, 같은 법 시행령의 규정에 따라 우선변제를 받을 수 있는 금액
7. 생명, 상해, 질병, 사고 등을 원인으로 채무자가 지급받는 보장성보험의 보험금(해약환급 및 만기환급금을 포함한다). 다만, 압류금지의 범위는 생계유지, 치료 및 장애 회복에 소요될 것으로 예상되는 비용 등을 고려하여 대통령령으로 정한다.
8. 채무자의 1월간 생계유지에 필요한 예금(적금·부금·예탁금과 우편대체를 포함한다). 다만, 그 금액은 「국민기초생활 보장법」에 따른 최저생계비, 제195조제3호에서 정한 금액 등을 고려하여 대통령령으로 정한다.

② 법원은 제1항제1호부터 제7호까지에 규정된 종류의 금원이 금융기관에 개설된 채무자의 계좌에 이체되는 경우 채무자의 신청에 따라 그에 해당하는 부분의 압류명령을 취소하여야 한다. 〈신설 2011.4.5〉

③ 법원은 당사자가 신청하면 채권자와 채무자의 생활형편, 그 밖의 사정을 고려하여 압류명령의 전부 또는 일부를 취소하거나 제1항의 압류금지채권에 대하여 압류명령을 할 수 있다. 〈개정 2011.4.5〉

④ 제3항의 경우에는 제196조제2항 내지 제5항의 규정을 준용한다. 〈개정 2011.4.5〉

제247조(배당요구)

① 민법·상법, 그 밖의 법률에 의하여 우선변제청구권이 있는 채권자와 집행력 있는 정본을 가진 채권자는 다음 각호의 시기까지 법원에 배당요구를 할 수 있다.
  1. 제3채무자가 제248조제4항에 따른 공탁의 신고를 한 때
  2. 채권자가 제236조에 따른 추심의 신고를 한 때
  3. 집행관이 현금화한 금전을 법원에 제출한 때
② 전부명령이 제3채무자에게 송달된 뒤에는 배당요구를 하지 못한다.
③ 제1항의 배당요구에는 제218조 및 제219조의 규정을 준용한다.
④ 제1항의 배당요구는 제3채무자에게 통지하여야 한다.

제248조(제3채무자의 채무액의 공탁)

① 제3채무자는 압류에 관련된 금전채권의 전액을 공탁할 수 있다.
② 금전채권에 관하여 배당요구서를 송달받은 제3채무자는 배당에 참가한 채권자의 청구가 있으면 압류된 부분에 해당하는 금액을 공탁하여야 한다.

③ 금전채권중 압류되지 아니한 부분을 초과하여 거듭 압류명령 또는 가압류명령이 내려진 경우에 그 명령을 송달받은 제3채무자는 압류 또는 가압류채권자의 청구가 있으면 그 채권의 전액에 해당하는 금액을 공탁하여야 한다.
④ 제3채무자가 채무액을 공탁한 때에는 그 사유를 법원에 신고하여야 한다. 다만, 상당한 기간 이내에 신고가 없는 때에는 압류채권자, 가압류채권자, 배당에 참가한 채권자, 채무자, 그 밖의 이해관계인이 그 사유를 법원에 신고할 수 있다.

제249조(추심의 소)
① 제3채무자가 추심절차에 대하여 의무를 이행하지 아니하는 때에는 압류채권자는 소로써 그 이행을 청구할 수 있다.
② 집행력 있는 정본을 가진 모든 채권자는 공동소송인으로 원고 쪽에 참가할 권리가 있다.
③ 소를 제기당한 제3채무자는 제2항의 채권자를 공동소송인으로 원고 쪽에 참가하도록 명할 것을 첫 변론기일까지 신청할 수 있다.
④ 소에 대한 재판은 제3항의 명령을 받은 채권자에 대하여 효력이 미친다.

제250조(채권자의 추심최고)
압류채권자가 추심절차를 게을리 한 때에는 집행력 있는 정본으로 배당을 요구한 채권자는 일정한 기간내에 추심하도록 최고하고, 최고에 따르지 아니한 때에는 법원의 허가를 얻어 직접 추심할 수 있다.

제251조(그 밖의 재산권에 대한 집행)
① 앞의 여러 조문에 규정된 재산권 외에 부동산을 목적으로 하지 아니한 재산권에 대한 강제집행은 이 관의 규정 및 제98조 내지 제101조의 규정을 준용한다.
② 제3채무자가 없는 경우에 압류는 채무자에게 권리처분을 금지하는 명령을 송달한 때에 효력이 생긴다.

제4관 배당절차

제252조(배당절차의 개시)
법원은 다음 각호 가운데 어느 하나에 해당하는 경우에는 배당절차를 개시한다.
　1. 제222조의 규정에 따라 집행관이 공탁한 때
　2. 제236조의 규정에 따라 추심채권자가 공탁하거나 제248조의 규정에 따라 제3채무자가 공탁한 때
　3. 제241조의 규정에 따라 현금화된 금전을 법원에 제출한 때

제253조(계산서 제출의 최고)
법원은 채권자들에게 1주 이내에 원금·이자·비용, 그 밖의 부대채권의 계산서를 제출하도록 최고하여야 한다.

제254조(배당표의 작성)

① 제253조의 기간이 끝난 뒤에 법원은 배당표를 작성하여야 한다.

② 제1항의 기간을 지키지 아니한 채권자의 채권은 배당요구서와 사유신고서의 취지 및 그 증빙서류에 따라 계산한다. 이 경우 다시 채권액을 추가하지 못한다.

제255조(배당기일의 준비)

법원은 배당을 실시할 기일을 지정하고 채권자와 채무자에게 이를 통지하여야 한다. 다만, 채무자가 외국에 있거나 있는 곳이 분명하지 아니한 때에는 통지하지 아니한다.

제256조(배당표의 작성과 실시)

배당표의 작성, 배당표에 대한 이의 및 그 완결과 배당표의 실시에 대하여는 제149조 내지 제161조의 규정을 준용한다.

제3장 금전채권 외의 채권에 기초한 강제집행

제257조(동산인도청구의 집행)

채무자가 특정한 동산이나 대체물의 일정한 수량을 인도하여야 할 때에는 집행관이 이를 채무자로부터 빼앗아 채권자에게 인도하여야 한다.

제258조(부동산 등의 인도청구의 집행)

① 채무자가 부동산이나 선박을 인도하여야 할 때에는 집행관은 채무자로부터 점유를 빼앗아 채권자에게 인도하여야 한다.

② 제1항의 강제집행은 채권자나 그 대리인이 인도받기 위하여 출석한 때에만 한다.

③ 강제집행의 목적물이 아닌 동산은 집행관이 제거하여 채무자에게 인도하여야 한다.

④ 제3항의 경우 채무자가 없는 때에는 집행관은 채무자와 같이 사는 사리를 분별할 지능이 있는 친족 또는 채무자의 대리인이나 고용인에게 그 동산을 인도하여야 한다.

⑤ 채무자와 제4항에 적은 사람이 없는 때에는 집행관은 그 동산을 채무자의 비용으로 보관하여야 한다.

⑥ 채무자가 그 동산의 수취를 게을리 한 때에는 집행관은 집행법원의 허가를 받아 동산에 대한 강제집행의 매각절차에 관한 규정에 따라 그 동산을 매각하고 비용을 뺀 뒤에 나머지 대금을 공탁하여야 한다.

제259조(목적물을 제3자가 점유하는 경우)

인도할 물건을 제3자가 점유하고 있는 때에는 채권자의 신청에 따라 금전채권의 압류에 관한 규정에 따라 채무자의 제3자에 대한 인도청구권을 채권자에게 넘겨야 한다.

제260조(대체집행)

① 민법 제389조제2항 후단과 제3항의 경우에는 제1심 법원은 채권자의 신청에 따라 민법의 규정에 의한 결정을 하여야 한다.
② 채권자는 제1항의 행위에 필요한 비용을 미리 지급할 것을 채무자에게 명하는 결정을 신청할 수 있다. 다만, 뒷날 그 초과비용을 청구할 권리는 영향을 받지 아니한다.
③ 제1항과 제2항의 신청에 관한 재판에 대하여는 즉시항고를 할 수 있다.

제261조(간접강제)

① 채무의 성질이 간접강제를 할 수 있는 경우에 제1심 법원은 채권자의 신청에 따라 간접강제를 명하는 결정을 한다. 그 결정에는 채무의 이행의무 및 상당한 이행기간을 밝히고, 채무자가 그 기간 이내에 이행을 하지 아니하는 때에는 늦어진 기간에 따라 일정한 배상을 하도록 명하거나 즉시 손해배상을 하도록 명할 수 있다.
② 제1항의 신청에 관한 재판에 대하여는 즉시항고를 할 수 있다.

제262조(채무자의 심문)

제260조 및 제261조의 결정은 변론 없이 할 수 있다. 다만, 결정하기 전에 채무자를 심문하여야 한다.

제263조(의사표시의무의 집행)

① 채무자가 권리관계의 성립을 인낙한 때에는 그 조서로, 의사의 진술을 명한 판결이 확정된 때에는 그 판결로 권리관계의 성립을 인낙하거나 의사를 진술한 것으로 본다.
② 반대의무가 이행된 뒤에 권리관계의 성립을 인낙하거나 의사를 진술할 것인 경우에는 제30조와 제32조의 규정에 따라 집행문을 내어 준 때에 그 효력이 생긴다.

제3편 담보권 실행 등을 위한 경매

제264조(부동산에 대한 경매신청)

① 부동산을 목적으로 하는 담보권을 실행하기 위한 경매신청을 함에는 담보권이 있다는 것을 증명하는 서류를 내야 한다.
② 담보권을 승계한 경우에는 승계를 증명하는 서류를 내야 한다.
③ 부동산 소유자에게 경매개시결정을 송달할 때에는 제2항의 규정에 따라 제출된 서류의 등본을 붙여야 한다.

제265조(경매개시결정에 대한 이의신청사유)

경매절차의 개시결정에 대한 이의신청사유로 담보권이 없다는 것 또는 소멸되었다는 것을 주장할 수 있다.

제266조(경매절차의 정지)

① 다음 각호 가운데 어느 하나에 해당하는 문서가 경매법원에 제출되면 경매절차를

정지하여야 한다. 〈개정 2011.4.12〉
1. 담보권의 등기가 말소된 등기사항증명서
2. 담보권 등기를 말소하도록 명한 확정판결의 정본
3. 담보권이 없거나 소멸되었다는 취지의 확정판결의 정본
4. 채권자가 담보권을 실행하지 아니하기로 하거나 경매신청을 취하하겠다는 취지 또는 피담보채권을 변제받았거나 그 변제를 미루도록 승낙한다는 취지를 적은 서류
5. 담보권 실행을 일시정지하도록 명한 재판의 정본

② 제1항제1호 내지 제3호의 경우와 제4호의 서류가 화해조서의 정본 또는 공정증서의 정본인 경우에는 경매법원은 이미 실시한 경매절차를 취소하여야 하며, 제5호의 경우에는 그 재판에 따라 경매절차를 취소하지 아니한 때에만 이미 실시한 경매절차를 일시적으로 유지하게 하여야 한다.

③ 제2항의 규정에 따라 경매절차를 취소하는 경우에는 제17조의 규정을 적용하지 아니한다.

제267조(대금완납에 따른 부동산취득의 효과)

매수인의 부동산 취득은 담보권 소멸로 영향을 받지 아니한다.

제268조(준용규정)

부동산을 목적으로 하는 담보권 실행을 위한 경매절차에는 제79조 내지 제162조의 규정을 준용한다.

제269조(선박에 대한 경매)

선박을 목적으로 하는 담보권 실행을 위한 경매절차에는 제172조 내지 제186조, 제264조 내지 제268조의 규정을 준용한다.

제270조(자동차 등에 대한 경매)

자동차·건설기계·소형선박(「자동차 등 특정동산 저당법」제3조제2호에 따른 소형선박을 말한다) 및 항공기(「자동차 등 특정동산 저당법」제3조제4호에 따른 항공기 및 경량항공기를 말한다)를 목적으로 하는 담보권 실행을 위한 경매절차는 제264조부터 제269조까지, 제271조 및 제272조의 규정에 준하여 대법원규칙으로 정한다. 〈개정 2007.8.3, 2009.3.25, 2015.5.18〉

제271조(유체동산에 대한 경매)

유체동산을 목적으로 하는 담보권 실행을 위한 경매는 채권자가 그 목적물을 제출하거나, 그 목적물의 점유자가 압류를 승낙한 때에 개시한다.

제272조(준용규정)

제271조의 경매절차에는 제2편 제2장 제4절 제2관의 규정과 제265조 및 제266조의

규정을 준용한다.

제273조(채권과 그 밖의 재산권에 대한 담보권의 실행)

① 채권, 그 밖의 재산권을 목적으로 하는 담보권의 실행은 담보권의 존재를 증명하는 서류(권리의 이전에 관하여 등기나 등록을 필요로 하는 경우에는 그 등기사항증명서 또는 등록원부의 등본)가 제출된 때에 개시한다. 〈개정 2011.4.12〉

② 민법 제342조에 따라 담보권설정자가 받을 금전, 그 밖의 물건에 대하여 권리를 행사하는 경우에도 제1항과 같다.

③ 제1항과 제2항의 권리실행절차에는 제2편 제2장 제4절 제3관의 규정을 준용한다.

제274조(유치권 등에 의한 경매)

① 유치권에 의한 경매와 민법·상법, 그 밖의 법률이 규정하는 바에 따른 경매(이하 "유치권등에 의한 경매"라 한다)는 담보권 실행을 위한 경매의 예에 따라 실시한다.

② 유치권 등에 의한 경매절차는 목적물에 대하여 강제경매 또는 담보권 실행을 위한 경매절차가 개시된 경우에는 이를 정지하고, 채권자 또는 담보권자를 위하여 그 절차를 계속하여 진행한다.

③ 제2항의 경우에 강제경매 또는 담보권 실행을 위한 경매가 취소되면 유치권 등에 의한 경매절차를 계속하여 진행하여야 한다.

제275조(준용규정)

이 편에 규정한 경매 등 절차에는 제42조 내지 제44조 및 제46조 내지 제53조의 규정을 준용한다.

제4편 보전처분

제276조(가압류의 목적)

① 가압류는 금전채권이나 금전으로 환산할 수 있는 채권에 대하여 동산 또는 부동산에 대한 강제집행을 보전하기 위하여 할 수 있다.

② 제1항의 채권이 조건이 붙어 있는 것이거나 기한이 차지 아니한 것인 경우에도 가압류를 할 수 있다.

제277조(보전의 필요)

가압류는 이를 하지 아니하면 판결을 집행할 수 없거나 판결을 집행하는 것이 매우 곤란할 염려가 있을 경우에 할 수 있다.

제278조(가압류법원)

가압류는 가압류할 물건이 있는 곳을 관할하는 지방법원이나 본안의 관할법원이 관할한다.

제279조(가압류신청)

① 가압류신청에는 다음 각호의 사항을 적어야 한다.
  1. 청구채권의 표시, 그 청구채권이 일정한 금액이 아닌 때에는 금전으로 환산한 금액
  2. 제277조의 규정에 따라 가압류의 이유가 될 사실의 표시
② 청구채권과 가압류의 이유는 소명하여야 한다.

제280조(가압류명령)

① 가압류신청에 대한 재판은 변론 없이 할 수 있다.
② 청구채권이나 가압류의 이유를 소명하지 아니한 때에도 가압류로 생길 수 있는 채무자의 손해에 대하여 법원이 정한 담보를 제공한 때에는 법원은 가압류를 명할 수 있다.
③ 청구채권과 가압류의 이유를 소명한 때에도 법원은 담보를 제공하게 하고 가압류를 명할 수 있다.
④ 담보를 제공한 때에는 그 담보의 제공과 담보제공의 방법을 가압류명령에 적어야 한다.

제281조(재판의 형식)

① 가압류신청에 대한 재판은 결정으로 한다. 〈개정 2005.1.27〉
② 채권자는 가압류신청을 기각하거나 각하하는 결정에 대하여 즉시항고를 할 수 있다.
③ 담보를 제공하게 하는 재판, 가압류신청을 기각하거나 각하하는 재판과 제2항의 즉시항고를 기각하거나 각하하는 재판은 채무자에게 고지할 필요가 없다.

제282조(가압류해방금액)

가압류명령에는 가압류의 집행을 정지시키거나 집행한 가압류를 취소시키기 위하여 채무자가 공탁할 금액을 적어야 한다.

제283조(가압류결정에 대한 채무자의 이의신청)

① 채무자는 가압류결정에 대하여 이의를 신청할 수 있다.
② 제1항의 이의신청에는 가압류의 취소나 변경을 신청하는 이유를 밝혀야 한다.
③ 이의신청은 가압류의 집행을 정지하지 아니한다.

제284조(가압류이의신청사건의 이송)

법원은 가압류이의신청사건에 관하여 현저한 손해 또는 지연을 피하기 위한 필요가 있는 때에는 직권으로 또는 당사자의 신청에 따라 결정으로 그 가압류사건의 관할권이 있는 다른 법원에 사건을 이송할 수 있다. 다만, 그 법원이 심급을 달리하는 경우에는 그러하지 아니하다.

제285조(가압류이의신청의 취하)

① 채무자는 가압류이의신청에 대한 재판이 있기 전까지 가압류이의신청을 취하할 수 있다. 〈개정 2005.1.27〉
② 제1항의 취하에는 채권자의 동의를 필요로 하지 아니한다.
③ 가압류이의신청의 취하는 서면으로 하여야 한다. 다만, 변론기일 또는 심문기일에서는 말로 할 수 있다. 〈개정 2005.1.27〉
④ 가압류이의신청서를 송달한 뒤에는 취하의 서면을 채권자에게 송달하여야 한다.
⑤ 제3항 단서의 경우에 채권자가 변론기일 또는 심문기일에 출석하지 아니한 때에는 그 기일의 조서등본을 송달하여야 한다. 〈개정 2005.1.27〉

제286조(이의신청에 대한 심리와 재판)

① 이의신청이 있는 때에는 법원은 변론기일 또는 당사자 쌍방이 참여할 수 있는 심문기일을 정하고 당사자에게 이를 통지하여야 한다.
② 법원은 심리를 종결하고자 하는 경우에는 상당한 유예기간을 두고 심리를 종결할 기일을 정하여 이를 당사자에게 고지하여야 한다. 다만, 변론기일 또는 당사자 쌍방이 참여할 수 있는 심문기일에는 즉시 심리를 종결할 수 있다.
③ 이의신청에 대한 재판은 결정으로 한다.
④ 제3항의 규정에 의한 결정에는 이유를 적어야 한다. 다만, 변론을 거치지 아니한 경우에는 이유의 요지만을 적을 수 있다.
⑤ 법원은 제3항의 규정에 의한 결정으로 가압류의 전부나 일부를 인가·변경 또는 취소할 수 있다. 이 경우 법원은 적당한 담보를 제공하도록 명할 수 있다.
⑥ 법원은 제3항의 규정에 의하여 가압류를 취소하는 결정을 하는 경우에는 채권자가 그 고지를 받은 날부터 2주를 넘지 아니하는 범위 안에서 상당하다고 인정하는 기간이 경과하여야 그 결정의 효력이 생긴다는 뜻을 선언할 수 있다.
⑦ 제3항의 규정에 의한 결정에 대하여는 즉시항고를 할 수 있다. 이 경우 민사소송법 제447조의 규정을 준용하지 아니한다.

[전문개정 2005.1.27]

제287조(본안의 제소명령)

① 가압류법원은 채무자의 신청에 따라 변론 없이 채권자에게 상당한 기간 이내에 본안의 소를 제기하여 이를 증명하는 서류를 제출하거나 이미 소를 제기하였으면 소송계속사실을 증명하는 서류를 제출하도록 명하여야 한다.
② 제1항의 기간은 2주 이상으로 정하여야 한다.
③ 채권자가 제1항의 기간 이내에 제1항의 서류를 제출하지 아니한 때에는 법원은 채

무자의 신청에 따라 결정으로 가압류를 취소하여야 한다.
④ 제1항의 서류를 제출한 뒤에 본안의 소가 취하되거나 각하된 경우에는 그 서류를 제출하지 아니한 것으로 본다.
⑤ 제3항의 신청에 관한 결정에 대하여는 즉시항고를 할 수 있다. 이 경우 민사소송법 제447조의 규정은 준용하지 아니한다.

제288조(사정변경 등에 따른 가압류취소)
① 채무자는 다음 각호의 어느 하나에 해당하는 사유가 있는 경우에는 가압류가 인가된 뒤에도 그 취소를 신청할 수 있다. 제3호에 해당하는 경우에는 이해관계인도 신청할 수 있다.
  1. 가압류이유가 소멸되거나 그 밖에 사정이 바뀐 때
  2. 법원이 정한 담보를 제공한 때
  3. 가압류가 집행된 뒤에 3년간 본안의 소를 제기하지 아니한 때
② 제1항의 규정에 의한 신청에 대한 재판은 가압류를 명한 법원이 한다. 다만, 본안이 이미 계속된 때에는 본안법원이 한다.
③ 제1항의 규정에 의한 신청에 대한 재판에는 제286조제1항 내지 제4항·제6항 및 제7항을 준용한다.

[전문개정 2005.1.27]

제289조(가압류취소결정의 효력정지)
① 가압류를 취소하는 결정에 대하여 즉시항고가 있는 경우에, 불복의 이유로 주장한 사유가 법률상 정당한 사유가 있다고 인정되고 사실에 대한 소명이 있으며, 그 가압류를 취소함으로 인하여 회복할 수 없는 손해가 생길 위험이 있다는 사정에 대한 소명이 있는 때에는, 법원은 당사자의 신청에 따라 담보를 제공하게 하거나 담보를 제공하지 아니하게 하고 가압류취소결정의 효력을 정지시킬 수 있다.
② 제1항의 규정에 의한 소명은 보증금을 공탁하거나 주장이 진실함을 선서하는 방법으로 대신할 수 없다.
③ 재판기록이 원심법원에 있는 때에는 원심법원이 제1항의 규정에 의한 재판을 한다.
④ 항고법원은 항고에 대한 재판에서 제1항의 규정에 의한 재판을 인가·변경 또는 취소하여야 한다.
⑤ 제1항 및 제4항의 규정에 의한 재판에 대하여는 불복할 수 없다.

[전문개정 2005.1.27]

제290조(가압류 이의신청규정의 준용)
① 제287조제3항, 제288조제1항에 따른 재판의 경우에는 제284조의 규정을 준용한다. 〈개정 2005.1.27〉

② 제287조제1항·제3항 및 제288조제1항에 따른 신청의 취하에는 제285조의 규정을 준용한다. 〈개정 2005.1.27〉

제291조(가압류집행에 대한 본집행의 준용)

가압류의 집행에 대하여는 강제집행에 관한 규정을 준용한다. 다만, 아래의 여러 조문과 같이 차이가 나는 경우에는 그러하지 아니하다.

제292조(집행개시의 요건)

① 가압류에 대한 재판이 있은 뒤에 채권자나 채무자의 승계가 이루어진 경우에 가압류의 재판을 집행하려면 집행문을 덧붙여야 한다.
② 가압류에 대한 재판의 집행은 채권자에게 재판을 고지한 날부터 2주를 넘긴 때에는 하지 못한다. 〈개정판 2005.1.27〉
③ 제2항의 집행은 채무자에게 재판을 송달하기 전에도 할 수 있다.

제293조(부동산가압류집행)

① 부동산에 대한 가압류의 집행은 가압류재판에 관한 사항을 등기부에 기입하여야 한다.
② 제1항의 집행법원은 가압류재판을 한 법원으로 한다.
③ 가압류등기는 법원사무관등이 촉탁한다.

제294조(가압류를 위한 강제관리)

가압류의 집행으로 강제관리를 하는 경우에는 관리인이 청구채권액에 해당하는 금액을 지급받아 공탁하여야 한다.

제295조(선박가압류집행)

① 등기할 수 있는 선박에 대한 가압류를 집행하는 경우에는 가압류등기를 하는 방법이나 집행관에게 선박국적증서등을 선장으로부터 받아 집행법원에 제출하도록 명하는 방법으로 한다. 이들 방법은 함께 사용할 수 있다.
② 가압류등기를 하는 방법에 의한 가압류집행은 가압류명령을 한 법원이, 선박국적증서등을 받아 제출하도록 명하는 방법에 의한 가압류집행은 선박이 정박하여 있는 곳을 관할하는 지방법원이 집행법원으로서 관할한다.
③ 가압류등기를 하는 방법에 의한 가압류의 집행에는 제293조제3항의 규정을 준용한다.

제296조(동산가압류집행)

① 동산에 대한 가압류의 집행은 압류와 같은 원칙에 따라야 한다.
② 채권가압류의 집행법원은 가압류명령을 한 법원으로 한다.
③ 채권의 가압류에는 제3채무자에 대하여 채무자에게 지급하여서는 아니 된다는 명령만을 하여야 한다.

④ 가압류한 금전은 공탁하여야 한다.

⑤ 가압류물은 현금화를 하지 못한다. 다만, 가압류물을 즉시 매각하지 아니하면 값이 크게 떨어질 염려가 있거나 그 보관에 지나치게 많은 비용이 드는 경우에는 집행관은 그 물건을 매각하여 매각대금을 공탁하여야 한다.

제297조(제3채무자의 공탁)

제3채무자가 가압류 집행된 금전채권액을 공탁한 경우에는 그 가압류의 효력은 그 청구채권액에 해당하는 공탁금액에 대한 채무자의 출급청구권에 대하여 존속한다.

제298조(가압류취소결정의 취소와 집행)

① 가압류의 취소결정을 상소법원이 취소한 경우로서 법원이 그 가압류의 집행기관이 되는 때에는 그 취소의 재판을 한 상소법원이 직권으로 가압류를 집행한다. 〈개정 2005.1.27〉

② 제1항의 경우에 그 취소의 재판을 한 상소법원이 대법원인 때에는 채권자의 신청에 따라 제1심 법원이 가압류를 집행한다.

[제목개정 2005.1.27]

제299조(가압류집행의 취소)

① 가압류명령에 정한 금액을 공탁한 때에는 법원은 결정으로 집행한 가압류를 취소하여야 한다. 〈개정 2005.1.27〉

② 삭제 〈2005.1.27〉

③ 제1항의 취소결정에 대하여는 즉시항고를 할 수 있다.

④ 제1항의 취소결정에 대하여는 제17조제2항의 규정을 준용하지 아니한다.

제300조(가처분의 목적)

① 다툼의 대상에 관한 가처분은 현상이 바뀌면 당사자가 권리를 실행하지 못하거나 이를 실행하는 것이 매우 곤란할 염려가 있을 경우에 한다.

② 가처분은 다툼이 있는 권리관계에 대하여 임시의 지위를 정하기 위하여도 할 수 있다. 이 경우 가처분은 특히 계속하는 권리관계에 끼칠 현저한 손해를 피하거나 급박한 위험을 막기 위하여, 또는 그 밖의 필요한 이유가 있을 경우에 하여야 한다.

제301조(가압류절차의 준용)

가처분절차에는 가압류절차에 관한 규정을 준용한다. 다만, 아래의 여러 조문과 같이 차이가 나는 경우에는 그러하지 아니하다.

제302조

삭제 〈2005.1.27〉

제303조(관할법원)

가처분의 재판은 본안의 관할법원 또는 다툼의 대상이 있는 곳을 관할하는 지방법원이 관할한다.

제304조(임시의 지위를 정하기 위한 가처분)

제300조제2항의 규정에 의한 가처분의 재판에는 변론기일 또는 채무자가 참석할 수 있는 심문기일을 열어야 한다. 다만, 그 기일을 열어 심리하면 가처분의 목적을 달성할 수 없는 사정이 있는 때에는 그러하지 아니하다.

제305조(가처분의 방법)

① 법원은 신청목적을 이루는 데 필요한 처분을 직권으로 정한다.

② 가처분으로 보관인을 정하거나, 상대방에게 어떠한 행위를 하거나 하지 말도록, 또는 급여를 지급하도록 명할 수 있다.

③ 가처분으로 부동산의 양도나 저당을 금지한 때에는 법원은 제293조의 규정을 준용하여 등기부에 그 금지한 사실을 기입하게 하여야 한다.

제306조(법인임원의 직무집행정지 등 가처분의 등기촉탁)

법원사무관등은 법원이 법인의 대표자 그 밖의 임원으로 등기된 사람에 대하여 직무의 집행을 정지하거나 그 직무를 대행할 사람을 선임하는 가처분을 하거나 그 가처분을 변경·취소한 때에는, 법인의 주사무소 또는 본점이 있는 곳의 등기소에 그 등기를 촉탁하여야 한다. 다만, 이 사항이 등기하여야 할 사항이 아닌 경우에는 그러하지 아니하다. 〈개정 2024.9.20〉

제307조(가처분의 취소)

① 특별한 사정이 있는 때에는 담보를 제공하게 하고 가처분을 취소할 수 있다.

② 제1항의 경우에는 제284조, 제285조 및 제286조제1항 내지 제4항·제6항·제7항의 규정을 준용한다. 〈개정 2005.1.27〉

제308조(원상회복재판)

가처분을 명한 재판에 기초하여 채권자가 물건을 인도받거나, 금전을 지급받거나 또는 물건을 사용·보관하고 있는 경우에는, 법원은 가처분을 취소하는 재판에서 채무자의 신청에 따라 채권자에 대하여 그 물건이나 금전을 반환하도록 명할 수 있다.

제309조(가처분의 집행정지)

① 소송물인 권리 또는 법률관계가 이행되는 것과 같은 내용의 가처분을 명한 재판에 대하여 이의신청이 있는 경우에, 이의신청으로 주장한 사유가 법률상 정당한 사유가 있다고 인정되고 주장사실에 대한 소명이 있으며, 그 집행에 의하여 회복할 수 없는 손해가 생길 위험이 있다는 사정에 대한 소명이 있는 때에는, 법원은 당사자

의 신청에 따라 담보를 제공하게 하거나 담보를 제공하게 하지 아니하고 가처분의 집행을 정지하도록 명할 수 있고, 담보를 제공하게 하고 집행한 처분을 취소하도록 명할 수 있다.
② 제1항에서 규정한 소명은 보증금을 공탁하거나 주장이 진실함을 선서하는 방법으로 대신할 수 없다.
③ 재판기록이 원심법원에 있는 때에는 원심법원이 제1항의 규정에 의한 재판을 한다.
④ 법원은 이의신청에 대한 결정에서 제1항의 규정에 의한 명령을 인가·변경 또는 취소하여야 한다.
⑤ 제1항·제3항 또는 제4항의 규정에 의한 재판에 대하여는 불복할 수 없다.
[전문개정 2005.1.27]

제310조(준용규정)
제301조에 따라 준용되는 제287조제3항, 제288조제1항 또는 제307조의 규정에 따른 가처분취소신청이 있는 경우에는 제309조의 규정을 준용한다.
[전문개정 2005.1.27]

제311조(본안의 관할법원)
이 편에 규정한 본안법원은 제1심 법원으로 한다. 다만, 본안이 제2심에 계속된 때에는 그 계속된 법원으로 한다.

제312조(재판장의 권한)
급박한 경우에 재판장은 이 편의 신청에 대한 재판을 할 수 있다. 〈개정 2005.1.27〉

부칙 〈제6627호, 2002.1.26〉

부칙 〈제7358호, 2005.1.27〉

부칙 〈제8581호, 2007.8.3〉

부칙 〈제8622호, 2007.8.3〉

부칙 〈제9525호, 2009.3.25〉

부칙 〈제10376호, 2010.7.23〉

부칙 〈제10539호, 2011.4.5〉

부칙 〈제10580호, 2011.4.12〉

부칙 〈제12588호, 2014.5.20〉

부칙 〈제13286호, 2015.5.18〉

부칙 〈제13952호, 2016.2.3〉

부칙 〈제18671호, 2022.1.4〉

부칙 〈제20434호, 2024.9.20.〉

국세징수법

타법개정 2024.12.31[법률 20615호, 시행 2025.1.1] 기획재정부

제1장 총칙

제1조(목적)

이 법은 국세의 징수에 필요한 사항을 규정함으로써 국민의 납세의무의 적정한 이행을 통하여 국세수입을 확보하는 것을 목적으로 한다.

제2조(정의)

① 이 법에서 사용하는 용어의 뜻은 다음과 같다.
  1. "납부기한"이란 납세의무가 확정된 국세(가산세를 포함한다. 이하 같다)를 납부하여야 할 기한으로서 다음 각 목의 구분에 따른 기한을 말한다.
     가. 법정납부기한: 국세의 종목과 세율을 정하고 있는 법률, 「국세기본법」, 「조세특례제한법」 및 「국제조세조정에 관한 법률」에서 정한 기한
     나. 지정납부기한: 관할 세무서장이 납부고지를 하면서 지정한 기한
  2. "체납"이란 국세를 지정납부기한까지 납부하지 아니하는 것을 말한다. 다만, 지정납부기한 후에 납세의무가 성립·확정되는 「국세기본법」 제47조의4에 따른 납부지연가산세 및 같은 법 제47조의5에 따른 원천징수 등 납부지연가산세의 경우 납세의무가 확정된 후 즉시 납부하지 아니하는 것을 말한다.
  3. "체납자"란 국세를 체납한 자를 말한다.
  4. "체납액"이란 체납된 국세와 강제징수비를 말한다.

② 제1항제1호를 적용하는 경우 다음 각 호의 기한은 지정납부기한으로 본다. 다만, 「소득세법」 제65조제4항, 「부가가치세법」 제48조제4항 후단 및 같은 법 제66조제3항, 「종합부동산세법」 제16조제3항 후단에 따라 세액의 결정이 없었던 것으로 보는 경우는 제외한다.
  1. 관할 세무서장이 「소득세법」 제65조제1항 전단에 따라 중간예납세액을 징수하여야 하는 기한
  2. 관할 세무서장이 「부가가치세법」 제48조제3항 본문 및 같은 법 제66조제1항 본문에 따라 부가가치세액을 징수하여야 하는 기한
  3. 관할 세무서장이 「종합부동산세법」 제16조제1항에 따라 종합부동산세액을 징수하여야 하는 기한

③ 제1항 및 제2항에서 정하는 것 외에 이 법에서 사용하는 용어의 뜻은 「국세기본법」에서 정하는 바에 따른다.

제3조(징수의 순위)

체납액의 징수 순위는 다음 각 호의 순서에 따른다.
1. 강제징수비
2. 국세(가산세는 제외한다)
3. 가산세

제4조(다른 법률과의 관계)

국세의 징수에 관하여 「국세기본법」이나 다른 세법에 특별한 규정이 있는 경우를 제외하고는 이 법에서 정하는 바에 따른다.

제2장 신고납부, 납부고지 등

제1절 신고납부

제5조(신고납부)

납세자는 세법에서 정하는 바에 따라 국세를 관할 세무서장에게 신고납부하는 경우 그 국세의 과세기간, 세목(세목), 세액 및 납세자의 인적사항을 납부서에 적어 납부하여야 한다.

제2절 납부고지

제6조(납세자에 대한 납부고지 등)

① 관할 세무서장은 납세자로부터 국세를 징수하려는 경우 국세의 과세기간, 세목, 세액, 산출 근거, 납부하여야 할 기한(납부고지를 하는 날부터 30일 이내의 범위로 정한다) 및 납부장소를 적은 납부고지서를 납세자에게 발급하여야 한다. 다만, 「국세기본법」 제47조의4에 따른 납부지연가산세 및 같은 법 제47조의5에 따른 원천징수 등 납부지연가산세 중 지정납부기한이 지난 후의 가산세를 징수하는 경우에는 납부고지서를 발급하지 아니할 수 있다.

② 관할 세무서장은 납세자가 체납액 중 국세만을 완납하여 강제징수비를 징수하려는 경우 강제징수비의 징수와 관계되는 국세의 과세기간, 세목, 강제징수비의 금액, 산출 근거, 납부하여야 할 기한(강제징수비 고지를 하는 날부터 30일 이내의 범위로 정한다) 및 납부장소를 적은 강제징수비고지서를 납세자에게 발급하여야 한다.

제7조(제2차 납세의무자 등에 대한 납부고지)

① 관할 세무서장은 납세자의 체납액을 다음 각 호의 어느 하나에 해당하는 자(이하 이 조에서 "제2차 납세의무자등"이라 한다)로부터 징수하는 경우 징수하려는 체납액의 과세기간, 세목, 세액, 산출 근거, 납부하여야 할 기한(납부고지를 하는 날부

터 30일 이내의 범위로 정한다), 납부장소, 제2차 납세의무자등으로부터 징수할 금액, 그 산출 근거, 그 밖에 필요한 사항을 적은 납부고지서를 제2차 납세의무자등에게 발급하여야 한다.

1. 제2차 납세의무자
2. 보증인
3. 「국세기본법」 및 세법에 따라 물적납세의무를 부담하는 자(이하 "물적납세의무를 부담하는 자"라 한다)

② 관할 세무서장은 제1항에 따라 제2차 납세의무자등에게 납부고지서를 발급하는 경우 납세자에게 그 사실을 통지하여야 하고, 물적납세의무를 부담하는 자로부터 납세자의 체납액을 징수하는 경우 물적납세의무를 부담하는 자의 주소 또는 거소(거소)를 관할하는 세무서장에게도 그 사실을 통지하여야 한다.

제8조(납부고지서의 발급 시기)

납부고지서는 징수결정 즉시 발급하여야 한다. 다만, 제14조에 따라 납부고지를 유예한 경우 유예기간이 끝난 날의 다음 날에 발급한다.

제9조(납부기한 전 징수)

① 관할 세무서장은 납세자에게 다음 각 호의 어느 하나에 해당하는 사유가 있는 경우 납부기한 전이라도 이미 납세의무가 확정된 국세를 징수할 수 있다.

1. 국세, 지방세 또는 공과금의 체납으로 강제징수 또는 체납처분이 시작된 경우
2. 「민사집행법」에 따른 강제집행 및 담보권 실행 등을 위한 경매가 시작되거나 「채무자 회생 및 파산에 관한 법률」에 따른 파산선고를 받은 경우
3. 「어음법」 및 「수표법」에 따른 어음교환소에서 거래정지처분을 받은 경우
4. 법인이 해산한 경우
5. 국세를 포탈(逋脫)하려는 행위가 있다고 인정되는 경우
6. 납세관리인을 정하지 아니하고 국내에 주소 또는 거소를 두지 아니하게 된 경우

② 관할 세무서장은 제1항에 따라 납부기한 전에 국세를 징수하려는 경우 당초의 납부기한보다 단축된 기한을 정하여 납세자에게 납부고지를 하여야 한다.

제3절 독촉

제10조(독촉)

① 관할 세무서장은 납세자가 국세를 지정납부기한까지 완납하지 아니한 경우 지정납부기한이 지난 후 10일 이내에 체납된 국세에 대한 독촉장을 발급하여야 한다. 다만, 제9조에 따라 국세를 납부기한 전에 징수하거나 체납된 국세가 일정한 금액 미만인 경우 등 대통령령으로 정하는 경우에는 독촉장을 발급하지 아니할 수 있다.

② 관할 세무서장은 제1항 본문에 따라 독촉장을 발급하는 경우 독촉을 하는 날부터 20일 이내의 범위에서 기한을 정하여 발급한다.

제11조(체납액 징수 관련 사실행위의 위탁)

① 관할 세무서장은 제10조에 따른 독촉에도 불구하고 납부되지 아니한 체납액을 징수하기 위하여 「한국자산관리공사 설립 등에 관한 법률」 제6조에 따라 설립된 한국자산관리공사(이하 "한국자산관리공사"라 한다)에 다음 각 호의 징수 관련 사실행위를 위탁할 수 있다. 이 경우 한국자산관리공사는 위탁받은 업무를 제3자에게 다시 위탁할 수 없다.
  1. 체납자의 주소 또는 거소 확인
  2. 체납자의 재산 조사
  3. 체납액의 납부를 촉구하는 안내문 발송과 전화 또는 방문 상담
  4. 제1호부터 제3호까지의 규정에 준하는 단순 사실행위에 해당하는 업무로서 대통령령으로 정하는 사항
② 제1항에서 정한 사항 외에 위탁 방법, 위탁 대상 체납액의 범위, 위탁 수수료 및 위탁의 해지 등 체납액 징수 관련 사실행위의 위탁에 필요한 사항은 대통령령으로 정한다.

제4절 납부의 방법

제12조(납부의 방법)

① 국세 또는 강제징수비는 다음 각 호의 방법으로 납부한다.
  1. 현금(대통령령으로 정하는 바에 따라 계좌이체하는 경우를 포함한다)
  2. 「증권에 의한 세입납부에 관한 법률」에 따른 증권
  3. 대통령령으로 정하는 바에 따라 지정된 국세납부대행기관(이하 "국세납부대행기관"이라 한다)을 통해 처리되는 다음 각 목의 어느 하나에 해당하는 결제수단
     가. 「여신전문금융업법」 제2조제3호에 따른 신용카드 또는 같은 조 제6호에 따른 직불카드
     나. 「정보통신망 이용촉진 및 정보보호 등에 관한 법률」 제2조제10호에 따른 통신과금서비스
     다. 그 밖에 가목 또는 나목과 유사한 것으로서 대통령령으로 정하는 것
② 제1항제3호에 따라 신용카드, 직불카드 및 통신과금서비스 등으로 국세를 납부하는 경우에는 국세납부대행기관의 승인일을 납부일로 본다.
③ 국세납부대행기관의 지정·운영, 납부 대행 수수료 및 납부수단별 납부절차 등에 관한 구체적인 사항은 대통령령으로 정한다.

제5절 납부기한등의 연장 등

제13조(재난 등으로 인한 납부기한등의 연장)

① 관할 세무서장은 납세자가 다음 각 호의 어느 하나에 해당하는 사유로 국세를 납부

기한 또는 독촉장에서 정하는 기한(이하 이 조, 제15조 및 제16조에서 "납부기한등"이라 한다)까지 납부할 수 없다고 인정되는 경우 대통령령으로 정하는 바에 따라 납부기한등을 연장(세액을 분할하여 납부하도록 하는 것을 포함한다. 이하 같다)할 수 있다.
1. 납세자가 재난 또는 도난으로 재산에 심한 손실을 입은 경우
2. 납세자가 경영하는 사업에 현저한 손실이 발생하거나 부도 또는 도산의 우려가 있는 경우
3. 납세자 또는 그 동거가족이 질병이나 중상해로 6개월 이상의 치료가 필요한 경우 또는 사망하여 상중(喪中)인 경우
4. 그 밖에 납세자가 국세를 납부기한등까지 납부하기 어렵다고 인정되는 경우로서 대통령령으로 정하는 경우
② 납세자는 제1항 각 호의 사유로 납부기한등의 연장을 받으려는 경우 대통령령으로 정하는 바에 따라 관할 세무서장에게 신청할 수 있다.
③ 관할 세무서장은 제1항에 따라 납부기한등을 연장하는 경우 대통령령으로 정하는 바에 따라 즉시 납세자에게 그 사실을 통지하여야 한다.
④ 관할 세무서장은 제2항에 따른 신청을 받은 경우 납부기한등의 만료일까지 대통령령으로 정하는 바에 따라 납세자에게 납부기한등의 연장 승인 여부를 통지하여야 한다.
⑤ 납세자가 납부기한등의 만료일 10일 전까지 제2항에 따른 신청을 하였으나 관할 세무서장이 그 신청일부터 10일 이내에 승인 여부를 통지하지 아니한 경우에는 신청일부터 10일이 되는 날에 제2항에 따른 신청을 승인한 것으로 본다.

제14조(납부고지의 유예)
① 관할 세무서장은 납세자가 제13조제1항 각 호의 어느 하나에 해당하는 사유로 국세를 납부할 수 없다고 인정되는 경우 대통령령으로 정하는 바에 따라 납부고지를 유예(세액을 분할하여 납부고지하는 것을 포함한다. 이하 같다)할 수 있다.
② 납세자는 제13조제1항 각 호의 사유로 납부고지의 유예를 받으려는 경우 대통령령으로 정하는 바에 따라 관할 세무서장에게 신청할 수 있다.
③ 관할 세무서장은 제1항에 따라 납부고지를 유예하는 경우 대통령령으로 정하는 바에 따라 즉시 납세자에게 그 사실을 통지하여야 한다.
④ 관할 세무서장은 제2항에 따라 납부고지의 유예를 신청받은 경우 납부고지 예정인 국세의 납부하여야 할 기한의 만료일까지 대통령령으로 정하는 바에 따라 납세자에게 납부고지 유예의 승인 여부를 통지하여야 한다.
⑤ 납세자가 납부고지 예정인 국세의 납부하여야 할 기한의 만료일 10일 전까지 제2항에 따른 신청을 하였으나 관할 세무서장이 신청일부터 10일 이내에 승인 여부를 통지하지 아니한 경우에는 신청일부터 10일이 되는 날에 제2항에 따른 신청을 승인한 것으로 본다.

제15조(납부기한등 연장 등에 관한 담보)

관할 세무서장은 제13조에 따른 납부기한등의 연장 또는 제14조에 따른 납부고지의 유예를 하는 경우 그 연장 또는 유예와 관계되는 금액에 상당하는 제18조에 따른 납세담보의 제공을 요구할 수 있다. 다만, 납세자가 사업에서 심각한 손해를 입거나 그 사업이 중대한 위기에 처한 경우로서 관할 세무서장이 그 연장된 납부기한등까지 해당 국세를 납부할 수 있다고 인정하는 경우 등 대통령령으로 정하는 경우에는 그러하지 아니하다.

제16조(납부기한등 연장 등의 취소)

① 관할 세무서장은 제13조에 따른 납부기한등의 연장 또는 제14조에 따른 납부고지의 유예를 한 후 해당 납세자가 다음 각 호의 어느 하나의 사유에 해당하게 된 경우 그 납부기한등의 연장 또는 납부고지의 유예를 취소하고 연장 또는 유예와 관계되는 국세를 한꺼번에 징수할 수 있다.
  1. 국세를 분할납부하여야 하는 각 기한까지 분할납부하여야 할 금액을 납부하지 아니한 경우
  2. 제21조제2항에 따른 관할 세무서장의 납세담보물의 추가 제공 또는 보증인의 변경 요구에 따르지 아니한 경우
  3. 재산 상황의 변동 등 대통령령으로 정하는 사유로 납부기한등의 연장 또는 납부고지의 유예를 할 필요가 없다고 인정되는 경우
  4. 제9조제1항 각 호의 어느 하나에 해당하는 사유가 있어 그 연장 또는 유예한 기한까지 연장 또는 유예와 관계되는 국세의 전액을 징수할 수 없다고 인정되는 경우

② 관할 세무서장은 제1항에 따라 납부기한등의 연장 또는 납부고지의 유예를 취소한 경우 납세자에게 그 사실을 통지하여야 한다.

③ 관할 세무서장은 제1항제1호, 제2호 또는 제4호에 따라 지정납부기한 또는 독촉장에서 정한 기한(이하 "지정납부기한등"이라 한다)의 연장을 취소한 경우 그 국세에 대하여 다시 제13조제1항에 따라 지정납부기한등의 연장을 할 수 없다.

제17조(송달 지연으로 인한 지정납부기한등의 연장)

① 납부고지서 또는 독촉장의 송달이 지연되어 다음 각 호의 어느 하나에 해당하는 경우에는 도달한 날부터 14일이 지난 날을 지정납부기한등으로 한다.
  1. 도달한 날에 이미 지정납부기한등이 지난 경우
  2. 도달한 날부터 14일 이내에 지정납부기한등이 도래하는 경우

② 제9조제2항에 따라 납부기한 전에 납부고지를 하는 경우에는 제1항에도 불구하고 다음 각 호의 구분에 따른 날을 납부하여야 할 기한으로 한다.
  1. 단축된 기한 전에 도달한 경우: 단축된 기한
  2. 단축된 기한이 지난 후에 도달한 경우: 도달한 날

제6절 납세담보

제18조(담보의 종류 등)

① 이 법 및 다른 세법에 따라 제공하는 담보(이하 "납세담보"라 한다)는 다음 각 호의 어느 하나에 해당하는 것이어야 한다. 〈개정 2021.12.21〉
  1. 금전
  2. 「자본시장과 금융투자업에 관한 법률」 제4조제3항에 따른 국채증권 등 대통령령으로 정하는 유가증권(이하 이 절에서 "유가증권"이라 한다)
  3. 납세보증보험증권(보험기간이 대통령령으로 정하는 기간 이상인 것으로 한정한다)
  4. 「은행법」 제2조제1항제2호에 따른 은행 등 대통령령으로 정하는 자의 납세보증서(이하 "납세보증서"라 한다)
  5. 토지
  6. 보험(보험기간이 대통령령으로 정하는 기간 이상인 것으로 한정한다)에 든 등기·등록된 건물, 공장재단(공장재단), 광업재단(광업재단), 선박, 항공기 또는 건설기계
② 납세담보를 제공하는 경우에는 담보할 국세의 100분의 120(금전, 납세보증보험증권 또는 「은행법」 제2조제1항제2호에 따른 은행의 납세보증서로 제공하는 경우에는 100분의 110) 이상의 가액에 상당하는 담보를 제공하여야 한다. 다만, 국세가 확정되지 아니한 경우에는 국세청장이 정하는 가액에 상당하는 담보를 제공하여야 한다. 〈신설 2021.12.21〉

[제목개정 2021.12.21]

제19조(담보의 평가)

금전 외의 납세담보의 가액(가액)은 다음 각 호의 구분에 따른다.
  1. 유가증권: 대통령령으로 정하는 바에 따라 시가(시가)를 고려하여 결정한 가액
  2. 납세보증보험증권: 보험금액
  3. 납세보증서: 보증금액
  4. 토지, 건물, 공장재단, 광업재단, 선박, 항공기 또는 건설기계: 대통령령으로 정하는 가액

제20조(담보의 제공 방법)

① 금전이나 유가증권을 납세담보로 제공하려는 자는 이를 공탁(공탁)하고 그 공탁수령증을 관할 세무서장(이 법 및 다른 세법에 따라 국세에 관한 사무를 세관장이 관장하는 경우에는 세관장을 말한다. 이하 이 절에서 같다)에게 제출하여야 한다. 다만, 등록된 유가증권의 경우에는 담보 제공의 뜻을 등록하고 그 등록확인증을 제출하여야 한다.
② 납세보증보험증권이나 납세보증서를 납세담보로 제공하려는 자는 그 보험증권이나 보증서를 관할 세무서장에게 제출하여야 한다.
③ 토지, 건물, 공장재단, 광업재단, 선박, 항공기 또는 건설기계를 납세담보로 제공하

려는 자는 그 등기필증, 등기완료통지서 또는 등록필증을 관할 세무서장에게 제시하여야 하며, 관할 세무서장은 이에 따라 저당권 설정을 위한 등기 또는 등록 절차를 밟아야 한다. 이 경우 화재보험에 든 건물, 공장재단, 광업재단, 선박, 항공기 또는 건설기계를 납세담보로 제공하려는 자는 그 화재보험증권도 관할 세무서장에게 제출하여야 한다. 〈개정 2021.12.21〉

④ 관할 세무서장은 제3항 전단에 따라 제시한 등기필증, 등기완료통지서 또는 등록필증이 사실과 일치하는지를 조사하여 다음 각 호의 어느 하나에 해당하는 경우에는 다른 담보를 제공하게 하여야 한다. 〈신설 2021.12.21〉

1. 법령에 따라 담보 제공이 금지되거나 제한된 경우(관계 법령에 따라 주무관청의 허가를 받아 제공하는 경우는 제외한다).
2. 법령에 따라 사용·수익이 제한되어 있는 등의 사유로 담보의 목적을 달성할 수 없다고 인정되는 경우

⑤ 제1항부터 제4항까지에서 규정한 사항 외에 납세담보의 제공방법 등에 관하여 필요한 사항은 대통령령으로 정한다. 〈신설 2021.12.21〉

제21조(담보의 변경과 보충)

① 납세담보를 제공한 자는 관할 세무서장의 승인을 받아 그 담보를 변경할 수 있다.
② 관할 세무서장은 납세담보물의 가액 감소, 보증인의 자력(자력) 감소 또는 그 밖의 사유로 그 납세담보로는 국세 및 강제징수비의 납부를 담보할 수 없다고 인정할 때에는 담보를 제공한 자에게 담보물의 추가 제공 또는 보증인의 변경을 요구할 수 있다.

제22조(담보에 의한 납부와 징수)

① 납세담보로서 금전을 제공한 자는 그 금전으로 담보한 국세 및 강제징수비를 납부할 수 있다.
② 관할 세무서장은 납세담보를 제공받은 국세 및 강제징수비가 담보의 기간에 납부되지 아니하면 대통령령으로 정하는 바에 따라 그 담보로써 그 국세 및 강제징수비를 징수한다.

제23조(담보의 해제)

관할 세무서장은 납세담보를 제공받은 국세 및 강제징수비가 납부되면 지체 없이 담보 해제 절차를 밟아야 한다.

제3장 강제징수

제1절 통칙

제24조(강제징수)

관할 세무서장(체납기간 및 체납금액을 고려하여 대통령령으로 정하는 체납자의 경우

에는 지방국세청장을 포함한다. 이하 이 장에서 같다)은 납세자가 제10조에 따른 독촉 또는 제9조제2항에 따른 납부기한 전 징수의 고지를 받고 지정된 기한까지 국세 또는 체납액을 완납하지 아니한 경우 재산의 압류(교부청구·참가압류를 포함한다), 압류재산의 매각·추심 및 청산의 절차에 따라 강제징수를 한다.

제25조(사해행위의 취소 및 원상회복)
관할 세무서장은 강제징수를 할 때 납세자가 국세의 징수를 피하기 위하여 한 재산의 처분이나 그 밖에 재산권을 목적으로 한 법률행위(「신탁법」 제8조에 따른 사해신탁을 포함한다)에 대하여 「신탁법」 제8조 및 「민법」 제406조·제407조를 준용하여 사해행위(사해행위)의 취소 및 원상회복을 법원에 청구할 수 있다.

제26조(가압류·가처분 재산에 대한 강제징수)
관할 세무서장은 재판상의 가압류 또는 가처분 재산이 강제징수 대상인 경우에도 이 법에 따른 강제징수를 한다.

제27조(상속 또는 합병의 경우 강제징수의 속행 등)
① 체납자의 재산에 대하여 강제징수를 시작한 후 체납자가 사망하였거나 체납자인 법인이 합병으로 소멸된 경우에도 그 재산에 대한 강제징수는 계속 진행하여야 한다.
② 제1항을 적용할 때 체납자가 사망한 후 체납자 명의의 재산에 대하여 한 압류는 그 재산을 상속한 상속인에 대하여 한 것으로 본다.

제28조(제3자의 소유권 주장)
① 압류한 재산에 대하여 소유권을 주장하고 반환을 청구하려는 제3자는 그 재산의 매각 5일 전까지 소유자로 확인할 만한 증거서류를 관할 세무서장에게 제출하여야 한다.
② 관할 세무서장은 제1항에 따라 제3자가 소유권을 주장하고 반환을 청구하는 경우 그 재산에 대한 강제징수를 정지하여야 한다.
③ 관할 세무서장은 제1항에 따른 제3자의 소유권 주장 및 반환 청구가 정당하다고 인정되는 경우 즉시 압류를 해제하여야 하고, 부당하다고 인정되면 즉시 그 뜻을 제3자에게 통지하여야 한다.
④ 관할 세무서장은 제3항에 따른 통지를 받은 제3자가 통지를 받은 날부터 15일 이내에 그 재산에 대하여 체납자를 상대로 소유권에 관한 소송을 제기한 사실을 증명하지 아니하면 즉시 강제징수를 계속하여야 한다.
⑤ 관할 세무서장은 제3항에 따른 통지를 받은 제3자가 체납자를 상대로 소유권에 관한 소송을 제기하여 승소 판결을 받고 그 사실을 증명한 경우 압류를 즉시 해제하여야 한다.

제29조(인지세와 등록면허세의 면제)
① 압류재산을 보관하는 과정에서 작성하는 문서에 관하여는 인지세를 면제한다.

② 다음 각 호의 등기 또는 등록에 관하여는 등록면허세를 면제한다.
   1. 제45조제1항 및 제2항에 따른 압류의 등기 또는 등록
   2. 제58조제2항에 따른 압류 말소의 등기 또는 등록
   3. 제74조에 따른 공매공고의 등기 또는 등록
   4. 제89조에 따른 공매공고 말소의 등기 또는 등록

제30조(고액·상습체납자의 수입물품에 대한 강제징수의 위탁)
① 관할 세무서장은 체납 발생일부터 1년이 지난 국세의 합계액이 2억원 이상인 경우 체납자의 수입물품에 대한 강제징수를 세관장에게 위탁할 수 있다.
② 제1항에 따른 강제징수의 위탁 방법 및 위탁의 철회 등 강제징수의 위탁에 필요한 사항은 대통령령으로 정한다.

제2절 압류

제1관 통칙

제31조(압류의 요건 등)
① 관할 세무서장은 다음 각 호의 어느 하나에 해당하는 경우 납세자의 재산을 압류한다.
   1. 납세자가 제10조에 따른 독촉을 받고 독촉장에서 정한 기한까지 국세를 완납하지 아니한 경우
   2. 납세자가 제9조제2항에 따라 납부고지를 받고 단축된 기한까지 국세를 완납하지 아니한 경우
② 관할 세무서장은 납세자에게 제9조제1항 각 호의 어느 하나에 해당하는 사유가 있어 국세가 확정된 후 그 국세를 징수할 수 없다고 인정할 때에는 국세로 확정되리라고 추정되는 금액의 한도에서 납세자의 재산을 압류할 수 있다.
③ 관할 세무서장은 제2항에 따라 재산을 압류하려는 경우 미리 지방국세청장의 승인을 받아야 하고, 압류 후에는 납세자에게 문서로 그 압류 사실을 통지하여야 한다.
④ 관할 세무서장은 제2항에 따라 재산을 압류한 경우 다음 각 호의 어느 하나에 해당하면 즉시 압류를 해제하여야 한다. 〈개정 2021.12.21〉
   1. 납세자가 납세담보를 제공하고 압류 해제를 요구한 경우
   2. 압류를 한 날부터 3개월(국세 확정을 위하여 실시한 세무조사가 「국세기본법」 제81조의8제4항에 따라 중지된 경우에 그 중지 기간은 빼고 계산한다)이 지날 때까지 압류에 따라 징수하려는 국세를 확정하지 아니한 경우
⑤ 관할 세무서장은 제2항에 따라 압류를 한 후 압류에 따라 징수하려는 국세를 확정한 경우 압류한 재산이 다음 각 호의 어느 하나에 해당하고 납세자의 신청이 있으면 압류한 재산의 한도에서 확정된 국세를 징수한 것으로 볼 수 있다.
   1. 금전

2. 납부기한 내 추심 가능한 예금 또는 유가증권

제32조(초과압류의 금지)

관할 세무서장은 국세를 징수하기 위하여 필요한 재산 외의 재산을 압류할 수 없다. 다만, 불가분물(불가분물) 등 부득이한 경우에는 압류할 수 있다.

제33조(압류재산 선택 시 제3자의 권리보호)

관할 세무서장은 압류재산을 선택하는 경우 강제징수에 지장이 없는 범위에서 전세권·질권·저당권 등 체납자의 재산과 관련하여 제3자가 가진 권리를 침해하지 아니하도록 하여야 한다.

제34조(압류조서)

① 세무공무원은 체납자의 재산을 압류하는 경우 압류조서를 작성하여야 한다. 다만, 제61조에 따른 참가압류에 압류의 효력이 생긴 경우에는 압류조서를 작성하지 아니할 수 있다.
② 압류재산이 다음 각 호의 어느 하나에 해당하는 경우 압류조서 등본을 체납자에게 내주어야 한다.
   1. 동산 또는 유가증권
   2. 채권
   3. 채권과 소유권을 제외한 그 밖의 재산권(이하 "그 밖의 재산권"이라 한다)
③ 압류조서에는 압류에 참여한 세무공무원이 제37조에 따른 참여자와 함께 서명날인을 하여야 한다. 다만, 참여자가 서명날인을 거부한 경우에는 그 사실을 압류조서에 적는 것으로 참여자의 서명날인을 갈음할 수 있다.
④ 세무공무원은 질권이 설정된 동산 또는 유가증권을 압류한 경우 그 동산 또는 유가증권의 질권자에게 압류조서의 등본을 내주어야 한다.
⑤ 압류조서에는 압류한 재산에 관하여 양도, 제한물권의 설정, 채권의 영수(영수) 및 그 밖의 처분을 할 수 없다는 뜻이 기재되어야 한다.

제35조(수색)

① 세무공무원은 재산을 압류하기 위하여 필요한 경우에는 체납자의 주거·창고·사무실·선박·항공기·자동차 또는 그 밖의 장소(이하 "주거등"이라 한다)를 수색할 수 있고, 해당 주거등의 폐쇄된 문·금고 또는 기구를 열게 하거나 직접 열 수 있다.
② 세무공무원은 다음 각 호의 어느 하나에 해당하는 경우 제3자의 주거등을 수색할 수 있고, 해당 주거등의 폐쇄된 문·금고 또는 기구를 열게 하거나 직접 열 수 있다. 〈개정 2021.12.21〉
   1. 체납자 또는 제3자가 제3자의 주거등에 체납자의 재산을 감춘 혐의가 있다고 인정되는 경우
   2. 체납자의 재산을 점유·보관하는 제3자가 재산의 인도(인도) 또는 이전을 거부하

는 경우
③ 제1항 또는 제2항에 따른 수색은 해가 뜰 때부터 해가 질 때까지만 할 수 있다. 다만, 해가 지기 전에 시작한 수색은 해가 진 후에도 계속할 수 있다.
④ 주로 야간에 대통령령으로 정하는 영업을 하는 장소에 대해서는 제3항에도 불구하고 해가 진 후에도 영업 중에는 수색을 시작할 수 있다.
⑤ 세무공무원은 제1항 또는 제2항에 따라 수색을 하였으나 압류할 재산이 없는 경우 수색조서를 작성하고 수색조서에 제37조에 따른 참여자와 함께 서명날인하여야 한다. 다만, 참여자가 서명날인을 거부한 경우에는 그 사실을 수색조서에 적는 것으로 참여자의 서명날인을 갈음할 수 있다.
⑥ 세무공무원은 제5항에 따라 수색조서를 작성한 경우 그 등본을 수색을 받은 체납자 또는 참여자에게 내주어야 한다.

제36조(질문·검사)

① 세무공무원은 강제징수를 하면서 압류할 재산의 소재 또는 수량을 알아내기 위하여 필요한 경우 다음 각 호의 어느 하나에 해당하는 자에게 구두(구두) 또는 문서로 질문하거나 장부, 서류 및 그 밖의 물건을 검사할 수 있다.
　1. 체납자
　2. 체납자와 거래관계가 있는 자
　3. 체납자의 재산을 점유하는 자
　4. 체납자와 채권·채무 관계가 있는 자
　5. 체납자가 주주 또는 사원인 법인
　6. 체납자인 법인의 주주 또는 사원
　7. 체납자와 「국세기본법」 제2조제20호가목에 따른 친족관계나 같은 호 나목에 따른 경제적 연관관계가 있는 자 중에서 체납자의 재산을 감춘 혐의가 있다고 인정되는 자
② 제1항에 따라 구두로 질문한 내용이 중요한 사항인 경우 그 내용을 기록하고 기록한 서류에 답변한 자와 함께 서명날인하여야 한다. 다만, 답변한 자가 서명날인을 거부한 경우 그 사실을 본문의 서류에 적는 것으로 답변한 자의 서명날인을 갈음할 수 있다.

제37조(참여자)

① 세무공무원은 제35조에 따른 수색 또는 제36조에 따른 검사를 하는 경우 그 수색 또는 검사를 받는 사람, 그 가족·동거인이나 사무원 또는 그 밖의 종업원을 참여시켜야 한다.
② 제1항을 적용할 때 참여시켜야 할 자가 없거나 참여 요청에 따르지 아니하는 경우 성인 2명 이상 또는 특별시·광역시·특별자치시·특별자치도·시·군·자치구의 공무원이나 경찰공무원 1명 이상을 증인으로 참여시켜야 한다.

제38조(증표 등의 제시)

세무공무원은 다음 각 호의 어느 하나를 하는 경우 그 신분을 나타내는 증표 및 압류·수색 등 통지서를 지니고 이를 관계자에게 보여 주어야 한다.
1. 제31조에 따른 압류
2. 제35조에 따른 수색
3. 제36조에 따른 질문·검사

제39조(압류, 수색 또는 질문·검사 중의 출입 제한)

세무공무원은 제38조 각 호의 어느 하나를 하는 경우로서 강제징수를 위하여 필요하다고 인정하는 경우 체납자 및 제37조에 따른 참여자 등 관계자를 제외한 사람에 대하여 해당 장소에서 나갈 것을 요구하거나 그 장소에 출입하는 것을 제한할 수 있다.

제40조(저당권자등에 대한 압류 통지)

① 관할 세무서장은 재산을 압류한 경우 전세권, 질권, 저당권 또는 그 밖에 압류재산 위의 등기 또는 등록된 권리자(이하 "저당권자등"이라 한다)에게 그 사실을 통지하여야 한다.

② 국세에 대하여 우선권을 가진 저당권자등이 제1항에 따라 통지를 받고 그 권리를 행사하려는 경우 통지를 받은 날부터 10일 이내에 그 사실을 관할 세무서장에게 신고하여야 한다.

제2관 압류금지 등

제41조(압류금지 재산)

다음 각 호의 재산은 압류할 수 없다.
1. 체납자 또는 그와 생계를 같이 하는 가족(사실상 혼인관계에 있는 사람을 포함한다. 이하 이 조에서 "동거가족"이라 한다)의 생활에 없어서는 아니 될 의복, 침구, 가구, 주방기구, 그 밖의 생활필수품
2. 체납자 또는 그 동거가족에게 필요한 3개월간의 식료품 또는 연료
3. 인감도장이나 그 밖에 직업에 필요한 도장
4. 제사 또는 예배에 필요한 물건, 비석 또는 묘지
5. 체납자 또는 그 동거가족의 장례에 필요한 물건
6. 족보·일기 등 체납자 또는 그 동거가족에게 필요한 장부 또는 서류
7. 직무 수행에 필요한 제복
8. 훈장이나 그 밖의 명예의 증표
9. 체납자 또는 그 동거가족의 학업에 필요한 서적과 기구
10. 발명 또는 저작에 관한 것으로서 공표되지 아니한 것
11. 주로 자기의 노동력으로 농업을 하는 사람에게 없어서는 아니 될 기구, 가축, 사료, 종자, 비료, 그 밖에 이에 준하는 물건

12. 주로 자기의 노동력으로 어업을 하는 사람에게 없어서는 아니 될 어망, 기구, 미끼, 새끼 물고기, 그 밖에 이에 준하는 물건
13. 전문직 종사자·기술자·노무자, 그 밖에 주로 자기의 육체적 또는 정신적 노동으로 직업 또는 사업에 종사하는 사람에게 없어서는 아니 될 기구, 비품, 그 밖에 이에 준하는 물건
14. 체납자 또는 그 동거가족의 일상생활에 필요한 안경·보청기·의치·의수족·지팡이·장애보조용 바퀴의자, 그 밖에 이에 준하는 신체보조기구 및 「자동차관리법」에 따른 경형자동차
15. 재해의 방지 또는 보안을 위하여 법령에 따라 설치하여야 하는 소방설비, 경보기구, 피난시설, 그 밖에 이에 준하는 물건
16. 법령에 따라 지급되는 사망급여금 또는 상이급여금(상이급여금)
17. 「주택임대차보호법」 제8조에 따라 우선변제를 받을 수 있는 금액
18. 체납자의 생계 유지에 필요한 소액금융재산으로서 대통령령으로 정하는 것

제42조(급여채권의 압류 제한)

① 급료, 연금, 임금, 봉급, 상여금, 세비, 퇴직연금, 그 밖에 이와 비슷한 성질을 가진 급여채권에 대해서는 그 총액의 2분의 1에 해당하는 금액은 압류가 금지되는 금액으로 한다.
② 제1항에도 불구하고 다음 각 호의 경우 압류가 금지되는 금액은 각각 다음 각 호의 구분에 따른 금액으로 한다.
  1. 제1항에 따라 계산한 급여채권 총액의 2분의 1에 해당하는 금액이 표준적인 가구의 「국민기초생활 보장법」 제2조제7호에 따른 최저생계비를 고려하여 대통령령으로 정하는 금액에 미달하는 경우: 같은 호에 따른 최저생계비를 고려하여 대통령령으로 정하는 금액
  2. 제1항에 따라 계산한 급여채권 총액의 2분의 1에 해당하는 금액이 표준적인 가구의 생계비를 고려하여 대통령령으로 정하는 금액을 초과하는 경우: 표준적인 가구의 생계비를 고려하여 대통령령으로 정하는 금액
③ 퇴직금이나 그 밖에 이와 비슷한 성질을 가진 급여채권에 대해서는 그 총액의 2분의 1에 해당하는 금액은 압류하지 못한다.
④ 제1항부터 제3항까지의 규정에 따른 총액은 「소득세법」 제20조제1항 각 호에 해당하는 근로소득의 금액의 합계액(비과세소득의 금액은 제외한다) 또는 같은 법 제22조제1항 각 호에 해당하는 퇴직소득의 금액의 합계액(비과세소득의 금액은 제외한다)에서 그 근로소득 또는 퇴직소득에 대한 소득세 및 소득세분 지방소득세를 뺀 금액으로 한다.

제3관 압류의 효력

제43조(처분의 제한)

① 세무공무원이 재산을 압류한 경우 체납자는 압류한 재산에 관하여 양도, 제한물권의 설정, 채권의 영수, 그 밖의 처분을 할 수 없다.
② 세무공무원이 채권 또는 그 밖의 재산권을 압류한 경우 해당 채권의 채무자 및 그 밖의 재산권의 채무자 또는 이에 준하는 자(이하 "제3채무자"라 한다)는 체납자에 대한 지급을 할 수 없다.
③ 세무공무원이 제56조의2제1항에 따른 예탁유가증권지분 또는 제56조의3제1항에 따른 전자등록주식등을 압류한 경우 제56조의2제1항 각 호의 구분에 따른 자는 해당 체납자에 대하여 계좌대체 및 증권반환을 할 수 없고, 제56조의3제1항 각 호의 구분에 따른 자는 해당 체납자에 대하여 계좌대체 및 전자등록말소를 할 수 없다. 〈신설 2023.12.31〉

제44조(과실에 대한 압류의 효력)
① 압류의 효력은 압류재산으로부터 생기는 천연과실(천연과실) 또는 법정과실(법정과실)에도 미친다.
② 제1항에도 불구하고 체납자 또는 제3자가 압류재산의 사용 또는 수익을 하는 경우 그 재산의 매각으로 인하여 권리를 이전하기 전까지 이미 거두어들인 천연과실에 대해서는 압류의 효력이 미치지 아니한다.

제4관 부동산 등의 압류

제45조(부동산 등의 압류 절차)
① 관할 세무서장은 다음 각 호의 재산을 압류하려는 경우 압류조서를 첨부하여 압류등기를 관할 등기소에 촉탁하여야 한다. 그 변경등기에 관하여도 또한 같다.
  1. 「부동산등기법」 등에 따라 등기된 부동산
  2. 「공장 및 광업재단 저당법」에 따라 등기된 공장재단 및 광업재단
  3. 「선박등기법」에 따라 등기된 선박
② 관할 세무서장은 다음 각 호의 재산을 압류하려는 경우 압류의 등록을 관계 행정기관의 장 또는 지방자치단체의 장에게 촉탁하여야 한다. 그 변경 등록에 관하여도 또한 같다.
  1. 「자동차관리법」에 따라 등록된 자동차
  2. 「선박법」에 따라 등록된 선박(「선박등기법」에 따라 등기된 선박은 제외한다)
  3. 「항공안전법」에 따라 등록된 항공기 또는 경량항공기(이하 "항공기"라 한다)
  4. 「건설기계관리법」에 따라 등록된 건설기계
③ 관할 세무서장은 압류를 하기 위하여 부동산, 공장재단 및 광업재단의 재산을 분할하거나 구분하려는 경우 분할 또는 구분의 등기를 관할 등기소에 촉탁하여야 한다. 그 합병 또는 변경 등기에 관하여도 또한 같다.
④ 관할 세무서장은 등기되지 아니한 부동산을 압류하려는 경우 토지대장 등본, 건축

물대장 등본 또는 부동산종합증명서를 갖추어 보존등기를 관할 등기소에 촉탁하여야 한다.

⑤ 관할 세무서장은 제2항에 따라 압류한 자동차, 선박, 항공기 또는 건설기계가 은닉 또는 훼손될 우려가 있다고 인정되는 경우 체납자에게 인도를 명하여 이를 점유할 수 있다.

⑥ 관할 세무서장은 제1항, 제2항 및 제4항에 따라 압류를 한 경우 그 사실을 체납자에게 통지하여야 한다.

제46조(부동산 등의 압류의 효력)

① 제45조에 따른 압류의 효력은 그 압류등기 또는 압류의 등록이 완료된 때에 발생한다.

② 제1항에 따른 압류의 효력은 해당 압류재산의 소유권이 이전되기 전에 「국세기본법」 제35조제2항에 따른 법정기일이 도래한 국세의 체납액에 대해서도 미친다.

제47조(압류 부동산 등의 사용·수익)

① 체납자는 압류된 부동산, 공장재단, 광업재단, 선박, 항공기, 자동차 또는 건설기계(이하 "부동산등"이라 한다)를 사용하거나 수익할 수 있다. 다만, 관할 세무서장은 그 가치가 현저하게 줄어들 우려가 있다고 인정할 경우에는 그 사용 또는 수익을 제한할 수 있다.

② 압류된 부동산등을 사용하거나 수익할 권리를 가진 제3자의 사용·수익에 관하여는 제1항을 준용한다.

③ 관할 세무서장은 자동차, 선박, 항공기 또는 건설기계에 대하여 강제징수를 위하여 필요한 기간 동안 정박 또는 정류를 하게 할 수 있다. 다만, 출항준비(출항준비)를 마친 선박 또는 항공기에 대해서는 정박 또는 정류를 하게 할 수 없다.

④ 관할 세무서장은 제3항에 따라 정박 또는 정류를 하게 하였을 경우 그 감시와 보존에 필요한 처분을 하여야 한다.

제5관 동산과 유가증권의 압류

제48조(동산과 유가증권의 압류)

① 동산 또는 유가증권의 압류는 세무공무원이 점유함으로써 하고, 압류의 효력은 세무공무원이 점유한 때에 발생한다.

② 세무공무원은 제3자가 점유하고 있는 체납자 소유의 동산 또는 유가증권을 압류하기 위해서는 먼저 그 제3자에게 문서로 해당 동산 또는 유가증권의 인도를 요구하여야 한다.

③ 세무공무원은 제2항에 따라 인도를 요구받은 제3자가 해당 동산 또는 유가증권을 인도하지 아니하는 경우 제35조제2항에 따라 제3자의 주거등에 대한 수색을 통하여 이를 압류할 수 있다.
④ 세무공무원은 체납자와 그 배우자의 공유재산으로서 체납자가 단독 점유하거나 배우자와 공동 점유하고 있는 동산 또는 유가증권을 제1항에 따라 압류할 수 있다.

제49조(압류 동산의 사용·수익)

① 제48조에도 불구하고 운반하기 곤란한 동산은 체납자 또는 제3자에게 보관하게 할 수 있다. 이 경우 봉인(봉인)이나 그 밖의 방법으로 압류재산임을 명백히 하여야 한다.
② 관할 세무서장은 제1항에 따라 압류한 동산을 체납자 또는 이를 사용하거나 수익할 권리를 가진 제3자에게 보관하게 한 경우 강제징수에 지장이 없다고 인정되면 그 동산의 사용 또는 수익을 허가할 수 있다.
③ 제2항에 따라 허가를 받은 자는 압류 동산을 사용하거나 수익하는 경우 선량한 관리자의 주의의무를 다하여야 하며, 관할 세무서장이 해당 재산의 인도를 요구하는 경우 즉시 이에 따라야 한다.

제50조(금전의 압류 및 유가증권에 관한 채권의 추심)

① 관할 세무서장이 금전을 압류한 경우에는 그 금전 액수만큼 체납자의 압류에 관계되는 체납액을 징수한 것으로 본다.
② 관할 세무서장은 유가증권을 압류한 경우 그 유가증권에 따라 행사할 수 있는 금전의 급부를 목적으로 한 채권을 추심할 수 있다. 이 경우 관할 세무서장이 채권을 추심하였을 때에는 추심한 채권의 한도에서 체납자의 압류와 관계되는 체납액을 징수한 것으로 본다.

제6관 채권의 압류

제51조(채권의 압류 절차)

① 관할 세무서장은 채권을 압류하려는 경우 그 뜻을 제3채무자에게 통지하여야 한다.
② 관할 세무서장은 제1항에 따라 채권을 압류한 경우 그 사실을 체납자에게 통지하여야 한다.

제52조(채권 압류의 효력 및 추심)

① 채권 압류의 효력은 제51조제1항에 따라 채권 압류 통지서가 제3채무자에게 송달된 때에 발생한다.
② 관할 세무서장은 제51조제1항에 따른 통지를 한 경우 체납액을 한도로 하여 체납자인 채권자를 대위(대위)한다.

③ 관할 세무서장은 제2항에 따라 채권자를 대위하는 경우 압류 후 1년 이내에 제3채무자에 대한 이행의 촉구와 채무 이행의 소송을 제기하여야 한다. 다만, 체납된 국세와 관련하여 「국세기본법」에 따른 이의신청·심사청구·심판청구, 「감사원법」에 따른 심사청구 또는 「행정소송법」에 따른 행정소송(이하 "심판청구등"이라 한다)이 계속 중이거나 그 밖에 이에 준하는 사유로 법률상·사실상 추심이 불가능한 경우에는 그러하지 아니하다.

④ 관할 세무서장은 제3항 단서의 사유가 해소되어 추심이 가능해진 때에는 지체 없이 제3채무자에 대한 이행의 촉구와 채무 이행의 소송을 제기하여야 한다.

제53조(채권 압류의 범위)

관할 세무서장은 채권을 압류하는 경우 체납액을 한도로 하여야 한다. 다만, 압류하려는 채권에 국세보다 우선하는 질권이 설정되어 있어 압류에 관계된 체납액의 징수가 확실하지 아니한 경우 등 필요하다고 인정되는 경우 채권 전액을 압류할 수 있다.

제54조(계속적 거래관계에서 발생하는 채권의 압류)

급료, 임금, 봉급, 세비, 퇴직연금 또는 그 밖에 계속적 거래관계에서 발생하는 이와 유사한 채권에 대한 압류의 효력은 체납액을 한도로 하여 압류 후에 발생할 채권에도 미친다.

제7관 그 밖의 재산권의 압류

제55조(그 밖의 재산권의 압류 절차 등)

① 관할 세무서장은 권리의 변동에 등기 또는 등록이 필요한 그 밖의 재산권을 압류하려는 경우 압류의 등기 또는 등록을 관할 등기소, 관계 행정기관의 장, 지방자치단체의 장(이하 "관할 등기소등"이라 한다)에게 촉탁하여야 한다. 그 변경의 등기 또는 등록에 관하여도 또한 같다.

② 관할 세무서장은 권리의 변동에 등기 또는 등록이 필요하지 아니한 그 밖의 재산권을 압류하려는 경우 그 뜻을 다음 각 호의 구분에 따른 자에게 통지하여야 한다.

1. 제3채무자가 있는 경우: 제3채무자
2. 제3채무자가 없는 경우: 체납자

③ 관할 세무서장은 제2항에 따라 「가상자산 이용자 보호 등에 관한 법률」 제2조제1호에 따른 가상자산(이하 "가상자산"이라 한다)을 압류하려는 경우 체납자[같은 법 제2조제2호에 따른 가상자산사업자(이하 "가상자산사업자"라 한다) 등 제3자가 체납자의 가상자산을 보관하고 있을 때에는 그 제3자를 말한다]에게 대통령령으로 정하는 바에 따라 해당 가상자산의 이전을 문서로 요구할 수 있고, 요구받은 체납자 또는 그 제3자는 이에 따라야 한다. 〈신설 2021.12.21, 2023.7.18〉

④ 관할 세무서장은 제1항 및 제2항제1호에 따라 압류를 한 경우 및 제3항에 따라 체납자의 가상자산을 보관하고 있는 제3자에게 해당 가상자산의 이전을 요구한 경우

그 사실을 체납자에게 통지하여야 한다. 〈개정 2021.12.21, 2023.12.31〉
⑤ 관할 세무서장이 그 밖의 재산권을 압류한 경우 제52조제3항 및 제4항을 준용하거나 제64조에 따라 매각·추심에 착수한다. 〈개정 2021.12.21〉

제56조(국가 또는 지방자치단체의 재산에 관한 권리의 압류)
① 관할 세무서장은 체납자가 국가 또는 지방자치단체(「지방자치법」 제159조에 따른 지방자치단체조합을 포함한다. 이하 이 조 및 제97조에서 같다)의 재산을 매수한 경우 소유권 이전 전이라도 그 재산에 관한 체납자의 국가 또는 지방자치단체에 대한 권리를 압류한다.
② 관할 세무서장은 제1항에 따라 압류를 한 경우 그 사실을 체납자에게 통지하여야 한다.
③ 제1항의 압류재산을 매각함에 따라 이를 매수한 자는 그 대금을 완납한 때에 그 재산에 관한 체납자의 국가 또는 지방자치단체에 대한 모든 권리·의무를 승계한다.

제7관의2 예탁된 유가증권 및 전자등록된 주식 등의 압류
〈신설 2023.12.31〉

제56조의2(예탁된 유가증권의 압류 절차 등)
① 관할 세무서장은 「자본시장과 금융투자업에 관한 법률」 제309조제2항에 따라 한국예탁결제원(이하 "예탁결제원"이라 한다)에 예탁된 유가증권(같은 법 제310조제4항에 따라 예탁결제원에 예탁된 것으로 보는 경우를 포함한다)에 관한 공유지분(이하 "예탁유가증권지분"이라 한다)을 압류하려는 경우에는 그 뜻을 다음 각 호의 구분에 따른 자에게 통지하여야 한다.
  1. 체납자가 「자본시장과 금융투자업에 관한 법률」 제309조제2항에 따른 예탁자(이하 "예탁자"라 한다)인 경우: 예탁결제원
  2. 체납자가 「자본시장과 금융투자업에 관한 법률」 제309조제2항에 따른 투자자인 경우: 예탁자
② 관할 세무서장은 제1항에 따라 예탁유가증권지분을 압류한 경우에는 그 사실을 체납자에게 통지하여야 한다.
③ 예탁유가증권지분 압류의 효력은 그 압류 통지서가 제1항 각 호의 구분에 따른 자에게 송달된 때에 발생한다.
[본조신설 2023.12.31]

제56조의3(전자등록된 주식 등의 압류 절차 등)
① 관할 세무서장은 「주식·사채 등의 전자등록에 관한 법률」 제2조제4호에 따른 전자등록주식등(이하 "전자등록주식등"이라 한다)을 압류하려는 경우 그 뜻을 다음 각 호의 구분에 따른 자에게 통지하여야 한다.

1. 체납자가 「주식·사채 등의 전자등록에 관한 법률」 제23조제1항에 따른 계좌관리기관등인 경우: 같은 법 제2조제6호에 따른 전자등록기관
2. 체납자가 「주식·사채 등의 전자등록에 관한 법률」 제22조제1항에 따라 계좌관리기관에 고객계좌를 개설한 자인 경우: 같은 법 제2조제7호에 따른 계좌관리기관
3. 체납자가 「주식·사채 등의 전자등록에 관한 법률」 제29조제1항에 따른 특별계좌의 명의자인 경우: 같은 법 제29조제1항에 따른 명의개서대행회사등

② 관할 세무서장은 제1항에 따라 전자등록주식등을 압류한 경우 그 사실을 체납자에게 통지하여야 한다.

③ 전자등록주식등 압류의 효력은 그 압류 통지서가 제1항 각 호의 구분에 따른 자에게 송달된 때에 발생한다.

[본조신설 2023.12.31]

제8관 압류의 해제

제57조(압류 해제의 요건)

① 관할 세무서장은 다음 각 호의 어느 하나에 해당하는 경우 압류를 즉시 해제하여야 한다. 〈개정 2023.12.31〉

1. 압류와 관계되는 체납액의 전부가 납부 또는 충당(국세환급금, 그 밖에 관할 세무서장이 세법상 납세자에게 지급할 의무가 있는 금전을 체납액과 대등액에서 소멸시키는 것을 말한다. 이하 이 조, 제60조제1항 및 제71조제5항에서 같다)된 경우
2. 국세 부과의 전부를 취소한 경우
3. 여러 재산을 한꺼번에 공매(공매)하는 경우로서 일부 재산의 공매대금으로 체납액 전부를 징수한 경우
4. 총 재산의 추산(추산)가액이 강제징수비(압류에 관계되는 국세에 우선하는 「국세기본법」 제35조제1항제3호에 따른 채권 금액이 있는 경우 이를 포함한다)를 징수하면 남을 여지가 없어 강제징수를 종료할 필요가 있는 경우. 다만, 제59조에 따른 교부청구 또는 제61조에 따른 참가압류가 있는 경우로서 교부청구 또는 참가압류와 관계된 체납액을 기준으로 할 경우 남을 여지가 있는 경우는 제외한다.
5. 제41조에 따른 압류금지재산을 압류한 경우
6. 제3자의 재산을 압류한 경우
7. 그 밖에 제1호부터 제4호까지의 규정에 준하는 사유로 압류할 필요가 없게 된 경우

② 관할 세무서장은 다음 각 호의 어느 하나에 해당하는 경우 압류재산의 전부 또는 일부에 대하여 압류를 해제할 수 있다.

1. 압류 후 재산가격이 변동하여 체납액 전액을 현저히 초과한 경우
2. 압류와 관계되는 체납액의 일부가 납부 또는 충당된 경우

3. 국세 부과의 일부를 취소한 경우
4. 체납자가 압류할 수 있는 다른 재산을 제공하여 그 재산을 압류한 경우
③ 관할 세무서장은 제1항제4호 본문에 따른 사유로 압류를 해제하려는 경우 제106조에 따른 국세체납정리위원회의 심의를 거쳐야 한다.

제58조(압류 해제의 절차 등)

① 관할 세무서장은 재산의 압류를 해제한 경우 그 사실을 그 재산의 압류 통지를 한 체납자, 제3채무자 및 저당권자등에게 통지하여야 한다.
② 관할 세무서장은 압류를 해제한 경우 압류의 등기 또는 등록을 한 것에 대해서는 압류 해제 조서를 첨부하여 압류 말소의 등기 또는 등록을 관할 등기소등에 촉탁하여야 한다.
③ 관할 세무서장은 제3자에게 보관하게 한 압류재산의 압류를 해제한 경우 그 보관자에게 압류 해제 통지를 하고 압류재산을 체납자 또는 정당한 권리자에게 반환하여야 한다. 이 경우 관할 세무서장이 받았던 압류재산의 보관증은 보관자에게 반환하여야 한다.
④ 관할 세무서장은 제3항을 적용할 때 필요하다고 인정하는 경우 보관자가 체납자 또는 정당한 권리자에게 그 압류재산을 직접 인도하게 할 수 있다. 이 경우 체납자 또는 정당한 권리자에게 보관자로부터 압류재산을 직접 인도받을 것을 통지하여야 한다.
⑤ 관할 세무서장은 보관 중인 재산을 반환하는 경우 영수증을 받아야 한다. 다만, 체납자 또는 정당한 관리자에게 압류조서에 영수 사실을 적고 서명날인하게 함으로써 영수증을 받는 것에 갈음할 수 있다.

제9관 교부청구 및 참가압류

제59조(교부청구)

관할 세무서장은 다음 각 호의 어느 하나에 해당하는 경우 해당 관할 세무서장, 지방자치단체의 장, 「공공기관의 운영에 관한 법률」 제4조에 따른 공공기관의 장, 「지방공기업법」 제49조 또는 제76조에 따른 지방공사 또는 지방공단의 장, 집행법원, 집행공무원, 강제관리인, 파산관재인 또는 청산인에 대하여 다음 각 호에 따른 절차의 배당ㆍ배분 요구의 종기(종기)까지 체납액(제13조에 따라 지정납부기한이 연장된 국세를 포함한다)의 교부를 청구하여야 한다.
1. 국세, 지방세 또는 공과금의 체납으로 체납자에 대한 강제징수 또는 체납처분이 시작된 경우
2. 체납자에 대하여 「민사집행법」에 따른 강제집행 및 담보권 실행 등을 위한 경매가 시작되거나 체납자가 「채무자 회생 및 파산에 관한 법률」에 따른 파산선고를 받은 경우

3. 체납자인 법인이 해산한 경우

제60조(교부청구의 해제)

① 관할 세무서장은 납부, 충당, 국세 부과의 취소나 그 밖의 사유로 교부를 청구한 체납액의 납부의무가 소멸된 경우 그 교부청구를 해제하여야 한다.
② 관할 세무서장은 제1항에 따라 교부청구를 해제하려는 경우 그 사실을 교부청구를 받은 기관에 통지하여야 한다.

제61조(참가압류)

① 관할 세무서장은 압류하려는 재산이 이미 다른 기관에 압류되어 있는 경우 참가압류 통지서를 그 재산을 이미 압류한 기관(이하 "선행압류기관"이라 한다)에 송달함으로써 제59조에 따른 교부청구를 갈음하고 그 압류에 참가할 수 있다.
② 관할 세무서장은 제1항에 따라 참가압류를 한 경우 그 사실을 체납자, 제3채무자 및 저당권자등에게 통지하여야 한다.
③ 관할 세무서장은 권리의 변동에 등기 또는 등록이 필요한 재산에 대하여 참가압류를 하려는 경우 참가압류의 등기 또는 등록을 관할 등기소등에 촉탁하여야 한다.

제62조(참가압류의 효력 등)

① 제61조에 따라 참가압류를 한 후에 선행압류기관이 그 재산에 대한 압류를 해제한 경우 그 참가압류는 다음 각 호의 구분에 따른 시기로 소급하여 압류의 효력을 갖는다.
  1. 권리의 변동에 등기 또는 등록이 필요한 재산: 참가압류의 등기 또는 등록이 완료된 때
  2. 권리의 변동에 등기 또는 등록이 필요하지 아니한 재산: 참가압류 통지서가 선행압류기관에 송달된 때
② 제1항을 적용할 때 둘 이상의 참가압류가 있는 경우에는 다음 각 호의 구분에 따른 시기로 소급하여 압류의 효력이 생긴다.
  1. 권리의 변동에 등기 또는 등록을 필요로 하는 재산: 가장 먼저 참가압류의 등기 또는 등록이 완료된 때
  2. 권리의 변동에 등기 또는 등록을 필요로 하지 아니한 재산: 가장 먼저 참가압류 통지서가 송달된 때
③ 선행압류기관은 압류를 해제한 경우 압류가 해제된 재산 목록을 첨부하여 그 사실을 참가압류를 한 관할 세무서장에게 통지하여야 한다.
④ 선행압류기관은 압류를 해제한 재산이 동산 또는 유가증권 등인 경우로서 해당 재산을 선행압류기관이 점유하고 있거나 제3자에게 보관하게 한 경우 참가압류를 한 관할 세무서장에게 직접 인도하여야 한다. 다만, 제3자가 보관하고 있는 재산에 대해서는 그 제3자가 발행한 해당 보관증을 인도함으로써 재산을 직접 인도하는 것

을 갈음할 수 있다.
⑤ 참가압류를 한 관할 세무서장은 선행압류기관이 그 압류재산을 장기간이 지나도록 매각하지 아니한 경우 이에 대한 매각을 선행압류기관에 촉구할 수 있다.
⑥ 참가압류를 한 관할 세무서장은 제5항에 따라 매각의 촉구를 받은 선행압류기관이 촉구를 받은 날부터 3개월 이내에 다음 각 호의 어느 하나에 해당하는 행위를 하지 아니한 경우 해당 압류재산을 매각할 수 있다.
   1. 제67조에 따라 수의계약으로 매각하려는 사실의 체납자 등에 대한 통지
   2. 제72조에 따른 공매공고
   3. 제103조제1항에 따라 공매 또는 수의계약을 대행하게 하는 의뢰서의 송부
⑦ 참가압류를 한 관할 세무서장은 제6항에 따라 압류재산을 매각하려는 경우 그 내용을 선행압류기관에 통지하여야 한다.
⑧ 선행압류기관은 제7항에 따른 통지를 받은 경우 점유하고 있거나 제3자에게 보관하게 하고 있는 동산 또는 유가증권 등 압류재산을 제5항에 따라 매각을 촉구한 관할 세무서장에게 인도하여야 한다. 이 경우 인도 방법에 관하여는 제4항을 준용한다.

제63조(참가압류의 해제)

참가압류의 해제에 관하여는 제29조, 제57조 및 제58조를 준용한다.

제3절 압류재산의 매각

제1관 통칙

제64조(매각의 착수시기)

① 관할 세무서장은 압류 후 1년 이내에 매각을 위한 다음 각 호의 어느 하나에 해당하는 행위를 하여야 한다. 다만, 체납된 국세와 관련하여 심판청구등이 계속 중인 경우, 이 법 또는 다른 세법에 따라 압류재산의 매각을 유예한 경우, 압류재산의 감정평가가 곤란한 경우, 그 밖에 이에 준하는 사유로 법률상·사실상 매각이 불가능한 경우에는 그러하지 아니하다.
   1. 제67조에 따라 수의계약으로 매각하려는 사실의 체납자 등에 대한 통지
   2. 제72조에 따른 공매공고
   3. 제103조제1항에 따라 공매 또는 수의계약을 대행하게 하는 의뢰서의 송부
② 관할 세무서장은 제1항 각 호 외의 부분 단서의 사유가 해소되어 매각이 가능해진 때에는 지체 없이 제1항 각 호의 어느 하나에 해당하는 행위를 하여야 한다.

제65조(매각 방법)

① 압류재산은 공매 또는 수의계약으로 매각한다.
② 공매는 다음 각 호의 어느 하나에 해당하는 방법(정보통신망을 이용한 것을 포함한다)으로 한다.

1. 경쟁입찰: 공매를 집행하는 공무원이 공매예정가격을 제시하고, 매수신청인에게 문서로 매수신청을 하게 하여 공매예정가격 이상의 신청가격 중 최고가격을 신청한 자(이하 "최고가 매수신청인"이라 한다)를 매수인으로 정하는 방법
　　2. 경매: 공매를 집행하는 공무원이 공매예정가격을 제시하고, 매수신청인에게 구두 등의 방법으로 신청가격을 순차로 올려 매수신청을 하게 하여 최고가 매수신청인을 매수인으로 정하는 방법
③ 경매의 방법으로 매각하는 경우 경매의 성질에 반하지 아니하는 범위에서 이 절의 경쟁입찰에 관한 규정을 준용한다.

제66조(공매)
① 관할 세무서장은 압류한 부동산등, 동산, 유가증권, 그 밖의 재산권과 제52조제2항에 따라 체납자를 대위하여 받은 물건(금전은 제외한다)을 대통령령으로 정하는 바에 따라 공매한다.
② 제1항에도 불구하고 관할 세무서장은 다음 각 호의 어느 하나에 해당하는 압류재산의 경우에는 각 호의 구분에 따라 직접 매각할 수 있다. 〈개정 2021.12.21〉
　　1. 「자본시장과 금융투자업에 관한 법률」 제8조의2제4항제1호에 따른 증권시장(이하 "증권시장"이라 한다)에 상장된 증권: 증권시장에서의 매각
　　2. 가상자산사업자를 통해 거래되는 가상자산: 가상자산사업자를 통한 매각
③ 관할 세무서장은 제2항 각 호의 구분에 따라 압류재산을 직접 매각하려는 경우에는 매각 전에 그 사실을 체납자 등 대통령령으로 정하는 자에게 통지하여야 한다. 〈신설 2022.12.31〉
④ 제1항 및 제2항에도 불구하고 제31조제2항에 따라 압류한 재산은 그 압류와 관계되는 국세의 납세 의무가 확정되기 전에는 공매할 수 없다. 〈개정 2022.12.31〉
⑤ 제1항 및 제2항에도 불구하고 심판청구등이 계속 중인 국세의 체납으로 압류한 재산은 그 신청 또는 청구에 대한 결정이나 소(訴)에 대한 판결이 확정되기 전에는 공매할 수 없다. 다만, 그 재산이 제67조제2호에 해당하는 경우에는 그러하지 아니하다. 〈개정 2022.12.31〉

제66조의2(가족관계등록 전산정보의 공동이용)
관할 세무서장(제103조제1항제1호에 따라 한국자산관리공사가 공매를 대행하는 경우에는 한국자산관리공사를 말한다)은 제66조제1항 및 제2항에 따른 공매를 위하여 필요한 경우 「전자정부법」 제36조제1항에 따라 「가족관계의 등록 등에 관한 법률」 제11조제4항에 따른 전산정보자료를 공동이용(「개인정보 보호법」 제2조제2호에 따른 처리를 포함한다)할 수 있다.
[본조신설 2022.12.31]

제67조(수의계약)

관할 세무서장은 압류재산이 다음 각 호의 어느 하나에 해당하는 경우 수의계약으로 매각할 수 있다.
1. 수의계약으로 매각하지 아니하면 매각대금이 강제징수비 금액 이하가 될 것으로 예상되는 경우
2. 부패·변질 또는 감량되기 쉬운 재산으로서 속히 매각하지 아니하면 그 재산가액이 줄어들 우려가 있는 경우
3. 압류한 재산의 추산가격이 1천만원 미만인 경우
4. 법령으로 소지(소지) 또는 매매가 금지 및 제한된 재산인 경우
5. 제1회 공매 후 1년간 5회 이상 공매하여도 매각되지 아니한 경우
6. 공매가 공익(공익)을 위하여 적절하지 아니한 경우

제2관 공매의 준비

제68조(공매예정가격의 결정)

① 관할 세무서장은 압류재산을 공매하려면 그 공매예정가격을 결정하여야 한다.
② 관할 세무서장은 공매예정가격을 결정하기 어려운 경우 대통령령으로 정하는 바에 따라 감정인(감정인)에게 평가를 의뢰하여 그 가액을 참고할 수 있다.
③ 감정인은 제2항의 평가를 위하여 필요한 경우 제69조제2항에 따른 조치를 할 수 있다.
④ 관할 세무서장은 제2항에 따라 감정인에게 공매대상 재산의 평가를 의뢰한 경우 대통령령으로 정하는 바에 따라 수수료를 지급할 수 있다.

제69조(공매재산에 대한 현황조사)

① 관할 세무서장은 제68조에 따라 공매예정가격을 결정하기 위하여 공매재산의 현 상태, 점유관계, 임차료 또는 보증금의 액수, 그 밖의 현황을 조사하여야 한다.
② 세무공무원은 제1항의 조사를 위하여 건물에 출입할 수 있고, 체납자 또는 건물을 점유하는 제3자에게 공매재산의 현황과 관련된 질문을 하거나 문서의 제시를 요구할 수 있다.
③ 세무공무원은 제2항에 따라 건물에 출입하기 위하여 필요한 경우 잠긴 문을 여는 등 적절한 처분을 할 수 있다.

제70조(공매장소)

공매는 지방국세청, 세무서, 세관 또는 공매재산이 있는 특별자치시·특별자치도·시·군·자치구에서 한다. 다만, 관할 세무서장이 필요하다고 인정하는 경우에는 다른 장소에서 공매할 수 있다.

제71조(공매보증)

① 관할 세무서장은 압류재산을 공매하는 경우 필요하다고 인정하면 공매에 참여하려

는 자에게 공매보증을 받을 수 있다.
② 공매보증금액은 공매예정가격의 100분의 10 이상으로 한다.
③ 공매보증은 다음 각 호의 어느 하나에 해당하는 것으로 한다. 이 경우 제2호부터 제4호까지의 어느 하나에 해당하는 것(이하 "국공채등"이라 한다)으로 할 때 필요한 요건은 대통령령으로 정한다.
  1. 금전
  2. 국공채
  3. 증권시장에 상장된 증권
  4. 「보험업법」에 따른 보험회사가 발행한 보증보험증권
④ 관할 세무서장은 다음 각 호의 경우 다음 각 호의 구분에 따른 자가 제공한 공매보증을 반환한다. 〈개정 2023.12.31〉
  1. 개찰(개찰) 후: 최고가 매수신청인을 제외한 다른 매수신청인
  2. 매수인이 매수대금을 납부하기 전에 체납자가 매수인의 동의를 받아 압류와 관련된 체납액을 납부하여 제86조제1호에 따라 압류재산의 매각결정이 취소된 경우: 매수인
  3. 차순위 매수신청인이 있는 경우로서 매수인이 대금을 모두 지급한 경우: 차순위 매수신청인
  4. 매수신청인이 제80조제2항에 해당하여 매각결정을 받지 못한 경우: 매수신청인
⑤ 관할 세무서장은 다음 각 호의 어느 하나에 해당하는 경우 공매보증을 강제징수비, 압류와 관계되는 국세의 순으로 충당한 후 남은 금액은 체납자에게 지급한다. 〈개정 2023.12.31〉
  1. 최고가 매수신청인이 개찰 후 매수계약을 체결하지 아니한 경우
  2. 제86조제2호 또는 제3호에 해당하는 사유로 압류재산의 매각결정이 취소된 경우

제72조(공매공고)

① 관할 세무서장은 공매를 하려는 경우 다음 각 호의 사항을 공고하여야 한다.
  1. 매수대금을 납부하여야 할 기한(이하 "대금납부기한"이라 한다)
  2. 공매재산의 명칭, 소재, 수량, 품질, 공매예정가격, 그 밖의 중요한 사항
  3. 입찰서 제출 또는 경매의 장소와 일시(기간입찰의 경우 그 입찰서 제출기간)
  4. 개찰의 장소와 일시
  5. 공매보증을 받을 경우 그 금액
  6. 공매재산이 공유물의 지분 또는 부부공유의 동산·유가증권인 경우 공유자(체납자는 제외한다. 이하 같다)·배우자에게 각각 우선매수권이 있다는 사실
  7. 배분요구의 종기
  8. 배분요구의 종기까지 배분을 요구하여야 배분받을 수 있는 채권
  9. 매각결정기일
  10. 매각으로 소멸하지 아니하고 매수인이 인수하게 될 공매재산에 대한 지상권,

전세권, 대항력 있는 임차권 또는 가등기가 있는 경우 그 사실
11. 공매재산의 매수인으로서 일정한 자격이 필요한 경우 그 사실
12. 제77조제2항 각 호에 따른 자료의 제공 내용 및 기간
13. 차순위 매수신청의 기간과 절차
② 관할 세무서장은 공매공고를 하는 경우 동일한 재산에 대한 향후의 여러 차례의 공매에 관한 사항을 한꺼번에 공고할 수 있다.
③ 공매공고는 정보통신망을 통하여 하되, 다음 각 호의 구분에 따른 게시 또는 게재도 함께 하여야 한다.
1. 지방국세청, 세무서, 세관, 특별자치시·특별자치도·시·군·자치구, 그 밖의 적절한 장소에 게시
2. 관보 또는 일간신문에 게재
④ 제1항제7호에 따른 배분요구의 종기는 절차 진행에 필요한 기간을 고려하여 정하되, 최초의 입찰서 제출 시작일 이전으로 하여야 한다. 다만, 공매공고에 대한 등기 또는 등록이 지연되거나 누락되는 등 대통령령으로 정하는 사유로 공매 절차가 진행되지 못하는 경우에는 관할 세무서장은 배분요구의 종기를 최초의 입찰서 제출 마감일 이후로 연기할 수 있다.
⑤ 제1항제9호에 따른 매각결정기일은 같은 항 제4호에 따른 개찰일부터 7일(토요일, 일요일, 「공휴일에 관한 법률」 제2조의 공휴일 및 같은 법 제3조의 대체공휴일은 제외한다) 이내로 정하여야 한다. 〈개정 2022.12.31〉
⑥ 관할 세무서장은 경매의 방법으로 재산을 공매하는 경우 대통령령으로 정하는 바에 따라 경매인을 선정하여 이를 취급하게 할 수 있다.
⑦ 제1항부터 제6항까지에서 규정한 사항 외에 공매공고에 필요한 사항은 대통령령으로 정한다.

제73조(공매공고 기간)

공매공고 기간은 10일 이상으로 한다. 다만, 그 재산을 보관하는 데에 많은 비용이 들거나 재산의 가액이 현저히 줄어들 우려가 있으면 이를 단축할 수 있다.

제74조(공매공고에 대한 등기 또는 등록의 촉탁)

관할 세무서장은 제72조에 따라 공매공고를 한 압류재산이 권리의 변동에 등기 또는 등록이 필요한 경우 공매공고 즉시 그 사실을 등기부 또는 등록부에 기입하도록 관할 등기소등에 촉탁하여야 한다.

제75조(공매통지)

① 관할 세무서장은 제72조제1항 및 제2항에 따른 공매공고를 한 경우 즉시 그 내용을 다음 각 호의 자에게 통지하여야 한다.
1. 체납자

2. 납세담보물 소유자
3. 다음 각 목의 구분에 따른 자
   가. 공매재산이 공유물의 지분인 경우: 공매공고의 등기 또는 등록 전 날 현재의 공유자
   나. 공매재산이 부부공유의 동산·유가증권인 경우: 배우자
4. 공매공고의 등기 또는 등록 전 날 현재 공매재산에 대하여 전세권·질권·저당권 또는 그 밖의 권리를 가진 자

② 제1항 각 호의 자 중 일부에 대한 공매통지의 송달 불능 등의 사유로 동일한 공매재산에 대하여 다시 공매공고를 하는 경우 그 이전 공매공고 당시 공매통지가 도달되었던 제1항제3호 및 제4호에 해당하는 자에 대하여 다시 하는 공매통지는 주민등록표 등본 등 공매 집행기록에 표시된 주소, 거소, 영업소 또는 사무소에 등기우편을 발송하는 방법으로 할 수 있다. 이 경우 그 공매통지는 「국세기본법」 제12조제1항 본문에도 불구하고 송달받아야 할 자에게 발송한 때부터 효력이 발생한다.

제76조(배분요구 등)

① 제74조에 따른 공매공고의 등기 또는 등록 전까지 등기 또는 등록되지 아니한 다음 각 호의 채권을 가진 자는 제96조제1항에 따라 배분을 받으려는 경우 배분요구의 종기까지 관할 세무서장에게 배분을 요구하여야 한다.

1. 압류재산과 관계되는 체납액
2. 교부청구와 관계되는 체납액·지방세 또는 공과금
3. 압류재산에 설정된 전세권·질권·저당권 또는 가등기담보권에 의하여 담보된 채권
4. 「주택임대차보호법」 또는 「상가건물 임대차보호법」에 따라 우선변제권이 있는 임차보증금 반환채권
5. 「근로기준법」 또는 「근로자퇴직급여 보장법」에 따라 우선변제권이 있는 임금, 퇴직금, 재해보상금 및 그 밖에 근로관계로 인한 채권
6. 압류재산과 관계되는 가압류채권
7. 집행문이 있는 판결 정본에 의한 채권

② 매각으로 소멸되지 아니하는 전세권을 가진 자는 배분을 받으려는 경우 배분요구의 종기까지 배분을 요구하여야 한다.

③ 배분요구를 한 자는 제1항 및 제2항에 따른 배분요구에 따라 매수인이 인수하여야 할 부담이 달라지는 경우 배분요구의 종기가 지난 뒤에는 이를 철회할 수 없다.

④ 체납자의 배우자는 공매재산이 제48조제4항에 따라 압류한 부부공유의 동산 또는 유가증권인 경우 공유지분에 따른 매각대금의 지급을 배분요구의 종기까지 관할 세무서장에게 요구할 수 있다.

⑤ 관할 세무서장은 공매공고의 등기 또는 등록 전에 등기 또는 등록된 제1항 각 호의 채권을 가진 자(이하 "채권신고대상채권자"라 한다)에게 채권의 유무, 그 원인 및 액수(원금, 이자, 비용, 그 밖의 부대채권을 포함한다)를 배분요구의 종기까지

관할 세무서장에게 신고하도록 촉구하여야 한다.
⑥ 관할 세무서장은 채권신고대상채권자가 제5항에 따른 신고를 하지 아니한 경우 등기사항증명서 등 공매 집행기록에 있는 증명자료에 따라 해당 채권신고대상채권자의 채권액을 계산한다. 이 경우 해당 채권신고대상채권자는 채권액을 추가할 수 없다.
⑦ 관할 세무서장은 제1항 또는 제2항에 해당하는 자와 다음 각 호의 기관의 장에게 배분요구의 종기까지 배분요구를 하여야 한다는 사실을 안내하여야 한다.
 1. 행정안전부
 2. 관세청
 3. 「국민건강보험법」에 따른 국민건강보험공단
 4. 「국민연금법」에 따른 국민연금공단
 5. 「산업재해보상보험법」에 따른 근로복지공단
⑧ 제75조에 따른 공매통지에 제5항에 따른 채권 신고의 촉구 또는 제7항에 따른 배분요구의 안내에 관한 사항이 포함된 경우에는 해당 항에 따른 촉구 또는 안내를 한 것으로 본다.

제77조(공매재산명세서의 작성 및 비치 등)
① 관할 세무서장은 공매재산에 대하여 제69조에 따른 현황조사를 기초로 다음 각 호의 사항이 포함된 공매재산명세서를 작성하여야 한다.
 1. 공매재산의 명칭, 소재, 수량, 품질, 공매예정가격, 그 밖의 중요한 사항
 2. 공매재산의 점유자 및 점유 권원(權原), 점유할 수 있는 기간, 차임 또는 보증금에 관한 관계인의 진술
 3. 제76조제1항 및 제2항에 따른 배분요구 현황 및 같은 조 제5항에 따른 채권신고 현황
 4. 공매재산에 대하여 등기·등록된 권리, 대항력 있는 임차권 또는 가처분으로서 매수인이 인수하는 것
 5. 매각에 따라 설정된 것으로 보게 되는 지상권의 개요
② 관할 세무서장은 다음 각 호의 자료를 입찰서 제출 시작 7일 전부터 입찰서 제출 마감 전까지 세무서에 갖추어 두거나 정보통신망을 이용하여 게시함으로써 입찰에 참가하려는 자가 열람할 수 있게 하여야 한다.
 1. 제1항에 따른 공매재산명세서
 2. 제68조제2항에 따라 감정인이 평가한 가액에 관한 자료
 3. 그 밖에 입찰가격을 결정하는 데 필요한 자료

제78조(국세에 우선하는 제한물권 등의 인수 등)
관할 세무서장은 공매재산에 압류와 관계되는 국세보다 우선하는 제한물권 등이 있는 경우 제한물권 등을 매수인에게 인수하게 하거나 매수대금으로 그 제한물권 등에 의하여 담보된 채권을 변제하는 데 충분하다고 인정된 경우가 아니면 그 재산을 공매하지 못한다.

제79조(공유자·배우자의 우선매수권)

① 공유자는 공매재산이 공유물의 지분인 경우 매각결정기일 전까지 공매보증을 제공하고 다음 각 호의 구분에 따른 가격으로 공매재산을 우선매수하겠다는 신청을 할 수 있다.
  1. 최고가 매수신청인이 있는 경우: 최고가 매수신청가격
  2. 최고가 매수신청인이 없는 경우: 공매예정가격
② 체납자의 배우자는 공매재산이 제48조제4항에 따라 압류한 부부공유의 동산 또는 유가증권인 경우 제1항을 준용하여 공매재산을 우선매수하겠다는 신청을 할 수 있다.
③ 관할 세무서장은 제1항 또는 제2항에 따른 우선매수 신청이 있는 경우 제82조제3항 및 제87조제1항제1호에도 불구하고 그 공유자 또는 체납자의 배우자에게 매각결정을 하여야 한다.
④ 관할 세무서장은 여러 사람의 공유자가 우선매수 신청을 하고 제3항의 절차를 마친 경우 공유자 간의 특별한 협의가 없으면 공유지분의 비율에 따라 공매재산을 매수하게 한다.
⑤ 관할 세무서장은 제3항에 따른 매각결정 후 매수인이 매수대금을 납부하지 아니한 경우 최고가 매수신청인에게 다시 매각결정을 할 수 있다.

제80조(매수인의 제한)

① 다음 각 호의 어느 하나에 해당하는 자는 자기 또는 제3자의 명의나 계산으로 압류재산을 매수하지 못한다. 〈개정 2023.12.31〉
  1. 체납자
  2. 세무공무원
  3. 매각 부동산을 평가한 「감정평가 및 감정평가사에 관한 법률」에 따른 감정평가법인등(같은 법 제29조에 따른 감정평가법인의 경우 그 감정평가법인 및 소속 감정평가사를 말한다)
② 공매재산의 매수신청인이 매각결정기일(제84조제2항에 따라 매각결정기일이 연기된 경우 연기된 매각결정기일을 말한다) 전까지 공매재산의 매수인이 되기 위하여 다른 법령에 따라 갖추어야 하는 자격을 갖추지 못한 경우에는 공매재산을 매수하지 못한다. 〈신설 2023.12.31〉

제81조(공매참가의 제한)

관할 세무서장은 다음 각 호의 어느 하나에 해당한다고 인정되는 사실이 있는 자에 대해서는 그 사실이 있은 후 2년간 공매장소 출입을 제한하거나 입찰에 참가시키지 아니할 수 있다. 그 사실이 있은 후 2년이 지나지 아니한 자를 사용인이나 그 밖의 종업원으로 사용한 자와 이러한 자를 입찰 대리인으로 한 자에 대해서도 또한 같다.
  1. 입찰을 하려는 자의 공매참가, 최고가 매수신청인의 결정 또는 매수인의 매수대

금 납부를 방해한 사실
2. 공매에서 부당하게 가격을 낮출 목적으로 담합한 사실
3. 거짓 명의로 매수신청을 한 사실

제3관 공매의 실시

제82조(입찰서 제출과 개찰)

① 공매를 입찰의 방법으로 하는 경우 공매재산의 매수신청인은 그 성명·주소·거소, 매수하려는 재산의 명칭, 매수신청가격, 공매보증, 그 밖에 필요한 사항을 입찰서에 적어 개찰이 시작되기 전에 공매를 집행하는 공무원에게 제출하여야 한다.
② 개찰은 공매를 집행하는 공무원이 공개적으로 각각 적힌 매수신청가격을 불러 입찰조서에 기록하는 방법으로 한다.
③ 공매를 집행하는 공무원은 최고가 매수신청인을 정한다. 이 경우 최고가 매수신청가격이 둘 이상이면 즉시 추첨으로 최고가 매수신청인을 정한다.
④ 공매를 집행하는 공무원은 제3항 후단을 적용할 때 해당 매수신청인 중 출석하지 아니한 자 또는 추첨을 하지 아니한 자가 있는 경우 입찰 사무와 관계없는 공무원으로 하여금 대신하여 추첨하게 할 수 있다.
⑤ 공매를 집행하는 공무원은 공매예정가격 이상으로 매수신청한 자가 없는 경우 즉시 그 장소에서 재입찰을 실시할 수 있다.

제83조(차순위 매수신청)

① 제82조에 따라 최고가 매수신청인이 결정된 후 해당 최고가 매수신청인 외의 매수신청인은 매각결정기일 전까지 공매보증을 제공하고 제86조제2호 또는 제3호에 해당하는 사유로 매각결정이 취소되는 경우 최고가 매수신청가격에서 공매보증을 뺀 금액 이상의 가격으로 공매재산을 매수하겠다는 신청(이하 이 조에서 "차순위 매수신청"이라 한다)을 할 수 있다. 〈개정 2023.12.31〉
② 관할 세무서장은 제1항에 따라 차순위 매수신청을 한 자가 둘 이상인 경우 최고액의 매수신청인을 차순위 매수신청인으로 정하고, 최고액의 매수신청인이 둘 이상인 경우에는 추첨으로 차순위 매수신청인을 정한다.
③ 관할 세무서장은 차순위 매수신청이 있는 경우 제86조제2호 또는 제3호에 해당하는 사유로 매각결정을 취소한 날부터 3일(토요일, 일요일, 「공휴일에 관한 법률」 제2조의 공휴일 및 같은 법 제3조의 대체공휴일은 제외한다) 이내에 차순위 매수신청인을 매수인으로 정하여 매각결정을 할 것인지 여부를 결정하여야 한다. 다만, 제84조제1항 각 호의 사유(이 경우 같은 항 제2호의 "최고가 매수신청인"은 "차순위 매수신청인"으로 본다)가 있는 경우에는 차순위 매수신청인에게 매각결정을 할 수 없다. 〈개정 2022.12.31, 2023.12.31〉

제84조(매각결정 및 대금납부기한 등)

① 관할 세무서장은 다음 각 호의 사유가 없으면 매각결정기일에 제82조에 따른 최고가 매수신청인을 매수인으로 정하여 매각결정을 하여야 한다.
  1. 제79조에 따른 공유자·배우자의 우선매수 신청이 있는 경우
  2. 최고가 매수신청인이 제80조에 따른 매수인의 제한 또는 제81조에 따른 공매참가의 제한을 받는 자에 해당하는 경우
  3. 매각결정 전에 제88조에 따른 공매 취소·정지 사유가 있는 경우
  4. 그 밖에 매각결정을 할 수 없는 중대한 사실이 있다고 관할 세무서장이 인정하는 경우
② 관할 세무서장은 최고가 매수신청인이 공매재산의 매수인이 되기 위하여 다른 법령에 따라 갖추어야 하는 자격을 갖추지 못한 경우에는 매각결정기일을 1회에 한정하여 당초 매각결정기일부터 10일 이내의 범위에서 연기할 수 있다. 〈신설 2023.12.31〉
③ 매각결정의 효력은 매각결정기일에 매각결정을 한 때에 발생한다. 〈개정 2023.12.31〉
④ 관할 세무서장은 매각결정을 한 경우 매수인에게 대금납부기한을 정하여 매각결정통지서를 발급하여야 한다. 다만, 권리 이전에 등기 또는 등록이 필요 없는 재산의 매수대금을 즉시 납부시킬 경우에는 구두로 통지할 수 있다. 〈개정 2023.12.31〉
⑤ 제4항의 대금납부기한은 매각결정을 한 날부터 7일 이내로 한다. 다만, 관할 세무서장이 필요하다고 인정하는 경우에는 그 대금납부기한을 30일의 범위에서 연장할 수 있다. 〈개정 2023.12.31〉

제84조의2(매수대금의 차액납부)

① 공매재산에 대하여 저당권이나 대항력 있는 임차권 등을 가진 매수신청인으로서 대통령령으로 정하는 자는 매각결정기일 전까지 관할 세무서장에게 제96조에 따라 자신에게 배분될 금액을 제외한 금액을 매수대금으로 납부(이하 "차액납부"라 한다)하겠다는 신청을 할 수 있다.
② 제1항에 따른 신청을 받은 관할 세무서장은 그 신청인을 매수인으로 정하여 매각결정을 할 때 차액납부 허용 여부를 함께 결정하여 통지하여야 한다.
③ 관할 세무서장은 제2항에 따라 차액납부 여부를 결정할 때 차액납부를 신청한 자가 다음 각 호의 어느 하나에 해당하는 경우에는 차액납부를 허용하지 아니할 수 있다.
  1. 배분요구의 종기까지 배분요구를 하지 아니하여 배분받을 자격이 없는 경우
  2. 배분받으려는 채권이 압류 또는 가압류되어 지급이 금지된 경우
  3. 배분순위에 비추어 실제로 배분받을 금액이 없는 경우
  4. 그 밖에 제1호부터 제3호까지에 준하는 사유가 있는 경우
④ 관할 세무서장은 차액납부를 허용하기로 결정한 경우에는 제84조제4항에도 불구하

고 대금납부기한을 정하지 아니하며, 이 조 제5항에 따른 배분기일에 매수인에게 차액납부를 하게 하여야 한다.
⑤ 관할 세무서장은 차액납부를 허용하기로 결정한 경우에는 제95조제1항에도 불구하고 그 결정일부터 30일 이내의 범위에서 배분기일을 정하여 배분하여야 한다. 다만, 30일 이내에 배분계산서를 작성하기 곤란한 경우에는 배분기일을 30일 이내의 범위에서 연기할 수 있다.
⑥ 관할 세무서장으로부터 차액납부를 허용하는 결정을 받은 매수인은 그가 배분받아야 할 금액에 대하여 제99조제1항 및 제2항에 따라 이의가 제기된 경우 이의가 제기된 금액을 이 조 제5항에 따른 배분기일에 납부하여야 한다.
⑦ 제1항부터 제6항까지에서 규정한 사항 외에 차액납부의 신청 절차 및 차액납부 금액의 계산 방법 등에 관하여 필요한 사항은 대통령령으로 정한다.

[본조신설 2023.12.31]

제85조(매수대금 납부의 촉구)
관할 세무서장은 매수인이 매수대금을 지정된 대금납부기한까지 납부하지 아니한 경우 다시 대금납부기한을 지정하여 납부를 촉구하여야 한다.

제86조(매각결정의 취소)
관할 세무서장은 다음 각 호의 어느 하나에 해당하는 경우 압류재산의 매각결정을 취소하고 그 사실을 매수인에게 통지하여야 한다. 〈개정 2023.12.31〉
1. 제84조에 따른 매각결정을 한 후 매수인이 매수대금을 납부하기 전에 체납자가 압류와 관련된 체납액을 납부하고 매각결정의 취소를 신청하는 경우. 이 경우 체납자는 매수인의 동의를 받아야 한다.
2. 매수인이 제84조의2제4항에 따라 배분기일에 차액납부를 하지 아니하거나 같은 조 제6항에 따라 이의가 제기된 금액을 납부하지 아니한 경우
3. 제85조에 따라 납부를 촉구하여도 매수인이 매수대금을 지정된 기한까지 납부하지 아니한 경우

제87조(재공매)
① 관할 세무서장은 다음 각 호의 어느 하나에 해당하는 경우 재공매를 한다. 〈개정 2023.12.31〉
 1. 재산을 공매하여도 매수신청인이 없거나 매수신청가격이 공매예정가격 미만인 경우
 2. 제86조제2호 또는 제3호에 해당하는 사유로 매각결정을 취소한 경우
② 관할 세무서장은 재공매를 할 때마다 최초의 공매예정가격의 100분의 10에 해당하는 금액을 차례로 줄여 공매하며, 최초의 공매예정가격의 100분의 50에 해당하는 금액까지 차례로 줄여 공매하여도 매각되지 아니할 때에는 제68조에 따라 새로 공

매예정가격을 정하여 재공매를 할 수 있다. 다만, 제82조제5항에 따라 즉시 재입찰을 실시한 경우에는 최초의 공매예정가격을 줄이지 아니한다.
③ 제1항 및 제2항에 따른 재공매의 경우 제65조제2항, 제68조, 제70조부터 제73조까지, 제75조부터 제83조까지, 제88조 및 제89조를 준용한다. 다만, 관할 세무서장은 제73조에도 불구하고 공매공고 기간을 5일까지 단축할 수 있다.

제88조(공매의 취소 및 정지)

① 관할 세무서장은 다음 각 호의 어느 하나에 해당하는 경우 공매를 취소하여야 한다.
  1. 해당 재산의 압류를 해제한 경우
  2. 그 밖에 공매를 진행하기 곤란한 경우로서 대통령령으로 정하는 경우
② 관할 세무서장은 다음 각 호의 어느 하나에 해당하는 경우 공매를 정지하여야 한다.
  1. 제105조에 따라 압류 또는 매각을 유예한 경우
  2. 「국세기본법」 제57조 또는 「행정소송법」 제23조에 따라 강제징수에 대한 집행정지의 결정이 있는 경우
  3. 그 밖에 공매를 정지하여야 할 필요가 있는 경우로서 대통령령으로 정하는 경우
③ 관할 세무서장은 매각결정기일 전에 공매를 취소한 경우 공매취소 사실을 공고하여야 한다.
④ 관할 세무서장은 제2항에 따라 공매를 정지한 후 그 사유가 소멸되어 공매를 계속할 필요가 있다고 인정하는 경우 즉시 공매를 속행하여야 한다.

제89조(공매공고의 등기 또는 등록 말소)

관할 세무서장은 다음 각 호의 어느 하나에 해당하는 경우 제74조에 따른 공매공고의 등기 또는 등록을 말소할 것을 관할 등기소등에 촉탁하여야 한다.
  1. 제86조제1호에 따라 매각결정을 취소한 경우
  2. 제88조제3항에 따라 공매취소의 공고를 한 경우

제4관 매수대금의 납부와 권리의 이전

제90조(공매보증과 매수대금 납부)

① 매수인이 공매보증으로 금전을 제공한 경우 그 금전은 매수대금으로서 납부된 것으로 본다.
② 관할 세무서장은 매수인이 공매보증으로 국공채등을 제공한 경우 그 국공채등을 현금화하여야 한다. 이 경우 그 현금화에 사용된 비용을 뺀 금액은 공매보증 금액을 한도로 매수대금으로서 납부된 것으로 본다.
③ 관할 세무서장은 제2항 전단에 따라 현금화한 금액(현금화에 사용된 비용을 뺀 금액을 말한다)이 공매보증 금액보다 적으면 다시 대금납부기한을 정하여 매수인에게 그 부족액을 납부하게 하여야 하고, 공매보증 금액보다 많으면 그 차액을 매수인에

게 반환하여야 한다.

제91조(매수대금 납부의 효과)

① 매수인은 매수대금을 완납한 때에 공매재산을 취득한다.
② 관할 세무서장이 매수대금을 수령한 때에는 체납자로부터 매수대금만큼의 체납액을 징수한 것으로 본다.

제92조(공매재산에 설정된 제한물권 등의 소멸과 인수 등)

① 공매재산에 설정된 모든 질권·저당권 및 가등기담보권은 매각으로 소멸된다.
② 지상권·지역권·전세권 및 등기된 임차권 등은 압류채권(압류와 관계되는 국세를 포함한다)·가압류채권 및 제1항에 따라 소멸하는 담보물권에 대항할 수 없는 경우 매각으로 소멸된다.
③ 제2항 외의 경우 지상권·지역권·전세권 및 등기된 임차권 등은 매수인이 인수한다. 다만, 제76조제2항에 따라 전세권자가 배분요구를 한 전세권의 경우에는 매각으로 소멸된다.
④ 매수인은 유치권자(유치권자)에게 그 유치권(유치권)으로 담보되는 채권을 변제할 책임이 있다.

제93조(매각재산의 권리이전 절차)

관할 세무서장은 매각재산에 대하여 체납자가 권리이전의 절차를 밟지 아니한 경우 대통령령으로 정하는 바에 따라 체납자를 대신하여 그 절차를 밟는다.

제4절 청산

제94조(배분금전의 범위)

배분금전은 다음 각 호의 금전으로 한다.
1. 압류한 금전
2. 채권·유가증권·그 밖의 재산권의 압류에 따라 체납자 또는 제3채무자로부터 받은 금전
3. 압류재산의 매각대금 및 그 매각대금의 예치 이자
4. 교부청구에 따라 받은 금전

제95조(배분기일의 지정)

① 관할 세무서장은 제94조제2호 또는 제3호의 금전을 배분하려면 체납자, 제3채무자 또는 매수인으로부터 해당 금전을 받은 날부터 30일 이내에서 배분기일을 정하여 배분하여야 한다. 다만, 30일 이내에 배분계산서를 작성하기 곤란한 경우에는 배분기일을 30일 이내에서 연기할 수 있다.
② 관할 세무서장은 제1항 또는 제84조의2제5항에 따라 배분기일을 정한 경우 체납

자, 채권신고대상채권자 및 배분요구를 한 채권자(이하 "체납자등"이라 한다)에게 그 사실을 통지하여야 한다. 다만, 체납자등이 외국에 있거나 있는 곳이 분명하지 아니한 경우 통지하지 아니할 수 있다. 〈개정 2023.12.31〉

제96조(배분 방법)

① 제94조제2호 및 제3호의 금전은 다음 각 호의 체납액과 채권에 배분한다. 이 경우, 제76조제1항 및 제2항에 따라 배분요구의 종기까지 배분요구를 하여야 하는 채권의 경우에는 배분요구를 한 채권에 대해서만 배분한다.
  1. 압류재산과 관계되는 체납액
  2. 교부청구를 받은 체납액·지방세 또는 공과금
  3. 압류재산과 관계되는 전세권·질권·저당권 또는 가등기담보권에 의하여 담보된 채권
  4. 「주택임대차보호법」 또는 「상가건물 임대차보호법」에 따라 우선변제권이 있는 임차보증금 반환채권
  5. 「근로기준법」 또는 「근로자퇴직급여 보장법」에 따라 우선변제권이 있는 임금, 퇴직금, 재해보상금 및 그 밖에 근로관계로 인한 채권
  6. 압류재산과 관계되는 가압류채권
  7. 집행문이 있는 판결정본에 의한 채권
② 제94조제1호 및 제4호의 금전은 각각 그 압류 또는 교부청구와 관계되는 체납액에 배분한다.
③ 관할 세무서장은 제1항과 제2항에 따라 금전을 배분하고 남은 금액이 있는 경우 체납자에게 지급한다.
④ 관할 세무서장은 매각대금이 제1항 각 호의 체납액 및 채권의 총액보다 적은 경우 「민법」이나 그 밖의 법령에 따라 배분할 순위와 금액을 정하여 배분하여야 한다.
⑤ 관할 세무서장은 제1항, 제2항 및 제4항에 따른 배분을 할 때 국세보다 우선하는 채권이 있음에도 불구하고 배분 순위의 착오나 부당한 교부청구 또는 그 밖에 이에 준하는 사유로 체납액에 먼저 배분한 경우 그 배분한 금액을 국세보다 우선하는 채권의 채권자에게 국세환급금 환급의 예에 따라 지급한다.

제97조(국가 또는 지방자치단체의 재산에 관한 권리의 매각대금의 배분)

① 제56조제1항에 따라 압류한 국가 또는 지방자치단체의 재산에 관한 체납자의 권리를 매각한 경우 다음 각 호의 순서에 따라 매각대금을 배분한다.
  1. 국가 또는 지방자치단체가 체납자로부터 지급받지 못한 매각대금
  2. 체납액
② 관할 세무서장은 제1항에 따라 배분하고 남은 금액은 체납자에게 지급한다.

제98조(배분계산서의 작성)

① 관할 세무서장은 제96조에 따라 금전을 배분하는 경우 배분계산서 원안(원안)을 작성하고, 이를 배분기일 7일 전까지 갖추어 두어야 한다.
② 체납자등은 관할 세무서장에게 교부청구서, 감정평가서, 채권신고서, 배분요구서, 배분계산서 원안 등 배분금액 산정의 근거가 되는 서류의 열람 또는 복사를 신청할 수 있다.
③ 관할 세무서장은 제2항에 따른 열람 또는 복사의 신청을 받은 경우 이에 따라야 한다.

제99조(배분계산서에 대한 이의 등)

① 배분기일에 출석한 체납자등은 배분기일이 끝나기 전까지 자기의 채권과 관계되는 범위에서 제98조제1항에 따른 배분계산서 원안에 기재된 다른 채권자의 채권 또는 채권의 순위에 대하여 이의제기를 할 수 있다.
② 제1항에도 불구하고 체납자는 배분기일에 출석하지 아니한 경우에도 배분계산서 원안이 갖추어진 이후부터 배분기일이 끝나기 전까지 문서로 이의제기를 할 수 있다.
③ 관할 세무서장은 다음 각 호의 구분에 따라 배분계산서를 확정하여 배분을 실시하고, 확정되지 아니한 부분에 대해서는 배분을 유보한다.
  1. 제1항 및 제2항에 따른 이의제기가 있는 경우
    가. 관할 세무서장이 이의제기가 정당하다고 인정하거나 배분계산서 원안과 다른 내용으로 체납자등이 한 합의가 있는 경우: 정당하다고 인정된 이의제기의 내용 또는 합의에 따라 배분계산서를 수정하여 확정
    나. 관할 세무서장이 이의제기가 정당하다고 인정하지 아니하고 배분계산서 원안과 다른 내용으로 체납자등이 한 합의도 없는 경우: 배분계산서 중 이의제기가 없는 부분에 한정하여 확정
  2. 제1항 및 제2항에 따른 이의제기가 없는 경우: 배분계산서 원안대로 확정
④ 배분기일에 출석하지 아니한 채권자는 배분계산서 원안과 같이 배분을 실시하는 데에 동의한 것으로 보고, 그가 다른 체납자등이 제기한 이의에 관계된 경우 그 이의제기에 동의하지 아니한 것으로 본다.

제100조(배분계산서에 대한 이의의 취하간주)

제99조제3항제1호나목에 따라 배분계산서 중 이의제기가 있어 확정되지 아니한 부분이 있는 경우 이의를 제기한 체납자등이 관할 세무서장의 배분계산서 작성에 관하여 심판청구등을 한 사실을 증명하는 서류를 배분기일부터 1주일 이내에 제출하지 아니하면 이의제기가 취하된 것으로 본다.

제101조(배분금전의 예탁)

① 관할 세무서장은 다음 각 호의 어느 하나에 해당하는 사유가 있는 경우 그 채권에 관계되는 배분금전을 「한국은행법」에 따른 한국은행(국고대리점을 포함한다)에 예탁

(예탁)하여야 한다.
1. 채권에 정지조건 또는 불확정기한이 붙어 있는 경우
2. 가압류채권자의 채권인 경우
3. 체납자등이 제100조에 따라 배분계산서 작성에 대하여 심판청구등을 한 사실을 증명하는 서류를 제출한 경우
4. 그 밖의 사유로 배분금전을 체납자등에게 지급하지 못한 경우
② 관할 세무서장은 제1항에 따라 예탁한 경우 그 사실을 체납자등에게 통지하여야 한다.

제102조(예탁금에 대한 배분의 실시)

① 관할 세무서장은 제101조에 따라 배분금전을 예탁한 후 다음 각 호의 어느 하나에 해당하는 사유가 있는 경우 예탁금을 당초 배분받을 체납자등에게 지급하거나 배분계산서 원안을 변경하여 예탁금에 대한 추가 배분을 실시하여야 한다.
1. 배분계산서 작성에 관한 심판청구등의 결정·판결이 확정된 경우
2. 그 밖에 예탁의 사유가 소멸한 경우
② 관할 세무서장은 제1항에 따라 예탁금의 추가 배분을 실시하려는 경우 당초의 배분계산서에 대하여 이의를 제기하지 아니한 체납자등을 위해서도 배분계산서를 변경하여야 한다.
③ 체납자등은 제1항에 따른 추가 배분기일에 제99조에 따라 이의를 제기할 경우 종전의 배분기일에서 주장할 수 없었던 사유만을 주장할 수 있다.

제5절 공매등의 대행 등

제103조(공매등의 대행)

① 관할 세무서장은 다음 각 호의 업무(이하 이 조에서 "공매등"이라 한다)에 전문지식이 필요하거나 그 밖에 직접 공매등을 하기에 적당하지 아니하다고 인정되는 경우 대통령령으로 정하는 바에 따라 한국자산관리공사에 공매등을 대행하게 할 수 있다. 이 경우 공매등은 관할 세무서장이 한 것으로 본다.
1. 공매
2. 수의계약
3. 매각재산의 권리이전
4. 금전의 배분
② 관할 세무서장은 제1항에 따라 한국자산관리공사가 공매등을 대행하는 경우 대통령령으로 정하는 바에 따라 수수료를 지급할 수 있다.
③ 한국자산관리공사가 제1항제1호, 제2호 및 제4호의 업무를 대행하는 경우 한국자산관리공사의 직원은 「형법」이나 그 밖의 법률에 따른 벌칙을 적용할 때 세무공무원으로 본다.

④ 제1항에 따라 한국자산관리공사가 대행하는 공매등에 필요한 사항은 대통령령으로 정한다.

제104조(전문매각기관의 매각관련사실행위 대행 등)

① 관할 세무서장은 압류한 재산이 예술적·역사적 가치가 있어 가격을 일률적으로 책정하기 어렵고, 그 매각에 전문적인 식견이 필요하여 직접 매각을 하기에 적당하지 아니한 물품(이하 이 조에서 "예술품등"이라 한다)인 경우 직권이나 납세자의 신청에 따라 예술품등의 매각에 전문성과 경험이 있는 기관 중에서 전문매각기관을 선정하여 예술품등의 감정, 매각기일·기간의 진행 등 매각에 관련된 사실행위(이하 이 조에서 "매각관련사실행위"라 한다)를 대행하게 할 수 있다. 〈개정 2021.12.21〉

② 관할 세무서장은 제1항에 따라 전문매각기관에 매각관련사실행위의 대행을 의뢰하는 경우 예술품등의 감정가액에 상응하는 담보로서 제18조제1항 각 호의 어느 하나에 해당하는 담보를 제공할 것을 요구할 수 있다. 이 경우 제18조제1항제3호의 "납세보증보험증권"은 "이행보증보험증권"으로 한다. 〈신설 2021.12.21〉

③ 제1항에 따라 선정된 전문매각기관(이하 이 조에서 "전문매각기관"이라 한다) 및 전문매각기관의 임직원은 직접적으로든 간접적으로든 매각관련사실행위 대행의 대상인 예술품등을 매수하지 못한다. 〈개정 2021.12.21〉

④ 관할 세무서장은 제1항에 따라 전문매각기관이 매각관련사실행위를 대행하는 경우 대통령령으로 정하는 바에 따라 수수료를 지급할 수 있다. 〈개정 2021.12.21〉

⑤ 제1항에 따른 납세자의 신청 절차, 전문매각기관의 선정과 그 취소의 기준·절차, 전문매각기관의 선정기간, 그 밖에 매각관련사실행위의 대행에 필요한 사항은 대통령령으로 정한다. 〈개정 2021.12.21〉

⑥ 제1항에 따라 전문매각기관이 매각관련사실행위를 대행하는 경우 전문매각기관의 임직원은 「형법」 제129조에서 제132조까지의 규정을 적용할 때에는 공무원으로 본다. 〈개정 2021.12.21〉

[제목개정 2021.12.21]

제6절 압류·매각의 유예

제105조(압류·매각의 유예)

① 관할 세무서장은 체납자가 다음 각 호의 어느 하나에 해당하는 경우 체납자의 신청 또는 직권으로 그 체납액에 대하여 강제징수에 따른 재산의 압류 또는 압류재산의 매각을 대통령령으로 정하는 바에 따라 유예할 수 있다.
  1. 국세청장이 성실납세자로 인정하는 기준에 해당하는 경우
  2. 재산의 압류나 압류재산의 매각을 유예함으로써 체납자가 사업을 정상적으로 운영할 수 있게 되어 체납액의 징수가 가능하게 될 것이라고 관할 세무서장이 인정하는 경우

② 관할 세무서장은 제1항에 따라 유예를 하는 경우 필요하다고 인정하면 이미 압류한 재산의 압류를 해제할 수 있다.

③ 관할 세무서장은 제1항 및 제2항에 따라 재산의 압류를 유예하거나 압류를 해제하는 경우 그에 상당하는 납세담보의 제공을 요구할 수 있다. 다만, 성실납세자가 체납세액 납부계획서를 제출하고 제106조에 따른 국세체납정리위원회가 체납세액 납부계획의 타당성을 인정하는 경우에는 그러하지 아니하다.

④ 제1항에 따른 유예의 신청·승인·통지 등의 절차에 관하여 필요한 사항은 대통령령으로 정한다.

⑤ 압류·매각의 유예 취소와 체납액의 일시징수에 관하여는 제16조를 준용한다.

제106조(국세체납정리위원회)

① 국세의 체납정리에 관한 사항을 심의하기 위하여 지방국세청과 대통령령으로 정하는 세무서에 국세체납정리위원회를 둔다.

② 국세체납정리위원회의 위원은 관계 공무원과 법률·회계 또는 경제에 관하여 자격을 보유하고 있거나 학식과 경험이 풍부한 사람 중에서 다음 각 호의 구분에 따른 사람이 된다. 〈신설 2023.12.31〉

　1. 지방국세청에 두는 국세체납정리위원회: 지방국세청장이 임명 또는 위촉하는 사람
　2. 세무서에 두는 국세체납정리위원회: 세무서장이 임명 또는 위촉하는 사람

③ 국세체납정리위원회의 위원 중 공무원이 아닌 위원은 「형법」 제127조 및 제129조부터 제132조까지를 적용할 때에는 공무원으로 본다. 〈신설 2023.12.31〉

④ 국세체납정리위원회의 조직과 운영에 필요한 사항은 대통령령으로 정한다. 〈개정 2023.12.31〉

제4장 보칙

제107조(납세증명서의 제출)

① 납세자는 다음 각 호의 어느 하나에 해당하는 경우 대통령령으로 정하는 바에 따라 납세증명서를 제출하여야 한다. 〈개정 2021.12.21, 2023.3.4〉

　1. 국가, 지방자치단체 또는 대통령령으로 정하는 정부 관리기관으로부터 대금을 지급받을 경우(체납액이 없다는 사실의 증명이 필요하지 아니한 경우로서 대통령령으로 정하는 경우는 제외한다)
　2. 「출입국관리법」 제31조에 따른 외국인등록 또는 「재외동포의 출입국과 법적 지위에 관한 법률」 제6조에 따른 국내거소신고를 한 외국인이 체류기간 연장허가 등 대통령령으로 정하는 체류 관련 허가 등을 법무부장관에게 신청하는 경우
　3. 내국인이 해외이주 목적으로 「해외이주법」 제6조에 따라 재외동포청장에게 해외이주신고를 하는 경우

② 제1항에 따른 납세증명서는 발급일 현재 다음 각 호의 금액을 제외하고는 다른 체납액이 없다는 사실을 증명하는 문서를 말하며, 제13조에 따라 지정납부기한이 연장된 경우 그 사실도 기재되어야 한다.
   1. 제13조에 따른 독촉장에서 정하는 기한의 연장에 관계된 금액
   2. 제105조에 따른 압류·매각의 유예액
   3. 그 밖에 대통령령으로 정하는 금액

제108조(납세증명서의 발급)

관할 세무서장은 납세자로부터 납세증명서의 발급을 신청받은 경우 그 사실을 확인한 후 즉시 납세증명서를 발급하여야 한다.

제109조(미납국세 등의 열람)

① 「주택임대차보호법」 제2조에 따른 주거용 건물 또는 「상가건물 임대차보호법」 제2조에 따른 상가건물을 임차하여 사용하려는 자는 해당 건물에 대한 임대차계약을 하기 전 또는 임대차계약을 체결하고 임대차 기간이 시작하는 날까지 임대인의 동의를 받아 그 자가 납부하지 아니한 다음 각 호의 국세 또는 체납액의 열람을 임차할 건물 소재지의 관할 세무서장에게 신청할 수 있다. 이 경우 열람 신청은 관할 세무서장이 아닌 다른 세무서장에게도 할 수 있으며, 신청을 받은 세무서장은 열람 신청에 따라야 한다. 〈개정 2022.12.31〉
   1. 세법에 따른 과세표준 및 세액의 신고기한까지 신고한 국세 중 납부하지 아니한 국세
   2. 납부고지서를 발급한 후 지정납부기한이 도래하지 아니한 국세
   3. 체납액
② 제1항에도 불구하고 임대차계약을 체결한 임차인으로서 해당 계약에 따른 보증금이 대통령령으로 정하는 금액을 초과하는 자는 임대차 기간이 시작하는 날까지 임대인의 동의 없이도 제1항에 따른 신청을 할 수 있다. 이 경우 신청을 받은 세무서장은 열람 내역을 지체 없이 임대인에게 통지하여야 한다. 〈신설 2022.12.31〉
③ 제1항에 따른 열람신청에 필요한 사항은 대통령령으로 정한다. 〈개정 2022.12.31〉

제110조(체납자료의 제공)

① 관할 세무서장(지방국세청장을 포함한다. 이하 이 조 및 제112조에서 같다)은 국세징수 또는 공익 목적을 위하여 필요한 경우로서 「신용정보의 이용 및 보호에 관한 법률」 제2조제6호에 따른 신용정보집중기관, 그 밖에 대통령령으로 정하는 자가 다음 각 호의 어느 하나에 해당하는 체납자의 인적사항 및 체납액에 관한 자료(이하 이 조에서 "체납자료"라 한다)를 요구한 경우 이를 제공할 수 있다. 다만, 체납된 국세와 관련하여 심판청구등이 계속 중이거나 그 밖에 대통령령으로 정하는 경우에는 체납자료를 제공할 수 없다.
   1. 체납 발생일부터 1년이 지나고 체납액이 대통령령으로 정하는 금액 이상인 자

2. 1년에 3회 이상 체납하고 체납액이 대통령령으로 정하는 금액 이상인 자
② 제1항에 따른 체납자료의 제공 절차 등에 관하여 필요한 사항은 대통령령으로 정한다.
③ 제1항에 따라 체납자료를 제공받은 자는 이를 누설하거나 업무 목적 외의 목적으로 이용할 수 없다.

제111조(재산조회 및 강제징수를 위한 지급명세서 등의 사용)

국세청장·지방국세청장 또는 관할 세무서장은 「금융실명거래 및 비밀보장에 관한 법률」 제4조제4항 본문에도 불구하고 「소득세법」 제164조 및 「법인세법」 제120조에 따라 제출받은 이자소득 또는 배당소득에 대한 지급명세서 등 금융거래에 관한 정보를 체납자의 재산조회와 강제징수를 위하여 사용할 수 있다. 〈개정 2022.12.31, 2024.12.31〉

제112조(사업에 관한 허가등의 제한)

① 관할 세무서장은 납세자가 허가·인가·면허 및 등록 등(이하 이 조에서 "허가등"이라 한다)을 받은 사업과 관련된 소득세, 법인세 및 부가가치세를 체납한 경우 해당 사업의 주무관청에 그 납세자에 대하여 허가등의 갱신과 그 허가등의 근거 법률에 따른 신규 허가등을 하지 아니할 것을 요구할 수 있다. 다만, 재난, 질병 또는 사업의 현저한 손실, 그 밖에 대통령령으로 정하는 사유가 있는 경우에는 그러하지 아니하다.

② 관할 세무서장은 허가등을 받아 사업을 경영하는 자가 해당 사업과 관련된 소득세, 법인세 및 부가가치세를 3회 이상 체납하고 그 체납된 금액의 합계액이 500만원 이상인 경우 해당 주무관청에 사업의 정지 또는 허가등의 취소를 요구할 수 있다. 다만, 재난, 질병 또는 사업의 현저한 손실, 그 밖에 대통령령으로 정하는 사유가 있는 경우에는 그러하지 아니하다.

③ 관할 세무서장은 제1항 또는 제2항의 요구를 한 후 해당 국세를 징수한 경우 즉시 그 요구를 철회하여야 한다.

④ 해당 주무관청은 제1항 또는 제2항에 따른 관할 세무서장의 요구가 있는 경우 정당한 사유가 없으면 요구에 따라야 하며, 그 조치 결과를 즉시 관할 세무서장에게 알려야 한다.

제113조(출국금지)

① 국세청장은 정당한 사유 없이 5천만원 이상으로서 대통령령으로 정하는 금액 이상의 국세를 체납한 자 중 대통령령으로 정하는 자에 대하여 법무부장관에게 「출입국관리법」 제4조제3항에 따라 출국금지를 요청하여야 한다.

② 법무부장관은 제1항의 요청에 따라 출국금지를 한 경우 국세청장에게 그 결과를 정보통신망 등을 통하여 통보하여야 한다.

③ 국세청장은 체납액 징수, 체납자 재산의 압류 및 담보 제공 등으로 출국금지 사유

가 없어진 경우 즉시 법무부장관에게 출국금지의 해제를 요청하여야 한다.
④ 제1항부터 제3항까지에서 규정한 사항 외에 출국금지 및 그 해제의 요청 등의 절차에 관하여 필요한 사항은 대통령령으로 정한다.

제114조(고액·상습체납자의 명단 공개)

① 국세청장은 「국세기본법」제81조의13에도 불구하고 체납 발생일부터 1년이 지난 국세의 합계액이 2억원 이상인 경우 체납자의 인적사항 및 체납액 등을 공개할 수 있다. 다만, 체납된 국세와 관련하여 심판청구등이 계속 중이거나 그 밖에 대통령령으로 정하는 경우에는 공개할 수 없다.
② 제1항에 따른 명단 공개 대상자의 선정 절차, 명단 공개 방법, 그 밖에 명단 공개와 관련하여 필요한 사항은 「국세기본법」 제85조의5제2항부터 제6항까지의 규정을 준용한다.

제115조(고액·상습체납자의 감치)

① 법원은 검사의 청구에 따라 체납자가 다음 각 호의 사유에 모두 해당하는 경우 결정으로 30일의 범위에서 체납된 국세가 납부될 때까지 그 체납자를 감치(監置)에 처할 수 있다.
  1. 국세를 3회 이상 체납하고 있고, 체납 발생일부터 각 1년이 경과하였으며, 체납된 국세의 합계액이 2억원 이상인 경우
  2. 체납된 국세의 납부능력이 있음에도 불구하고 정당한 사유 없이 체납한 경우
  3. 「국세기본법」 제85조의5제2항에 따른 국세정보위원회의 의결에 따라 해당 체납자에 대한 감치 필요성이 인정되는 경우
② 국세청장은 체납자가 제1항 각 호의 사유에 모두 해당하는 경우 체납자의 주소 또는 거소를 관할하는 지방검찰청 또는 지청의 검사에게 체납자의 감치를 신청할 수 있다.
③ 국세청장은 제2항에 따라 체납자의 감치를 신청하기 전에 체납자에게 대통령령으로 정하는 바에 따라 소명자료를 제출하거나 의견을 진술할 수 있는 기회를 주어야 한다.
④ 제1항의 결정에 대해서는 즉시항고를 할 수 있다.
⑤ 제1항에 따라 감치에 처하여진 체납자는 동일한 체납 사실로 인하여 다시 감치되지 아니한다.
⑥ 제1항에 따라 감치에 처하는 재판을 받은 체납자가 그 감치의 집행 중에 체납된 국세를 납부한 경우 감치집행을 종료하여야 한다.
⑦ 세무공무원은 제1항에 따른 감치집행 시 감치대상자에게 감치사유, 감치기간 및 제6항에 따른 감치집행의 종료 등 감치결정에 대한 사항을 설명하고 그 밖에 감치집행에 필요한 절차에 협력하여야 한다.
⑧ 제1항에 따른 감치에 처하는 재판의 절차 및 그 집행, 그 밖에 필요한 사항은 대법원규칙으로 정한다.

부칙 〈제17758호, 2020.12.29.〉

부칙 〈제18587호, 2021.12.21.〉

부칙 〈제19190호, 2022.12.31.〉

부칙 〈제19228호, 2023.3.4.〉

부칙 〈제19563호, 2023.7.18.〉

부칙 〈제19927호, 2023.12.31.〉

부칙 〈제20615호, 2024.12.31.〉

〈유치권 행사 신고서〉

사건번호   타경   호 부동산   경매

채 권 자
채 무 자
소 유 자

위 사건과 관련하여 당사는 본건 경매 부동산에 대하여 다음과 같이 공사대금채권이 있어 매수인에 대해 이로 인한 유치권을 행사할 계획임을 알려드리오니 매수인이 선의의 피해를 보지 않도록 경매진행에 참조하여 주시기 바랍니다.

-다 음-

발생 채권 : 공사 미수금

원금: 금   원

이자: 금   원

합계: 금   원

단, 이자는 채무이행기인   년   월   일부터   년   월 일 까지 연 %를 적용함.

첨 부 서 류

1. 공사도급계약서 사본 1부
1. 법인등기사항증명서
1. 공사미수금현황
1. 건설 면허증

20   년   월   일

위 신고인 (채권자) 인
연락처 :

지방법원 민사집행과   귀중

▣ 편저 나병용 ▣

- 변호사(사법연수원 22기)
- 법학박사
- (전)동국대학교 법학과 겸임교수
- (전)서울특별시지방경찰청 법률지원상담관
- (전)서울 광진구 인사위원회위원
- (전)서울동부지방법원 민사조정위원 및 서울고등법원민사
  및 가사조정위원
- (현)서울고등법원 민사조정위원
- 2023. 9. 서울지방변호사회 백로상 수상

저서
- 판례와 개정법령 쟁점 중심의 집합건물법 해설(2024. 5.)

논문
- 석사: "행정절차법에 관한 연구"
  (우리나라 행정절차법과 관련하여)(1997. 7.)
- 박사: "주식회사의 집행임원제 도입에 관한 연구"
  (미국 회사법상 논의로부터의 시사점) (2005. 6.)

민·상법상 유치권과 그와 관련된 개정 법령 그리고 대법원판례 및 하급심 판결중심의
유치권법리의 해설

2025년 6월 10일 초판 인쇄
2025년 6월 15일 초판 발행

저 자 나병용
발행인 김현호
발행처 법문북스
공급처 법률미디어

주소 서울 구로구 경인로 54길4(구로동 636-62)
전화 02)2636-2911~2, 팩스 02)2636-3012
홈페이지 www.lawb.co.kr

등록일자 1979년 8월 27일
등록번호 제5-22호

ISBN 979-11-94820-12-3 (93360)

정가 28,000원

■ 역자와의 협약으로 인지는 생략합니다.
■ 파본은 교환해 드립니다.
■ 이 책의 내용을 무단으로 전재 또는 복제할 경우 저작권법 제136조에 의해 5년 이하의 징역 또는 5,000만원 이하의 벌금에 처하거나 이를 병과할 수 있습니다.

이 도서의 국립중앙도서관 출판예정도서목록(CIP)은 서지정보유통지원시스템 홈페이지(http://seoji.nl.go.kr)와 국가자료종합목록 구축시스템(http://kolis-net.nl.go.kr)에서 이용하실 수 있습니다.

홈페이지 www.lawb.co.kr
페이스북 www.facebook.com/bummun3011
인스타그램 www.instagram.com/bummun3011
네이버 블로그 blog.naver.com/bubmunk

법률서적 명리학서적 외국어서적 서예·한방서적 등

최고의 인터넷 서점으로
각종 명품서적만을 제공합니다

각종 명품서적과 신간서적도 보시고

법률·한방·서예 등 정보도

얻으실 수 있는

핵심법률서적 종합 사이트

www.lawb.co.kr

(모든 신간서적 특별공급)

facebook.com/bummun3011
instagram.com/bummun3011
blog.naver.com/bubmunk

대표전화 (02) 2636 - 2911